ACCESO GRATIS a la Lectura en la Nube

Para visualizar el libro electrónico en la nube de lectura envíe junto a su nombre y apellidos una fotografía del código de barras situado en la contraportada del libro y otra del ticket de compra a la dirección:

ebooktirant@tirant.com

En un máximo de 72 horas laborables le enviaremos el código de acceso con sus instrucciones.

La visualización del libro en **NUBE DE LECTURA** excluye los usos bibliotecarios y públicos que puedan poner el archivo electrónico a disposición de unacomunidad de lectores. Se permite tan solo un uso individual y privado.

DERECHO DE LA UNIÓN EUROPEA Y FACTOR RELIGIOSO

Contribución a la construcción de un Derecho Eclesiástico europeo

DERECHO DE LA UNIÓN EUROPEA Y FACTOR RELIGIOSO

Contribución a la construcción de un Derecho Eclesiástico europeo

Mª del Mar Martín García
Mercedes Salido
Coordinadoras

PPIT-UAL, Junta de Andalucía-FEDER 2021-2027. Objetivo RSO1.1. Programa: 54.A.

tirant lo blanch
Valencia, 2024

En caso de erratas y actualizaciones, la Editorial Tirant lo Blanch publicará la pertinente corrección en la página web www.tirant.com.

La presente obra ha sido sometida a la revisión de pares ciegos según el protocolo de publicación de la editorial a efectos de ofrecer el rigor y calidad correspondiente tanto en su contenido como en su forma, aplicándose los criterios específicos aprobados por la Comisión Nacional E 016 (BOE num. 286, de 26 de noviembre de 2016).

EDITA: TIRANT LO BLANCH
C/ Artes Gráficas, 14 - 46010 - Valencia
TELFS.: 96/361 00 48 - 50
FAX: 96/369 41 51
Email: tlb@tirant.com
www.tirant.com
Librería virtual: www.tirant.es
ISBN: 978-84-1071-661-2
DEPÓSITO LEGAL: V-3984-2024

Si tiene alguna queja o sugerencia, envíenos un mail a: *atencioncliente@tirant.com*. En caso de no ser atendida su sugerencia, por favor, lea en *www.tirant.net/index.php/empresa/politicas-de-empresa* nuestro procedimiento de quejas.

Responsabilidad Social Corporativa: http://www.tirant.net/Docs/RSCTirant.pdf

Índice

Nota previa de las editoras

De forma cada vez más incisiva y patente, el sector del ordenamiento del Estado encargado de regular la dimensión social del hecho religioso conforme a unos principios jurídico-políticos contenidos en las normas fundamentales —sector que constituye lo que convencionalmente viene llamándose sistema estatal de Derecho eclesiástico— se está viendo ajustado por normativas, decisiones y orientaciones que les vienen del ámbito internacional, ya sea de índole universal o regional. Obviamente, no se reduce este fenómeno al campo en el que la religión constituye un factor determinante de las relaciones intersubjetivas, sino que es un movimiento bastante más abarcante, que se relaciona con la sentida necesidad de que todo el sistema jurídico pivote de una manera más real y universal en torno a la persona humana —su dignidad y consiguientes exigencias jurídicas—, lo que pone sobre el tapete, de alguna forma, una reflexión sobre la propia noción de soberanía estatal.

En el caso español, la apertura a un derecho supranacional se realiza en la Constitución, fundamentalmente a través de sus artículos 10.2 y 93. El artículo 10.2 determina que la interpretación de los derechos fundamentales y libertades recogidas en la Carta magna sean interpretados de conformidad a los convenios internacionales sobre tales materias, de entre los cuales se menciona expresa y significativamente a la Declaración Universal de Derechos Humanos. Por su parte, el artículo 93, especialmente su primer inciso, implica que el ordenamiento español se abre al ordenamiento internacional, y establece el procedimiento para que determinadas competencias del ordenamiento interno pasen a ser ejercidas por una organización internacional, como es el caso de la Unión Europea y el consiguiente proceso de integración que supone, al que España se sumó desde su ingreso en la Unión.

Pues bien, en este libro recogemos —tras las normales tareas de transformación y corrección del discurso científico oral al escrito— una serie de ponencias que se tuvieron en un Seminario de Profesores de Derecho eclesiástico organizado, a comienzos de la última primavera, por el Grupo de Investigación "Derechos humanos, cooperación internacional y libertad religiosa" del Plan Andaluz de Investigación, Desarrollo e Innovación (SEJ259), al que pertenecen varios de los coautores del volumen, en el marco del Proyecto "Desafíos a los derechos humanos en el siglo XXI: cooperación internacional y libertad religiosa", del Plan Propio de Investigación y Transferencia de la Universidad de Almería.

Al Seminario precedían unos meses de estudio sobre diversos aspectos del Derecho de la Unión Europea y el factor religioso, cuya pertinencia esperamos haberla justificado en los párrafos anteriores. Solo a la hora de dar título —más bien subtítulo— al libro nos hemos percatado de que, en su conjunto, se contienen unos trabajos que, a juicio de las editoras, suponen una contribución, pequeña pero real, a la construcción científica de un sistema de Derecho eclesiástico que no se deja subsumir, sin más, en el Derecho eclesiástico estatal, si bien tampoco permite desgajarlo totalmente de él: no es casualidad que forme parte de un proceso tan complejo y difícil como es el de la integración europea, en un ámbito que puede considerarse muy importante, sino esencial, para su exitoso conseguimiento.

El contenido del libro tiene como principal protagonista al Derecho de la Unión Europea —siempre en relación con el factor religioso—, ahora bien, resulta más descriptivo enmarcarlo en la más amplia denominación de Derecho europeo, tanto porque en algunos de los capítulos el tratamiento no se ciñe a los países europeos miembros de la Unión —o se hace referencia a ellos, pero no en su consideración de tales—, cuanto por la relación entre los ordenamientos propios de las principales organizaciones internacionales regionales europeas: el Consejo de Europa y la Unión Europea.

Finalmente, merece una pequeña explicación el orden en que aparecen los capítulos de esta obra colectiva. No es un orden sistemático en sentido estricto porque, en su conjunto, el libro no es un manual sobre un (incipiente) Derecho eclesiástico europeo, entre otras razones porque no fue ideado con tal propósito. Ahora bien, no carece de una cierta sistematicidad y, por ello, se ha seguido un orden que va desde temas más generales a otros más específicos. El primer capítulo, que puede ser considerado como introductorio, se ocupa de los modelos de relación Iglesia-Estado en Europa; los tres siguientes son de una temática más general, como son los principios que informan el tratamiento del factor religioso, la presencia cada vez mayor de normas de Derecho eclesiástico, así como la relevancia de normas de origen confesional; los últimos seis capítulos son de temas más específicos, como el del estatuto de las confesiones religiosas, la prohibición de discriminación por motivos religiosos en el ámbito laboral, los ministros de culto, el secreto religioso, la discriminación de la mujer por motivos religiosos, y, por último, algunas cuestiones de inmigración y política religiosa.

Almería, 29 de junio de 2024

Capítulo 1.

APUNTES SOBRE LOS MODELOS DE RELACIONES IGLESIA-ESTADO EN EUROPA

MIGUEL RODRÍGUEZ BLANCO

Universidad de Alcalá (UAH)

I. INTRODUCCIÓN

El siglo XXI se inició con cruentos ataques terroristas que sacudieron el mundo occidental y produjeron un viraje en las políticas estatales del paradigma de la libertad al de la seguridad[1]. El impacto de los atentados en el diseño de las acciones públicas se unió a otros factores presentes en el final de la centuria precedente, como el retorno de lo sagrado, los flujos migra-

1 FERRARI, S. (2005). "Religion and Security in Europe After September 11: A Gloomy Perspective?" *Quaderni di diritto e politica ecclesiastica*, (1), 161-184.

torios, el choque de civilizaciones o el multiculturalismo. Todos esos elementos habían obligado en los últimos años del siglo XX a reconsiderar los enfoques tradicionales de las relaciones entre las religiones y los Estados[2]. Ni bastaba una aproximación meramente institucional basada en las demandas de las confesiones religiosas históricamente preeminentes en cada unidad política, ni el reconocimiento de la libertad religiosa alcanzaba, por sí solo, para regular y canalizar las manifestaciones sociales del hecho religioso. La cuestión religiosa se había situado en un lugar destacado en las agendas de los dirigentes occidentales y las agresiones violentas a la convivencia pacífica condicionaron el debate y el contenido de las medidas destinadas a gestionar la creciente diversidad religiosa y cultural de la sociedad.

El cambio de milenio comportó para el mundo occidental una reconsideración de las relaciones entre el poder secular y el poder religioso. Además, el complejo escenario descrito ha estado sometido a constantes cambios. En las dos últimas décadas las sociedades europeas han experimentado mutaciones continuas que han obligado a una adaptación incesante del Derecho y de las políticas públicas. Basta con mencionar la profundización en los rasgos definitorios de la globalización, el avance en el desarrollo tecnológico en campos como la inteligencia artificial, la aparición de nuevos derechos vinculados al libre desarrollo de la personalidad, el incremento de los flujos migratorios —en particular, la llegada de refugiados a suelo europeo—, la pandemia de la COVID-19 o los desafíos a la seguridad y a la convivencia pacífica derivados de acciones terroristas y conflictos armados.

En este contexto, en el análisis de los modelos de relaciones entre los poderes públicos y las confesiones religiosas, hacer una foto fija de un momento preciso tiene escaso valor. Resulta más útil el intento de pergeñar una descripción de los rasgos

---

2 NAVARRO-VALLS, R. (1993). "Los Estados frente a la Iglesia". *Anuario de Derecho Eclesiástico del Estado*, (9), 17-52.

fundamentales de los sistemas, que hunda sus raíces en la historia, para comprender mejor el presente y aportar datos susceptibles de proyectarse hacia el futuro. En esa labor, para no caer en especulaciones teóricas ajenas a la realidad, se ha de poner énfasis en el "alma" de Europa, en su herencia espiritual, en el papel del cristianismo en la construcción de las democracias europeas, en lo religioso como rasgo de identidad, tanto de las personas como de los Estados, y hacer una decidida defensa de la libertad y dignidad de cada ser humano.

La forma que los Estados eligen para relacionarse con los grupos religiosos está profundamente arraigada en experiencias históricas cuyas enseñanzas nutren las políticas actuales. Al mismo tiempo, el modelo elegido por las instituciones seculares no es algo inocuo, sino que constituye una valiosa herramienta con la que contribuir al reconocimiento de los derechos de cada ser humano, entendido como un ser social que se relaciona con los demás y que cuenta con una dimensión espiritual.

Este trabajo hará referencia, en primer lugar, a los modelos de relación entre las confesiones religiosas y los Estados que existen en Europa (II). A continuación, se destacará el dato de la ausencia de un modelo común europeo (III), si bien la pluralidad de actitudes ante la religión no impide identificar rasgos comunes a los diferentes modelos (IV). Otro factor en el que se hará hincapié es en la permanente evolución de los modelos y su contribución al objetivo de garantizar una convivencia pacífica en un marco de libertad (V). Cerraremos nuestras reflexiones con unas breves conclusiones (VI).

II. MODELOS DE RELACIÓN ENTRE EL ESTADO Y LA RELIGIÓN EN EUROPA

Durante el siglo XIX y la primera mitad del siglo XX predominó una aproximación jurídica a las relaciones Iglesia-Estado en clave institucional. La finalidad principal de tales aproximaciones consistía en delimitar y definir las competencias del Estado y de las confesiones religiosas (fundamentalmente de la Iglesia católica) respecto al tratamiento jurídico del fenómeno religioso. Ello favorecía la tendencia, tanto desde la perspectiva eclesiástica como desde la perspectiva estatal, a efectuar clasificaciones teóricas de las relaciones Iglesia-Estado: modelos separatistas, modelos confesionales, modelos de integración, modelos de cooperación. En estrecha relación con esas categorías era habitual el recurso a la calificación del Estado en materia religiosa: se hablaba de Estados confesionales, Estados separatistas o Estados cooperacionistas[3].

Tal planteamiento venía favorecido por el ambiente propio del positivismo jurídico, con el consiguiente dogmatismo y la acentuada abstracción que predominaban en muchas orientaciones jurídicas. Al mismo tiempo, en el ámbito de las relaciones Iglesia-Estado incidía con especial énfasis el auge de la idea —desde hace años en franca decadencia— de soberanía. El Estado se consideraba la única fuente de Derecho y se dotaba a sí mismo de la facultad de regular cualquier elemento de la realidad por medio del instrumento técnico de la ley, entendida como expresión máxima del Estado de Derecho. Como reacción contrapuesta, desde la Iglesia —y desde las posiciones doctrinales próximas a ella— se pretendía acentuar la independencia y soberanía eclesial con las construcciones típicas

[3] Sobre la literatura científica relativa a la clasificación de las relaciones Iglesia-Estado remito a los siguientes trabajos, donde se ahonda en las diferentes posiciones doctrinales y en la utilidad y enfoque de tales clasificaciones vid. MARGIOTTA BROGLIO, F. (1963). "La qualificazione giuridica delle relazioni fra lo Stato italiano e la Chiesa Cattolica". *Archivio Giuridico Filippo Serafini*, (165), 53-110; CAPUTO, G. (1967). *Il problema della qualificazione giuridica dello Stato in materia religiosa*, Giuffrè; DE LUCA, L. (1967). "La qualifica dello Stato in materia religiosa". *La legislazione ecclesiastica*, Giuffrè, 325-356.

del *Ius Publicum Ecclesiasticum*: la noción de sociedad perfecta y la tesis de la potestad indirecta en lo temporal. Junto a todo lo anterior, y como un ingrediente más de esta aproximación jurídica al fenómeno religioso, la fuerte carga ideológica o política de la materia religiosa favorecía ese enfoque teórico un tanto alejado de la práctica jurídica[4]; es decir: de la aplicación de las normas a supuestos concretos acaecidos en la realidad cotidiana y de la tutela de los intereses religiosos de las personas.

Este enfoque de las relaciones Iglesia-Estado fue abandonándose a la par que se producía el repliegue del positivismo jurídico. La consolidación de los modelos democráticos en Europa occidental tras la finalización de la Segunda Guerra Mundial, junto a la proclamación de los derechos humanos en el marco internacional, dio paso a un planteamiento de las relaciones jurídicas que podríamos calificar como personalista, centrado en el individuo, en el cual el elemento esencial y predominante pasó a ser la garantía y efectividad de los derechos humanos y, por lo que aquí interesa, del derecho fundamental de libertad religiosa[5].

En este nuevo contexto jurídico, cuyo valor central viene constituido por la persona, su dignidad y la garantía de los derechos inherentes a todo ser humano, la clasificación teórica de las relaciones Iglesia-Estado y la calificación del Estado en materia religiosa han perdido gran parte de su razón de ser, convirtiéndose en algo secundario. Por lo demás, las clasifi-

---

4 En este sentido, refiriéndose a las relaciones Estado-confesiones religiosas RICCA habla de "terreno ideológicamente minato" [RICCA, M. (2002). "Critica istituzionale attraverso le regole: libertà religiosa e indirizzo giuspositivistico nella dottrina ecclesiasticistica italiana del secondo dopoguerra". *La libertà religiosa*, Rubbettino, 242].

5 Vid. por todos DE LUCA, L. (1963). "Diritto ecclesiastico e sentimento religioso". *Raccolta di scritti in onore di Arturo Carlo Jemolo*, vol. I, Tomo I, Giuffrè, 391-421.

caciones elaboradas por la doctrina y los adjetivos en materia religiosa aplicados a los diferentes Estados tenían un altísimo componente teórico e ideológico y no resistían su contrastabilidad práctica. Poco a poco, la doctrina fue poniendo en tela de juicio su utilidad real[6], hasta terminar por renunciar a estas construcciones[7].

Actualmente, afianzado el reconocimiento de los derechos humanos a nivel internacional y consolidado el enfoque personalista del que se ha dado en llamar el *Estado constitucional*, en el tema de las relaciones entre el Estado y las confesiones religiosas la calificación del Estado en materia religiosa ha cedido su lugar central a la identificación de los principios rectores de cada ordenamiento respecto al tratamiento jurídico del fenómeno religioso[8]. Estos principios, en la medida en que tienen

---

6 La bibliografía sobre esta cuestión es muy abundante; un ejemplo muy concreto, pero altamente significativo, se encuentra en los siguientes trabajos JEMOLO, A. C. (1938). "La classifica dei rapporti fra Stato e Chiesa". *Archivio Giuridico Filippo Serafini,* (119), 1-31; (1957). *Pagine sparse di diritto e storiografia,* Giuffrè, 69-99, elaborado como crítica al formalismo de CHECCHINI, A. (1937). *Introduzione dommatica al diritto ecclesiastico italiano,* CEDAM.

7 "The words that were historically employed to classify these models [the models of European Ecclesiastical Law] today lack a precise meaning, or, at least, they are not so clear as in former times" [IBÁN, I. C. (2003). "Concordats in the European Union: A relic from the past or a valid instrument for the XXI century?" *Canon Law, Consultation and Consolation. Monsignor W. Onclin Chair 2003,* Peeters, 119-120].

8 En este sentido vid. VITALE, A. (1996). *Corso di diritto ecclesiastico. Ordinamento giuridico e interessi religiosi,* 8.ª edición, Giuffrè, 29-37; WOEHRLING, J. M. (2003). "Les principes fondamentaux du droit des religions". *Traité de droit français des religions,* Litec, 40-57, donde se concluye que el reconocimiento y aplicación de los principios ha transformado el *Derecho de las religiones* al otorgar una primacía indiscutible a la eficacia y garantía de la libertad religiosa y de la no discriminación por motivos religiosos en las relaciones privadas.

un contenido jurídico, son un criterio para la resolución de problemas y conflictos, pues informan la aplicación e interpretación de las normas en los supuestos concretos planteados en la práctica. Los principios sintetizan los valores esenciales presentes en cada ordenamiento y constituyen un límite infranqueable para las diferentes políticas legislativas en materia religiosa[9]. Son, en definitiva, la atmósfera en la que respiran jurídicamente legisladores y jueces[10].

De acuerdo con la descripción que venimos efectuando, no es impreciso afirmar que las clasificaciones de los modelos de relaciones Iglesia-Estado responden a elaboraciones teóricas, pese a que se proyecten sobre Estados concretos en un momento determinado. Esto explica que existan variaciones de unos autores a otros y que no se encuentre una única formulación. La clasificación más habitual en la literatura jurídica reciente a nivel europeo es la que hace referencia a los siguientes tres modelos: sistemas con una iglesia oficial o reconocida, sistemas separatistas y sistemas híbridos o cooperacionistas[11]. Entre los modelos actuales no se suele citar el sistema de *ateísmo*, que fue abandonado en Europa a raíz de la caída del muro de Berlín, el conflicto de los Balcanes y la desaparición de la Unión Soviética. Dentro de los que hemos denominado sistemas con una iglesia oficial o reconocida, se debe distinguir entre modelos protestantes (Iglesias de Estado o Iglesias estable-

---

9 Sobre la operatividad de los principios como fuente del Derecho en el Estado constitucional vid. por todos ZAGREBELSKI, G. (1997). *El derecho dúctil,* Trotta, 109-130; PRIETO SANCHÍS, L. (1998). *Ley, principios, derechos,* Dykinson, 47-68.

10 La paternidad de la metáfora corresponde al magistrado Delgado Barrio, ponente de la Sentencia del Tribunal Supremo de 1 de diciembre de 1986, en la que se refiere a los principios generales del Derecho como "la atmósfera en la que respiramos jurídicamente".

11 DOE, N. (2011). *Law and Religion in Europe,* Oxford University Press, 28-39.

cidas), católicos (Estados confesionales) y ortodoxos (iglesias predominantes)[12].

Al responder a construcciones doctrinales, todas estas categorías tienen un valor relativo y su utilidad práctica, desde el punto de vista jurídico, es reducida. Ello explica la pluralidad de términos para referirse a los modelos[13], de donde se desprende la conclusión de que no se trata de conceptos jurídicos precisos. Son nociones que sirven, sobre todo, para describir los rasgos principales de cada Estado y ordenar a los países en función de sus características preponderantes y su tradición histórica. Pero de la calificación de un determinado Estado como separatista, confesional o cooperacionista no se siguen unas precisas y uniformes consecuencias en el orden jurídico que sean comunes a todos los países que son incluidos en esa categoría. El tratamiento jurídico de la religión en cada sistema jurídico nacional cuenta con múltiples matices y peculiaridades fruto del devenir histórico, de coyunturas políticas y de las exigencias sociales de cada momento.

La primera razón por la cual la virtualidad práctica de la clasificación de los sistemas de relaciones entre las confesiones religiosas y los Estados es limitada se debe a que ninguno de ellos se da en estado puro, de forma perfecta, en la realidad. En muchos Estados europeos conviven elementos definitorios de cada uno de los diferentes modelos mencionados. Así, a la vez que el Estado otorga una posición jurídica particular a un concreto grupo religioso, pone en marcha políticas de cooperación

---

12 "Church-State relations in the world of Eastern Orthodoxy are collectively quite distinctive, relative to both Catholic and Protestant patters". MADELEY, J. (2003). "A framework for the comparative analysis of church-state relations in Europe". *West European Politics*, (26), 23-50.

13 A veces, se habla de *cooperative model, establishment model, and endorsement model*: WEILER, J.H.H. (2013). "Freedom of Religion and Freedom from Religion: The European Model". *Maine Law Review*, (65), 760.

con varias confesiones religiosas, adopta políticas de separación que limitan la manifestación pública de las creencias religiosas, o adopta normas que interfieren en la autonomía confesional y que suponen un retorno a un regalismo de nuevo cuño.

La segunda razón que explica ese valor relativo de las categorías teórico-descriptivas es la influencia o peso de la historia. Los modelos son fruto de una evolución singular que, en muchas ocasiones, está vinculada con el nacimiento y consolidación de cada Estado. La religión ha desempeñado históricamente un papel muy relevante como factor de identidad nacional, que se mantiene, aunque con menor intensidad, en la actualidad[14]. La propia configuración del derecho fundamental de libertad religiosa en Europa hunde sus raíces en la Paz de Augsburgo (1555) y en la Paz de Westfalia (1648), de donde emana una noción de tolerancia religiosa como garantía de convivencia pacífica y de respeto a las creencias de todas las personas, que sería el germen de la moderna libertad de creencias.

Un buen ejemplo de lo que se viene comentando es el caso francés, típico modelo separatista en las clasificaciones teóricas. La Ley de Separación de 1905, entre otras medidas, prohíbe la financiación pública de las confesiones religiosas y la enseñanza de la religión está excluida de la escuela. Sin embargo, el ordenamiento francés contempla la asistencia religiosa en establecimientos públicos (ejército, hospitales, prisiones, centros docentes) y el Estado asume los costes de los ministros de culto, los cuales, además, están incluidos en el sistema público de seguridad social. La normativa tributaria prevé exenciones fiscales para inmuebles destinados a fines religiosos y la normativa de mecenazgo incentiva las donaciones a grupos religiosos. A todo ello se suma la vigencia del Concordato de 1801 en

---

14 MADELEY, J. (2003). "A Framework for the Comparative Analysis of Church-State Relations in Europe", cit., 23-50.

Alsacia y Mosela, donde se mantiene un modelo de cultos reconocidos por el Estado[15]. En un mismo ordenamiento conviven elementos separatistas, cooperacionistas, tratos singularizados para unas determinadas confesiones religiosas y políticas jurisdiccionalistas del Estado, algunas de ellas de reciente implantación con base en la protección del orden público[16].

III. LA AUSENCIA DE UN MODELO ÚNICO EUROPEO

La confluencia de las circunstancias históricas con los elementos de identidad explica la afirmación de que "existen muchos modelos europeos de tratamiento jurídico de la religión"[17]. Tulkens, jueza del Tribunal Europeo de Derechos Humanos, se ha referido a esa diversidad con las siguientes palabras:

> "Por lo que se refiere a las relaciones religión-Estado, nos encontramos en Europa con modelos jurídicos muy diversos: desde un extremo (confusión de Iglesia y Estado con una Iglesia nacional en Gran Bretaña, Dinamarca y Grecia) hasta el otro (separación completa o moderada de la Iglesia y el Estado bajo el concepto de laicidad en Turquía, de laicidad en Fran-

---

15 Para una aproximación general al modelo francés vid. MESSNER, F. (2019). "State and Church in France". *State and Church in the European Union,* Nomos, 213-237.

16 Vid. MESSNER, F. (2022). "Conforter la «laïcité» et organiser les cultes. Un paradoxe français. La Loi du 24 aout 2021". *Anuario de Derecho Eclesiástico del Estado,* (38), 587-608.

17 FERRARI, A. (2022). "Human Rights and the Osmosis between Secular and Religious Legal Systems. The Post- modern European Right to Freedom of Religion through the Prism of the Islamic Veil". *Religious Diversity, State, and Law. National, Transnational and International Challenges,* Brill Nijhoff, 25. Traducción propia.

> cia o de neutralidad en Bélgica), siendo todos ellos términos muy ambiguos"[18].

Esa pluralidad de aproximaciones jurídicas al hecho religioso es, probablemente, uno de los factores que más han influido en la decisión de la Unión Europea de respetar y no prejuzgar el estatuto jurídico que cada Estado miembro confiere a las confesiones religiosas, *ex* artículo 17.1 del Tratado de Funcionamiento de la Unión Europea. Esta formulación, que como es sabido apareció por primera vez como una Declaración Anexa al Tratado de Ámsterdam de 1997, está incorporada al máximo nivel normativo en el Derecho de la Unión desde la entrada en vigor en 2009 del Tratado de Lisboa.

El contenido del citado precepto permite concluir que la Unión Europea renuncia a imponer un modelo común de relaciones entre el Estado y las religiones. Es más, se abstiene de realizar un juicio de valor sobre qué sistema es más adecuado, dado que *respeta* y *no prejuzga*. Eso no quiere decir que la Unión renuncie a regular temas relativos a la religión, pues tiene competencia sobre varias materias en las que son relevantes las creencias religiosas o la actuación de grupos confesionales. Así, el compromiso de la Unión Europea con la protección de los derechos humanos y con la prohibición de discriminación conlleva que proteja la libertad de la persona de elegir libremente sus creencias, de manifestarlas en privado y en público y de actuar conforme a ellas. Igualmente, la prohibición de discriminación, tanto directa como indirecta, por razón de religión es un principio general que se proyecta sobre diversos ámbitos del Derecho de la Unión, entre los que destacan las relaciones de trabajo.

---

[18] TULKENS, F. (2009). "The European Convention on Human Rights and Church-State Relations: Pluralism vs. Pluralism". *Cardozo Law Review*, (30), 2577. Traducción propia.

El Tribunal de Justicia de la Unión Europea ha explicado que si bien el artículo 17, apartado 1, del Tratado de Funcionamiento expresa la neutralidad de la Unión respecto a la organización, por parte de los Estados miembros, de sus relaciones con las Iglesias y asociaciones o comunidades religiosas, esta disposición no puede invocarse para sustraer, con carácter general, del ámbito de aplicación del Derecho de la Unión la actividad ejercida por Iglesias o asociaciones o comunidades religiosas cuando ésta consista en la prestación de servicios a cambio de una remuneración en un mercado[19]. La opinión del abogado general Emiliou, presentada el 7 de julio de 2022, expresa con claridad el alcance de las palabras *respetar* y no *prejuzgar*, que dista de una incompetencia de la Unión en la materia que nos ocupa:

> "de dicha disposición no se deduce que las relaciones entre las comunidades religiosas y un Estado miembro estén totalmente exentas de toda revisión de su conformidad con el Derecho de la Unión «en cualquier circunstancia» (...) Dicho de otra manera, según lo expresó el Abogado General Bobek, el artículo 17 TFUE, apartado 1, no se puede entender como una «exención en bloque» de toda materia que afecte a una comunidad religiosa y a su relación con las autoridades nacionales (...) De hecho, el Tribunal de Justicia ha declarado que no cabe invocar el artículo 17 TFUE, apartado 1, para eludir el cumplimiento, entre otras, de las normas de la Unión sobre igualdad de trato en materia de empleo y ocupación (...) o sobre protección de los datos personales".

La posición de la Unión Europea respecto a las relaciones entre el Estado y las confesiones religiosas es similar a la adop-

---

19 Asunto *Freikirche der Siebenten-Tags-Adventisten in Deutschland KdöR* (C-372/21), de 2 de febrero de 2023, párrafo 19. Sobre esta cuestión remitimos a MARTÍN GARCÍA, M. (2023). "Una aproximación a la interpretación del artículo 17 del Tratado de funcionamiento de la Unión Europea por parte del Tribunal de Luxemburgo". *Derecho, religión y política en la sociedad digital*, Comares, 111-132.

tada por el Tribunal Europeo de Derechos Humanos en el marco del Convenio de Roma de 1950. El Tribunal de Estrasburgo ha afirmado reiteradamente que cuando están en juego cuestiones relativas a la relación entre el Estado y las religiones, sobre las que la opinión en una sociedad democrática puede razonablemente diferir mucho, debe darse especial importancia al papel del órgano decisorio nacional. Es el caso, por ejemplo, de la regulación del uso de símbolos religiosos en las instituciones educativas, dada la diversidad de enfoques adoptados por las autoridades nacionales sobre la cuestión. No es posible discernir en toda Europa una concepción uniforme del significado de la religión en la sociedad. El impacto de la expresión pública de una creencia religiosa difiere según el momento y el contexto. Por consiguiente, para el Tribunal Europeo de Derechos Humanos las normas en este ámbito variarán de un país a otro en función de las tradiciones nacionales y de las exigencias impuestas por la necesidad de proteger los derechos y libertades de los demás y de mantener el orden público. En consecuencia, la elección del alcance y la forma que deben adoptar dichas normas debe dejarse inevitablemente en manos de cada Estado, ya que dependerá del contexto nacional[20].

En coherencia con este enfoque, el Tribunal Europeo de Derechos Humanos mantiene un reconocimiento amplio del margen de apreciación de los Estados en los temas relativos al hecho religioso, aunque de esta postura no cabe extraer la conclusión de que no exista una supervisión y control sobre las actuaciones nacionales[21]:

---

[20] Seguimos las afirmaciones expresadas en el asunto *Leyla Şahin c. Turquía*, de 10 de noviembre de 2005, párrafo 109.

[21] Vid. EVANS, M. y PETKOFF, P. (2019). "Marginal Neutrality – Neutrality and the Margin of Appreciation in the Jurisprudence of the European Court of Human Rights". *The European Court of Human Rights and the Freedom of Religion or Belief: The 25 Years since Kokkinakis*, Brill Nijhoff, 128-152.

> "El Tribunal ha dejado sistemáticamente a los Estados contratantes un cierto margen de apreciación a la hora de evaluar la existencia y el alcance de la necesidad de una injerencia, pero este margen está sujeto a la supervisión europea, que abarca tanto la legislación como las decisiones que la aplican. La tarea del Tribunal consiste en determinar si las medidas adoptadas a nivel nacional estaban justificadas en principio y eran proporcionadas"[22].

IV. NOTAS COMUNES A LOS DISTINTOS MODELOS DE RELACIONES ENTRE LOS PODERES PÚBLICOS Y LAS CONFESIONES RELIGIOSAS

De la exposición realizada se pueden extraer tres conclusiones: a) hay diferentes categorías de modelos de relaciones Estado-religión en Europa; b) dentro de cada modelo existen diferencias y particularidades; c) tanto la Unión Europea como el Tribunal Europeo de Derechos Humanos tienen competencia para supervisar los modelos nacionales y velar por el respeto a las normas de la Unión y a las libertades públicas garantizadas por el Convenio Europeo de Derechos Humanos.

La eficacia del Derecho de la Unión Europea y las obligaciones derivadas del Convenio de Roma para los Estados parte, así como de otros instrumentos internacionales de protección de los derechos humanos, hacen que existan unos elementos comunes a los diferentes modelos. Elementos que están presentes tanto en los sistemas de Iglesia de Estado o confesionalidad, en los de separación y en los de cooperación.

El primer elemento es el reconocimiento del derecho fundamental de libertad religiosa. Derecho que protege todo tipo

---

[22] Asunto *Manoussakis y otros c. Grecia,* de 26 de septiembre de 1996, párrafo 44.

de creencias y convicciones, siempre que tengan un mínimo de coherencia, estabilidad y seriedad, y que protege no solo a los creyentes, sino también a los ateos, los agnósticos y los indiferentes. Además, este derecho no se refiere en exclusiva al *forum internum*, la protección de un espacio de autonomía y libertad de la persona, sino también al *forum externum*, el derecho a manifestar las creencias en público y en privado y a actuar conforme a ellas. Ello excluye los sistemas de tolerancia que se limiten a respetar las creencias de cada persona en el ámbito estrictamente privado, pues todas las manifestaciones de religiosidad tienen derecho a expresarse en la esfera pública, con el único límite del orden público.

El segundo elemento es la garantía de la igualdad y no discriminación por razón de religión. La prohibición de discriminación es un valor esencial del derecho de la Unión Europea, al que están sujetos los modelos naciones de relaciones entre el Estado y las religiones[23], y, como ha afirmado el Tribunal Europeo de Derechos Humanos, constituye un *principio fundamental* del Convenio Europeo de Derechos Humanos[24].

El tercer elemento es la cooperación entre los poderes públicos y las confesiones religiosas. En el Derecho de la Unión Europea, el artículo 17.3 del Tratado de Funcionamiento dispone que, reconociendo su identidad y su aportación específica, la Unión mantendrá un diálogo abierto, transparente y regular con dichas iglesias y organizaciones. Este diálogo se traduce en relaciones de cooperación, en un mutuo entendi-

---

23 AHLM, E. (2021). "An EU Law and Religion – A Recent Development". *Canopy Forum on the Interactions of Law & Religion*. https://canopyforum.org/tag/emma-ahlm/. Recuperado el 6 de mayo de 2024.

24 Cfr. los asuntos *S.A.S. c. Francia*, de 1 de julio de 2014, párrafo 149, y *Străin y otros c. Rumanía*, de 21 de julio de 2005, párrafo 59.

miento para canalizar las obligaciones positivas que incumben a los Estados para garantizar la libertad e igualdad religiosa[25].

Por último, el cuarto elemento es la neutralidad e imparcialidad de los poderes públicos frente a la religión. El Tribunal Europeo de Derechos Humanos ha reiterado en varias ocasiones que el deber del Estado de neutralidad e imparcialidad es incompatible con toda potestad del Estado para valorar la legitimidad de las creencias religiosas o las formas de expresión de esas creencias[26].

V. LA DINÁMICA Y EVOLUCIÓN DE LOS MODELOS Y SU CONTRIBUCIÓN AL MANTENIMIENTO DE LA CONVIVENCIA PACÍFICA

La estrecha vinculación de los sistemas de relaciones entre el Estado y la religión con elementos que conforman la identidad propia de cada nación hace inviable la imposición desde instancias supranacionales de un modelo común al que hayan de acomodarse todos los Estados. Por una parte, no estaría claro cuál sería ese modelo teórico ideal que vendría a sustituir a los sistemas en vigor. Por otra parte, esa pretensión supondría un ataque a la tradición constitucional de cada Estado, que forma parte de las bases de la Unión Europea. Por tanto, bajo unos elementos comunes —libertad religiosa, igualdad, cooperación y neutralidad— los sistemas se caracterizan por su diversidad.

Existen dos relaciones dialécticas en los modelos: la mencionada entre *elementos comunes* y *diversidad*, y la que se da en-

---

25 Asunto *Osmanoğlu y Kocabaş c. Suiza*, de 10 de abril de 2017, párrafo 86.

26 Asunto *Eweida y otros c. Reino Unido*, de 15 de enero de 2013, párrafo 81, con amplias referencias.

tre *tradición* y *evolución*. Cada modelo está definido al máximo nivel normativo, en normas de rango constitucional o de carácter fundacional, bajo principios que gozan de arraigo y estabilidad. Pero eso no impide su permanente evolución para alinearse con los cambios sociales y el progreso de los derechos humanos. Las novedades legislativas se suceden para dar respuesta a nuevas demandas y sensibilidades y los tribunales desarrollan interpretaciones que acomodan los principios constitucionales a los desafíos de la sociedad y a los espacios y ámbitos de libertad que emergen, así como a las amenazas contra el orden público.

Esta evolución no está basada en una tendencia unificadora, sino que su paradigma es la armonización de los modelos para garantizar una convivencia pacífica en las sociedades secularizadas y multiculturales de nuestros días que otorgan un gran peso a la libre autodeterminación individual.

En este contexto, cabe plantearse si los enfoques basados en la tolerancia, la separación y la neutralidad son los más apropiados. El término *tolerancia* evoca una época de una libertad religiosa restringida en la que el Estado otorgaba preponderancia a unas creencias concretas, mientras que el resto quedaban recluidas a la esfera privada. El concepto de *separación*, propio del surgimiento de la libertad religiosa a finales del siglo XVIII en Francia y en Estados Unidos, no es apropiado en el marco de un Estado social obligado a adoptar medidas positivas que permitan el ejercicio de la libertad religiosa en condiciones de igualdad. Por último, la noción de *neutralidad*, muy extendida en la jurisprudencia del Tribunal Europeo de Derechos Humanos, supone una utopía y corre el riesgo de ser interpretada como equivalente a ausencia del factor religioso en los espacios públicos[27].

---

27 EVANS, M. (2022). "State Neutrality and Religion in Europe: What's the Prospect?". *Oxford Journal of Law and Religion*, (11), 4-22.

De hecho, el Tribunal de Justicia de la Unión Europea parece defender esta postura. En el asunto C-148/22, Gran Sala, de 28 noviembre de 2023, analiza la prohibición impuesta por un ayuntamiento a sus trabajadores de llevar cualquier signo visible que pudiera revelar su pertenencia a una corriente ideológica o filosófica o sus convicciones políticas o religiosas[28]. El Tribunal admite que una norma que excluye toda expresión religiosa del lugar de trabajo es susceptible de producir una discriminación indirecta, salvo que exista un legítimo interés y garantice la correcta aplicación de la finalidad perseguida por el empresario. Ahora bien, considera que la "neutralidad exclusiva" del lugar de trabajo es un objetivo legítimo. Para que este objetivo no provoque discriminaciones, se ha de perseguir de forma congruente y sistemática y la prohibición de llevar cualquier signo visible de convicciones, en particular, filosóficas y religiosas, se ha de limitar a lo estrictamente necesario. El órgano judicial afirma que la finalidad legítima consistente en garantizar, mediante un régimen de "neutralidad exclusiva", un entorno administrativo totalmente neutro solo puede perseguirse eficazmente si no se admite ninguna manifestación visible de convicciones, en particular filosóficas o religiosas, cuando los trabajadores estén en contacto con los usuarios del servicio público o estén en contacto entre ellos, puesto que el hecho de llevar cualquier signo, incluso pequeño, pone en peligro la aptitud de la medida para alcanzar la finalidad supuestamente perseguida y pone en entredicho la propia congruencia de ese régimen.

---

[28] Vid. GONZÁLEZ SÁNCHEZ, M. (2024). "Las Administraciones públicas, como las empresas privadas, pueden prohibir el uso de símbolos religiosos a sus empleados: Sentencia del Tribunal de Justicia, Gran Sala, de 28 de noviembre de 2023, asunto C-148/22: OP v. Ayuntamiento de An". *La Ley Unión Europea*, (122).

A nuestro juicio, la posición de base del Tribunal de Justicia de la Unión Europea no valora correctamente la dimensión externa del derecho de libertad religiosa y confiere a la neutralidad un enfoque cuya aplicación produce situaciones discriminatorias para las creencias religiosas[29]. El excluir todo símbolo religioso del ámbito de una empresa o de un espacio público, más que una postura de no tomar partido por ninguna creencia religiosa, implica abogar abiertamente por eliminar las expresiones propias del derecho de libertad religiosa. Es más neutral permitir que cada persona exprese libremente sus creencias, seas éstas cuales sean, lo cual es una muestra de una verdadera neutralidad ante las manifestaciones de religiosidad que existen en la sociedad.

Los Estados son portadores de obligaciones con respecto a la ciudadanía y asumen unos valores esenciales que les impiden ser neutrales, si se entiende esa aproximación como una política que elimine todo tratamiento singularizado del hecho religioso y permita excluir la expresión de las creencias de los espacios públicos. La responsabilidad de los poderes públicos es la de facilitar el libre ejercicio de la libertad religiosa, tanto en su dimensión individual como colectiva, velando por el límite del orden público. Para ello han de actuar con justicia y equidad y sobre la base del diálogo con los grupos religiosos. Por tales motivos, basar los modelos en las ideas de *libertad*, *diálogo* y *cooperación* es más oportuno que elevar la neutralidad a criterio rector.

---

29 Así lo expusimos en RODRÍGUEZ BLANCO, M. (2017). "La neutralidad del empresario como límite a la libertad religiosa del trabajador (Comentario a las sentencias de la Gran Sala del Tribunal de Justicia de la Unión Europea de 14 de marzo de 2017)". *Foro. Revista de Ciencias Jurídicas y Sociales*, (20), 383-397.

VI. CONCLUSIONES

Los modelos tradicionales de relaciones entre Estado y religión no son una herramienta válida para abordar la simbiosis entre las normas seculares y religiosas en las sociedades líquidas y posmodernas del siglo XXI[30]. Su utilidad radica únicamente es describir los rasgos más característicos de cada Estado en sus relaciones con el hecho religioso, pero de ellos no cabe extraer concretas consecuencias en el plano jurídico.

Todos estos modelos se han de acomodar a las exigencias derivadas de la libertad religiosa, la igualdad, las obligaciones positivas de los poderes públicos para garantizar los derechos humanos y el respeto a las manifestaciones de religiosidad presentes en la sociedad. El objetivo es conjugar historia y tradición con secularización, diversidad y pluralismo[31].

A tal fin, no parece útil rescatar los viejos paradigmas de la separación y recluir la religión en la esfera meramente privada sobre postulados basados en una idea de neutralidad como equivalente a ausencia de manifestaciones religiosas. Tampoco reconocer a unas concretas religiones como las propias del Estado con exclusión de las demás. La garantía de la libertad religiosa exige la cooperación con las confesiones religiosas, porque el diálogo es la base para el establecimiento de unas normas que respeten la libertad religiosa y para evitar la intromisión del poder secular en aspectos internos amparados por la autonomía de los grupos religiosos.

---

30 PALOMINO, R. (2023). "Los modelos de relación religión-Estado. Pervivencia de un instrumento de estudio en la era postsecular". *Estudios eclesiásticos: Revista de investigación e información teológica y canónica,* (98), 769-793.

31 Para un desarrollo de estas ideas vid. McCREA, R. (2010). *Religion and the Public Order of the European Union,* Oxford University Press, 16-46.

REFERENCIAS BIBLIOGRÁFICAS

AHLM, E. (2021). "An EU Law and Religion – A Recent Development". *Canopy Forum on the Interactions of Law & Religion.* https://canopyforum.org/tag/emma-ahlm/. Recuperado el 6 de mayo de 2024.

CAPUTO, G. (1967). *Il problema della qualificazione giuridica dello Stato in materia religiosa,* Giuffrè.

CHECCHINI, A. (1937). *Introduzione dommatica al diritto ecclesiastico italiano,* CEDAM.

DE LUCA, L. (1963). "Diritto ecclesiastico e sentimento religioso". *Raccolta di scritti in onore di Arturo Carlo Jemolo,* vol. I, Tomo I, Giuffrè, 391-421.

DE LUCA, L. (1967). "La qualifica dello Stato in materia religiosa". *La legislazione ecclesiastica,* Giuffrè, 325-356.

DOE, N. (2011). *Law and Religion in Europe,* Oxford University Press.

EVANS, M. (2022). "State Neutrality and Religion in Europe: What's the Prospect?". *Oxford Journal of Law and Religion,* (11), 4-22.

EVANS, M. y PETKOFF, P. (2019). "Marginal Neutrality – Neutrality and the Margin of Appreciation in the Jurisprudence of the European Court of Human Rights". *The European Court of Human Rights and the Freedom of Religion or Belief: The 25 Years since Kokkinakis,* Brill Nijhoff, 128-152.

FERRARI, A. (2022). "Human Rights and the Osmosis between Secular and Religious Legal Systems. The Post- modern European Right to Freedom of Religion through the Prism of the Islamic Veil". *Religious Diversity, State, and Law. National, Transnational and International Challenges,* Brill Nijhoff, 23-53.

FERRARI, S. (2005). "Religion and Security in Europe After September 11: A Gloomy Perspective?" *Quaderni di diritto e politica ecclesiastica,* (1), 161-184.

GONZÁLEZ SÁNCHEZ, M. (2024). "Las Administraciones públicas, como las empresas privadas, pueden prohibir el uso de símbolos religiosos a sus empleados: Sentencia del Tribunal de Justicia, Gran Sala, de 28 de noviembre de 2023, asunto C-148/22: OP v. Ayuntamiento de An". *La Ley Unión Europea,* (122).

IBÁN, I. C. (2003). "Concordats in the European Union: A relic from the past or a valid instrument for the XXI century?". *Canon Law, Consultation and Consolation. Monsignor W. Onclin Chair 2003,* Peeters.

JEMOLO, A. C. (1938). "La classifica dei rapporti fra Stato e Chiesa". *Archivio Giuridico Filippo Serafini,* (119), 1-31.

JEMOLO, A. C. (1957). *Pagine sparse di diritto e storiografia,* Giuffrè.

MADELEY, J. (2003). "A framework for the comparative analysis of church-state relations in Europe". *West European Politics,* (26), 23-50.

MARGIOTTA BROGLIO, F. (1963). "La qualificazione giuridica delle relazioni fra lo Stato italiano e la Chiesa Cattolica". *Archivio Giuridico Filippo Serafini,* (165), 53-110.

MARTÍN GARCÍA, M. (2023). "Una aproximación a la interpretación del artículo 17 del Tratado de funcionamiento de la Unión Europea por parte del Tribunal de Luxemburgo". *Derecho, religión y política en la sociedad digital,* Comares, 111-132.

McCREA, R. (2010). *Religion and the Public Order of the European Union,* Oxford University Press.

MESSNER, F. (2019). "State and Church in France". *State and Church in the European Union,* Nomos, 213-237.

MESSNER, F. (2022). "Conforter la «laïcité» et organiser les cultes. Un paradoxe français. La Loi du 24 aout 2021". *Anuario de Derecho Eclesiástico del Estado,* (38), 587-608.

NAVARRO-VALLS, R. (1993). "Los Estados frente a la Iglesia". *Anuario de Derecho Eclesiástico del Estado,* (9), 17-52.

PALOMINO, R. (2023). "Los modelos de relación religión-Estado. Pervivencia de un instrumento de estudio en la era postsecular". *Estudios eclesiásticos: Revista de investigación e información teológica y canónica,* (98), 769-793.

PRIETO SANCHÍS, L. (1998). *Ley, principios, derechos,* Dykinson.

RICCA, M. (2002). "Critica istituzionale attraverso le regole: libertà religiosa e indirizzo giuspositivistico nella dottrina ecclesiasticistica italiana del secondo dopoguerra". *La libertà religiosa,* Rubbettino.

RODRÍGUEZ BLANCO, M. (2017). "La neutralidad del empresario como límite a la libertad religiosa del trabajador (Comentario a las sentencias de la Gran Sala del Tribunal de Justicia de la Unión Europea de 14 de marzo de 2017)". *Foro. Revista de Ciencias Jurídicas y Sociales,* (20), 383-397.

TULKENS, F. (2009). "The European Convention on Human Rights and Church-State Relations: Pluralism vs. Pluralism". *Cardozo Law Review,* (30), 2575-2592.

VITALE, A. (1996). *Corso di diritto ecclesiastico. Ordinamento giuridico e interessi religiosi,* 8.ª edición, Giuffrè.

WEILER, J. H. H. (2013). "Freedom of Religion and Freedom from Religion: The European Model". *Maine Law Review*, (65).

WOEHRLING, J. M. (2003). "Les principes fondamentaux du droit des religions". *Traité de droit français des religions*, Litec.

ZAGREBELSKI, G. (1997). *El derecho dúctil*, Trotta.

Capítulo 2.

TRES PRINCIPIOS BÁSICOS EN EL TRATAMIENTO DEL FACTOR RELIGIOSO EN LA UNIÓN EUROPEA: RESPETO DEL MARCO COMPETENCIAL, PROTECCIÓN DE LA LIBERTAD RELIGIOSA Y LUCHA CONTRA LA DISCRIMINACIÓN POR RAZÓN DE RELIGIÓN O CONVICCIONES

JUAN GONZÁLEZ AYESTA
Universidad de Oviedo (UNIOVI)

religioso y posicionamientos del TJUE en casos recientes sobre discriminación por razón de religión. VI. VALORACIONES CONCLUSIVAS.

I. INTRODUCCIÓN

La Unión Europea es una organización supranacional, resultado de un complejo proceso de integración desarrollado a lo largo de varias décadas. Hoy día, son múltiples las disposiciones de su Derecho en las que se tocan aspectos relacionados con el fenómeno religioso y sus manifestaciones en el ámbito social. Además, en los últimos años, se ha incrementado de manera relevante el número de sentencias dictadas por el Tribunal de Justicia de la Unión (en adelante, TJUE o el Tribunal de Justicia) en asuntos directamente relacionados con la materia religiosa. Sobre este trasfondo, el presente trabajo pretende resaltar algunos elementos, que, a modo de principios básicos, permitan encuadrar el tratamiento del factor social religioso en el actual momento del desarrollo histórico de la Unión. Tales principios, según ya se desprende del título del estudio, son tres: el respeto del marco competencial de la propia Unión; la protección de la libertad de pensamiento, conciencia y religión, es decir, de lo que más sencillamente solemos designar como libertad religiosa; y, finalmente, la lucha contra cualquier forma de discriminación por razón de la religión o las convicciones.

Indudablemente, hay otros varios elementos que podrían ser traídos a colación, como el respeto de los modelos de relación Iglesia-Estado de los Estados miembros; la neutralidad en materia religiosa de la Unión y sus Instituciones; o la disposición al diálogo abierto, trasparente y positivo de ésta con las iglesias y comunidades religiosas, por citar solo algunos ejemplos[1]. Sin embargo, los tres principios anteriormente señalados –respeto del marco competencial, protección de la libertad religiosa y lucha contra la discriminación por razón de religión o convicciones— revisten, a mi juicio, una singular trascendencia, por cuanto permiten establecer unas ciertas coordenadas de fondo, dentro de las cuales enmarcar buena parte de las cuestiones actualmente relacionadas con nuestra materia. Se trata, en definitiva, de dar una cierta visión de conjunto, focalizada en unos pocos aspectos clave.

Para abordar el objetivo indicado, procederemos de la siguiente manera: tras esta introducción (apartado 1), haremos una breve referencia a las características esenciales de la Unión como organización supranacional y a su arquitectura institucional (apartado 2); después, nos adentraremos en las competencias de la Unión y en su proyección al particular ámbito que nos ocupa (apartado 3); seguidamente, trataremos de respeto a la libertad religiosa, en el marco de los valores de la Unión (apartado 4); abordaremos luego, en conexión con ese mismo trasfondo, lo referido a la lucha contra la discriminación por razón de religión o convicciones (apartado 5); finalmente, concluiremos con unas valoraciones finales, a modo de conclusiones (apartado 6).

---

1 A este respecto, pueden verse las consideraciones que, en este mismo libro, hace Sánchez Llavero, en su estudio sobre el "Análisis de la normativa de Derecho Eclesiástico en la Unión Europea" y, en particular, cuanto dice en el apartado dedicado a los *Principios del Derecho sobre libertad religiosa establecidos por el TJUE*, con la bibliografía allí citada.

II. LA UNIÓN EUROPEA COMO ORGANIZACIÓN SUPRANACIONAL

La Unión Europea aparece hoy día como una singular organización supranacional, formada por veintisiete Estados europeos, que cuenta con competencias, instituciones y un Derecho propio. Una de sus principales peculiaridades es que, si bien su origen y desarrollo se ha llevado a cabo a través de tratados entre los Estados miembros —aspecto que comparte con las organizaciones internacionales tradicionales o clásicas— estos últimos han cedido parte de su soberanía en favor de aquella[2].

No puede desde luego afirmarse que la Unión Europea sea un Estado, puesto que en su actual estadio de evolución no lo es[3]. En cambio, sí puede sostenerse que presenta algunos rasgos más propios de un Estado que de una organización internacional: por un lado, ya que en otras organizaciones interna-

---

2 Cfr. arts. 1 y 4.2 del Tratado de la Unión Europea (en adelante TUE). Usaré la Versión consolidada, publicada en el *Diario Oficial de la Unión Europea* el 26 de octubre de 2012.

3 Resultan inequívocas al respecto las afirmaciones del Tribunal de Justicia de la Unión, hechas en el Dictamen elaborado a solicitud de la Comisión, con ocasión de la proyectada adhesión de la propia Unión Europea al *Convenio Europeo de Derechos Humanos*: "contrariamente a cualquier otra Parte Contratante [del CEDH], la Unión, desde el punto de vista del Derecho internacional, no puede, por su propia naturaleza, ser considerada un Estado" (*Dictamen 2/13 del Tribunal de Justicia*, de 18 de diciembre de 2014, sobre "Adhesión de la Unión Europea al Convenio Europeo para la Protección de los Derechos Humanos y de las Libertades Fundamentales", n. 156; TOL4.631.586). Por lo que respecta a la evolución histórica de la Unión, una interesante síntesis puede encontrarse en: ALLUÉ BUIZA, A. (2017). "Evolución histórica de la integración europea". *Derecho Básico de la Unión Europea*. Comares, pp. 25-68. Para una exposición más amplia, en clave no primordialmente jurídica, sino histórico-política, vid. GILBER, M. (2012). *European Integration: A Concise History*. Rowman&Littlefield.

cionales basadas en la cooperación o el desarrollo, el grado de integración entre los Estados miembros es mucho menor que en la Unión Europea; por otro lado, ya que aquéllas carecen de ámbitos propios de competencias sobre los que legislar y no cuentan con un propio ordenamiento; finalmente, porque las instituciones propias de la Unión Europea —por ejemplo, la Comisión Europea o el Tribunal de Justicia— pueden adoptar decisiones vinculantes para los Estados miembros, a diferencia de lo que sucede en otras organizaciones internacionales, donde los Estados conservan íntegra su soberanía y actúan con mayores ámbitos de autonomía. De este modo, la Unión se encuadra en lo que pueden denominarse organizaciones internacionales de integración o unificación, que están a caballo entre las organizaciones internacionales clásicas y el modelo propio de los Estados Federales[4].

Dejando aparte las competencias, que serán objeto de un examen específico en el siguiente apartado, interesa ahora mencionar únicamente tres aspectos, muy conectados entre sí y de los que en parte ya hemos venido hablando, en los que se refleja ese carácter supranacional de la Unión Europea:

1°) La Unión es un sujeto distinto de sus miembros, dotado, como ya hemos mencionado, de personalidad jurídica, y que cuenta con unos fines propios y unos valores sobre los que descansa. Los fines están recogidos en el artículo 3 del Tratado de la Unión y podemos ahora destacar dos en particular: por un lado, que la Unión se encamina a la promoción de la paz, de sus propios valores y del bienestar de sus pueblos; por otro lado, que la Unión combatirá la discriminación y la exclusión,

---

4 Cfr. DIEZ DE VELASCO VALLEJO, M. (2010). *Las organizaciones internacionales*. 16ª ed. Tecnos, p. 53; SOBRINO HEREDIA, J.M. (2001). "Algunas consideraciones en torno a las nociones de integración y de supranacionalidad". *Anuario da Facultade de Dereito da Universidade da Coruña*, (5), pp. 854-855.

fomentando la justicia y la protección social[5]. Ambos aspectos son importantes a efectos del tema que nos ocupa y sobre ellos volveremos más tarde.

2º) La Unión cuenta, para alcanzar sus fines, con una serie de instituciones propias, a través de las que las ejerce las competencias que se le atribuyen en los Tratados[6]. Entre ellas está el Tribunal de Justicia, al que corresponde ejercer el poder judicial dentro de la Unión, en el marco de sus atribuciones y, por tanto, sin menoscabo de la labor que desempeñan en cada Estado miembros sus respectivos tribunales nacionales[7].

3º) La Unión dispone de un Derecho propio, que no solo es autónomo respecto de los ordenamientos de los Estados miembros, sino que prevalece sobre ellos. Este es otro aspecto que diferencia a la Unión Europea —en cuanto organización

---

5 "La Unión tiene como finalidad promover la paz, sus valores y el bienestar de sus pueblos" (art. 3.1 TUE); "La Unión combatirá la exclusión social y la discriminación y fomentará la justicia y la protección sociales... (art. 3.3 TUE, párrafo segundo).

6 El artículo 13 del Tratado de la Unión menciona siete instituciones: el Parlamento Europeo, el Consejo Europeo, el Consejo, la Comisión Europea, el Tribunal de Justicia de la Unión Europea, el Banco Central y el Tribunal de Cuentas. Una sistemática y actualizada visión de conjunto acerca de cada una de esas siete instituciones de la Unión, con breve referencia a su régimen jurídico, poderes, composición y funcionamiento, puede verse en: SARMIENTO, D. (2024). *Curso de Derecho de la Unión Europea,* Marcial Pons, pp. 62-88.

7 Al Tribunal de Justicia de la Unión Europea le corresponde garantizar el respeto del Derecho en la interpretación y aplicación de los Tratados y, de conformidad con estos, se pronunciará: a) sobre los recursos interpuestos por algún Estado miembro o por una institución o por personas físicas o jurídicas; b) sobre la interpretación del Derecho de la Unión o sobre la validez de los actos adoptados por las instituciones, a petición de los órganos jurisdiccionales nacionales y con carácter prejudicial; c) sobre otros supuestos previstos en los Tratados (cfr. art. 19 TUE).

supranacional— de las clásicas organizaciones internacionales de cooperación o desarrollo; más aún, podría decirse —siguiendo una metáfora empleada por Sobrino Heredia— que ese Derecho de la Unión constituye el verdadero cemento del proceso de construcción europea[8]. Puede pues afirmarse que "los tratados constitutivos de la Unión han creado un nuevo ordenamiento jurídico, dotado de instituciones propias, en favor del cual los Estados han limitado, en ámbitos cada vez más amplios, sus derechos de soberanía"[9].

Sobre este trasfondo, que nos permite tener a la vista algunos aspectos de la configuración de la Unión Europea y de su arquitectura institucional, podemos pasar ya a examinar los tres principios que nos habíamos propuesto tratar, comenzando por el referido al propio marco competencial de la Unión en conexión con la materia que nos ocupa.

III. EL RESPETO DEL MARCO COMPETENCIAL DE LA UNIÓN Y SU PROYECCIÓN SOBRE EL ÁMBITO RELIGIOSO

Según acabamos de señalar la cesión de soberanía por parte de los Estados miembros a la Unión, solo se refiere a ciertos ámbitos y no siempre con la misma intensidad y alcance. Es preciso pues plantearse cómo afecta esto en particular a la materia religiosa y, para ello, procederemos del siguiente modo:

---

8 Cfr. SOBRINO HEREDIA, J.M. (2001). "Algunas consideraciones en torno a las nociones de integración y de supranacionalidad", cit., pp. 856-857. En sentido similar, DIEZ-PICAZO hace notar que la producción sistemática y cotidiana de derecho derivado aparece como medio principal de realización de los fines de la propia Unión (cfr. DIEZ-PICAZO, L.M. (2009). *La naturaleza de la Unión Europea*, Civitas, p. 18).

9 *Dictamen 2/13 del Tribunal de Justicia*, cit., n. 157.

comenzaremos por exponer brevemente en qué consiste el principio de atribución y qué competencias tiene asignadas la Unión (apartado III.1); a la luz de eso, explicaremos por qué la Unión carece de competencias para una ordenación general del factor religioso (apartado III.2); finalmente veremos cuál es entonces la razón por la que la Unión se ocupa de cuestiones sobre esa materia (apartado III.3).

III.1. El principio de atribución y las competencias de la Unión

La Unión Europea solo goza de competencias en aquellas materias en que así lo establecen los Tratados; esto es lo que se conoce como *principio de atribución*, en cuya virtud: "la Unión actúa dentro de los límites de las competencias que le atribuyen los Estados miembros en los Tratados para lograr los objetivos que éstos determinan". Y, en lógica consecuencia, "toda competencia no atribuida a la Unión en los Tratados corresponde a los Estados miembros"[10]. Como es bien sabido, esas competencias están recogidas en el Título I del Tratado de Funcionamiento de la Unión Europea (TOL3.711.558; en adelante, TFUE o el Tratado de Funcionamiento) y son de tres tipos: las *exclusivas*, las *compartidas* y las que pueden designarse como *complementarias*.

La atribución a la Unión de *competencia exclusiva* en un ámbito determinado implica que solo ésta podrá legislar y adoptar actos jurídicamente vinculantes en dicho ámbito, de modo que los Estados miembros únicamente podrán hacerlo si la propia Unión les faculta para ello o bien si se trata de aplicar actos de

---

10 Las dos citas textuales corresponden al art. 5.2 TUE; en el mismo sentido, pueden verse también el art. 4.1 TUE y el número 1 del mismo artículo 5.

la Unión[11]. En cambio, en los casos de *competencias compartidas*, tanto la Unión como los Estados miembros podrán intervenir jurídicamente en el ámbito de que se trate, mediante actos o normas vinculantes; ahora bien, no de manera simultánea, ya que éstos podrán ejercer su competencia solo en la medida en que aquella no haya ejercido la suya, o habiéndola ejercitado, decida luego dejar de ejercerla[12]. Finalmente, hablamos de *competencias complementarias* para referirnos a aquellos ámbitos en los que la Unión está habilitada para llevar a cabo acciones cuya finalidad es apoyar, coordinar o complementar la acción de los Estados miembros, en su finalidad europea[13].

De otro lado, es importante destacar que todas las competencias de la Unión —en particular, las no exclusivas— han de ejercitarse de acuerdo con los principios de *subsidiariedad* y *proporcionalidad*. Conforme al primero de ellos, la Unión intervendrá sólo en tanto en cuanto los objetivos de la acción pretendida no puedan lograrse de manera suficiente por los Estados miembros, siendo más factible alanzarlos a escala de la Unión; de acuerdo con el segundo, las actuaciones de la Unión no excederán de lo necesario para alcanzar los objetivos pre-

---

11 Cfr. art. 2.1 TFUE (usaré la Versión consolidada de este Tratado, publicada en el *Diario Oficial de la Unión Europea* el 26 de octubre de 2012). Como ejemplos de este tipo de competencias cabe mencionar, entre otras: la unión aduanera, las normas sobre competencia necesarias para el funcionamiento del mercado interior o la política monetaria respecto del euro (cfr. art. 3.1 TFUE).

12 Cfr. art. 2.2 TFUE; entre los ámbitos en los que existen este tipo de competencia pueden mencionarse, por ejemplo, los siguientes: la cohesión económica, social y territorial; el medio ambiente, la protección de los consumidores, o ciertos aspectos relacionados con la seguridad en materia de salud pública (cfr. art. 4.2 TFUE).

13 Cfr. art. 6 TFUE; como ejemplos de ámbitos en los que existe este último tipo competencias, ese mismo artículo menciona, entre otros, los siguientes: protección y mejora de la salud humana, cultura, educación, formación profesional juventud y deporte.

vistos en los Tratados[14]. Todo ello en el marco del principio de cooperación leal que obliga a la Unión y a los Estados miembros a respetarse y ayudarse mutuamente para la consecución de las finalidades establecidas en los Tratados y que implica por parte de éstos la obligación de adoptar las medidas necesarias a tal fin y de abstenerse de las que puedan obstaculizarlo[15].

III.2. La competencia sobre el tratamiento jurídico del hecho religioso es de los Estados miembros

Un análisis de las competencias que los Tratados atribuyen a la Unión, por somero que sea, permite concluir que ninguna de ellas se refiere directamente a la religión o a las convicciones, sin perjuicio de eventuales conexiones indirectas con algunos de los ámbitos competenciales mencionados en los artículos 3 a 6 del TFUE[16]. Sin desconocer, por tanto, esas y otras posibles conexiones con la materia religiosa —cuestión sobre la que volveremos enseguida— debe pues afirmarse con claridad que no existe ninguna competencia que permita a la Unión intervenir para regular o armonizar el tratamiento jurídico del factor social religioso en el ámbito de los Estados miembros[17]. Estamos pues ante una materia cuya regulación

---

14 Cfr. art. 5.3 y 5.4 TUE.

15 Cfr. art. 4.3 TUE.

16 Tal sería, por ejemplo, el caso de la educación o de la cultura, que se mencionan en elartículo 6 TFUE, en relación con las que hemos denominado competencias complementarias, y que entroncan innegablemente con elementos ligados a la religión y las convicciones.

17 "Non esiste una competenza diretta dell'Unione europea in materia di libertà religiosa. Nell'ambito UE si consolida, però, un graduale interesse per il fenomeno religioso, almeno per quei settori in cui vi è una "coincidenza" tra gli ambiti di competenza dell'Unione e gli ambiti in cui si esplica il fenomeno religioso" (DURISOTTO, D. (2016). "Unione europea, chiese e organizzazioni filosofiche non

compete a estos últimos y, por consiguiente, cada uno de ellos puede abordarla de la manera que estime conveniente, de acuerdo con sus tradiciones constitucionales, su identidad y su historia, siempre y cuando se respeten los postulados básicos de la libertad religiosa, como luego veremos.

Una indirecta confirmación de cuanto estamos señalando, la encontramos en el vigente art. 17 TFUE, donde se afirma que: "La Unión respetará y no prejuzgará el estatuto reconocido en los Estados miembros, en virtud del Derecho interno, a las iglesias y las asociaciones o comunidades religiosas". No procede ahora detenerse en un análisis de esta disposición, tratada con detalle en otros lugares de este libro. Baste señalar que, si la Unión ha de respetar el estatuto dado a las confesiones religiosas en virtud del Derecho interno de los Estados, y dado que ahí radica un elemento clave y central de cualquier legislación doméstica sobre el fenómeno religioso, indirectamente se deduce —y se confirma— que la regulación general de esa materia corresponde a los Estados y no a la Unión[18].

---

confessionali (art. 17 TFUE)". *Stato, Chiese e pluralismo confessionale. Rivista telematica,* (23/2016), p. 9).

18 Hace ya diez años, VENTURA, siguiendo a LICASTRO, hacía una serie de interesantes consideraciones respecto a esa disposición, que entroncan de algún modo, con la lectura en clave competencial que aquí nos ocupa; en particular, cuando ponía en conexión la primera parte de ese artículo 17 TFUE con los diferentes modos en que los Estados europeos abordan la regulación del fenómeno religioso en su conjunto, sea a través de normas especiales de lo que solemos llamar Derecho Eclesiástico, sea, por el contrario, tratando de reconducir ese fenómeno y sus manifestaciones a las normas de derecho común. Vid. VENTURA, M. (2014). "L'articolo 17 TFUE come fondamento del diritto e della politica ecclesiastica dell'Unione europea". *Quaderni di diritto e política ecclesiastica,* vol. 22 (2), pp. 299-300. Y, más ampliamente, vid. LICASTRO, A. (2014). *Unione europea e «status» delle confessioni religiose,* Giuffrè, pp. 202 y ss.

III.3. Intervención de la Unión en cuestiones de carácter religioso conectadas con ámbitos de su competencia

Cuanto hemos dicho hasta ahora, incluida la referencia al art. 17 TFUE, no significa, ni puede llevar a concluir, que la Unión Europea quede completamente al margen del hecho religioso en su dimensión social. No debe olvidarse que el fenómeno religioso y sus manifestaciones —por ejemplo, la práctica del culto, la observancia de ciertos ritos o costumbres o la sujeción a ciertas prescripciones y normas morales— tienden a hacerse presentes en distintas situaciones y circunstancias de la vida de los creyentes; y lo mismo sucede con las iglesias u otras entidades confesionales, que no suelen limitarse solo a desarrollar actividades de contenido directamente religioso (culto, predicación, asistencia religiosa, etc.), sino también de otro tipo, dando lugar a obras caritativas, hospitalarias, asistenciales, de acogida, de enseñanza, etc.

Este afloramiento, por así decirlo, de la dimensión religiosa en muy diversos ámbitos de la vida social, no afecta solo a las normas estatales, sino también al propio Derecho de la Unión. En consecuencia, es posible que, en ámbitos sobre los que la Unión sí tiene atribuidas competencias, aparezcan cuestiones conectadas con la religión o las convicciones. En esos supuestos, la Unión sí puede considerarse competente para intervenir, sin que el contenido o trasfondo religioso de algunas de las cuestiones en juego suponga un obstáculo. Y la razón es que en tales supuestos no se trata de dar normas sobre el fenómeno religioso en su conjunto, sino únicamente sobre un determinado ámbito, en el que los Estados han cedido su soberanía en favor de la Unión[19]. Como certeramente hacía notar VENTURA, la

---

19 En este sentido, es interesante lo señalado por la Abogada General Kokkot en sus Conclusiones en el asunto *Escuelas Pías de Betania*, donde al hilo del contenido del art. 17 TFUE, señalaba que "esta

Unión Europea no puede "legislar globalmente sobre el estatus de las confesiones religiosas o sobre otros aspectos generales del fenómeno religioso. Sin embargo, tampoco está obligada a abstenerse del ejercicio de sus propias competencias cada vez que «encuentre en ellas» el fenómeno religioso"[20].

Uno de los ejemplos paradigmáticos al respecto —y seguramente uno de los más relevantes en la actualidad— es la prohibición de toda discriminación por razón de religión o convicciones presente en la Directiva 2000/78, relativa al establecimiento de un marco general para la igualdad de trato en el empleo y la ocupación (TOL1.902.321). Sin perjuicio de volver más tarde sobre esta temática, solo interesa ahora señalar que ciertas formas de discriminación religiosa pueden comprometer algunos de los objetivos para los que la Unión existe: "La discriminación por motivos de religión o convicciones [...] puede poner en peligro la consecución de los objetivos del Tratado CE, en particular el logro de un alto nivel de empleo y de protección social, la elevación del nivel y de la calidad de vida,

---

norma no debe entenderse como una excepción sectorial en virtud de la cual la actividad de las iglesias quede, con carácter general, fuera del ámbito de aplicación del Derecho de la Unión. El Derecho de la Unión debe aplicarse, en particular, en aquellos casos en que las iglesias ejerzan una actividad económica, como reconoce también el Tribunal de Justicia en jurisprudencia reiterada por lo que respecta a los clubs deportivos o a las federaciones deportivas y a los centros de enseñanza" (*Conclusiones de la Abogada General Kokott, en el caso Congregación Escuelas Pías de Betania v. Ayuntamiento de Getafe* (Asunto C 47/16), de 16 de febrero de 2017, n. 32).

20 VENTURA, M. (2002). *La laicità dell'Unione Europea. Diritti, mercato, religione*, Giappichelli, p. 185. He tomado la cita original en italiano de: DURISOTTO, D. (2016). "Unione europea, chiese e organizzazioni filosofiche non confessionali (art. 17 TFUE)", cit., p. 12, nota 40; la traducción al español es propia.

la cohesión económica y social, la solidaridad y la libre circulación de personas"[21].

En definitiva, toda vez que la Unión esté interviniendo sobre un ámbito para el que sea competente en virtud del principio de atribución, la presencia en ese ámbito de aspectos relacionados con el factor religioso no disminuye, ni altera su competencia en tales materias. Por ello, según cuanto ya antes vimos, la Unión no está obligada a retraerse de regular esas materias, aunque su regulación toque aspectos relacionados con la religión o las convicciones, con tal de que lo haga dentro del marco de los principios de subsidiariedad y proporcionalidad y respetando el derecho fundamental de libertad religiosa. Precisamente de este último derecho vamos a ocuparnos a continuación, dejando para más tarde la problemática de la no discriminación por razón de religión o convicciones.

IV. PROTECCIÓN DE LA LIBERTAD RELIGIOSA EN LA UNIÓN EUROPEA

La libertad de pensamiento, conciencia y religión —o, más sencillamente, la libertad religiosa— no solo forma parte de las tradiciones constitucionales comunes a los Estados miembros de la Unión, sino que forma también parte de su propio Derecho. La protección de esa libertad aparece pues como un

---

[21] Directiva 2000/78, Considerando n. 11. Nótese, en efecto, que la *cohesión económica y social* es uno de los ámbitos en que existe competencia compartida entre la Unión y los Estados miembros (cfr. art. 4.2.c TFUE); e, igualmente, elementos como el *empleo o la libre circulación de personas*, conectan con el mercado interior, que también es materia de competencia de la Unión (cfr. art. 3.1.a y 4.2.a TFUE); finalmente, la *protección social*, que el texto menciona, puede entrar dentro de la política social, materia en la que también la Unión tiene ciertas competencias compartidas con los Estados (cfr. art. 4.2.b. TFUE).

segundo principio clave en cuanto al tratamiento del factor social religioso en la Unión Europea, en el marco de sus valores y fines.

Comenzaremos pues por recordar brevemente ese marco de valores comunes sobre los que se sustenta el proyecto europeo y su conexión con la libertad religiosa (apartado 4.1); seguidamente, trataremos de esa misma libertad en la *Carta de Derechos Fundamentales de la Unión* (TOL131.225; en adelante, CDFUE o la *Carta*) en cuanto expresión actual su compromiso con los derechos humanos (apartado 4.2); finalmente, abordaremos la conexión de la *Carta* con el principio de atribución, en relación a la materia que nos ocupa (apartado 4.3).

IV.1. Libertad religiosa y marco de valores de la Unión Europea

En sus orígenes, la Unión Europea aparecía como una organización con fines principalmente económicos y de mercado, más que políticos. No obstante, tanto los Estados fundadores, como los que luego se han ido incorporando, comparten una serie de valores, que conectan con la libertad, la democracia, el Estado de Derecho y el respecto de los derechos humanos. Estos elementos conforman un sustrato común, sin el cual la Unión no sería reconocible, ni tendría pleno sentido[22].

---

[22] Como señaló el Tribunal de Justicia en uno de sus Dictámenes más señalados, el edificio de la Unión, como construcción jurídica, "se asienta en la premisa fundamental de que cada Estado miembro comparte con todos los demás Estados miembros, y reconoce que éstos comparten con él, una serie de valores comunes en los que se fundamenta la [propia] Unión Europea, como se precisa en el artículo 2 TUE. Esta premisa implica y justifica la existencia de una confianza mutua entre los Estados miembros en el reconocimiento de esos valores y, por lo tanto, en el respeto del Derecho de la Unión que los aplica" (*Dictamen 2/13 del Tribunal de Justicia*, cit., n. 168).

Actualmente, el Tratado de la Unión recoge con meridiana claridad ese espíritu que tan esencial resulta para el proyecto europeo. En efecto, ya en su mismo *Preámbulo* los Estados firmantes confirman "su adhesión a los principios de libertad, democracia y respeto de los derechos humanos y de las libertades fundamentales y del Estado de Derecho"; declaran su deseo de "fortalecer el funcionamiento democrático y eficaz de las instituciones"; e igualmente manifiestan su resolución de "crear una ciudadanía común a los nacionales de sus países", todo ello con miras "a continuar el proceso de creación de una unión cada vez más estrecha entre los pueblos de Europa" y sin perder de vista "las ulteriores etapas que habrá que salvar para avanzar en la vía de la integración europea"[23].

Y, seguidamente, en el artículo segundo de ese mismo Tratado, encontramos una doble confirmación de esos valores característicos de la Unión, que revisten una particular importancia respecto del ámbito que nos ocupa. En primer lugar, se afirma que "La Unión se fundamenta en los valores de respeto de la dignidad humana, libertad, democracia, igualdad, Estado de Derecho y respeto de los derechos humanos, incluidos los derechos de las personas pertenecientes a minorías"[24]. Aquí sin duda entra —y no como aspecto menor— la libertad de Pensamiento, conciencia y religión en cuanto derecho fundamental de los individuos y de los grupos. Una libertad que, además, puede aparecer directamente vinculada con los derechos de determinadas minorías, en particular cuando la religión constituya precisamente un aspecto central para su identificación y cohesión, contribuyendo decisivamente a que las personas

---

23 Todas las citas textuales están tomadas del *Preámbulo* del TUE.

24 Art. 2 TUE.

se reconozcan como parte de un concreto grupo, que profesa unas creencias distintas a las de la mayoría de la población[25].

En segundo lugar, se reafirma la conexión de esos valores comunes a los Estados miembros con la idea de una sociedad caracterizada, entre otras cosas, por el pluralismo, la no discriminación y la tolerancia[26]; aspectos que también presentan una evidente relación con la libertad en materia de religión y de convicciones: de un lado, por la necesidad de combatir cualquier discriminación basada en esos motivos, como más adelante veremos; y, de otro lado, por el importante papel que los grupos religiosos están llamados a jugar en la construcción de una sociedad plural, lo cual exige que se respete su derecho a existir y actuar en libertad, con un razonable espacio de autonomía, que forma parte de la libertad religiosa en su dimensión colectiva o, más precisamente, institucional[27].

---

25 Sobre las minorías por razón de religión en el actual contexto europeo, puede verse: FERRARI, S. (2024). "Sette domande sui diritti delle minoranze di religione e convinzione e sulla loro misurazione". *Stato, Chiese e pluralismo confessionale. Rivista telematica,* (8/2024), pp. 32-42.

26 "Estos valores son comunes a los Estados miembros en una sociedad caracterizada por el pluralismo, la no discriminación, la tolerancia, la justicia, la solidaridad y la igualdad entre mujeres y hombres" (art. 2 TUE).

27 A este respecto, el Tribunal Europeo de Derechos Humanos se ha expresado con claridad en diversas ocasiones sobre la importancia de la libre actuación de los grupos y asociaciones religiosas para el pluralismo social. Así en su sentencia del caso *Iglesia Metropolitana de Besarabia y otros contra Moldavia,* llega a afirmar que "la existencia autónoma de las comunidades religiosas es indispensable para el pluralismo en una sociedad democrática y, por tanto, está en el centro mismo de la protección que otorga el artículo 9 [CEDH]" (Sentencia del Tribunal Europeo de Derechos Humanos de 13 de diciembre de 2001, *Iglesia Metropolitana de Besarabia y otros contra Moldavia,* n. 45701/99, § 118; la traducción del texto oficial en inglés es propia). En esta misma línea, puede verse también la sentencia de ese mismo

IV.2. Reconocimiento de la libertad religiosa en la Carta de los Derechos Fundamentales de la Unión

La protección de los derechos fundamentales en el ámbito comunitario se llevó a cabo inicialmente a través de la labor del Tribunal de Justicia, en directa conexión con las tradiciones constitucionales de los Estados miembros[28]. Esta vía jurisprudencial, que suele designarse como *sistema pretoriano,* nunca llegó a abandonarse y aún hoy los derechos fundamentales —tanto los garantizados en el *Convenio Europeo de Derechos Humanos,* como los que son fruto de las tradiciones constitucionales comunes a los Estados miembros— forman parte del Derecho de la Unión como principios generales[29]. Posteriormente, a través

---

Alto Tribunal de 5 de octubre de 2006, *Rama Moscovita del Ejército de Salvación c. Rusia,* n. 72881/01, en particular los §§ 57 y 61. Sobre esta cuestión, me permito remitir a cuanto ya expuse en un anterior estudio: vid. GONZÁLEZ AYESTA, J. (2019). *Autonomía de las iglesias y sindicatos de ministros de culto: Contexto, análisis e implicaciones de las sentencias de tribunal europeo de derechos humanos en el caso "Sindicatul 'Păstorul Cel Bun' C. Rumanía".* Thomson Reuters Aranzadi, pp. 33-36.

28 A finales de la década de los años sesenta del siglo XX, en la conocida Sentencia del caso *Stauder,* el Tribunal de Justicia afirmó por vez primera que los derechos fundamentales formaban parte del Derecho comunitario, en cuanto principios generales, y que, por tanto, quedaban bajo la protección del propio Tribunal. Esta doctrina fue luego confirmada en otras sentencias de esa misma época, señaladamente en la del caso *Nold,* donde el Tribunal afirmó que no podían admitirse en la Comunidad Europea medidas incompatibles con los derechos fundamentales reconocidos y garantizados por las Constituciones de los Estados miembros. Cfr. Sentencia del Tribunal de Justicia de 12 de noviembre de 1969, *Stauder,* Asunto 29/69, n. 7 (TOL5.822.576); Sentencia del Tribunal de Justicia de 14 de mayo de 1974, *Nold,* Asunto 4/73, n. 13 (TOL5.742.029).

29 Así lo señala el vigente artículo 6 del Tratado de la Unión, en su apartado tercero: "Los derechos fundamentales que garantiza el Convenio Europeo para la Protección de los Derechos Humanos y

de un largo proceso, se llegó a una positivación jurídica de tales derechos en el ámbito comunitario mediante la aprobación de la actual *Carta de Derechos Fundamentales de la Unión Europea*, proclamada de manera solemne en Niza en el año 2000 y que entró en vigor algunos años después, en diciembre de 2009[30].

La *Carta*, que tiene el mismo valor jurídico que los Tratados de la Unión, consta de un Preámbulo y siete Títulos, con un total de 54 artículos[31]. Es un instrumento más complejo de lo que a primera vista parece, en particular en lo que se refiere a su interpretación y aplicación, de la que se ocupa su Título VII[32]. La libertad religiosa se encuentra reconocida en su artículo déci-

---

de las Libertades Fundamentales y los que son fruto de las tradiciones constitucionales comunes a los Estados miembros formarán parte del Derecho de la Unión como principios generales" (art. 6.3 TUE).

30 *Carta de Derechos Fundamentales de la Unión Europea.* Texto oficial publicado en el *Diario Oficial de la Unión Europea,* 26 de octubre de 2012. Para una visión de conjunto sobre las insuficiencias del sistema pretoriano y el proceso que llevó a la adopción de la *Carta,* puede verse, entre otros: MANGAS MARTÍN, A. y LIÑÁN NOGUERAS, D. (2020). *Instituciones y Derecho de la Unión Europea.* 10ª Ed. Tecnos, pp.127-135

31 "La Unión reconoce los derechos, libertades y principios enunciados en la Carta de los Derechos Fundamentales de la Unión Europea de 7 de diciembre de 2000, tal como fue adaptada el 12 de diciembre de 2007 en Estrasburgo, la cual tendrá el mismo valor jurídico que los Tratados" (art. 6.1 TUE). En relación con la posición de la *Carta* en el peculiar entramado del Derecho de la Unión Europea, resultan de interés las observaciones que hace ya unos años hacía: CRUZ VILLALÓN, P. (2017). "El valor de posición de la Carta de los Derechos Fundamentales en la Comunión Constitucional Europea". *Teoría y Realidad Constitucional,* (39), pp. 85-101.

32 Para una primera aproximación al Contenido de ese Título VII y la interpretación que el Tribunal de Justicia ha hecho del mismo, puede verse: SARMIENTO, D. (2024). *Curso de Derecho de la Unión Europea,* cit., pp. 167-182, con la amplia bibliografía citada en esa última página.

mo, con una formulación muy similar a la que encontramos en otros importantes instrumentos internacionales en la materia:

> "Artículo 10. *Libertad de pensamiento, de conciencia y de religión*. 1. Toda persona tiene derecho a la libertad de pensamiento, de conciencia y de religión. Este derecho implica la libertad de cambiar de religión o de convicciones, así como la libertad de manifestar su religión o sus convicciones individual o colectivamente, en público o en privado, a través del culto, la enseñanza, las prácticas y la observancia de los ritos. 2. Se reconoce el derecho a la objeción de conciencia de acuerdo con las leyes nacionales que regulen su ejercicio"[33].

Existe pues una evidente continuidad entre el reconocimiento en la *Carta* del derecho de libertad religiosa y el reconocimiento de esa misma libertad en el *Convenio Europeo de Derechos Humanos*, a excepción de la novedad que supone la mención expresa del derecho a la objeción de conciencia[34]. Nada tiene esto de sorprendente, pues la libertad de pensamiento, conciencia y religión es uno de los derechos de la *Carta*, cuyo origen inmediato se encuentra en el *Convenio*, tal y como

---

33 Un amplio comentario de este artículo de la *Carta*, con referencias jurisprudenciales, puede encontrarse en: BARRERO ORTEGA, A. (2019). "Artículo 10. Libertad de pensamiento, conciencia y religión". *La Carta de Derechos Fundamentales de la Unión Europea*, Tirant lo Blanch, pp. 277-296.

34 Es verdad que el artículo 10 de la *Carta* no menciona los límites del derecho de libertad religiosa, a diferencia de lo que sucede en el art. 9.2 del *Convenio Europeo de Derechos Humanos*, donde sí se mencionan; pero este silencio se explica porque la *Carta* trata esa cuestión de manera general, señalando al respecto que: "Cualquier limitación del ejercicio de los derechos y libertades reconocidos por la presente Carta deberá ser establecida por la ley y respetar el contenido esencial de dichos derechos y libertades. Sólo se podrán introducir limitaciones, respetando el principio de proporcionalidad, cuando sean necesarias y respondan efectivamente a objetivos de interés general reconocidos por la Unión o a la necesidad de protección de los derechos y libertades de los demás" (art. 52.1 CDFUE).

se recuerda en las explicaciones elaboradas bajo la responsabilidad del *Praesidium*, en 2007. Allí se señala que "El derecho garantizado en el apartado 1 [del art. 10 CDFUE] corresponde al derecho garantizado en el artículo 9 del CEDH (TOL164.153) y, de conformidad con lo dispuesto en el apartado 3 del artículo 52 de la Carta, tiene el mismo sentido y alcance"[35].

Ahora bien, es innegable que la inclusión de la libertad religiosa en la *Carta* reafirma inequívocamente el deber que tanto los Estados miembros, como la propia Unión, tienen de respetar esa libertad a la hora de abordar cuestiones relativas al factor social religioso. Concretamente, por lo que respecta a la Unión, ese deber se sustancia en la necesidad de un firme compromiso con la salvaguardia y protección de la libertad de religión y convicciones de los individuos y los grupos, en todas sus dimensiones[36]. De esta manera, cuando del factor religioso

---

35 *Explicaciones sobre la Carta de los Derechos Fundamentales* (2007/C 303/02). Texto publicado en el *Diario Oficial de la Unión Europea*, 14 de diciembre de 2007; de este documento interesa, en particular, la *Explicación relativa al artículo 10*. En todo caso, conviene aclarar que, a día de hoy, el *Convenio Europeo de Derechos Humanos* no forma parte del Derecho de la Unión, ni goza de la primacía que a este corresponde respecto del Derecho interno de los Estado miembros. En este sentido, para una comparativa entre la diferente posición de la *Carta* y del *Convenio*, en cuanto fuentes del Derecho de la Unión, pueden verse las *Conclusiones del Abogado General Cruz Villalón, en el caso ÅkerbergFransson* (Asunto C-617/10), de 12 de junio de 2012, nn. 43-48.

36 Significativo a este respecto es el documento *EU Guidelines on the promotion and protection of freedom of religion or belief*, aprobado por el Consejo de la Unión Europea el 24 de junio de 2013, donde se reafirma que tanto la Unión, como sus Estados miembros, se comprometen a respetar, proteger y promover la libertad de religión o de creencias dentro de sus fronteras e igualmente de promoverla en su política exterior. Disponible en: https://www.eeas.europa.eu/sites/default/files/137585.pdf. Recuperado el 23 de febrero de 2024.

en la Unión Europea se trata, el derecho proclamado en el artículo 10 de la *Carta* tiene como primera destinataria a la propia Unión. Ante todo, es ella misma la que primordialmente, en cualesquiera actuaciones de sus instituciones, órganos y organismos[37], está obligada a ser respetuosa con la libertad religiosa en sus distintas dimensiones y ámbitos, resultando pues inadmisible cualquier medida incompatible con ese mismo derecho[38].

En este sentido y siguiendo algunas de las sugerentes consideraciones recientemente ofrecidas por CAÑAMARES, en un estudio monográfico sobre el factor religioso en el Derecho de la Unión Europea[39], creo que podrían señalarse inicialmente

---

37 "[...] la Carta se aplica en primer lugar a las instituciones y órganos de la Unión dentro del respeto del principio de subsidiariedad [...]. Los Tratados consagran el término «instituciones». Los términos «órganos y organismos» se utilizan generalmente en los Tratados para referirse a todas las instancias creadas por los Tratados o por actos de Derecho derivado..." (*Explicaciones sobre la Carta de los Derechos Fundamentales,* cit., comentario al artículo 51).

38 Resultan aquí aplicables las palabras del Tribunal de Justicia en su *Dictamen 2/13,* donde en el contexto de la incorporación de la Unión al *Convenio Europeo de Derechos Humanos,* señalaba que: "En el corazón de esa construcción jurídica [el propio Derecho de la Unión] figuran, además, los derechos fundamentales reconocidos en la Carta —que, en virtud del artículo 6 TUE, apartado 1, tiene el mismo valor jurídico que los Tratados—, cuyo respeto constituye un requisito de legalidad de los actos de la Unión, de suerte que *no pueden admitirse en la Unión medidas incompatibles con esos mismos derechos*" (*Dictamen 2/13 del Tribunal de Justicia,* cit., n. 169; el subrayado es mío). En el mismo sentido, vid. también: *Conclusiones de la Abogado General Kokott, en el caso Test-Achats* (Asunto, C-236/09), de 30 de septiembre de 2010, n. 26-28.

39 Cfr. CAÑAMARES ARRIBAS, S. (2023). *Derecho y factor religioso en la Unión Europea.* Aranzadi, pp. 30-34 y 48-54. Estas páginas corresponden respectivamente a dos apartados del capítulo I: el apartado II. 2, "La libertad religiosa en la Carta de Derechos Fundamentales de la Unión Europea"; y el apartado IV.2, "La neutralidad positiva de la Unión Europea frente a la religión".

tres concretas derivadas de ese compromiso-deber de la Unión Europea con el derecho fundamental de libertad religiosa: 1°) la Unión Europea está llamada a garantizar, en su ámbito competencial, el ejercicio de la libertad religiosa de individuos y grupos, evitando todo aquello que pueda obstaculizarla indebidamente; 2°) la Unión y sus instituciones están llamadas a respetar igualmente los legítimos espacios de autonomía de los grupos religiosos, sin indebidas interferencias en esos ámbitos; 3°) la Unión no debe intervenir con el propósito —declarado o no— de alterar la diversidad y el pluralismo religioso existente en la sociedad europea[40].

Una vez hechas estas consideraciones sobre el reconocimiento de la libertad religiosa en la *Carta de Derechos Fundamentales* de la Unión Europea, interesa seguidamente plantearse si tal reconocimiento afecta o no en algo al ámbito competencial de ésta última, entroncando así con algunas de las cuestiones tratadas en el apartado tercero del presente estudio.

IV.3. Libertad religiosa, Carta de Derechos Fundamentales y principio de atribución

Pues bien, según cuanto reiteradamente se señala en diversos lugares, la adopción de la *Carta de Derechos Fundamentales* no modifica en ningún caso las competencias dentro de la Unión,

---

40 Este último punto, a primera vista, podría considerarse más bien una derivación de lo señalado por el artículo 22 CDFUE, relativo a la Diversidad cultural, religiosa y lingüística, donde se dice que: "La Unión respeta la diversidad cultural, religiosa y lingüística". Sin embargo, por lo que al ámbito religioso se refiere, comparto la opinión de Cañamares cuando hace notar que "... el compromiso de la Unión hacia el respeto de la diversidad religiosa, plasmado en el artículo 22 de la Carta, se puede considerar redundante, en la medida en que será la consecuencia directa del libre ejercicio del derecho reconocido en su artículo 10" (cfr. Ibídem, p. 49).

de modo que los derechos en ella recogidos deben leerse, en cuanto a su eficacia y alcance, de acuerdo con el reparto competencial establecido en los Tratados. Así se desprende con toda claridad del artículo 51 de la Carta, con el que se abre el Título VII, dedicado a las disposiciones generales que rigen su interpretación y aplicación, donde encontramos una serie de importantes afirmaciones en esta materia: en primer lugar, que las disposiciones de la *Carta* "están dirigidas a las instituciones, órganos y organismos de la Unión, dentro del respeto del principio de subsidiariedad, así como a los Estados miembros únicamente cuando apliquen el Derecho de la Unión"[41]; en segundo lugar y como complemento de la anterior, que estos últimos "respetarán los derechos, observarán los principios y promoverán su aplicación, con arreglo a sus respectivas competencias y dentro de los límites de las competencias que los Tratados atribuyen a la Unión"[42]; y, en tercer lugar, que la propia *Carta* "no amplía el ámbito de aplicación del Derecho de la Unión más allá de las competencias de la Unión, ni crea ninguna competencia o misión nuevas para la Unión, ni modifica las competencias y misiones definidas en los Tratados"[43].

Dejando de lado muchas de las cuestiones que estos postulados plantean —y que exceden con mucho el marco de este estudio[44]—, interesa únicamente centrar ahora la atención en la última de las afirmaciones antes señaladas, que conecta tam-

---

41 Art. 51.1 CDFUE.

42 Ídem.

43 Art. 51.2 CDFUE.

44 Para un amplio análisis del artículo 51 CDFUE, en clave jurisprudencial, puede verse: AZPITARTE SÁNCHEZ, M. (2019). "Artículo 51. Ámbito de aplicación ". *La Carta de Derechos Fundamentales de la Unión Europea*. Tirant lo Blanch, pp. 1561 y ss. Interesantes son también las observaciones que, respecto de la Carta y el principio de atribución, hace: AGUILAR CALAHORRO, A. (2019). "La aplicación de la carta de derechos fundamentales de la Unión Europea por la jurisdicción

bién —e incluso con mayor claridad—, con lo dispuesto en artículo 6.1 del Tratado de la Unión, según el cual: "Las disposiciones de la *Carta* no ampliarán en modo alguno las competencias de la Unión tal como se definen en los Tratados". Como explica AZPIARTE SÁNCHEZ, el sentido de lo dispuesto en el artículo 51.2 CDFUE —y lo mismo valdría para este art. 6.1 TUE (TOL5.557.284)— hay que ponerlo en relación con uno de los postulados de lo que denomina la teoría constitucional clásica, según el cual una vez que los derechos fundamentales han sido constitucionalmente reconocidos, necesitan luego un desarrollo normativo para completar su protección y adecuarla a los tiempos. Ahora bien, esa lógica no es la de la Unión, ni la que se refleja en la *Carta*, sino que se adopta un punto de vista típico de las organizaciones políticas compuestas –congruente con su carácter de organización supranacional–, de modo que reconocer ciertos derechos fundamentales no implica disponer de competencia para regularlos, sino que tal regulación se hará según los criterios que rigen la distribución de poderes entre la propia Unión y los Estados miembros[45].

De acuerdo con esto y proyectándolo sobre el plano que ahora nos ocupa, la conclusión que se alcanza es que la Unión Europea no podría, llegado el caso, invocar el artículo 10 de la *Carta de Derechos Fundamentales* como base jurídica desde la que regular cuestiones relacionadas con la materia religiosa. Dicho de otra manera, ni el reconocimiento de la libertad de pensamiento, conciencia y religión tal y como se formula en la *Carta*, ni el hecho de que esta última tenga el mismo valor

---

ordinaria". *Perspectivas actuales del proceso de integración europea.* Fundación Manuel Giménez Abad, p. 246-251.

45 Cfr. AZPIARTE SÁNCHEZ, M. (2019). "Artículo 51. Ámbito de aplicación", cit., pp. 1615-1616; y, en sentido similar, ALONSO GARCÍA, R. (2020). "A vueltas con el ámbito de aplicación de la Carta de los Derechos Fundamentales de la UE". *Revista española de derecho europeo,* (73-74), p. 14.

jurídico que los Tratados, constituyen título suficiente —en términos competenciales— para alterar el incontestable postulado de que la Unión no tiene atribuida ninguna competencia sobre la regulación general del factor religioso. Esa cuestión compete, según cuanto ya vimos en su momento, a los Estados miembros, sin perjuicio de que, como es natural, estos deban siempre respetar los aspectos básicos de la libertad religiosa al hacerlo, incluso cuando se trate del estatuto otorgado en virtud de su respectivo Derecho interno a las organizaciones religiosas[46].

Cosa distinta es que la Unión encuentre una cierta fuente de competencia en orden a la regulación de este y otros derechos fundamentales, en aquellas disposiciones de los Tratados que guardan relación con la lucha contra la discriminación[47]; en nuestro caso, contra la discriminación por razón de religión o creencias; pero esto entronca ya con el último de los aspectos que queríamos abordar en el presente trabajo y que será objeto del siguiente apartado.

---

[46] Resultan muy significativas, en este último sentido, las siguientes palabras del Abogado General Tanchev: "La arquitectura constitucional más amplia de la Unión y, en particular, su hondo compromiso de respetar los derechos fundamentales, impide una interpretación del párrafo primero del artículo 17 TFUE en la que la Unión respete y «no prejuzg[ue]» el «estatuto reconocido, en virtud del Derecho nacional, a las iglesias y las asociaciones o comunidades religiosas en los Estados miembros» en todos los supuestos posibles, y en especial si el estatuto otorgado a esas organizaciones con arreglo al Derecho del Estado miembro no es suficiente para garantizar sus derechos fundamentales" (*Conclusiones del Abogado General Tanchev, en el caso Vera Egenberger* (Asunto, C-414/16), de 9 de noviembre de 2017, n. 88).

[47] Cfr., en este sentido, AZPIARTE SÁNCHEZ, M. (2019). "Artículo 51. Ámbito de aplicación", cit., p. 1616.

V. LA LUCHA CONTRA LA DISCRIMINACIÓN POR RAZÓN DE RELIGIÓN O CONVICCIONES

El último principio o aspecto clave a tratar tiene que ver con la igualdad y la no discriminación, en particular, con la no discriminación por razón de la religión o las convicciones. Como iremos viendo, es este un aspecto que ha cobrado notable relevancia, al hilo de la resolución por el Tribunal de Justicia de una serie de cuestiones prejudiciales derivadas de la aplicación de la Directiva 2000/78, cuya finalidad es establecer un marco general para la igualdad de trato en el empleo y la ocupación. Desde la perspectiva del presente estudio, lo que mayormente interesa es mostrar la importancia de esas decisiones judiciales y, en particular, algunas de sus implicaciones en conexión con los otros aspectos de los que hemos venido tratando, es decir, con el aspecto competencial y con la protección de la libertad religiosa.

Para ello, procederemos del siguiente modo: comenzaremos por señalar el importante papel que la igualdad y la no discriminación tienen en el marco de la Unión y sus valores (apartado 5.1); en segundo lugar, nos detendremos en la competencia de la Unión para combatir la discriminación, con particular referencia a la Directiva 2000/78 (apartado 5.2); en tercer lugar, expondremos algunas ideas sobre la creciente importancia que están asumiendo las decisiones del Tribunal de Justicia en litigios relativos a la discriminación por razón de religión en el ámbito laboral (apartado 5.3).

V.1. Igualdad y no discriminación en el Derecho de la Unión

La igualdad de trato y la no discriminación cuentan con una larga tradición en el ámbito del Derecho Europeo. Ya en el *Tratado de la Comunidad Económica Europea,* de 1957, encontramos diversas referencias a la no discriminación, si bien mayormente ligadas a los objetivos económicos que estaban en la base de aquel texto[48]. Además, según tuvimos ya oportunidad de ver, la igualdad aparece como uno de los valores esenciales sobre los que se fundamenta la Unión, en conexión con la libertad y el respeto de los derechos humanos; una igualdad que se proyecta sobre contextos muy diversos, excluyendo cualquier forma de discriminación, incluida la basada en la religión o las convicciones[49].

Por otro lado, también la *Carta de Derechos Fundamentales de la Unión Europea* se ocupa de la igualdad y la no discriminación, asunto al que dedica su Título III, que comprende los artículos 20 a 26. De esos artículos, son tres los que resultan ahora de mayor importancia: por un lado, el artículo 20, donde se reafirma la igualdad ante la ley en términos muy concisos, diciendo que "Todas las personas son iguales ante la ley"; por otro lado, el artículo 21, más extenso y detallado, mediante el cual: "Se prohíbe toda discriminación, y en particular la ejercida por razón de sexo, raza, color, orígenes étnicos o sociales, características genéticas, lengua, religión o convicciones, opiniones políticas o de cualquier otro tipo, pertenencia a una minoría nacional, patrimonio, nacimiento, discapacidad, edad u orientación sexual"; y, finalmente, el artículo 22, sobre algunas

---

48 Así, por ejemplo, en su artículo 7 se prohibía, dentro del campo de aplicación del Tratado, cualquier discriminación llevada a cabo en base a la nacionalidad; y, mediante su artículo 119, los Estados miembros asumían el compromiso de garantizar la igualdad entre hombres y mujeres en cuanto a las retribuciones por la realización de un mismo trabajo. Vid. *Tratado constitutivo de la Comunidad Económica Europea*, 1957. https://eur-lex.europa.eu/legal-content/ES/TXT/?uri=CELEX:11957E/TXT. Recuperado el 27 de abril de 2024.

49 Sobre el marco de valores de la Unión, tal y como se recogen en el artículo 2 del TUE, remitimos a lo ya expuesto anteriormente: vid., *supra*, apartado 4.1., sobre "Libertad religiosa y marco de valores de la Unión Europea".

señaladas manifestaciones de la diversidad social, donde, también con mucha sobriedad, se afirma que: "La Unión respeta la diversidad cultural, religiosa y lingüística"[50].

De estos artículos de la *Carta*, pueden extraerse dos importantes elementos, en relación con el factor religioso. En primer lugar, la evidencia de que, como punto de partida, cualquier trato desfavorable no justificado hacia personas o grupos basado en su religión o convicciones, es contrario al Derecho de la Unión[51]. En segundo lugar, la constatación de que las distintas religiones y creencias, constituyen un elemento de diversidad, situado en un plano similar al de otros relevantes factores, como es el caso de las lenguas y las culturas. De acuerdo con esto, cabe entender que la Unión asume esa diversidad —en concreto la derivada del hecho religioso y sus manifestaciones— y se compromete a respetarla.

Tras estas pocas pinceladas, que ponen de relieve la honda raigambre comunitaria de la igualdad y la no discriminación, así como su reconocimiento en el Título III de la vigente *Carta de Derechos Fundamentales*, conviene ahora añadir algunas otras consideraciones sobre esa misma temática, pero desde la pers-

---

50 Artículos 20, 21 y 22 CDFUE. Los restantes artículos que componen el Título III de la *Carta*, sobre la *Igualdad*, están dedicados a: *Igualdad entre mujeres y hombres* (art. 23); *Derechos del niño* (art. 24); *Derechos de las personas mayores* (art. 25);e *Integración de las personas discapacitadas* (art. 26).

51 De hecho, el Tribunal de Justicia ha recordado en varias ocasiones el carácter imperativo, en cuanto principio general del Derecho de la Unión, de la prohibición de discriminación por razón de la religión o las convicciones: vid. Sentencia del Tribunal de Justicia de 29 de octubre de 2020, *Veselībasministrija*, C-243/19, n. 36 (TOL8.161.280); Sentencia del Tribunal de Justicia de 17 de abril de 2018, *Egenberger*, C-414/16, n. 76 (TOL6.573.837); y Sentencia del Tribunal de Justicia de 22 de enero de 2019, *Cresco Investigation*, C-193/17, n. 76 (TOL7.009.194).

pectiva de las competencias de la Unión para luchar contra la discriminación.

V.2. Competencias de la Unión para luchar contra la discriminación

De la importancia que asume el problema de las competencias en la arquitectura institucional de la Unión ya nos hemos ocupado en el apartado tercero de este estudio. Asumiendo pues como premisa cuanto allí se dijo, debemos ahora poner de manifiesto que el Derecho de la Unión no se limita a proclamar la igualdad, sino que sino que le atribuye competencia para luchar contra la discriminación y, en particular, contra algunos tipos de discriminación.

Dado que, según cuanto ya vimos, la *Carta de Derechos Fundamentales* ni amplía las competencias de la Unión, ni crea competencias nuevas, ni modifica la distribución competencial dispuesta en los Tratados, esa competencia para combatir la discriminación no puede derivarse de lo dispuesto en los artículos de la *Carta* sobre la Igualdad y la no discriminación, antes mencionados. Dicho de otra manera, los artículos 20 a 22 de la Carta no servirían como título jurídico suficiente para que la Unión pudiese intervenir en una determinada materia, dictando normas de derecho derivado cuya finalidad fuese promover la igualdad o combatir la discriminación, ya que el artículo 51.2 de la propia *Carta* lo impediría.

El título jurídico que permite a la Unión adoptar concretas medidas antidiscriminatorias, que los Estados miembros han de cumplir, se encuentra en un lugar distinto: el Tratado de Funcionamiento de la Unión. Allí es donde se atribuye competencia a la Unión para luchar contra la discriminación. Así, ya en su Primera Parte ("Principios"), dicho Tratado respalda el activo papel que la Unión está llamada a jugar en ese campo, afirmando que: "En la definición y ejecución de sus políticas y acciones, la Unión tratará de luchar contra toda discriminación por razón de sexo, raza u origen étnico, religión o convicciones, discapacidad, edad u orientación sexual"[52]. No obstante, es en el artículo 19 de ese mismo Tratado de Funcionamiento, donde se atribuye competencia a la Unión para adoptar concretas medidas en la materia: "Sin perjuicio de las demás disposiciones de los Tratados y dentro de los límites de las competencias atribuidas a la Unión por los mismos, *el Consejo* [...] *podrá adoptar acciones adecuadas para luchar contra la discriminación por motivos de sexo, de origen racial o étnico, religión o convicciones, discapacidad, edad u orientación sexual*"[53].

A comienzos del presente siglo XXI, con base en las disposiciones comunitarias entonces vigentes —que también incluían una competencia de este tipo—, el Consejo adoptó dos importantes Directivas en orden a promover la igualdad y combatir la discriminación: por un lado, la *Directiva 2000/43/CE, de 29 de junio de 2000, relativa a la aplicación del principio de igualdad de trato de las personas independientemente de su origen racial o étnico* (TOL343.434); y, por otro lado, la *Directiva 2000/78/CE, de 27 de noviembre de 2000, relativa al establecimiento de un marco general para la igualdad de trato en el empleo y la ocupación* (TOL1.902.321).

Como es bien sabido, en esta última Directiva hay una serie de elementos que entroncan de manera directa con la religión o las convicciones. En efecto, ya desde sus *Considerandos*, se señala que la discriminación por motivos de religión o convic-

---

52 Artículo 10 TFUE.

53 Artículo 19 TFUE; los subrayados son propios y la parte omitida se refiere a que la actuación del Consejo debe ser por unanimidad, con arreglo a un procedimiento legislativo especial, y previa aprobación del Parlamento Europeo. Este artículo no se encuentra dentro de la Primera Parte del Tratado, sino en la Segunda Parte, relativa precisamente a la "No discriminación y ciudadanía de la Unión".

ciones puede constituir un obstáculo que ponga en riesgo la consecución de los objetivos perseguidos por la Unión, y que, por ello, se deberá prohibir cualquier discriminación directa o indirecta por ese motivo, entre otros varios[54]. De acuerdo con esto, no habría reparo en afirmar —en consonancia con lo que disponen sus artículos 1 y 2— que el objetivo de esa Directiva 2000/78, *por lo que a nuestro tema se refiere*, sería precisamente establecer un marco general para luchar contra toda forma de discriminación en el empleo —tanto directa como indirecta— por razón de la religión o de las convicciones, en orden a lograr que en todos los Estados miembros de la Unión se aplique el principio de igualdad de trato en esa materia[55].

Ahora bien, esa prohibición no impide que, en ocasiones, pueda admitirse una diferencia de trato ligada a la religión o convicciones, siempre que se trate de un requisito profesional que aparezca como esencial y determinante, cuando el objetivo perseguido sea legítimo y el requisito resulte proporcionado[56]; por otro lado, tampoco dicha prohibición es obstáculo, para que en los Estados miembros puedan mantenerse o establecerse disposiciones específicas respecto de los requisitos esenciales, legítimos y justificados que podrían exigirse en el ejercicio de actividades profesionales en Iglesias y otras organizaciones, ya sean públicas o privadas, cuya ética se base en la religión o las convicciones[57].

El análisis de estas y otras disposiciones de la Directiva de la que venimos hablando excedería el propósito del presente estudio y, además, es materia tratada en otros lugares de este

---

54 Directiva 2000/78, *Considerandos* 11 y 12.

55 Cfr. arts. 1 y 2 Directiva 2000/78.

56 Cfr. *Considerando* n. 23 y art. 4.1 Directiva 2000/78.

57 Cfr. *Considerando* n. 24 y art. 4.2 Directiva 2000/78.

mismo libro[58]. Lo que ahora realmente interesa son únicamente dos cosas: por un lado, dejar constancia de que mediante esa Directiva 2000/78, la Unión ha ejercido una competencia prevista en los Tratados, dictando una norma de Derecho derivado cuya finalidad es, entre otras cosas, combatir la discriminación en el empleo por causa de la religión o las convicciones; y, por otro lado, poner de relieve que en la interpretación y aplicación de esta norma —al hilo de concretos asuntos sobre discriminación religiosa en el ámbito laboral— el Tribunal de Justicia se ha posicionado sobre ciertos aspectos de fondo, que pueden afectar al derecho fundamental de libertad religiosa y a su protección, como seguidamente expondremos.

V.3. Factor religioso y posicionamientos del TJUE en casos recientes sobre discriminación por razón de religión

Como decíamos hace un momento, lo que aquí interesa no es tanto la Directiva 2000/78 en sí, cuanto el hecho de que en conexión con ella han ido llegado al Tribunal de Justicia, en los últimos años, un cierto número de asuntos —particularmente en forma de cuestiones prejudiciales— que tocan directamente cuestiones ligadas con la libertad religiosa. Algunos de esos asuntos se refieren a problemáticas sobre *discriminación relacionada con el uso de simbología religiosa en contextos laborales no confesionales*; otros, en cambio, se refieren a supuestos de *discriminación de empleados por parte de empleadores religiosos*; y otros, finalmente,

---

58 Vid., en esta misma obra, el estudio de: ROJO ÁLVAREZ-MANZANEDA, M.L., "La aplicación de la Directiva 2000/78/CE del Consejo, de 27 de noviembre de 2000, por el Tribunal de Justicia de la Unión Europea a la discriminación por motivos religiosos"; y, desde la perspectiva de género, el trabajo de: GUTIÉRREZ DEL MORAL, M.J., "Discriminación de la mujer por motivos religiosos en el Tribunal de Justicia de la Unión Europea".

conectan con supuestos en los que la *discriminación por motivos religiosos surge de la aplicación de ciertas normas estatales*[59].

El elemento común al primer tipo de supuestos —*discriminación por uso de símbolos religiosos en contextos laborales no confesionales*— consiste en que un empleado al servicio de un empleador no confesional —sea privado o público— se siente discriminado por vestir o llevar algún tipo de prenda con significación religiosa y suelen terminar por reconducirse a problemáticas conectadas con la discriminación indirecta[60]. En cambio, el elemento común al segundo tipo de supuestos —*discriminación en contextos laborales confesionales*— consiste en que quien realiza la práctica potencialmente discriminatoria es precisamente un empleador cuyo *ethos* se basa en la religión, lo que puede dar lugar a formas de discriminación directa, cuya valoración exija tomar en cuenta alguna de las excepciones que la propia Directiva 2000/78 contempla[61]. Finalmente, el rasgo caracte-

---

59 Sigo en este punto un criterio similar al que PALOMINO propuso, hace ya algunos años, en un estudio sobre la jurisprudencia del TJUE en materia de religión y no discriminación: vid. PALOMINO LOZANO, R. (2020). "El Tribunal de Justicia de la Unión Europea frente a la religión y las creencias", *Revista de Derecho Comunitario Europeo,* (65), pp. 49 y ss.

60 Concretamente, los casos tratados se refieren a mujeres musulmanas que pretendían llevar el pañuelo islámico en su lugar de trabajo: Sentencia del Tribunal de Justicia de 14 de marzo de 2017, *G4S Secure Solutions,* C-157/15 (TOL5.986.679); Sentencia del Tribunal de Justicia de 14 de marzo de 2017, *Bougnaoui y ADDH,* C-188/15 (TOL5.986.677); Sentencia del Tribunal de Justicia de 15 de julio de 2021, *Wabe y MH Müller,* asuntos acumulados C-804/18 y C-341/19 (TOL9.749.999); Sentencia del Tribunal de Justicia de 13 de octubre de 2022, *L.F. contra S.C.R.L.,* C-344/20 (TOL9.251.795); Sentencia del Tribunal de Justicia de 28 de noviembre de 2023, *Commune d'Ans,* C-148/22 (TOL9.889.898).

61 En efecto, cuando el empleador es, por ejemplo, una Iglesia o una entidad dependiente de una Iglesia, de ordinario, resultará preciso

rístico del tercer tipo de supuestos —*discriminación derivada de ciertas normas estatales*—consiste en que el trato denunciado por el trabajador como discriminatorio, no nace de una actuación del empleador, sino de la aplicación de una norma estatal con un trasfondo religioso, de manera que es tal disposición la que, en último término, se considera discriminatoria y, por ello, contraria al Derecho de la Unión[62].

A la vista de este reciente (y creciente) conjunto de pronunciamientos sobre discriminación por razón de religión y sin necesidad de entrar en un ulterior análisis de los mismos —que, como ya hemos dicho, se hace en otros lugares de este libro— una primera evidencia se abre paso: que actualmente algunas relevantes cuestiones relacionadas con el tratamiento jurídico del factor social religioso en la Unión Europea, en su vertiente relativa a la discriminación por razón de la religión o las convicciones, gravitan más alrededor del Derecho derivado —concretamente de la citada Directiva 2000/78— que alrededor del derecho fundamental de libertad religiosa consagrado

---

valorar si la conducta discriminatoria podría justificarse con base en las excepciones que la propia Directiva contempla en su artículo cuarto, así como a tomar en consideración cuestiones ligadas al estatuto reconocido por el derecho interno del Estado miembro, a las iglesias y comunidades filosóficas, *ex* art. 17 TFUE. Como ejemplo más señalado de controversia de este tipo, cabe mencionar la Sentencia del Tribunal de Justicia de 17 de abril de 2018, *Egenberger*, C-414/16 (TOL6.573.837); también podría responder a este tipo de supuestos la Sentencia del Tribunal de Justicia de 11 de septiembre de 2018, *IR*, C-68/17 (TOL6.770.859).

62 Entre los supuestos que responden a estas notas, cabe recordar la Sentencia del Tribunal de Justicia de 22 de enero de 2019, *Cresco Investigation*, C-193/17 (TOL7.009.194); y, aunque en origen conectada con la Directiva 1999/70/CE y el Acuerdo Marco sobre el trabajo de duración determinada, también la Sentencia del Tribunal de Justicia de 13 de enero de 2022, *MIUR y Ufficio Scolastico Regionale per la Campania*, C-282/19 (TOL8.735.724).

en *Carta de Derechos Fundamentales*, que tiene valor similar al Derecho primario de los Tratados[63].

A este respecto y focalizando principalmente la atención en el primer tipo de conflictos antes mencionados, una primera cuestión de fondo que podría traerse a colación, se refiere a la *equiparación entre religión y convicciones*, como objeto unitario de protección frente a la discriminación por motivos religiosos en el ámbito laboral. Así, por ejemplo, en la sentencia del caso *Wabe*, el Tribunal de Justicia afirmó que a efectos de la aplicación de la Directiva 2000/78, *religión* y *convicciones* se consideran como un mismo y único motivo de discriminación; y, por consiguiente, que el mismo debe distinguirse del basado en opiniones políticas o de otro tipo y que comprende tanto las convicciones religiosas como las filosóficas o espirituales[64]. Pues bien, como ha puesto de relieve CAÑAMARES, este posicionamiento tiene importantes consecuencias, en cuanto puede redundar en una menor protección de la libertad religiosa, al no tenerse suficientemente en cuenta sus peculiaridades o su especificidad frente a otro tipo de convicciones no religiosas. En concreto, la cuestión tiene importancia a la hora de afrontar ciertas situaciones bajo el prisma de la discriminación

---

[63] En realidad, esto nada tiene de extraño, si se tiene en cuenta que la *Carta de Derechos Fundamentales*, como ya vimos en su momento, vincula a los Estados en tanto en cuanto estén aplicando el Derecho de la Unión. Por ello, suele ser en el ámbito de la trasposición de las Directivas al Derecho interno donde se plantean verdaderamente los problemas; en este sentido, podría sostenerse que el centro del debate sobre derechos fundamentales en el Derecho europeo no está tanto en la *Carta* como tal, cuanto en la aplicación de las disposiciones del Derecho derivado. Cfr. AGUILAR CALAHORRO, A. (2021). *Naturaleza y eficacia de la Carta de Derechos Fundamentales de la Unión Europea*. Centro de Estudios Políticos y Constitucionales, p. 262.

[64] Cfr. Sentencia del Tribunal de Justicia de 15 de julio de 2021, *Wabe y MH Müller*, asuntos acumulados C-804/18 y C-341/19, n. 47 (TOL9.749.999).

directa o indirecta, lo que podría dar lugar a la aplicación de diferentes criterios, con la consecuencia de que la libertad religiosa se vea menos protegida[65].

Una segunda cuestión de fondo en este tipo de supuestos de discriminación por motivo de religión en el ámbito laboral tiene que ver con el lugar que ocupa la religión en la identidad del individuo, en particular, desde la perspectiva del trabajador por cuenta ajena y de las eventuales obligaciones laborales exigidas por los empleadores. Para tratar este punto, resulta muy ilustrativo el contraste entre la posición sostenida por la Abogada General Kokkot en el caso *G4S Secure Solutions* —el caso de Samira Achbita— y la posición mantenida por su colega Sharpston, en el caso *Bougnaoui y ADDH*, ambos referidos a la problemática del despido de una trabajadora musulmana por llevar el velo islámico en situaciones similares, aunque no idénticas. La primera de ellas —Kokkot—, aun reconociendo que

---

65 Vid. CAÑAMARES, S. (2023). *Derecho y factor religioso en la Unión Europea*, cit., pp. 40-45, en las que el autor aborda esta cuestión. En esta última página sintetiza el problema de la siguiente manera: "...la consideración de la religión como categoría autónoma de protección frente al resto de convicciones propicia que cuando el empleo de simbología responda a una obligación religiosa pueda concluirse que la norma prohibitiva está indisociablemente ligada a la religión del trabajador pudiendo dar lugar a una discriminación directa [...]. En contraste, la consideración unitaria de la religión y las convicciones propicia llegar a la conclusión de que la prohibición de manifestar las convicciones sólo generaría una discriminación indirecta. A efectos de justificar este tipo de trato diferente, bastará con acreditar que la prohibición responde a una finalidad legítima vinculada con la libertad de empresa y que los medios empleados sean adecuados y necesarios. Sin embargo, también en este ámbito habría que plantear en qué medida una política empresarial que prohíbe manifestar las propias convicciones tiene un efecto adverso de mayor entidad sobre aquellos trabajadores que tienen la obligación de emplear símbolos religiosos frente a aquellos otros que simplemente desean hacerlo".

la religión constituye para muchas personas una parte importante de su identidad[66], niega que alcance la misma relevancia que otros factores, como el sexo, el color de la piel o el origen étnico, sosteniendo que "la práctica religiosa no es tanto una circunstancia invariable como un aspecto de la vida privada, en el cual además pueden influir voluntariamente los trabajadores afectados"[67]; en cambio, la segunda —Sharpston—, entiende que las manifestaciones de la libertad religiosa conectan con el núcleo más profundo de la persona y eso le permite sostener que "para un miembro practicante de una religión, la identidad religiosa forma parte integrante de su ser"[68]. Po-

---

66 Cfr. *Conclusiones de la Abogada General Kokott en el caso G4S Secure Solutions* (Asunto C-157/15), de 31 de mayo de 2016, n. 113.

67 El pasaje íntegro de las *Conclusiones* dice así: "Sin embargo, a diferencia del sexo, el color de la piel, el origen étnico, la orientación sexual, la edad y la discapacidad de una persona, la práctica religiosa no es tanto una circunstancia invariable como un aspecto de la vida privada, en el cual además pueden influir voluntariamente los trabajadores afectados. Mientras que un trabajador no puede «dejar en el guardarropa» su sexo, su color de piel, su origen étnico, su orientación sexual, su edad ni su discapacidad al acceder a las instalaciones de su empresario, sí se le puede exigir un cierto recato en el trabajo con respecto al ejercicio de su religión, ya sea en relación con sus prácticas religiosas, sus comportamientos motivados por la religión o (como aquí sucede) su forma de vestir" (Ibídem, n. 116).

68 El pasaje completo de las Conclusiones de Sharpston dice así: "Subrayo aquí que, para un miembro practicante de una religión, la identidad religiosa forma parte integrante de su ser. Los requisitos impuestos por la fe —su disciplina y las normas sobre la manera en que los adeptos deben llevar su vida— no son elementos que deban aplicarse cuando uno no esté trabajando (digamos, por la noche y durante los fines de semana para quienes tengan un trabajo de oficina) y que puedan dejarse discretamente de lado en horas de trabajo. Según las reglas particulares de la religión en cuestión y el grado en el que un determinado individuo sea practicante, alguno de dichos elementos puede, por supuesto, no ser de obligado cumplimiento para dicho individuo y, por lo tanto, ser negociable. Pero sería totalmente

dría pues decirse que hay una cierta tensión entre una visión de la religión ligada una idea de opción personal, con menor fuerza que otros factores como el sexo, la lengua o la raza, y otra visión en la que la religión aparece más como un factor de identidad esencial de la persona[69].

Pues bien, sobre este trasfondo, el Tribunal de Justicia parece decantarse más bien por la primera posición que por la segunda; es decir, la posición asumida por el TJUE estaría más próxima a la posición defendida por Kokkot que a la apoyada por Sharpston con las implicaciones que tal posicionamiento conlleva a la hora de tratar el impacto sobre los empleados —o sobre algunos de ellos— de ciertas políticas de neutralidad religiosa impuestas por sus empleadores[70].

Finalmente, una tercera cuestión de fondo, muy ligada a las otras dos cuestiones ya mencionadas, se refiere a la admisibilidad de políticas de estricta neutralidad en materia de religión o convicciones, por parte de los empleadores, ya sean

---

incorrecto suponer que, mientras que el sexo y el color de la piel siempre acompañan a las personas, de alguna manera no sucede así con su religión" (*Conclusiones de la Abogada General Sharpston en el caso Bougnaoui y ADDH* (Asunto C-188/15), presentadas el 13 de julio de 2016, n. 73).

69 Cfr. PALOMINO LOZANO, R. (2020). "El Tribunal de Justicia de la Unión Europea frente a la religión y las creencias", cit., p. 54, notas 23 y 24, donde cita los respectivos pasajes de las Conclusiones de Kokkot y Sharpston.

70 De ese parecer es VÁZQUEZ ALONSO, al menos por lo que se refiere a los casos *G4S Secure Solutions* y *Bougnaoui*: vid. VÁZQUEZ ALONSO, V.J. (2018). "El derecho del empresario a ser neutral y el velo de la trabajadora musulmana: cuatro tesis a propósito de las Sentencias Samira Achbita y Centrum, y Asma Bougnaoui, Association de Défense des Droits del'Home (ADDH) y Micropole SA". *Construyendo un estándar europeo de derechos fundamentales: un recorrido por la jurisprudencia TJUE tras la entrada en vigor de la Carta.* Thomson Reuters Aranzadi, p. 118.

privados o públicos. Muy reveladora de la problemática que aquí subyace es la sentencia dictada por el Tribunal de Justicia en noviembre de 2023, en un caso que enfrentaba al Ayuntamiento de Ans, en Bélgica, con una de sus trabajadoras[71]. Este Ayuntamiento, una vez ya surgido el conflicto con la empleada, modificó su Reglamento de trabajo, estableciendo una obligación de neutralidad exclusiva, en virtud de la cual prohibía a todos sus trabajadores usar en el lugar de trabajo cualquier signo visible revelador de sus convicciones[72].

Pues bien, el Tribunal de Justicia de la Unión considera en principio admisible que un Ayuntamiento pueda adoptar ese tipo de políticas para crear un entorno administrativo totalmente neutro[73], de manera similar a cuanto ya había establecido en anteriores sentencias respecto de las políticas de neutralidad en empresas privadas[74]. Ahora bien, más allá de

---

[71] Sentencia del Tribunal de Justicia de 28 de noviembre de 2023, *Commune d'Ans*, C-148/22 (TOL9.889.898).

[72] Según recoge la misma Sentencia, el Reglamento en cuestión decía lo siguiente: "El trabajador deberá respetar el principio de neutralidad, lo que implica que deberá abstenerse de toda forma de proselitismo y que tiene prohibido exhibir cualquier signo ostensible que pueda revelar su pertenencia a una corriente ideológica o filosófica o sus convicciones políticas o religiosas. Esta norma afecta al trabajador tanto en sus contactos con el público como en sus relaciones con sus superiores jerárquicos y sus compañeros de trabajo" (Ídem n. 15).

[73] "[L]a política de «neutralidad exclusiva» que una administración pública, en este caso municipal, pretende imponer a sus trabajadores, en función del contexto que le es propio y en el marco de sus competencias, con vistas a instaurar en su seno un entorno administrativo totalmente neutro, puede considerarse que está objetivamente justificada por una finalidad legítima, en el sentido del artículo 2, apartado 2, letra b), inciso i), de la Directiva 2000/78" (vid. ídem, n. 33).

[74] Pueden verse al respecto, las sentencias del TJUE en los casos: *G4S Secure Solutions*; *Bougnaoui y ADDH*; *Wabe y MH Müller*; y *L.F. contra S.C.R.L*, ya anteriormente citadas (vid., supra, nota 60).

los detalles sobre en qué condiciones y bajo qué circunstancias ese tipo de políticas de neutralidad resulten legítimas[75], cabe interrogarse acerca de su sentido último en el marco de una sociedad diversa y plural, que debería caracterizarse más por la tolerancia hacia las manifestaciones de lo religioso, que por su prohibición.

Desde esta óptica, el fondo de la cuestión sería entonces el significado atribuido a la neutralidad que, como hace notar FERNÁNDEZ SÁNCHEZ, "no puede entenderse como un lugar aséptico que impida la manifestación de las diversas identidades; sino, por el contrario, en cuanto ambiente tolerante, donde la manifestación de la propia afiliación religiosa pueda expresarse libremente, con la única condición de respetar otros derechos que hayan de prevalecer..."[76]. Otros autores in-

---

[75] Para las cuestiones más técnicas, pueden verse, entre otros, los siguientes trabajos recientes: CAÑAMARES ARRIBAS, S. (2023). *Derecho y factor religioso en la Unión Europea,* cit. pp. 97-102; FERNÁNDEZ SÁNCHEZ, S. (2023). "L'evoluzione della giurisprudenza della corte di giustizia dell'Unione Europea in materia di simboli religiosi visibili nel posto di lavoro. A proposito del divieto dell'uso del velo e contratto di lavoro in CGUE C-804/18 e C-341/19". *Revista General de Derecho Canónico y Derecho Eclesiástico del Estado,* (61), pp. 1-20; GONZÁLEZ SÁNCHEZ, M. (2024). "Las Administraciones públicas, como las empresas privadas, pueden prohibir el uso de símbolos religiosos a sus empleados". *LA LEY Unión Europea,* (122), pp. 1-19; MONEREO PÉREZ, J.L. (2022). "La prohibición unilateral por el empleador, con carácter general e indiferenciada, de uso visible de símbolos vinculados a convicciones religiosas, filosóficas o espirituales: requisitos y límites derivados del principio fundamental de no discriminación directa o indirecta". *Revista de Jurisprudencia Laboral,* (9/2022), pp. 1-17; RODRÍGUEZ MOYA, A. (2023). "Jurisprudencia del Tribunal Europeo de Derechos Humanos y del Tribunal de Justicia de la Unión Europea". *Anuario de Derecho Eclesiástico del Estado,* (vol. 39), pp. 897-907.

[76] FERNÁNDEZ SÁNCHEZ, S. (2023). "L'evoluzione della giurisprudenza della corte di giustizia dell'Unione Europea in materia di simboli religiosi visibili nel posto di lavoro", cit., p. 6.

ciden también sobre este mismo planteamiento de fondo, poniendo de manifiesto que la idea de neutralidad manejada por el Tribunal de Justicia puede estar más cerca de la prohibición que de la inclusión y contribuir, aun sin quererlo, a legitimar ciertos prejuicios de naturaleza religiosa[77].

Es evidente que las tres cuestiones mencionadas —tratamiento unitario de la religión y las convicciones; visión de la religión como opción o como identidad; y admisibilidad de ciertas políticas empresariales de neutralidad exclusiva en materia religiosa— tienen un papel central en todos esos conflictos donde se ventilan problemas de discriminación conectados con la prohibición de ciertas manifestaciones externas de la libertad religiosa de los empleados en el lugar de trabajo. Por otro lado, es también evidente la importancia que asumen entonces las posiciones adoptadas el Tribunal de Justicia de la Unión, en particular, desde la perspectiva de si esas posiciones son o no las adecuadas para garantizar una plena y efectiva protección del derecho fundamental de libertad religiosa en su conjunto.

77 Vid. GONZÁLEZ SÁNCHEZ, M. (2024). "Las Administraciones públicas, como las empresas privadas, pueden prohibir el uso de símbolos religiosos a sus empleados", cit., pp. 1-20. En este estudio, el autor llega a afirmar que: "El TJUE aboga por un concepto de neutralidad más cercano a la prohibición que a la inclusión, lo que supone una posición mucho más restrictiva sobre el ejercicio del derecho de libertad religiosa en el ámbito laboral" (p. 13). En sentido similar, se pronuncia PALOMINO, quien citando a diversos autores al hilo de la Sentencia del caso *G4S Secure Solutions,* abunda en la idea de que ese principio de neutralidad empresarial podría aparecer como un expediente para legitimar los prejuicios de naturaleza religiosa e incluso para avalar una suerte de exclusión del hecho religioso (cfr. PALOMINO LOZANO, R. (2020). "El Tribunal de Justicia de la Unión Europea frente a la religión y las creencias", cit., p. 52).

VI. VALORACIONES CONCLUSIVAS

La Unión Europea es una peculiar organización supranacional que se apoya en una serie de principios y valores que incluyen la protección de los derechos humanos, así como el respeto del pluralismo y la diversidad en un marco de tolerancia. El factor social religioso, es decir la proyección de la religión y sus manifestaciones en la vida social, es un elemento inseparablemente unido a la historia, cultura, tradiciones y valores en Europa. De ahí que el modo de tratar el hecho religioso en el marco de la Unión tenga una notable relevancia, especialmente en los tiempos actuales, más caracterizados que nunca por una creciente multiculturalidad y un mayor pluralismo religioso.

En este contexto, el presente estudio ha focalizado la atención sobre tres elementos que actúan a modo de principios básicos en la materia. En primer lugar, el principio de atribución, en virtud del cual la Unión solo puede intervenir en aquellos ámbitos en los que es competente a tenor de los Tratados. El factor religioso, en sus distintas dimensiones, no es una materia sobre la que la Unión ostente competencias, quedando pues su regulación por tanto en manos de los Estados. La afirmación contenida en el artículo 17 del Tratado de Funcionamiento de la Unión, acerca del respeto al estatuto otorgado a las Iglesias por el derecho interno de los Estados miembros es buena prueba de ello. De acuerdo con esto, la influencia del Derecho de la Unión en cuanto a lo que solemos llamar el Derecho Eclesiástico debería limitarse a aspectos puntuales, conectados con ámbitos de su competencia; como limitada debería ser también su influencia en cuanto al modo de gestionar el pluralismo y la diversidad religiosa en Europa.

Ahora bien, es igualmente innegable que la Unión se construye sobre una serie de principios y valores comunes que incluyen el respeto de los derechos humanos. Aparece pues aquí un segundo aspecto esencial que es precisamente el compromiso con la protección de la libertad de pensamiento, conciencia y religión, tal y como actualmente está reconocida en la *Carta de los Derechos Fundamentales de la Unión Europea.* La Unión y sus organismos están obligados a actuar siempre dentro del respeto a ese derecho, no como mera formulación teórica, sino desde la perspectiva de su efectiva realización. Eso incluye la protección de la libre manifestación de la libertad religiosa en las distintas manifestaciones de su ejercicio externo (culto, práctica, observancia) sin otras limitaciones que las estrictamente necesarias; e incluye también el respeto de los legítimos ámbitos y esferas de autonomía confesional, que tan necesarios resultan para la existencia de un verdadero pluralismo social. Sin embargo, este compromiso con la libertad religiosa, que se plasma y reconoce en la *Carta de Derechos Fundamentales,* aun siendo parámetro de obligado respeto para la Unión y sus instituciones—como lo es también para los Estados miembros—, no amplía en modo alguno las competencias que los Tratados atribuyen a la propia Unión.

Cosa distinta sucede, en cambio, cuando se trata de afrontar la lucha contra la discriminación por razón de religión o convicciones, que constituye el tercer elemento clave para situar el actual tratamiento del factor religioso dentro de la Unión. Combatir la discriminación en sus distintas manifestaciones, es algo que ha acompañado al proyecto europeo desde sus inicios y son muchos los lugares del Derecho de la Unión, incluida la *Carta de Derechos Fundamentales,* donde se proclama la igualdad y se prohíbe la discriminación, especialmente por razones como la edad, la nacionalidad, la raza u origen étnico, la orientación sexual y, también, la religión o las convicciones. Es tal la relevancia que este asunto tiene para el desarrollo del proyecto común, que el Tratado de Funcionamiento sí atribuye competencias a la Unión para combatir activamente esas formas de discriminación que tan lesivas pueden ser para la integración europea.

De hecho, la Unión, ya desde hace más de veinte años ha dictado algunas normas de derecho derivado precisamente para actuar en esa dirección. De particular importancia para el ámbito religioso son, como hemos visto, las disposiciones de la Directiva 2000/78 y su concreta interpretación y aplicación. En efecto, ya desde hace algunos unos años, esta Directiva se ha convertido en el epicentro de una serie de litigios laborales con trasfondo religioso, que han llegado al Tribunal de Justicia de la Unión, a través diferentes cuestiones prejudiciales. En esas controversias laten, como también tuvimos oportunidad de señalar, importantes cuestiones de fondo que afectan al factor religioso y a su regulación, de modo que el posicionamiento que sobre ellas está adoptando el Tribunal de Justicia necesariamente puede luego incidir sobre el derecho de los Estados miembros.

De este modo, a pesar de la formal ausencia de competencias de la Unión en materia religiosa, a través de la aplicación e interpretación de la citada Directiva, se estaría de hecho produciendo una relevante intervención desde las instancias de la Unión —no olvidemos que el Tribunal de Justicia es una de las instituciones clave de la arquitectura europea— en relación con el tratamiento del factor social religioso. Y esa intervención, a juicio de algunos, no siempre está caminando en una línea de adecuada protección de la libertad religiosa en cuanto derecho fundamental. Puede darse así la paradoja de que el derecho fundamental de libertad religiosa se esté leyendo, de alguna manera, a la luz de lo dispuesto en la Directiva 2000/78, en lugar de ser las disposiciones de esta última las que se lean, interpreten y apliquen a la luz del Derecho fundamental de libertad religiosa[78].

---

78 En realidad, el fondo de esta problemática trasciende el ámbito de la libertad religiosa y se proyecta sobre el conjunto de los derechos recogidos en la *Carta de Derechos Fundamentales de la Unión Europea* y sobre el papel que corresponde al Tribunal de Justicia, junto con otras instancias nacionales y europeas, en su protección. Vid. a este respecto las consideraciones de: LÓPEZ CASTILLO, A. (2019). "Estudio introductorio". *La Carta de Derechos Fundamentales de la Unión Europea*, Tirant Lo Blanch, pp. 51 y ss.

Un ejemplo de cuanto queremos decir se da a propósito de la admisibilidad o menos de las políticas de neutralidad empresarial, en virtud de los cuales un empleador prohíbe a sus empleados el uso de cualquier signo visible revelador de su religión o convicciones. El juicio acerca de este tipo de políticas puede hacerse simplemente sobre la base de su congruencia con la Directiva 2000/78; pero también puede hacerse desde una perspectiva distinta, valorando si entrañan o no una indebida restricción de la libertad religiosa. La cuestión no es de menor importancia, pues si se lee el derecho fundamental a la luz del derecho derivado, podría prevalecer la idea de la admisibilidad de esas políticas con tal de que se apliquen por igual a todos los empleados de una empresa, siguiendo un criterio de carácter general y consistente, bajo ciertas condiciones; en cambio, si se lee el derecho derivado a la luz del derecho fundamental, podría terminar por concluirse que, aun sin ser propiamente discriminatorias, ciertas políticas de neutralidad podrían resultar excesivamente gravosas para los empleados y potencialmente lesivas de su derecho fundamental de libertad religiosa.

De otra parte, no debe olvidarse que uno de los mayores retos que actualmente existen en Europa respecto de la materia religiosa es cómo gestionar el pluralismo y la diversidad religiosa que, desde hace décadas, caracteriza a las sociedades europeas. A este respecto, no es difícil advertir que esas mismas políticas de neutralidad parecen congruentes con aquellos modelos de gestión del pluralismo religioso que postulan la creación de un espacio público caracterizado por la ausencia de valores y elementos de contenido religioso y cohesionado en torno a valores exclusivamente civiles, propios de la comunidad política democrática[79].

---

[79] En relación con los diferentes modelos para gestionar la diversidad religiosa en Europa, pueden verse las interesantes consideraciones de: FERRARI, S. (2014). "Religioni e Spazio pubblico in Europa".

Desde este último punto de vista, el problema no sería tanto si ese concreto modelo de gestión del pluralismo religioso es o no el más adecuado; el verdadero problema, en el marco de la Unión y de sus atribuciones, sería preguntarse hasta qué punto es conveniente que el Tribunal de Justicia, en cuanto institución de la Unión Europea, se esté posicionando en este debate —o al menos, genere una fuerte impresión de que lo está haciendo— al hilo de esas controversias que traen casusa de tales políticas de neutralidad religiosa en el ámbito laboral, llegando incluso, como ya vimos, a suscitar dudas fundadas sobre si tal posicionamiento resulta plenamente conforme con el libre ejercicio del derecho fundamental de libertad religiosa o no por parte de los trabajadores.

Parece pues del todo necesario que la lucha contra la discriminación por razón de religión o convicciones, vaya acompañada de una adecuada protección del ejercicio de la libertad religiosa; y es igualmente necesario llevar a cabo una y otra cosa sin olvidar que uno de los mayores retos que actualmente existen en Europa respecto de la materia religiosa es precisamente cómo gestionar el pluralismo religioso.

REFERENCIAS BIBLIOGRÁFICAS

AGUILAR CALAHORRO, A. (2019). "La aplicación de la carta de derechos fundamentales de la Unión Europea por la jurisdicción ordinaria". Balaguer Callejón, F. y Tudela Aranda, J. (coords.). *Perspectivas actuales del proceso de integración europea.* Fundación Manuel Giménez Abad, pp. 245-274.

AGUILAR CALAHORRO, A. (2021). *Naturaleza y eficacia de la Carta de Derechos Fundamentales de la Unión Europea.* Centro de Estudios Políticos y Constitucionales.

Revista General de Derecho Canónico y Derecho Eclesiástico del Estado, (34), especialmente las pp. 1-7.

ALONSO GARCÍA, R. (2020). "A vueltas con el ámbito de aplicación de la Carta de los Derechos Fundamentales de la UE". *Revista española de derecho europeo,* (73-74), pp. 13-20.

ALLUÉBUIZA, A. (2017). "Evolución histórica de la integración europea". *Derecho Básico de la Unión Europea.* Comares, pp. 25-68.

AZPITARTE SÁNCHEZ, M. (2019). "Artículo 51. Libertad de pensamiento, conciencia y religión". López Castillo, A. (Dir.). *La Carta de Derechos Fundamentales de la Unión Europea,* Tirant lo Blanch, pp. 1571-1617.

BARRERO ORTEGA, A. (2019). "Artículo 10. Libertad de pensamiento, conciencia y religión". López Castillo, A. (Dir.). *La Carta de Derechos Fundamentales de la Unión Europea.* Tirant lo Blanch, pp. 277-296.

CAÑAMARES ARRIBAS, S. (2023). *Derecho y factor religioso en la Unión Europea.* Thomson Reuters Aranzadi.

CARMONA CONTRERAS, A.M., *Construyendo un estándar europeo de derechos fundamentales: un recorrido por la jurisprudencia TJUE tras la entrada en vigor de la Carta,* Thomson Reuters Aranzadi.

CRUZ VILLALÓN, P. (2017). "El valor de posición de la Carta de los Derechos Fundamentales en la Comunión Constitucional Europea". *Teoría y Realidad Constitucional* (39), pp. 85-101.

DIEZ-PICAZO, L.M. (2009). *La naturaleza de la Unión Europea.* Civitas.

DIEZ DE VELASCO VALLEJO, M. (2010).*Las organizaciones internacionales.* 16ª ed. Tecnos.

DURISOTTO, D. (2016). "Unione europea, chiese e organizzazioni filosofiche non confessionali (art. 17 TFUE)". *Stato, Chiese e pluralismo confessionale. Rivista telematica,* (23/2016), pp. 1-39.

FERNÁNDEZ SÁNCHEZ, S. (2023). "L'evoluzione della giurisprudenza della corte di giustizia dell'Unione Europea in materia di simboli religiosi visibili nel posto di lavoro. A proposito del divieto dell'uso del velo e contratto di lavoro in CGUE C-804/18 e C-341/19". *Revista General de Derecho Canónico y Derecho Eclesiástico del Estado,* (61), pp. 1-20.

FERRARI, S. (2014). "Religioni e Spazio pubblico in Europa". *Revista General de Derecho Canónico y Derecho Eclesiástico del Estado,* (34), pp. 1-18.

FERRARI, S. (2024). "Sette domande sui diritti delle minoranze di religione e convinzione e sulla loro misurazione". *Stato, Chiese e pluralismo confessionale. Rivista telematica,* (8/2024), pp. 32-42.

GILBER, M. (2012). *European Integration: A Concise History.* Rowman&Littlefield.

GONZÁLEZ AYESTA, J. (2019). *Autonomía de las iglesias y sindicatos de ministros de culto: Contexto, análisis e implicaciones de las sentencias de tribunal europeo de derechos humanos en el caso "Sindicatul 'Păstorul Cel Bun' C. Rumanía".* Thomson Reuters Aranzadi.

GONZÁLEZ SÁNCHEZ, M. (2024). "Las Administraciones públicas, como las empresas privadas, pueden prohibir el uso de símbolos religiosos a sus empleados". *LA LEY Unión Europea,* (122), pp. 1-19.

LÓPEZ CASTILLO, A. (2019). "Estudio introductorio". Ídem (Dir.). *La Carta de Derechos Fundamentales de la Unión Europea.* Tirant Lo Blanch, pp. 31-59.

LICASTRO, A. (2014). *Unione europea e «status» delle confessioni religiose.* Giuffrè.

MANGAS MARTÍN, A. y LIÑÁN NOGUERAS, D. (2020). *Instituciones y Derecho de la Unión Europea.* 10ª Ed. Tecnos.

MONEREO PÉREZ, J.L. (2022). "La prohibición unilateral por el empleador, con carácter general e indiferenciada, de uso visible de símbolos vinculados a convicciones religiosas, filosóficas o espirituales: requisitos y límites derivados del principio fundamental de no discriminación directa o indirecta". *Revista de Jurisprudencia Laboral,* (9/2022), pp. 1-17.

PALOMINO LOZANO, R. (2020). "El Tribunal de Justicia de la Unión Europea frente a la religión y las creencias". *Revista de Derecho Comunitario Europeo,*(65), pp. 35-77.

RODRÍGUEZ MOYA, A. (2023). "Jurisprudencia del Tribunal Europeo de Derechos Humanos y del Tribunal de Justicia de la Unión Europea". *Anuario de Derecho Eclesiástico del Estado,* (vol. 39), pp. 897-919.

SARMIENTO, D. (2024). *Curso de la Unión Europea.* Marcial Pons.

SOBRINO HEREDIA, J.M. (2001). "Algunas consideraciones en torno a las nociones de integración y de supranacionalidad". *Anuario da Facultade de Dereito da Universidade da Coruña,* (5), pp. 853-870.

VÁZQUEZ ALONSO, V.J. (2018). "El derecho del empresario a ser neutral y el velo de la trabajadora musulmana: cuatro tesis a propósito de las Sentencias Samira Achbita y Centrum, y Asma Bougnaoui, Association de Défense des Droits de l'Home (ADDH) y Micropole SA". Carmona Contreras, A.M. (Dir.)., *Construyendo un estándar europeo de derechos fundamentales: un recorrido por la jurisprudencia TJUE tras la entrada en vigor de la Carta,* Thomson Reuters Aranzadi, pp. 109-122.

VENTURA, M. (2002). *La laicità dell'Unione europea. Diritti, mercato, religione.* Giappichelli.

VENTURA, M. (2014). "L'articolo 17 TFUE come fondamento del diritto e della politica ecclesiastica dell'Unione europea". *Quaderni di diritto e política ecclesiastica*, vol. 22 (2), pp. 293-304.

SENTENCIAS CITADAS

Sentencia del Tribunal de Justicia de 12 de noviembre de 1969, *Stauder*, Asunto 29/69. TOL5.822.576

Sentencia del Tribunal de Justicia de 14 de mayo de 1974, *Nold*, Asunto 4/73. TOL5.742.029

Sentencia del Tribunal de Justicia de 14 de marzo de 2017, *G4S Secure Solutions*, C-157/15. TOL5.986.679

Sentencia del Tribunal de Justicia de 14 de marzo de 2017, *Bougnaoui y ADDH*, C-188/15. TOL5.986.677

Sentencia del Tribunal de Justicia de 17 de abril de 2018, *Egenberger*, C-414/16. TOL6.573.837

Sentencia del Tribunal de Justicia de 11 de septiembre de 2018, *IR*, C-68/17. TOL6.770.859

Sentencia del Tribunal de Justicia de 22 de enero de 2019, *Cresco Investigation*, C-193/17. TOL7.009.194

Sentencia del Tribunal de Justicia de 29 de octubre de 2020, *Veselībasministrija*, C-243/19. TOL8.161.280

Sentencia del Tribunal de Justicia de 15 de julio de 2021, *Wabe y MH Müller*, asuntos acumulados C-804/18 y C-341/19. TOL9.749.999

Sentencia del Tribunal de Justicia de 13 de enero de 2022, *MIUR y Ufficio Scolastico Regionale per la Campania*, C-282/19. TOL8.735.724

Sentencia del Tribunal de Justicia de 13 de octubre de 2022, *L.F. contra S.C.R.L.*, C-344/20. TOL9.251.795

Sentencia del Tribunal de Justicia de 28 de noviembre de 2023, *Commune d'Ans*, C-148/22. TOL9.889.898

Sentencia del Tribunal Europeo de DerechosHumanos de 13 de diciembre de 2001, *Iglesia Metropolitana de Besarabia y otros contra Moldavia*, n. 45701/99.

Sentencia del Tribunal Europeo de DerechosHumanos de 5 de octubre de 2006, *Rama Moscovita del Ejército de Salvación c. Rusia*, n. 72881/01.

Capítulo 3.

ANÁLISIS DE LA NORMATIVA DE DERECHO ECLESIÁSTICO EN LA UNIÓN EUROPEA[1]

PEDRO SÁNCHEZ LLAVERO
Investigador del GI SEJ 259 (UAL)

SUMARIO: I. INTRODUCCIÓN. SOBRE LA UNIÓN EUROPEA Y EL FACTOR RELIGIOSO. EL PECULIAR SISTEMA JURÍDICO DE LA UE. II. ESTUDIO DE LAS FUENTES DEL DERECHO DE LA UNIÓN EUROPEA EN RELACIÓN CON EL FACTOR RELIGIOSO. II.1. Derecho originario y principios generales del Derecho de la UE. II.2. Derecho derivado. II.3. Otras disposiciones. III. CONCLUSIONES

I. INTRODUCCIÓN. SOBRE LA UNIÓN EUROPEA Y EL FACTOR RELIGIOSO. EL PECULIAR SISTEMA JURÍDICO DE LA UE

No resulta sencillo explicar de forma coherente el sistema de fuentes del entramado jurídico de la Unión Europea. Nos encontramos ante un modelo híbrido entre lo constitucional y lo internacional: se persigue establecer un sistema de fuentes de tipo constitucional —con normas sobre creación de normas, con principios jurídicos y jerarquía normativa, con un sis-

[1] El presente trabajo se inserta dentro del Proyecto de investigación PPIT-UAL, Junta de Andalucía-FEDER 2021-2027. Programa 54.A.

tema de reforma, etc.— tomando como base para la creación de dicha normativa el derecho internacional que, como se deduce de su lógica interna, se fundamenta en la voluntad de los Estados para asumir obligaciones, delegar competencias, establecer mecanismos políticos de compensación de poder, etc. Creo que no hace falta ser un experto en la materia para llegar a la conclusión de que estamos ante dos paradigmas distintos: se quiere lograr un fin concreto a través de medios que no son los más adecuados para obtenerlo. Lógicamente, el proceso de cohesión europea y de armonización tuvo un inicio marcadamente económico, que fue derivando hacia una cohesión política y jurídica, en la medida en que esto último —lo político y jurídico— facilitaba obtener resultados más satisfactorios en lo primero —lo económico. El esfuerzo ha sido ímprobo, pero el resultado —desde un punto de vista jurídico— no ha sido el esperado.

De ahí que acabemos por concluir que "el singular sistema jurídico de la Unión Europea, fundamentado en los Tratados constitutivos, TUE y TFUE, es el complejo resultado de una larga evolución de los Tratados originarios de los años cincuenta. El concepto de sistema jurídico resultante como tal, es decir, del Derecho de la Unión Europea es una construcción de la jurisprudencia del TJUE y de una inestimable aportación doctrinal. La precariedad de estructura y organización del modelo normativo europeo, donde ni siquiera existe una jerarquía normativa, no ha facilitado las cosas"[2].

Aunque no podamos defender que el Derecho de la Unión Europea sea un verdadero sistema jurídico coherente, "(...) si por las razones antedichas no puede asimilarse en sentido estricto a un *sistema de fuentes*, bien merece calificarse como un

---

2 MANGAS MARTÍN, A. y LIÑÁN NOGUERAS, D.J. (2020). *Instituciones y Derecho de la Unión Europea.* Tecnos, cap. 16, introducción (versión epub).

verdadero *sistema* de normas y actos jurídicos"[3]. Y a partir de aquí debemos trabajar.

Por otro lado, en lo que respecta a nuestra materia, parece pacíficamente reconocido por la doctrina que el principio de libertad religiosa es un principio compartido por todos los Estados miembros de la Unión Europea. Como ha defendido el profesor FORNÉS, "puede decirse que (...) en Europa hay un determinado modelo común de relaciones entre el Estado y la religión, siempre sobre la base de la protección y amparo del derecho de libertad religiosa"[4]. Este autor comenta que se podría definir el modelo a través de tres características: 1) neutralidad del Estado respecto de las cuestiones religiosas individuales (se garantiza la imparcialidad del poder público y la obligación de respetar la libertad de profesar las creencias religiosas, con la ausencia de discriminación basada en la religión); 2) respeto a la autonomía interna de las confesiones religiosas; 3) existencia de normas que establecen límites al ejercicio de la libertad religiosa en sus manifestaciones colectivas por razones de orden público, moralidad, salud o protección de los derechos y libertades de los demás.

Lógicamente, las características antedichas no prejuzgan el modelo de cooperación o ausencia de ella en los distintos Estados que componen la Unión Europea. Ahora bien, de un estudio pormenorizado se podría extraer que parece que existen diferentes niveles de cooperación de los poderes públicos con las instituciones religiosas, más que una ausencia total de cooperación[5]. No es de extrañar que en el fallido proceso por el que se establecía una Constitución para Europa, se deba-

---

3 *Ibidem,* cap. 16, 2.1.

4 FORNÉS DE LA ROSA, J. (2005). "La libertad religiosa en Europa". *Revista General de Derecho canónico y Derecho eclesiástico del Estado, número* 7. Iustel, p. 18-19.

5 *Ibidem,* p. 19.

tiera sobre la libertad religiosa como un derecho central del hombre, y que ésta fuese respetada como marca de identidad fundamental del Estado democrático de Derecho de tipo europeo. Ciertas reminiscencias de esto permean los actuales Tratados constitutivos (TUE y TFUE).

Como es bien sabido, el Derecho comunitario es un sistema jurídico supraestatal, supranacional, pero que constituye un verdadero derecho interno de los Estados de la Unión. Y esto queda claro ya que el derecho comunitario es de aplicación directa en cada Estado miembro, *ya que* se trata de un ordenamiento que es capaz de crear directamente derechos y obligaciones para los ciudadanos y, finalmente, *ya que* el derecho de la Unión Europea es capaz de prevalecer sobre el derecho interno de los Estados miembros. He utilizado a propósito esta conjunción —*ya que*— pues pienso que es la manera en que el Derecho de la Unión Europea actúa: se acaba imponiendo por la vía de los hechos.

Dentro del sistema normativo de la Unión Europea, es conocida la división entre normas originarias y derivadas. Me gustaría —sin ánimo de convertir este epígrafe en una clase— recordar de forma sucinta los puntos esenciales de esta división, para poder entender mejor las normas específicas que se tratarán en el siguiente apartado:

En primer lugar, "la norma originaria se identifica sustancialmente con los Tratados constitutivos y las normas convencionales que los han modificado a lo largo del tiempo, y cuyo último exponente general es el Tratado de Lisboa que modificó el TUE y el TCE (denominado a partir de ese momento TFUE)"[6].

---

6 MANGAS MARTÍN, A. y LIÑÁN NOGUERAS, D.J. (2020). *Instituciones y Derecho de la Unión Europea*. Tecnos, cap. 16, 2.3 (versión epub).

Una de las claves del derecho originario es que requiere el consentimiento estatal, de forma solemne a través de la ratificación: "(...) cualquier modificación de las normas originarias, sea cual fuere su naturaleza o intensidad, exige, salvo en algunos casos muy menores y con cautelas, la celebración de Tratado internacional"[7].

Ahora bien, ¿qué compone el derecho originario? La respuesta puede parecer obvia, pero se irá complicando conforme se vayan desgranando los siguientes apartados:

1. Los Tratados constitutivos y los Tratados concluidos para su modificación.
2. Actos de naturaleza convencional que se producen con motivo de las adhesiones de nuevos Estados miembros o para poner término a su aplicación.
3. El caso especial de la Carta de Derechos Fundamentales de la Unión Europea. No tiene carácter convencional, pero según el art. 6.1 TUE tiene "el mismo valor jurídico de los Tratados".

Además, "(...) el efecto de notable complejidad y disfuncionalidad que se deriva de esta pluralidad y diversificación de las normas constitutivas de la Unión Europea se ve muy seriamente agravado (...) por la introducción de ciertos grados de diversificación en las obligaciones por la poco ortodoxa fórmula de la Decisión de los Jefes de Estado o de Gobierno reunidos en el seno del Consejo Europeo de Edimburgo de 11 y 12 de diciembre de 1992, que introduce un núcleo sustancial de excepciones en varias materias (ciudadanía, UEM, ELSJ y PESC[8], entre otras) para Dinamarca, recogida en el Protocolo 22. Igual-

---

7 *Ibidem*, cap. 16, 3.1.

8 El significado de los acrónimos es Unión Económica y Monetaria (UEM), Espacio de Libertad, Seguridad y Justicia (ELSJ) y Política Exterior y de Seguridad Común (PESC).

mente deben mencionarse el Protocolo 19 sobre el acervo de Schengen integrado en el marco de la Unión Europea, o el Protocolo 30 sobre las restricciones a la aplicación de la Carta de Derechos Fundamentales de la UE a Polonia, las incorporadas "interpretaciones" de Irlanda como condición para aceptar su ratificación en Lisboa o, las concesiones a última hora a la República Checa, respecto de las que ni siquiera se respetaron los procedimientos constitucionales de los restantes veintiséis Estados miembros ya que en sus ratificaciones éstos no habían tenido conocimiento de ello. Y así hasta un sinfín de Protocolos, declaraciones y excepciones materiales o temporales, más o menos encubiertas, que, más allá de las insufribles complicaciones que generan, hacen simplemente ilusoria la pretensión de unidad del sistema jurídico de la UE"[9].

Y, finalmente, hay un desarrollo jurídico paralelo (incluso en este ámbito de derecho originario) en relación con la Zona Euro. Por ejemplo, el Mecanismo Europeo de Estabilidad (MEDE) es un Tratado Internacional, que establece un espacio ajeno al Derecho de la UE pero en el que actúan instituciones de la Unión (Comisión y BCE). Caso similar es el del Tratado de Estabilidad, Coordinación y Gobernanza (TECG).

Por si no fuera suficiente, aparece otra figura realmente importante —los principios— que se caracterizan por ser normas no escritas. "Es importante resaltar que los *principios* ocupan una posición jerárquicamente superior al Derecho derivado en el Derecho de la Unión. En esa cualidad son apreciados por el Tribunal de Justicia, en su abundante jurisprudencia en materia de derechos fundamentales como elemento de control de legalidad"[10].

En segundo lugar, nos encontramos con las normas derivadas. "(...) En el sistema europeo se cualifican esencialmente por tra-

---

9 *Ibidem*, cap. 16, 3.2.

10 *Ibidem*, cap. 16, 4.

tarse de un conjunto de *modos* de instrumentación jurídica con fundamento en la norma constitutiva. El grueso de estas normas proviene del sistema de *atribución* de competencias que, constituyendo la esencia misma del modelo de la Unión, otorga al sistema institucional los poderes jurídicos necesarios para la consecución de los fines y objetivos establecidos en la norma originaria"[11].

El artículo 288 TFUE enumera los instrumentos normativos en que se concreta el derecho derivado, que son los reglamentos, las directivas, las decisiones, las recomendaciones y los dictámenes.

A continuación se presenta un pequeño esquema con el fin de encuadrar cada uno de estos instrumentos:

1. Dentro de los *actos típicos*, se encuentran:
    a. El reglamento, que tiene alcance general, es obligatorio en todos sus elementos y es directamente aplicable en todos los Estados miembros. Podríamos decir que es lo más parecido a una ley en el derecho interno de los Estados.
    b. La directiva, que impone un compromiso *de resultado* y es, por tanto, una obligación de ejecución: requiere de las medidas nacionales necesarias para alcanzar el resultado, pero dejando libertad de elección en la forma y en los medios. Además, se da una vinculación de los efectos jurídicos a la norma nacional de trasposición requerida para que pase a formar parte del derecho de cada Estado.
    c. La decisión, que es un acto jurídico individual dirigido a uno o varios destinatarios a los que obliga en la totalidad de sus elementos (tanto en la forma y medios, como en el resultado).

---

11 *Ídem*, cap. 16, 2.3

2. Entre los *actos atípicos* nos encontramos una variedad de instrumentos: Decisiones del Consejo, Decisiones del Consejo y de los representantes de los Gobiernos de los Estados miembros, Resoluciones, Programas, etc. Se trata de un número abierto de actos de naturaleza un tanto oscura y efectos jurídicos indeterminados.

3. Un tercer grupo, son los *actos no vinculantes,* que carecen de obligatoriedad y pueden tener asociadas -en relación con contenidos normativos obligatorios-, de manera indirecta, consecuencias jurídicas, excluida la sanción. Existen dos modalidades:

   a. Las recomendaciones, cuyo fin es la indicación de una conducta a seguir o la modificación de una situación o comportamiento.

   b. Los dictámenes, que presentan una opinión o valoración de situaciones o conductas.

En tercer lugar, y fuera de la división de derecho originario y derivado, encontramos "(...) otros modos de instrumentación jurídica, como las normas sustanciadas a través del Derecho Internacional (consecuencia de la sumisión al Derecho Internacional general o a través de la actividad convencional de la UE en virtud del poder de concluir acuerdos que, para determinados ámbitos, les otorgan los Tratados) o los acuerdos entre estados miembros, como es el caso de las decisiones de los representantes de los Estados miembros reunidos en el seno del Consejo o del Consejo Europeo"[12].

Adicionalmente a lo anterior, hay que recordar que la PESC es una competencia especial, con una normativa que queda fuera de lo expuesto en los apartados anteriores.

---

[12] *Ibidem,* cap. 16, 2.3.

Puede que uno no consiga retener de forma sencilla los distintos instrumentos, con su finalidad y la posición que ocupan en el ordenamiento jurídico de la Unión Europea, pero a ésta hay que añadir otra nota de "disfunción", ya que el Tribunal de Justicia de la Unión Europea (TJUE), a través de sus pronunciamientos va creando un verdadero cuerpo doctrinal que matiza, interpreta, completa y complementa las normas y disposiciones de la Unión. Pienso que, debido a la dificultad para legislar de forma clara y completa por parte de las instituciones europeas, el TJUE acaba *cuasi-legislando* en materias netamente constitucionales. Nos podemos encontrar, de esta forma, con mutaciones legales de importancia según la interpretación que realice dicho Tribunal.

Finalmente, no se puede olvidar que Europa se encuentra estructurada en tres importantes organizaciones que, a modo de círculos concéntricos, la abrazan: la Organización para la Seguridad y Cooperación en Europa, el Consejo de Europa y la Unión Europea. Las normas derivadas de las otras dos organizaciones pueden influir directamente o como criterio de interpretación de la protección de los derechos fundamentales, bien por el reenvío que hace el Derecho de la Unión Europa, bien porque sirve de pauta interpretativa al TJUE.

II. ESTUDIO DE LAS FUENTES DEL DERECHO DE LA UNIÓN EUROPEA EN RELACIÓN CON EL FACTOR RELIGIOSO

Adentrarse en el estudio de las fuentes del derecho en la Unión Europea relacionadas con el factor religioso puede resultar un proceso meramente descriptivo. Son pocas las normas que hacen referencia directa a esta cuestión. De ahí que, con este estudio, no se pretenda innovar o establecer una división original, sino que se busca trazar un marco claro y conciso del conjunto de dichas normas. Para ello, se han establecido tres categorías: derecho originario, derecho derivado y otras disposiciones. Además, en el primer apartado, también se hará una breve referencia a lo que se conoce como incipientes *principios de derecho eclesiástico,* establecidos por el TJUE a partir de su jurisprudencia.

No existe una competencia directa de la Unión Europea en materia religiosa[13]. Ahora bien, nos encontramos con variadas normas que hacen referencia al factor religioso. Podemos así, establecer algunas categorías y distinciones:

II. 1. Derecho originario y principios generales del Derecho de la UE

a. Tratado de la Unión Europea (TUE)[14]

Preámbulo y artículo 6.

El artículo 2 del Tratado de Lisboa (2010) sentó las bases para el reconocimiento del respeto de la dignidad humana, la libertad, la democracia, la igualdad, el Estado de Derecho

---

13 cfr. DURISOTTO (2016). "Unione Europea, chiese e organizzazioni filosofiche e non confessionali (art. 17 TFUE)", en *Stato, Chiese e pluralismo cofessionale* 23, p. 9

14 También se podría incluir el artículo 2, que hace referencia a la no discriminación, pero no lo hacemos ya que no cita de forma expresa la no discriminación por razón de religión o creencias: "La Unión se fundamenta en los valores de respeto de la dignidad humana, libertad, democracia, igualdad, Estado de Derecho y respeto de los derechos humanos, incluidos los derechos de las personas pertenecientes a minorías. Estos valores son comunes a los Estados miembros en una sociedad caracterizada por el pluralismo, la no discriminación, la tolerancia, la justicia, la solidaridad y la igualdad entre mujeres y hombres".

y los derechos humanos, incluidos los derechos de personas pertenecientes a minorías. Se toman estos valores como pilares sobre los que se fundamenta la Unión Europea. Lógicamente, tal y como también recoge el citado precepto, estos valores son los de la Unión como resultado de las posiciones comunes a todos los Estados miembros en una sociedad caracterizada por el pluralismo, la no discriminación, la tolerancia, la justicia, la solidaridad y la igualdad entre hombres y mujeres. De esta manera, a pesar de que la Unión se concibió como una comunidad eminentemente económica, no se puede dejar de lado esta vertiente política y jurídica, de defensa de la dignidad humana, si se quiere construir un entramado con base sólida y de futuro: lo importante, en el fondo, son las personas (y los derechos inherentes a su dignidad) y no el libre mercado, los bienes y servicios, que -valga la redundancia- deben estar al servicio de la persona. Pienso que este artículo es la piedra de toque que debe inspirar la regulación comunitaria en todos sus niveles.

Preámbulo:

> INSPIRÁNDOSE en la herencia cultural, religiosa y humanista de Europa, a partir de la cual se han desarrollado los valores universales de los derechos inviolables e inalienables de la persona, así como la libertad, la democracia, la igualdad y el Estado de Derecho, (...).

En el fallido Tratado por el que se establecía una Constitución para Europa, a pesar de las posiciones de Estados con peso -como Alemania, Italia o España- no se consiguió la inclusión en su preámbulo de tres palabras que suscitaron cierta polémica: "especialmente la [herencia] cristiana"[15]. Siguiendo esta misma línea, la mención que aparece en el Preámbulo del

---

15 CORRAL, C., hace referencia a las posiciones de los distintos Estados miembros (25 en ese momento) en relación con la referencia al Cristianismo en el Preámbulo (*vid.* CORRAL SALVADOR, C. (2005).

TUE hace una somera referencia a la religión a la hora de catalogar el influjo que ésta ha podido tener en la construcción europea. No se trata de una cuestión jurídica, pero no hay que olvidar que nuestro derecho "occidental" se ha construido sobre la base del Derecho Romano y del Derecho Canónico.

> *Artículo 6*[16]*:*
> *1. La Unión reconoce los derechos, libertades y principios enunciados en la Carta de los Derechos Fundamentales de la Unión Europea de 7 de diciembre de 2000, tal como fue adaptada el 12 de diciembre de 2007 en Estrasburgo, la cual tendrá el mismo valor jurídico que los Tratados. Las disposiciones de la Carta no ampliarán en modo alguno las competencias de la Unión tal como se definen en los Tratados. Los derechos, libertades y principios enunciados en la Carta se interpretarán con arreglo a las disposiciones generales del título VII de la Carta por las que se rige su interpretación y aplicación y teniendo debidamente en cuenta las explicaciones a que se hace referencia en la Carta, que indican las fuentes de dichas disposiciones.*
> *2. La Unión se adherirá al Convenio Europeo para la Protección de los Derechos Humanos y de las Libertades Fundamentales. Esta adhesión no modificará las competencias de la Unión que se definen en los Tratados.*
> *3. Los derechos fundamentales que garantiza el Convenio Europeo para la Protección de los Derechos Humanos y de las Libertades Fundamentales y los que son fruto de las tradiciones constitucionales comunes a los Estados miembros formarán parte del Derecho de la Unión como principios generales.*

Se trata de un artículo que contiene elementos de gran relevancia. En primer lugar, se establece un catálogo de derechos

---

Europa y ONU: sus sistemas político-religiosos, el europeo y el universal. Unisci Discussion Papers).

16 Artículo 6 redactado por el apartado 8) del artículo 1 del Tratado de Lisboa por el que se modifican el Tratado de la Unión Europea y el Tratado constitutivo de la Comunidad Europea (DOUE C, de 17 diciembre). Téngase en cuenta que el citado artículo fue renumerado por la tabla de correspondencias que figura anexa al Tratado de Lisboa. *Vigencia: 1 diciembre 2009.*

fundamentales en el sistema jurídico comunitario, lo que supone, desde mi punto de vista, uno de los pasos más importantes para el desarrollo de un incipiente derecho constitucional comunitario. Además, se establecen las reglas de interpretación de estos preceptos, como son las explicaciones de la Carta y el Convenio Europeo para la protección de los Derechos Humanos y de las Libertades Fundamentales[17]. Además, establece como principios generales del derecho de la Unión los derechos fundamentales contenidos en el CEDH y aquellos que son fruto de las tradiciones constitucionales comunes. Esto último, aunque puede ser susceptible de múltiples interpretaciones, abre paso a la aplicación de un bagaje jurídico y constitucional amplio y muy favorable a la persona, que ya no será catalogada simplemente como trabajador, empleado o empleador.

b. Tratado de Funcionamiento de la Unión Europea (TFUE)

Artículos 10, 13, 17 y 19.

> *Artículo 10:*
> En la definición y ejecución de sus políticas y acciones, la Unión tratará de luchar contra toda discriminación por razón de sexo, raza u origen étnico, religión o convicciones, discapacidad, edad u orientación sexual.
>
> *Artículo 13:*
> Al formular y aplicar las políticas de la Unión en materia de agricultura, pesca, transporte, mercado interior, investigación

17 En el art. 52.3 del Título VII de la Carta se establece que el Convenio Europeo de Derechos Humanos constituye una referencia obligada para aclarar el sentido y alcance de sus disposiciones, cuando los derechos que en ella se reconocen se correspondan con los que se consagran en el citado Convenio. Otra consecuencia, no pequeña, es que en la labor de exégesis de la Carta se deberá prestar atención a la jurisprudencia del TEDH (lo que influirá también en la labor del propio TJUE).

y desarrollo tecnológico y espacio, la Unión y los Estados miembros tendrán plenamente en cuenta las exigencias en materia de bienestar de los animales como seres sensibles, respetando al mismo tiempo las disposiciones legales o administrativas y las costumbres de los Estados miembros relativas, en particular, a ritos religiosos, tradiciones culturales y patrimonio regional.

Artículo 17:
1. La Unión respetará y no prejuzgará el estatuto reconocido en los Estados miembros, en virtud del Derecho interno, a las iglesias y las asociaciones o comunidades religiosas.
2. La Unión respetará asimismo el estatuto reconocido, en virtud del Derecho interno, a las organizaciones filosóficas y no confesionales.
3. Reconociendo su identidad y su aportación específica, la Unión mantendrá un diálogo abierto, transparente y regular con dichas iglesias y organizaciones.

Artículo 19:
1. Sin perjuicio de las demás disposiciones de los Tratados y dentro de los límites de las competencias atribuidas a la Unión por los mismos, el Consejo, por unanimidad con arreglo a un procedimiento legislativo especial, y previa aprobación del Parlamento Europeo, podrá adoptar acciones adecuadas para luchar contra la discriminación por motivos de sexo, de origen racial o étnico, religión o convicciones, discapacidad, edad u orientación sexual.
2. No obstante lo dispuesto en el apartado 1, el Parlamento Europeo y el Consejo podrán adoptar, con arreglo al procedimiento legislativo ordinario, los principios básicos de las medidas de la Unión de estímulo, con exclusión de toda armonización de las disposiciones legales y reglamentarias de los Estados miembros, para apoyar las acciones de los Estados miembros emprendidas con el fin de contribuir a la consecución de los objetivos enunciados en el apartado 1.

Como se desprende de una lectura común de estos artículos, para la Unión Europea la religión y las confesiones religiosas entran a formar parte del acervo del derecho de la Unión. Resulta interesante constatar que la religión ya no es ajena, sino que se asumen conceptos típicos de Derecho eclesiástico —religión, ritos religiosos, iglesias, comunidades religiosas— en el derecho originario.

Conviene destacar, por otro lado, que el hecho religioso no interesa en cuanto tal —no hay una regulación específica de derecho eclesiástico ni del estatuto de las confesiones— sino que se respetará la regulación de los Estados miembros y se tiene en cuenta el factor religioso en cuanto motivo de discriminación o de influencia para desarrollar otras actividades económicas o comerciales —cfr., entre otros posibles ejemplos, el rito religioso relacionado con el bienestar animal y su sacrificio.

c. Carta de Derechos Fundamentales de la UE (CDFUE, 2000)

Artículos 10 (libertad de pensamiento, de conciencia y de religión), 14 (derecho a la educación), 21 (no discriminación), 22 (diversidad cultural, religiosa y lingüística).

Es común defender por parte de la doctrina que el paso más decisivo en la protección de los derechos fundamentales en el seno de la Unión Europea tuvo lugar con la entrada en vigor del Tratado de Lisboa, que atribuyó una nueva redacción al art. 6 TUE: como vimos anteriormente, la CDFUE adquiere así el mismo valor jurídico que los Tratados, pasando a ostentar idéntico rango normativo. Ahora bien, este mismo artículo advertía que esto no implica la asunción de nuevas competencias en materia de derechos humanos por parte de la Unión Europea[18].

---

[18] Aclarado este matiz, el carácter vinculante de la Carta lleva consigo dos consecuencias: 1) El TJUE puede aplicarla para examinar la validez del Derecho de la UE, como de hecho viene realizando; 2) las instituciones comunitarias y los Estados miembros deben tener en cuenta lo establecido en la Carta a la hora de desenvolverse y establecer normas y actos vinculantes o no, así como al aplicar el derecho de la Unión (cfr. art. 51 CDFUE).

Artículo 10: libertad de pensamiento, de conciencia y religión[19]. Toda persona tiene derecho a la libertad de pensamiento, de conciencia y de religión. Este derecho implica la libertad de cambiar de religión o de convicciones, así como la libertad de manifestar su religión o sus convicciones individual o colectivamente, en público o en privado, a través del culto, la enseñanza, las prácticas y la observancia de los ritos.
2. Se reconoce el derecho a la objeción de conciencia de acuerdo con las leyes nacionales que regulen su ejercicio.

Artículo 14: derecho a la educación.
1. Toda persona tiene derecho a la educación y al acceso a la formación profesional y permanente.
2. Este derecho incluye la facultad de recibir gratuitamente la enseñanza obligatoria.
3. Se respetan, de acuerdo con las leyes nacionales que regulen su ejercicio, la libertad de creación de centros docentes dentro del respeto a los principios democráticos, así como el derecho de los padres a garantizar la educación y la enseñanza de sus hijos conforme a sus convicciones religiosas, filosóficas y pedagógicas.

Artículo 21: no discriminación.
1. Se prohíbe toda discriminación, y en particular la ejercida por razón de sexo, raza, color, orígenes étnicos o sociales, características genéticas, lengua, religión o convicciones, opi-

---

19 La CDFUE no hace referencia a la dimensión colectiva de la libertad religiosa (lo mismo ocurre en el Convenio Europeo de Derecho Humanos), pero habrá que entender que, al igual que en el ámbito del Consejo de Europa, en el Derecho comunitario la protección de la vertiente colectiva de la libertad religiosa queda amparada por el juego conjunto de los art. 10 y 12 (derecho de asociación) de la Carta (vid. SANTIAGO CAÑAMARES, (2023). *Derecho y factor religioso en la Unión Europea*, Aranzadi, p. 31). También se podría defender que la dimensión colectiva de la libertad religiosa queda amparada por la interpretación conjunta de los art. 17 TFUE y art. 10 CDFUE (vid. A BARRERO ORTEGA, (2019). "Artículo 10. Libertad de pensamiento, conciencia y religión". *La Carta de Derechos Fundamentales de la Unión Europea. Diez años de jurisprudencia*, ed. Tirant, p. 280).

> niones políticas o de cualquier otro tipo, pertenencia a una minoría nacional, patrimonio, nacimiento, discapacidad, edad u orientación sexual.
> 2. Se prohíbe toda discriminación por razón de nacionalidad en el ámbito de aplicación del Tratado constitutivo de la Comunidad Europea y del Tratado de la Unión Europea y sin perjuicio de las disposiciones particulares de dichos Tratados.
>
> Artículo 22: diversidad cultural, religiosa y lingüística.
> La Unión respeta la diversidad cultural, religiosa y lingüística.

No es lugar para examinar de forma detallada cada uno de estos artículos, pero sí que resulta apropiado realizar un par de apuntes sobre el valor de la Carta. Por un lado, el carácter vinculante de este documento normativo implica que el TJUE puede basarse en él para examinar la validez del Derecho de la Unión, así como su grado de observancia por parte de las instituciones comunitarias y de los Estados miembros cuando aplican el Derecho de la Unión (vid. art. 51 Carta). Y, por otro, no se puede olvidar que hasta la entrada en vigor de la CDFUE, los derechos fundamentales sólo constituían normas dirigidas a los poderes públicos —en tanto que principios generales del Derecho comunitario— para actuar en un determinado sentido al legislar y aplicar normativa comunitaria. Su respeto sólo podía alegarse ante un órgano jurisdiccional en relación con la interpretación y el control de la legalidad de dichos actos. Sin embargo, a partir de su entrada en vigor con categoría de derecho originario protege a los ciudadanos de la Unión frente a la actuación de las autoridades públicas, es decir, de las instituciones europeas y de los Estados miembros. Además, dada su naturaleza normativa, la Carta tiene "aplicación directa tanto vertical como horizontal[20]". Esto es, se aplica también a las relaciones entre particulares.

---

20 CAÑAMARES ARRIBAS, S. (2023). *Derecho y factor religioso en la Unión Europea.* Aranzadi, p. 23.

d. Principios del Derecho sobre libertad religiosa establecidos por el TJUE[21]

Dado que no existe una competencia en materia religiosa atribuida a la Unión Europea, no es sencillo argumentar la existencia de unos principios de Derecho Eclesiástico del Estado, en el seno del ordenamiento jurídico de la UE, aunque tampoco es complicado establecer algunas líneas rectoras sobre la materia, ya que nos encontramos con referencias al derecho de libertad religiosa y al estatuto de las confesiones religiosas en la normativa de derecho originario que se acaba de comentar en el apartado anterior.

Es una pena que finalmente no se aprobara el Tratado por el que se establece una Constitución para Europa, pues hubiera servido para clarificar todas estas cuestiones. Del estudio de este intento constitucional hubo autores[22] que extrajeron algunos principios de Derecho Eclesiástico aplicables a la Unión Europea. Pienso que, varios de ellos, han permanecido —bien en la letra, bien en el espíritu— del Tratado de Lisboa. Se podrían resumir de la siguiente manera: se respeta la libertad religiosa tanto en su vertiente individual como colectiva

---

21 Para la elaboración de este apartado, se han tenido en cuenta los siguientes artículos doctrinales: PALOMINO LOZANO, R. (2020). "El Tribunal de Justicia en la Unión Europea frente a la religión y las creencias". *Revista de Derecho Comunitario Europeo,* número 65, 35-77; MARTÍN GARCÍA, M. (2023). "Una aproximación a la interpretación del artículo 17 del Tratado de Funcionamiento de la Unión Europea por parte del Tribunal de Luxemburgo". *Derecho, religión y política en la sociedad digital,* pp. 111-132; POLO SABAU, J.R. (2014). "El diálogo entre la Unión Europea y las confesiones religiosas tras el Tratado de Lisboa (a propósito de la decisión del Defensor del Pueblo Europeo de 25 de enero de 2013). *Revista de Derecho constitucional europeo,* número 22.

22 Entre otros, MORENO BOTELLA, G. (2005). "El factor religioso en la constitución europea". *Revista Jurídica Universidad Autónoma de Madrid.* Número 13, pp. 219-233.

(el nivel mínimo de respeto viene establecido por el CEDH y las Constituciones de los Estados miembros); se establece un alto *standard* de protección de la no discriminación por razón de religión y convicciones; se aboga por el pluralismo religioso, ideológico, de pensamiento (incluyendo las asociaciones filosóficas); se protegen los sistemas de relación de los Estados miembros con las confesiones y se reconoce la autonomía legislativa de los Estados miembros en esta materia, según la historia, desarrollo e idiosincrasia de cada país, siempre que sea respetuoso con los principios y normas del Derecho de la Unión Europea y con la defensa de los derechos fundamentales (no es un derecho absoluto, sino que se pueden establecer algunas restricciones, siempre que persigan objetivos de interés general y no constituyan una intervención desmesurada e intolerable que afecte a la esencia misma de dicho derecho).

Hasta hace poco, nos encontrábamos con escasos fallos del TJUE en relación con el factor religioso —son famosas las sentencias *Van Duyn, Prais, Steymann,* etc. Como defiende PALOMINO, "se han visto superadas las antiguas referencias consolidadas sobre este tema acerca del papel del derecho fundamental de libertad religiosa, o de la religión en general, en el ordenamiento de la Unión Europea"[23]. Este autor ha realizado un estudio bastante completo e interesante de las resoluciones del TJUE que guardan relación con la religión o las creencias en el período comprendido entre 1974 y 2019 y siguiendo a DOE[24], afirma que el derecho de la Unión Europea permitiría afirmar que hay un conjunto normativo (derecho europeo en materia religiosa) caracterizado por siete principios fundamentales: la

---

23 PALOMINO LOZANO, R. (2020). "El Tribunal de Justicia en la Unión Europea frente a la religión y las creencias". *Revista de Derecho Comunitario Europeo,* número 65, p. 35.

24 DOE, N. (2011). *Law and religion in Europe: a comparative introduction.* Oxford Unversity Press, pp. 237-257.

valoración de la religión, la subsidiariedad, la neutralidad de la Unión Europea respecto de las relaciones Estado-Iglesias, la libertad religiosa, la igualdad religiosa, la autonomía de los grupos religiosos, la cooperación con las religiones y la especial protección de la religión en virtud de privilegios y exenciones[25].

Estos principios se derivan de las resoluciones del TJUE, que —en su mayoría— resuelven solicitudes de decisiones prejudiciales por parte de órganos jurisdiccionales de los Estados miembros. La competencia prejudicial es posiblemente la pieza más importante de control jurisdiccional establecido por el derecho de la Unión Europea. No se debe olvidar que los jueces nacionales son los jueces ordinarios de la Unión: los litigios que se suscitan al respecto suelen darse en relación con las Administraciones de los Estados miembros, que son a las que corresponde la aplicación ordinaria y mayoritaria de sus normas. De esta forma, la cuestión prejudicial se erige en instrumento de seguridad jurídica, pues permite establecer una interpretación uniforme, reservando la tarea de la aplicación efectiva de sus normas a los jueces nacionales, a través de una relación de cooperación -no de jerarquía- entre el TJUE y los órganos jurisdiccionales nacionales[26]. Por otro lado, como apunta Paz Andrés Sáenz de Santamaría, "la jurisprudencia del TJUE es el mejor espejo de las debilidades del sistema de fuentes de la UE[27]".

---

25 PALOMINO LOZANO, R. (2020). "El Tribunal de Justicia en la Unión Europea frente a la religión y las creencias". *Revista de Derecho Comunitario Europeo,* número 65, pp. 40-41.

26 *Cfr.* MARTÍN GARCÍA, M. (2023). "Una aproximación a la interpretación del artículo 17 del Tratado de Funcionamiento de la Unión Europea por parte del Tribunal de Luxemburgo". *Derecho, religión y política en la sociedad digital,* p. 113; LIÑÁN NOGUERAS, D. J. (2020). "El sistema jurisdiccional de la Unión Europea". *Instituciones y Derecho de la Unión Europea.* Tecnos, pp. 495-503.

27 Citado en ROCA FERNÁNDEZ, M. J. (2022). "Comentario de la obra El sistema europeo de fuentes, de Ricardo Alonso García y Paz

Por otro lado, del estudio de las resoluciones analizadas, se podría desprender[28]:

a) Existe una clara defensa de la igualdad y la no discriminación en el ámbito laboral, en relación con el empleo. La autonomía de las confesiones religiosas se ve interpretada de *forma restrictiva* en relación con los puestos de trabajo en entidades inspiradas o dirigidas por las confesiones religiosas, de ahí que no quepa sospechar que el art. 17 TFUE blinde supuestas prácticas discriminatorias y antidemocráticas de las confesiones religiosas. Algunos autores han considerado que el art. 17 TFUE puede ser entendido como una verdadera excepción al valor de la igualdad en el seno del ordenamiento de la UE, pero la jurisprudencia del TJUE parece empeñarse en desmentir este extremo, poco a poco[29].

b) En relación con la neutralidad religiosa, el TJUE ha admitido este fin legítimo frente a la no discriminación por motivos religiosos y frente a la libertad religiosa de forma *un tanto acrítica*, otorgando un blindaje frente a la no discriminación de minorías religiosas. Por lo demás, la neutralidad tiene una *finalidad instrumental*, una garantía para que los poderes públicos

---

Andrés Sáenz de Santamaría". *Revista Española de Derecho Constitucional.* Fundación Coloquio Jurídico Europeo. Número 126, p. 363.

28 PALOMINO LOZANO, R. (2020). "El Tribunal de Justicia en la Unión Europea frente a la religión y las creencias". *Revista de Derecho Comunitario Europeo*, número 65, pp. 71-72.

29 Nutren el debate, en este sentido, las aportaciones de POLO SABAU. J. R. (2014). "El diálogo...", cit. pp. 150, 160 o 162, entre otras. Así, por ejemplo, se afirma textualmente que "(...) el órgano directivo no termina de sentirse cómodo con la presencia de una disposición como ese art. 17 que consagra una tan llamativa excepción a la vigencia del valor de la igualdad en materia de libertad religiosa y, por tanto, resulta tan inarmónica respecto de lo establecido en el supuesto de los restantes derecho fundamentales del ordenamiento comunitario".

no interfieran ni favorezcan indebidamente el libre ejercicio de la religión y las creencias.

c) El TJUE hace suya la distinción entre *fuero interno y fuero externo* presente en el TEDH. Ahora bien, se ha quedado en la superficie de la cuestión, pues esos términos sólo apuntan a las dimensiones de lo protegido por la libertad religiosa, no a su contenido.

d) Subsiste la larvada tensión entre religión como identidad y religión como opción. Además, resulta un poco desconcertante que la injerencia en la libertad religiosa de las comunidades musulmanas se reconduzca a un problema local y numérico y no se reconozca la injerencia en la libertad religiosa. Habrá que estar atentos a futuras resoluciones para determinar si se confirma esta reflexión o no.

e) Por otro lado, el Tribunal de Justicia ha ido matizando el alcance de la libertad religiosa en la Unión Europea, particularmente en dos ámbitos: en los pronunciamientos referidos al reconocimiento de la condición de refugiado -que puede tener su origen en el atentado contra el derecho de libertad religiosa- así como aquellos referidos a la protección de la igualdad religiosa de los trabajadores[30]. No se debe olvidar que en los inicios del proceso de construcción europea, las cuestiones relativas a la protección de la dignidad humana y de los derechos humanos resultaban secundarias. Se concebía a la persona, en primer lugar, en su vertiente de *trabajador*. Por esta vía —protección de los derechos de los trabajadores— se ha ido abriendo un ámbito más amplio de defensa y protección de los derechos de la persona.

---

30 *Vid.* SANTIAGO CAÑAMARES, (2023). *Derecho y factor religioso en la Unión Europea*, Aranzadi, p. 33.

II.2. Derecho derivado[31]

1. Decisión Marco[32] 2008/913/JAI del Consejo, de 28 de noviembre de 2008, relativa a la lucha contra determinadas formas y manifestaciones de racismo y xenofobia mediante el Derecho penal[33].

El objetivo de esta Decisión marco es garantizar que determinadas manifestaciones graves del racismo y la xenofobia sean punibles con sanciones penales efectivas, proporcionadas

---

[31] Resulta muy complicado realizar una síntesis acerca del derecho europeo derivado, relacionado con la religión y las creencias. Por un lado, se ha dado un aumento en la regulación de esta materia, a la par que ha crecido la diversidad religiosa; pero, por otro lado, se ha combinado la defensa de la igualdad y no discriminación con el fenómeno religioso, produciendo una multitud de referencias al factor religioso en todo tipo de normativa. Esto puede llevar a que una mayor regulación, en apariencia inopinada con el hecho religioso, termine por incidir de manera significativa en el derecho de libertad religiosa.

[32] La decisión marco fue un tipo de acto legislativo en la Unión Europea que se utilizaba exclusivamente dentro de las competencias comunitarias en el ámbito de cooperación policial y judicial en materia penal. Las decisiones marco se asemejan a las directivas en que exigen que los Estados miembros logren determinados resultados sin dictar los medios para lograrlos. Sin embargo, a diferencia de las directivas, las decisiones marco no podían tener un efecto directo, solo estaban sujetas a la jurisdicción opcional del Tribunal de Justicia de la Unión Europea y la Comisión Europea no podía incoar un procedimiento de ejecución por no transponer una decisión marco a la legislación nacional. Las decisiones marco se crearon en el Tratado de Ámsterdam y sustituyeron a las acciones comunes, que eran instrumentos jurídicos disponibles en virtud del Tratado de Maastricht. El Tratado de Lisboa abolió las decisiones marco y la UE puede ahora promulgar directivas y reglamentos en el ámbito de la justicia penal mediante el procedimiento legislativo ordinario.

[33] DO L 328, de 6 de diciembre de 2008.

y disuasorias en toda la Unión Europea. Asimismo, pretende mejorar y fomentar la cooperación judicial en este campo.

Se considerarán punibles —en lo que ahora nos interesa— como delitos penales determinados actos, tales como incitación pública a la violencia o al odio, dirigidos contra un grupo de personas o contra un miembro de dicho grupo, definido en relación con la raza, el color, la religión o creencia, la ascendencia o el origen nacional o étnico; asimismo, también será punible el delito anterior realizado con la difusión, por cualquier medio, de escritos, imágenes u otros soportes.

2. Directivas "cuya temática implica alguna conexión con" el derecho de libertad religiosa.

Se trata de supuestos en los que, siguiendo a la profesora MARTÍN, "una declaración de laicidad puede ser entendida como una declaración de radical incompetencia del propio ordenamiento religioso *en cuanto tal*, no cuando lo religioso cobre relevancia en el propio ámbito de jurisdicción, supuesto en el que el ordenamiento no podrá inhibirse, pero está sujeto a actuar de forma neutra (laica)"[34]: esto es, el factor religioso está implicado, pero no en cuanto tal, sino que debido al ámbito regulado, las esferas secular y religiosa se encuentran relacionadas directa o indirectamente. Entre otras, cabe destacar:

a. Directiva 2000/78/CE del Consejo, de 27 de noviembre de 2000, relativa al establecimiento del marco general para la igualdad de trato en el empleo y ocupación[35].

En esta Directiva, desde el inicio, al establecer su objeto en el artículo 1, se establece que "la presente Directiva tiene

---

34 MARTÍN GARCÍA, M. (2023). "Una aproximación a la interpretación del artículo 17 del Tratado de Funcionamiento de la Unión Europea por parte del Tribunal de Luxemburgo". *Derecho, religión y política en la sociedad digital*, p. 123.

35 DO L de 2 de diciembre de 2000.

por objeto establecer un marco general para luchar contra la discriminación por motivos de religión o convicciones, de discapacidad, de edad o de orientación sexual en el ámbito del empleo y la ocupación, con el fin de que en los Estados miembros se aplique el principio de igualdad de trato."

Al establecer el concepto de discriminación, se detallan sus dos posibles vertientes, la discriminación directa (art. 2.2.a) y la indirecta (art. 2.2.b). En ambos casos, la religión se encuentra entre los motivos por los que una persona no puede ser tratada de forma menos favorable (directa) ni se le pueda ocasionar una desventaja particular (indirecta).

Por otro lado, se alude a las actividades profesionales de iglesias y comunidades (art. 4.2). Además, en las disposiciones finales se establece una excepción para Irlanda del Norte con relación a la contratación de un colectivo de personas, que no se considera discriminación de manera explícita.

b. Directiva 2003/88/CE del Parlamento y del Consejo, de 4 de noviembre de 2003, relativa a determinados aspectos de la ordenación del tiempo de trabajo[36].

Entra en nuestro ámbito de estudio al hacer referencia a las fiestas religiosas, el descanso semanal o el deber de cumplimiento de determinadas obligaciones religiosas cuando coincida con el horario de trabajo.

c. Directiva 97/36/CE del Parlamento Europeo y del Consejo de 30 de junio de 1997 por la que se modifica la Directiva 89/552/CEE del Consejo sobre la coordinación de determinadas disposiciones legales, reglamentarias y administrativas de

---

36 DO L de 18 de noviembre de 2003.

los Estados miembros relativas al ejercicio de actividades de radiodifusión televisiva[37].

Afecta con relación a los contenidos emitidos a través de los medios de comunicación que podrían incitar al odio o la violencia por motivos, entre otros, de religión o creencias.

d. Directiva 2001/29/CE de 22 de mayo, del Parlamento Europeo y del Consejo de la Unión Europea sobre armonización de determinados aspectos de los derechos de autor y derechos afines a los derechos de autor en la sociedad de la información[38].

Se contempla un tratamiento específico —de mayor amplitud y con menores restricciones y condicionamientos— cuando se quiera comunicar al público artículos, entre otros sobre temática religiosa, siempre que se indique la fuente, incluido el nombre del autor. Lo mismo ocurre cuando el uso se realice en celebraciones religiosas.

e. Directiva 1993/7/CEE, de 15 de marzo sobre Patrimonio histórico-artístico. Restitución de bienes culturales que hayan salido de forma ilegal del territorio de un Estado miembro[39].

Se incluyen, como bienes culturales, entre otros, los que forman parte de inventarios de instituciones eclesiásticas, o aquellos elementos de más de 100 años de antigüedad que formen parte de monumentos —entre otros— de carácter religioso. Además, se hace una remisión a las legislaciones nacionales para acciones de restitución y su prescripción.

f. Directiva 98/5/CE del Parlamento Europeo y del Consejo de 16 de febrero de 1998 destinada a facilitar el ejercicio per-

---

[37] DO L de 30 de julio de 1997. Para el tema que nos interesa, art. 22 bis.

[38] DO L de 22 de junio de 2001 y de 10 de enero de 2002.

[39] DO L de 27 de marzo de 1993.

manente de la profesión de abogado en un Estado miembro distinto de aquel en el que se haya obtenido el título[40]. Directiva 77/249/CEE, del Consejo, de 22 de marzo de 1977, dirigida a facilitar el ejercicio efectivo de la libre prestación de servicios por los abogados[41].

Fueron relevantes en el caso de un monje con la titulación de abogado, al que no se le reconocía el título en Grecia ni la posibilidad de ejercer debido a incompatibilidades recogidas en su normativa interna.

g. Reglamento (UE) 679/2016 del Parlamento Europeo y del Consejo, de 27 de abril de 2016, relativo a la protección de las personas físicas en lo que respecta al tratamiento de los datos personales y a la libre circulación de estos datos y por el que se deroga la Directiva 95/46/CE (Reglamento general de protección de datos)[42].

Interesa en relación con el tratamiento debido de los registros que obran en poder de las confesiones religiosas, tanto formales como informales.

h. Reglamento 2019/111, de 25 de junio, relativo a la competencia, reconocimiento y la ejecución de resoluciones judiciales en materia matrimonial y de responsabilidad parental sobre los hijos (art. 99, compromisos concordatarios).

i. Reglamento 1259/2010 del Consejo, de 20 de diciembre, por el que se establece una cooperación reforzada en el ámbito de la ley aplicable al divorcio y a la separación judicial[43] (se han incorporado 19 Estados miembros).

---

40 DO L de 14 de marzo de 1998.

41 DO de 26 de marzo de 1977.

42 DO L 119/1, de 4 de mayo de 2016.

43 DO L de 29 de diciembre de 2010.

Puede afectar a matrimonios celebrados según el rito religioso que tiene reconocimiento de efectos civiles según la normativa doméstica de algunos Estados miembros.

j. Directiva 2011/95/UE del Parlamento Europeo y del Consejo, de 13 de diciembre de 2011, por la que se establecen normas relativas a requisitos para el reconocimiento de nacionales de terceros países o apátridas como beneficiarios de protección internacional, a un estatuto uniforme para los refugiados o para las personas con derecho a protección subsidiaria y al contenido de la protección concedida[44].

Su art. 10 proporciona un concepto jurídico de religión. Es el mismo que proporcionó el Comité de Derechos Humanos de Naciones Unidas en su Comentario General nº 22 al art. 18 del Pacto Internacional de Derechos Civiles y Políticos de 1966, que queda como sigue: “la profesión de creencias teístas, no teístas y ateas, la participación o la abstención de participar en cultos formales en privado o en público, ya sea individualmente o en comunidad, así como otros actos o expresiones de opinión de carácter religioso, o formas de conducta personal o comunitaria basadas en cualquier creencia religiosa u ordenadas por esta”.

k. Reglamento 2018/848, de 30 de mayo, sobre producción ecológica y etiquetado de los productos ecológicos y por el que se deroga el Reglamento (CE) 834/2007 del Consejo[45].

Fue normativa aplicable para determinar si algunos alimentos con la marca kosher podían beneficiarse del etiquetado ecológico, al no haber cumplido por ciertos requisitos de defensa del bienestar de los animales en el momento de su matanza.

---

44 DO L de 20 de diciembre de 2011.

45 DO L de 14 de junio de 2018.

l. Reglamento (CE) 1099/2009 del Consejo, de 24 de septiembre de 2009, relativo a la protección de los animales en el momento de la matanza[46].

Afecta a la regulación de algunas prescripciones religiosas a la hora de sacrificar animales (kosher, halal).

m. Reglamento 1407/2013 de la Comisión, de 18 de diciembre, relativo a la aplicación de los artículos 107 y 108 del TFUE a las ayudas minimis[47]. Relacionado con el Reglamento (UE) 651/2014 de la Comisión, de 17 de junio de 2014, por el que se declaran determinadas categorías de ayudas compatibles con el mercado interior en aplicación de los artículos 107 y 108 del Tratado[48].

Son de interés ante posibles exenciones o subvenciones a entidades religiosas.

n. Reglamento 549/2013 del Parlamento Europeo y del Consejo, de 21 de mayo de 2013, relativo al Sistema Europeo de Cuentas Nacionales y Regionales de la Unión Europea[49].

Hace referencia a los ministros de culto, en el marco de la armonización de cuentas, en los supuestos en que éstos sean incluidos en la categoría de trabajadores asalariados.

---

[46] DO L 303/1, de 18 de noviembre de 2009. Guarda relación directa con el Reglamento (CE) 853/2004, por el que se establecen normas específicas de higiene de los alimentos de origen animal (DO L de 30 de abril de 2004). Se encuentra dentro del denominado "paquete de higiene" de 2006, que comprende 6 Reglamentos que armonizan y simplifican 17 Directivas.

[47] DO L de 24 de diciembre de 2013.

[48] DO L de 26 de junio de 2014.

[49] DO L de 26 de junio de 2013.

II.3. Otras disposiciones

1. Orientaciones de la UE sobre el fomento y la protección de la libertad de religión o creencias (24 junio 2013)[50].

El derecho a la libertad de pensamiento, conciencia, religión o creencias, denominado comúnmente libertad de religión o creencias (LROC) es uno de los derechos fundamentales de todo ser humano. Como derecho humano universal, la libertad de religión o creencias preserva el respeto a la diversidad. Su libre ejercicio contribuye directamente a la democracia, al desarrollo, al Estado de Derecho, a la paz y a la estabilidad. La vulneración de la libertad de religión o creencias puede exacerbar la intolerancia y es con frecuencia un indicador precoz de posible violencia y conflictos.

En estas orientaciones, la UE reitera su determinación de promover en su política exterior de derechos humanos la libertad de religión o creencias, como derecho que puedan ejercer todas las personas en todas partes, sobre la base de los principios de igualdad, no discriminación y universalidad. La UE tiene intención, a través de sus instrumentos de política exterior, de ayudar a prevenir y de abordar las violaciones de ese derecho de manera oportuna, consistente y coherente.

La UE se centra en el derecho que tiene toda persona a creer o no, así como a manifestar libremente sus creencias, de forma individual o en comunidad con otras. La UE no tendrá en cuenta las cualidades de las distintas religiones o creencias, ni la falta de ellas, sino que garantizará que se sustente el derecho a creer o no. La UE es imparcial y no toma partido por ninguna religión o creencia específica.

---

[50] Se puede consultar en: https://www.mpr.gob.es/mpr/subse/libertad-religiosa/Documents/DocumentosInteres/11491_13_ConsejoUE_240613.pdf. Recuperado el 2 de mayo de 2024.

Resultan muy interesantes estas orientaciones en cuanto establecen los principios de acción básicos, los ámbitos de acción prioritaria y los instrumentos con que cuenta la UE para la defensa y promoción del derecho de libertad religiosa.

2. Resolución del Parlamento Europeo, de 20 de enero de 2011, sobre la situación de los cristianos en relación con la libertad de religión[51]. Se trata de un llamamiento a la defensa del derecho de libertad religiosa en determinados países, condenando actuaciones y violaciones concretas que se han registrado.

3. Recomendación del Parlamento Europeo al Consejo, de 13 de junio de 2013, sobre el proyecto de Directrices de la UE sobre promoción y protección de la libertad de religión y creencias[52]. Establece, como objeto y ámbito de aplicación de esta Recomendación, que las directrices de la UE deben ser la promoción y protección de la libertad de religión o creencias en terceros países, la incorporación de la perspectiva de la libertad de religión o creencias a todas las acciones exteriores y políticas en materia de derechos humanos de la UE y la definición de referencias, criterios, normas y orientaciones prácticas claros para potenciar la promoción de la libertad de religión o creencias en la labor de los funcionarios de las instituciones de la UE y los Estados miembros y contribuir así a una mayor coherencia, eficacia y visibilidad por parte de la UE en sus relaciones exteriores.

4. Resolución del Parlamento Europeo, de 15 de enero de 2019, sobre las Directrices de la UE y el mandato del enviado especial de la Unión para la promoción de la libertad de religión o creencias fuera de la Unión[53].

---

[51] DO C de 11 de mayo de 2012.

[52] DO C de 19 de febrero de 2016.

[53] DO C de 27 de noviembre de 2020.

Entre otras, subraya que la libertad de pensamiento, conciencia, religión y creencias, a la que normalmente se hace referencia en el marco de la Unión como la libertad de religión o creencias, es un derecho humano universal, un valor de la Unión y un pilar fundamental e innegable de la dignidad, que afecta en gran medida a todas las personas, a su identidad y desarrollo personales, así como a las sociedades; asimismo, subraya que las personas deben tener libertad para organizar su vida personal de acuerdo con sus propias convicciones; hace hincapié en que el derecho a la libertad de religión o creencias incluye el derecho a no creer, a profesar opiniones teístas, no teístas, agnósticas o ateas, así como el derecho a la apostasía; afirma que la libertad de religión o creencias debe ser debidamente protegida, promovida y salvaguardada por todas las partes, así como fomentada a través del diálogo interreligioso e intercultural, de conformidad con el artículo 18 de la Declaración Universal de Derechos Humanos y los valores de la Unión Europea establecidos en el TUE y en la Carta de los Derechos Fundamentales de la Unión Europea; destaca la obligación de los Estados de garantizar la libertad de religión o creencias y de tratar a todas las personas por igual, sin discriminación por motivos de religión o creencias, con el fin de preservar unas sociedades pacíficas, democráticas y pluralistas que respeten la diversidad y las creencias. Sin embargo, también lamenta tener que manifestar su profunda preocupación que en los últimos años se haya producido un drástico aumento de las violaciones de la libertad de religión o creencias en todo el mundo, así como de la persecución de las personas creyentes y no creyentes.

5. Resolución del Parlamento Europeo, de 3 de mayo de 2022, sobre la persecución de las minorías por motivos de creencias o de religión[54], con el fin de hacer frente a los retos que plantea la persecución de las minorías religiosas.

---

54 DO C de 6 de diciembre de 2022.

III. CONCLUSIONES

Del presente estudio pueden derivarse algunas conclusiones de interés a la hora de analizar la normativa de la Unión Europea relacionada con el factor religioso. Como hemos podido comprobar en epígrafes anteriores, no existe una atribución de competencias directa en materia religiosa. Podemos decir que, propiamente, no se ha dado una regulación específica en esta materia. Es más, cuando nos referimos a normas de nuestra materia de estudio, una de las categorías clave del sistema de fuentes eclesiástico en el derecho estatal, como son los Acuerdos de cooperación con las confesiones religiosas, no existen en el marco jurídico de la Unión Europea: se trata de una opción que se deja a la libre regulación de los distintos Estados miembros, según sus peculiaridades históricas, sociales y jurídicas. Nos encontramos, pues, con un conjunto fragmentario de normas que, de manera más o menos directa o indirecta, hacen referencia o tienen relación con el hecho religioso según el ámbito que estén regulando. Sabemos que la religión influye en muchos ámbitos de la persona y es lógico que se tengan en cuenta las opciones y preferencias de los individuos al regular las materias en las que su derecho de libertad religiosa, ejercido tanto individual como colectivamente, se pueda ver afectado de alguna manera.

Por otro lado, al referirnos al tratamiento que dispensa el sistema jurídico de la Unión en materia religiosa, surge la discusión en torno a la posición que ésta toma en relación con "lo religioso". Se habla de tolerancia, separación, neutralidad o laicidad, pero se puede caer en la trampa de terminar por expulsar el hecho religioso del espacio público. Es ésta una preocupación compartida por la mayoría de la doctrina eclesiástica. De este modo, se ha acuñado el concepto de *metalaicidad,* por parte de la profesora Martín: "Esta laicidad propia de la Unión Europea puede ser denominada como *metalaicidad* en el sentido de que, por ajustarse a la peculiaridad de su ordenamiento jurídico, se manifiesta en una exigencia de doble neutralidad: por una parte, cuando el ejercicio de las competencias propias de sus instituciones incide sobre el factor religioso, y, por otra parte, cuando la actuación de las instituciones comunitarias se encuentran ante el legítimo ámbito decisional de las autoridades estatales de cuestiones atinentes al derecho eclesiástico, en concreto en materia relativa a la dimensión institucional de la religión"[55]. Podría ser preferible prescindir del resto de conceptos, para centrarse en este de laicidad o *metalaicidad.* No podemos olvidar que la laicidad está al servicio de la libertad religiosa y no al revés. De lo contrario, podría darse la paradoja de que solo se sentirían *a gusto* en el espacio público los no creyentes: algo así como un "espacio libre de religión". Se aboga más por la imparcialidad que por la neutralidad, para evitar situaciones paradójicas y nocivas hacia el derecho de libertad religiosa, tales como el ex-

---

55 MARTÍN GARCÍA, M. (2023). "Una aproximación a la interpretación del artículo 17 del Tratado de Funcionamiento de la Unión Europea por parte del Tribunal de Luxemburgo". *Derecho, religión y política en la sociedad digital*, p. 125. Un poco antes, en este mismo estudio, se aclara: "(...) el derecho comunitario, cuando esté llamado a regular relaciones jurídicas en las que el factor determinante sea el religioso, debe ofrecer soluciones que dejen un margen razonable de apreciación a los operadores jurídicos nacionales; no solo en virtud de los principios de atribución y subsidiariedad (artículo 5 del TUE), sino principalmente porque es una exigencia de la laicidad propia de la UE, que le lleva a una actuación neutra ante el factor religioso, y a un respeto de las soluciones de derecho eclesiástico que cada Estado miembro adopte en función de su propia posición y política religiosa, tampoco el de las minorías, ya sea en su dimensión individual como en su dimensión colectiva. En segundo lugar, la laicidad propia de la UE, que se manifiesta en una actitud no intrusiva, es respetuosa, incluso, con Estados miembros que opten por la confesionalidad estatal, con tal de que se respete por el correspondiente derecho interno la libertad religiosa y el resto de los derechos humanos" (p. 124).

presado anteriormente. Podría terminar por darse una Unión Europea *libre de religión*, al salir perjudicada ésta en el contraste con la defensa de otros derechos (libertad de prensa, de empresa, derechos de los trabajadores, etc.).

Una tercera cuestión que surge del análisis del presente estudio sería si puede existir un Derecho Eclesiástico de la Unión Europea o si éste es exclusivo de la normativa nacional de los Estados miembros. Hemos agrupado las normas que hacen referencia al hecho religioso según las categorías del derecho de la Unión, pero es temprano para hablar de un verdadero cuerpo de normas eclesiásticas en la Unión Europea. Podría argumentarse que, al regular materias conectadas con el hecho religioso, la Unión desarrolla una normativa eclesiástica propia. Ahora bien, como ya se expuso al inicio de este artículo, la Unión carece de un sistema de fuentes así como de categorías jurídicas fácilmente asimilables a las existentes en el marco jurídico de los Estados miembros. Pienso que se trata de un tema interesante, que requeriría un estudio más profundo. De todas formas, antes de entrar en un análisis serio, habría que tener en cuenta aspectos tales, como los eventuales problemas de relación entre ordenamientos, la cuestión de la autonomía confesional, así como la eficacia del derecho antidiscriminatorio.

Quisiera finalizar con un pensamiento para la reflexión. El proceso de creación de la Unión Europea es bastante reciente, si se tiene en cuenta la Historia occidental en general. Olvidar cómo el proceso histórico va dando forma a distintas construcciones jurídicas sería un error. De ahí que se deba recordar que las confesiones religiosas son anteriores al Estado; los Estados son anteriores a la Unión Europea. Estas dos sencillas frases suponen un condicionante relevante y —podríamos decir— *vinculant,* que se debe tener presente en el futuro desarrollo de una legislación eclesiástica en el ámbito de la Unión Europea.

REFERENCIAS BIBLIOGRÁFICAS

CAÑAMARES ARRIBAS, S. (2023). *Derecho y factor religioso en la Unión Europea.* Aranzadi.

CORRAL SALVADOR, C. (2005). *Europa y ONU: sus sistemas político-religiosos, el europeo y el universal.* Unisci Discussion Papers.

DOE, N. (2011). *Law and religion in Europe: a comparative introduction.* Oxford Unversity Press.

FORNÉS DE LA ROSA, J. (2005). "La libertad religiosa en Europa". *Revista General de Derecho canónico y Derecho eclesiástico del Estado, número 7.* Iustel.

MANGAS MARTÍN, A. y LIÑÁN NOGUERAS, D. J. (2020). *Instituciones y Derecho de la Unión Europea.* Tecnos.

MARTÍN GARCÍA, M. (2023). "Una aproximación a la interpretación del artículo 17 del Tratado de Funcionamiento de la Unión Europea por parte del Tribunal de Luxemburgo". SALIDO LÓPEZ, M. (ed.), *Derecho, religión y política en la sociedad digital.*

MORENO BOTELLA, G. (2005). "El factor religioso en la constitución europea". *Revista Jurídica Universidad Autónoma de Madrid.* Número 13.

PALOMINO LOZANO, R. (2020). "El Tribunal de Justicia en la Unión Europea frente a la religión y las creencias". *Revista de Derecho Comunitario Europeo,* número 65.

POLO SABAU, J.R. (2014). "El diálogo entre la Unión Europea y las confesiones religiosas tras el Tratado de Lisboa (a propósito de la decisión del Defensor del Pueblo Europeo de 25 de enero de 2013). *Revista de Derecho constitucional europeo,* número 22.

ROCA FERNÁNDEZ, M. J. (2022). "Comentario de la obra El sistema europeo de fuentes, de Ricardo Alonso García y Paz Andrés Sáenz de Santamaría". *Revista Española de Derecho Constitucional.* Fundación Coloquio Jurídico Europeo.

Capítulo 4.

RELEVANCIA ANTE EL DERECHO COMUNITARIO DE LAS NORMAS DE ORIGEN CONFESIONAL

ÁNGEL LÓPEZ-SIDRO LÓPEZ
Universidad de Jaén (UJA)

SUMARIO: I. LA RELEVANCIA DE LAS NORMAS DE ORIGEN CONFESIONAL ANTE EL ORDENAMIENTO JURÍDICO CIVIL. II. REMISIÓN FORMAL: RECONOCIMIENTO DE DECISIONES ECLESIÁSTICAS SOBRE EL MATRIMONIO EN FORMA RELIGIOSA. III. PRESUPUESTO: ALIMENTOS *HALAL* Y *KOSHER* Y SACRIFICIO RITUAL DE ANIMALES. IV. REMISIÓN MATERIAL: RELACIONES LABORALES Y EJERCICIO PROFESIONAL. V. CONSIDERACIONES FINALES.

I. LA RELEVANCIA DE LAS NORMAS DE ORIGEN CONFESIONAL ANTE EL ORDENAMIENTO JURÍDICO CIVIL

Es sabido que existen confesiones con su propio orden jurídico, un derecho normativo que en principio solo resulta relevante para aquéllas. Así, encontramos el derecho canónico en la Iglesia católica, la *sharia* en el islam o la *halajá* en el judaísmo. No obstante, a veces ocurre que la complejidad de la vida social lleva al Estado a tener en cuenta el derecho confesional, lo que puede suceder de tres formas que la doctrina ha denominado remisión o reenvío material o recepticio —cuando el Estado recibe en su propio ordenamiento ciertas normas religiosas; la remisión o reenvío formal o no recepticio —cuando el Estado reconoce efectos civiles a una relación jurídica que surge al amparo de un ordenamiento confesional; y la teoría del presupuesto —cuando el Estado toma en consideración una definición confesional para regular una materia determinada[1].

En este contexto, también se habla de reconocimiento de efectos o de atribución o relevancia jurídica a un acto o negocio jurídicos, con lo que se quiere hacer referencia a la pretensión de hacer valer el conjunto de efectos jurídicos que un negocio tiene en su ordenamiento de origen[2]. Dado que el enfoque que adopto en el presente trabajo es el de un ordenamiento supranacional, que toma en consideración los derechos de los Estados miembros del organismo internacional que lo desarrolla, los cuales a su vez han atribuido una determinada relevancia a normas confesionales en su ámbito de influencia, estimo que no procede ser demasiado riguroso en la aplicación de aquellos conceptos. De tal modo que me referiré a la relevancia de las normas confesionales ante el Derecho de la Unión Europea en un sentido lato, en la medida en que, atendiendo al artículo 17 del Tratado de Funcionamiento de la Unión Europea[3] (TFUE), se trata de una toma de consideración derivada de la que hayan asumido los estados miem-

---

1 Cfr. MANTECÓN SANCHO, J. (2023). *Factor religioso y Derecho. Curso básico de Derecho eclesiástico.* Comares, pp. 30-31.

2 Cfr. BOGARÍN DÍAZ, J. (2007). "Factor religioso y relaciones entre ordenamientos jurídicos". *Anuario de Derecho Eclesiástico,* vol. XXIII, p. 71.

3 TOL3.711.558. «1. La Unión respetará y no prejuzgará el estatuto reconocido en los Estados miembros, en virtud del Derecho interno, a las iglesias y las asociaciones o comunidades religiosas. 2. La Unión respetará asimismo el estatuto reconocido, en virtud del Derecho interno, a las organizaciones filosóficas y no confesionales. 3. Reconociendo su identidad y su aportación específica, la Unión mantendrá un diálogo abierto, transparente y regular con dichas iglesias y organizaciones».

bros. Parafraseando a la profesora MARTÍN, que ha hablado de *metalaicidad* para referirse a la propia de la Unión[4], yo me atrevo a hablar de una cierta *metarrelevancia* en cuanto que su ordenamiento e instancias jurisdiccionales atienden a aquellas normas de origen confesional que previamente se han tenido en cuenta por alguno de los estados que la componen.

Ha señalado también la profesora MARTÍN que aquella laicidad propia de la Unión Europea, instaurada por el artículo 17 TFUE, no consiste en un desentenderse del factor religioso por mor de la incompetencia que en ese ámbito corresponde a los poderes públicos, pues dicha incompetencia no rige «cuando lo religioso cobre relevancia en el propio ámbito de jurisdicción, supuesto en el que el ordenamiento no podrá inhibirse, pero estará sujeto a actuar de forma neutra (laica)»[5]. Dicho con palabras del profesor NAVARRO-VALLS, «[l]a neutralidad no creo que tenga nada que ver con "mirar hacia otro lado", o con actitudes esencialmente abstencionistas, sino sobre todo con 1) no invadir la autonomía del individuo o de las confesiones; y [con] 2) la práctica escrupulosa del principio de igualdad»[6]. Lo religioso, por consiguiente, es también relevante a ojos de la Unión Europea[7], y ello incluye igualmente las

---

4 MARTÍN GARCÍA, M.ª. M. (2023). "Una aproximación a la interpretación del artículo 17 del Tratado de Funcionamiento de la Unión Europea por parte del Tribunal de Luxemburgo". *Derecho, religión y política en la sociedad digital.* Comares, p. 131.

5 Ibídem, p. 128.

6 NAVARRO VALLS, R. (2008). "THE END. (Unas palabras finales sobre "La neutralidad, por activa y por pasiva" del profesor Ruiz Miguel)". *Revista General de Derecho Canónico y Derecho Eclesiástico del Estado,* 18, p. 5.

7 «In realtà nel diritto dell'Unione, dopo una prima fase di riluttanza, si assiste a una progressiva attenzione al fenomeno religioso» (DURISOTTO, D. (2016). "Unione europea, chiese e organizzazioni filosofiche non confessionali [art. 17 TFUE]". *Stato, Chiese e pluralismo confessionale,* p. 14). Así, el profesor Landete ya señalaba, hace años,

normas propias con que las confesiones se dotan en ejercicio de su libertad a nivel colectivo, tal y como se las reconoce por los Estados miembros[8].

Porque, desde la perspectiva de nuestro ordenamiento jurídico, se puede entender que la existencia de unas normas propias de las confesiones es el fruto de una capacidad de obrar que a su vez deriva de la autonomía que el Estado reconoce a aquéllas, en aplicación de los principios de libertad religiosa y no confesionalidad por los que él mismo se rige. En virtud de dicha autonomía encontramos un claro ejemplo de relevancia estatal de una norma confesional, en el derecho que se reconoce a las confesiones a nombrar o aprobar los profesores de religión[9], así como a removerlos o a exigir su remoción cuando

---

que podía detectarse en el derecho comunitario «una sensibilidad más receptiva hacia las especificidades que el hecho religioso demanda de los poderes públicos que la actualmente habitual entre los legisladores nacionales o autonómicos», LANDETE CASAS, J. (2004). *El Derecho Eclesiástico Comunitario: influencia del ordenamiento jurídico comunitario en el sistema de fuentes del Derecho Eclesiástico español* [tesis doctoral dirigida por María Elena Olmos Ortega, Universidad de Valencia], pp. 317-318. http://roderic.uv.es/handle/10550/38604. Recuperado el 2 de abril de 2024.

8 «Para enfocar con acierto el tema de los límites de lo establecido en el artículo 17 del TFUE, debe recordarse que lo que debe garantizar el TJUE es que se respete el derecho de libertad religiosa, pero nada más. De esa forma, no se incluye entre las competencias del TJUE, como garante del respeto de la libertad religiosa en el territorio comunitario, que la posición de cada uno de los Estados miembros respecto al factor religioso deba ser uniforme ni que deba ser similar a la posición de la propia UE», MARTÍN GARCÍA, M.ª. M. (2023), cit., p. 129.

9 «Tal capacidad sólo se sustenta en una autonomía que es fruto del reconocimiento de la libertad religiosa en su vertiente colectiva. La facultad de las confesiones sobre tal base, unida a la incompetencia del Estado laico en materia religiosa, son las coordenadas en las que se mueve todo el sistema de contratación y cese del profesorado de

existan razones religiosas o morales que lo justifiquen, como las que llevan a considerarlos idóneos para el puesto[10].

Otro ejemplo podemos hallarlo en la consideración hacia la categorización de los alimentos, propia de algunos derechos confesionales, que permite a tales entidades y a sus fieles atenerse a sus creencias respecto de los productos que ingieren, con la certeza de que su consumo no contraría las normas que, para mantener su pureza o cumplir sus restricciones, limitan los alimentos en función de su origen o su procesado. El que conceptos como *halal* o *kosher*, habituales en el referido contexto, se empleen como presupuesto en normativas que afectan tanto al consumo como al bienestar animal, encaja esta materia en el presente análisis.

Por último, pero quizá sea el ejemplo más citado, tenemos el de la relevancia que se otorga al matrimonio celebrado en forma religiosa, tanto en cuanto a la eficacia civil de su celebración como a los supuestos de nulidad y disolución si encuentran también correspondencia en el derecho secular. A estos tres ejemplos me voy a referir, desde el derecho comunitario y su jurisprudencia, comenzando por el último mencionado.

II. REMISIÓN FORMAL: RECONOCIMIENTO DE DECISIONES ECLESIÁSTICAS SOBRE EL MATRIMONIO EN FORMA RELIGIOSA

Como he señalado, uno de los ejemplos más significativos de relevancia del derecho confesional ante el ordenamiento de la Unión Europea lo encontramos en el caso de las resolu-

---

religión», COMBALÍA, Z. (2013). *La contratación del profesorado de religión en la escuela pública.* Tirant lo Blanch, pp. 25-26.

10 Cfr. RODRÍGUEZ BLANCO, M. (2013). *Derecho y religión. Nociones de Derecho Eclesiástico del Estado.* Civitas, pp. 45-47.

ciones eclesiásticas de nulidad del matrimonio canónico[11]. Encajaría así en el reenvío o remisión formal, esa técnica a través de la cual el ordenamiento estatal reconoce la eficacia de un acto realizado conforme a las normas de derecho confesional. Y es que, tradicionalmente, algunos estados que a lo largo de su historia han estado vinculados al catolicismo han reconocido eficacia civil en sus ordenamientos al matrimonio canónico, pero también a las resoluciones sobre nulidad de los matrimonios contraídos en la Iglesia católica y dictadas por los tribunales eclesiásticos. Además, el derecho comunitario permite que se reconozca eficacia civil en el resto de la Unión Europea a las sentencias de los tribunales eclesiásticos que hayan sido homologadas por los tribunales civiles de un país miembro.

El Reglamento (UE) n.º 2019/1111 del Consejo de 25 de junio de 2019 relativo a la competencia, el reconocimiento y la ejecución de resoluciones en materia matrimonial y de responsabilidad parental, y sobre la sustracción internacional de menores[12], es aplicable sin perjuicio de los concordatos vigentes entre Estados parte y la Santa Sede, en concreto, los suscritos por esta con Portugal, España, Italia y Malta (art. 99[13]).

---

11 «El reconocimiento material del Derecho religioso en ciertos ámbitos del Derecho de familia no es ajeno a ciertos países del sur de Europa, entre ellos España: la posible eficacia de las nulidades matrimoniales dictadas por los tribunales canónicos supone la aplicación del Derecho de la Iglesia católica en el ámbito civil —dentro de los parámetros del respeto del orden constitucional nacional—», MARTÍNEZ RUBIO, A. (2019). "La aplicación directa de la *Sharia* en el Derecho europeo. El caso griego y la Jurisprudencia del Tribunal Europeo de Derechos Humanos". *Revista General de Derecho Canónico y Derecho Eclesiástico del Estado*, 50. p. 2.

12 DOUE núm. 178, de 2 de julio de 2019 (TOL7.336.463).

13 Se dedica este precepto a los tratados con la Santa Sede o concordatos, y se establece que el presente Reglamento será aplicable sin perjuicio del celebrado entre la Santa Sede y Portugal, firmado en el Vaticano el 18 de mayo de 2004, de modo que cualquier resolución relativa a

Se dispone allí que las resoluciones relativas a la nulidad del matrimonio tomadas en virtud de dichos tratados se reconocerán en los demás estados miembros. No obstante, conforme al artículo 38 del mismo Reglamento, se denegará el reconocimiento de una resolución en materia de divorcio, separación legal o nulidad matrimonial si el reconocimiento fuere manifiestamente contrario al orden público del Estado miembro en el que sea invocado; si, habiéndose dictado en rebeldía del demandado, no se hubiere notificado o trasladado al mismo el escrito de demanda o un documento equivalente de forma tal y con la suficiente antelación para que el demandado pueda organizar su defensa, a menos que conste de forma inequívoca que el demandado ha aceptado la resolución; si la resolución fuere irreconciliable con otra dictada en un litigio entre las mismas partes en el Estado miembro en el que sea invocado el reconocimiento; o si la resolución fuere irreconciliable con otra dictada con anterioridad en otro Estado miembro o en un Estado no miembro en un litigio entre las mismas partes, siempre y cuando la primera resolución reúna las condiciones necesarias para su reconocimiento en el Estado miembro en el que sea invocado el reconocimiento.

---

la nulidad de un matrimonio tomada en virtud de dicho concordato se reconocerá en los Estados miembros en las condiciones previstas en el capítulo IV, sección 1, subsección 1. Lo mismo será aplicable también al Concordato lateranense de 11 de febrero de 1929 entre Italia y la Santa Sede, modificado por el Acuerdo, y su Protocolo adicional, firmado en Roma el 18 de febrero de 1984; al Acuerdo de 3 de enero de 1979 entre la Santa Sede y España sobre asuntos jurídicos; y al Acuerdo entre la Santa Sede y Malta sobre el reconocimiento de efectos civiles a los matrimonios canónicos y las resoluciones de las autoridades y tribunales eclesiásticos sobre dichos matrimonios, de 3 de febrero de 1993, incluido el Protocolo de aplicación de la misma fecha, junto con el tercer Protocolo adicional, de 27 de enero de 2014.

Al respecto de este reconocimiento por los Estados de la Unión, señala CAÑAMARES: «Con esta proyección europea de la eficacia civil de las decisiones matrimoniales canónicas se da una circunstancia verdaderamente paradójica consistente en que, incluso en aquellos estados de la Unión en los que no se reconoce eficacia civil a las decisiones de la jurisdicción eclesiástica, estas pasarían a ser reconocidas en la medida en que, previamente, hayan sido homologadas en Portugal, Italia, Malta o España, y todo ello, independientemente de que el Tribunal eclesiástico sentenciador esté afincado en un Estado miembro de la Unión Europea»[14]. Apunta incluso una idea similar a la *metarrelevancia* que indicaba al principio, al referirse a la réplica de la homologación que el Estado miembro habrá de hacer de aquella que procede del estado de origen del supuesto: «Resulta, por tanto, claro que el Reglamento establece, en relación con las sentencias de nulidad eclesiásticas, un sistema de "doble exequatur" en tanto lo que es objeto de reconocimiento en el ámbito de la Unión Europea no son las resoluciones eclesiásticas propiamente dichas, sino en la medida en que han sido homologadas en uno de los tres mencionados estados concordatarios europeos»[15].

Lo que es indiscutible, en cualquier caso, es que las normas confesionales, en este caso las propias del derecho canónico sobre la validez del matrimonio, adquieren relevancia ante el derecho comunitario por la vía de la homologación de sentencias dictadas por los tribunales eclesiásticos, lo que podemos encuadrar en el supuesto de remisión o reenvío formal.

---

14 CAÑAMARES ARRIBAS, S. (2023). *Derecho y factor religioso en la Unión Europea.* Aranzadi, p. 256.

15 Ídem.

Mas complicado es el tema de la *sharia* —la ley islámica de tan difícil encaje en Occidente[16]—, como se comprueba en la Sentencia del Tribunal de Justicia de la Unión Europea (TJUE) en el asunto *Sahyouni* (2017)[17], que resuelve una cuestión prejudicial que tiene por objeto la interpretación de los artículos 1 y 10 del Reglamento (UE) n.º 1259/2010 del Consejo, de 20

---

16 El Tribunal Europeo de Derechos Humanos, en su Sentencia de 31 de julio de 2001 en el caso *Refah Partisi y otros contra Turquía* (demanda núm. 41340/98,TOL833.941), «es muy claro al respecto y ve especialmente problemático compatibilizar la sharía con los valores de la Convención, de forma particular respecto a su derecho penal, su procedimiento penal, sus normas sobre la condición de la mujer y la forma en que interviene en todas las esferas de la vida privada y pública, de acuerdo con los preceptos religiosos. Además, pretender instaurar un sistema multijurídico basado en la ley islámica supone una discriminación por motivos de religión, como mínimo, e incompatible con el Convenio Europeo, ya que supone la supresión del papel del Estado como garante de los derechos y libertades individuales y como organizador imparcial en una sociedad democrática que permite la práctica de las creencias religiosas de forma libre por parte de los ciudadanos. Una diferencia de trato en los ámbitos del derecho público y del derecho privado, en función de las creencias de los individuos, no puede justificarse y queda prohibida por el artículo 14 de la Convención», GUTIÉRREZ DEL MORAL, M. J. (2023). "Libertad religiosa e igualdad de género en la jurisprudencia del Tribunal Europeo de Derechos Humanos". *Revista catalana de dretpúblic*, 66, p. 218). «Gli organismo europei sono più volte intervenuti per censurare l'adesione degli Stati membri al dirittos haraitico in ragione della dissonanza delle sue norme con la Convenzione Europea dei Diritti dell'Uomo, e, più in generale, con principi e valori europei. Si tratta di una questione assai complessa che non può essere confusa con il diritto di libertà religiosa, né può farsi derivare da una fumosa incompatibilità tra Sharīʿah e diritti umani», DI IORIO, T. (2023)]. "Relazioni affettive e frontiere giuridiche. Famiglia e famiglie nello spazio europeo trafattore religioso, dirittinazionali e strategie di convergenza". *Stato, Chiese e pluralismo confessionale*, 6, p. 56.

17 Sentencia del TJUE de 20 de diciembre de 2017 en el asunto *Soha Sahyouni y Raja Mamisch*, C-372/16 (TOL9.913.330).

de diciembre de 2010, por el que se establece una cooperación reforzada en el ámbito de la ley aplicable al divorcio y a la separación judicial[18], en cuanto al caso de un hombre y una mujer que contrajeron matrimonio en 1999 en la circunscripción del tribunal islámico de Homs (Siria). En 2013, el primero pronunció la fórmula de divorcio ante el tribunal religioso de la *sharia* de Latakia (Siria), que declaró el divorcio de los cónyuges. Posteriormente, la mujer firmó una declaración eximiendo al varón de posteriores obligaciones económicas derivadas del contrato matrimonial y de la resolución de divorcio; sin embargo, una vez que aquel obtuvo el reconocimiento en Alemania de esta resolución, la mujer solicitó que fuera anulada y que se declarara que no se cumplían los requisitos para el reconocimiento de la resolución de divorcio.

Preguntado el TJUE, responderá que el artículo 1 del Reglamento n.º 1259/2010[19] debe interpretarse en el sentido de que un divorcio resultante de una declaración unilateral de voluntad de uno de los cónyuges ante un tribunal religioso, como el que es objeto del litigio principal, no está comprendido en el ámbito de aplicación material de este Reglamento (§49). Porque, haciendo suyas las conclusiones del Abogado General, considerará que sólo los órganos públicos podían adoptar resoluciones con valor jurídico en la materia; es decir, que el legislador de la Unión sólo tuvo en mente las situaciones en las que el divorcio es pronunciado por un órgano jurisdiccional estatal o bien por una autoridad pública o bajo el control de ésta y que, por lo tanto, no tenía la intención de que ese mismo

---

18 DOUE núm. 343, de 29 de diciembre de 2010 (TOL1.999.073).

19 El artículo 1 del Reglamento 1259/2010 establece: «1. El presente Reglamento se aplicará, en las situaciones que impliquen un conflicto de leyes, al divorcio y a la separación judicial. 2. El presente Reglamento no se aplicará a los siguientes asuntos, aun cuando se planteen como mera cuestión prejudicial en el contexto de un procedimiento de divorcio o separación judicial: [...]».

Reglamento se aplicase a otros tipos de divorcios, como aquellos que, como en el presente asunto, se basan en una «declaración unilateral de voluntad de carácter privado» manifestada ante un tribunal religioso (§ 45). Atajada la cuestión en este punto inicial, ya no se pronunciará sobre la posible discriminación presente en este tipo de divorcio[20].

III. PRESUPUESTO: ALIMENTOS *HALAL* Y *KOSHERY* SACRIFICIO RITUAL DE ANIMALES

Es sabido que religiones como el judaísmo o el islam fijan reglas sobre los alimentos que es lícito consumir desde el respeto a sus creencias, y que es común denominar, respectivamente, como productos *kosher* o *halal*. Se trata esta de una materia estrictamente religiosa, que las religiones a las que importa abordan internamente, pero que tiene una repercusión clara en el espacio público en cuanto esa regulación interesa a los fieles-consumidores y adquiere relevancia en el comercio[21]. Previamente a ello, es tenida en cuenta para la elaboración de los

20 «Como ya es sabido, la sharía supone una desigualdad de género en el ámbito del derecho de familia y el derecho sucesorio», GUTIÉRREZ DEL MORAL, M. J. (2023), cit., p. 217.

21 «Per consentiré l'ordinaria libertà individuale di acquistare cibi che siano effettivamente preparati secondo le norme confessionali, si provvede a certificare la conformità ai codici religiosi attraverso l'uso dei marchi e delle certificazioni kasher o halal. In questi casi, non potendo gli Stati laiciingerirsi in questioni spirituali, lasciano a enti certificato riprivatiil compito di garantire erga omnes l'osservanza delle regole alimentari religiose, limitandosi gli ordinamenti civili a risolvere eventuali contenziosi applicando le norme statali sull afrode in comercio», FRENI, F. (2024). "Stili di alimentazione religiosamente orientati e sostenibilità nell'esperienza giuridica dei territorio prospicienti il Mar Mediterraneo". *Stato, Chiese e pluralismo confessionale*, 2, p. 32.

productos afectados, particularmente en la preparación de los cárnicos destinados al consumo de musulmanes y judíos, para lo cual los animales deben ser sacrificados de forma ajustada a sus preceptos religiosos, lo que implica, entre otros aspectos, que no se aplique el aturdimiento previo exigido por las normas generales. Acercando esta cuestión al objeto de nuestro estudio, podemos hablar del presupuesto, como técnica través de la que la prescripción confesional actúa como premisa de hecho de la regulación estatal, ya que el Estado al regular una materia determinada incluye conceptos que sólo pueden definirse e identificarse recurriendo al derecho confesional[22]. Veamos su funcionamiento en la interpretación del derecho comunitario que ha realizado el TJUE.

En la Sentencia del TJUE en el asunto *Liga van Moskeen* (2018)[23], se presentó una petición de cuestión prejudicial en el marco de un litigio entre varias asociaciones musulmanas y organizaciones coordinadoras de mezquitas que operan en el territorio de VlaamsGewest (Región de Flandes, Bélgica) y dicha región, que tenía por objeto la decisión adoptada por el Ministro competente de la Región de Flandes de no volver a autorizar durante la Fiesta del Sacrificio Islámica, a partir del año 2015, el sacrificio religioso de animales sin aturdimiento en mataderos temporales establecidos en los municipios de aquella circunscripción.

---

22 GODOY, O. (2020). "El sistema de fuentes del Derecho eclesiástico español". *Derecho y religión*. Edisofer, p. 182. BOGARÍN lo ve más bien como un supuesto de remisión formal: «Tal vez pueda ser considerado un caso de remisión formal el art. 14 § 1 del Acuerdo con la Federación de Comunidades Israelitas cuando se refiere a denominaciones que distinguen "los productos alimentarios y cosméticos elaborados de acuerdo con la Ley judía"», BOGARÍN DÍAZ, J. (2007), cit., p. 126.

23 Sentencia del TJUE de 29 de mayo de 2018 en el asunto *Liga van Moskeën en Islamitis che Organisaties Provincie Antwerpen VZW y otros / VlaamsGewest*, C-426/16 (TOL6.617.092).

La cuestión girará en torno a una concreta disposición del derecho comunitario, el Reglamento n.º 1099/2009, relativo a la protección de los animales en el momento de la matanza[24]. El artículo 2 de dicho Reglamento, cuyo epígrafe es «Definiciones», señala como aplicables a efectos de esta norma, entre otras, la que describe el *aturdimiento* como «todo proceso inducido deliberadamente que cause la pérdida de consciencia y sensibilidad sin dolor, incluido cualquier proceso que provoque la muerte instantánea» (f); y define *rito religioso* como «serie de actos relacionados con el sacrificio de animales, prescritos por una religión» (g). Además, el artículo 4, en referencia a los *métodos de aturdimiento*, dispone: «1. Los animales se matarán únicamente previo aturdimiento, con arreglo a los métodos y requisitos específicos correspondientes a la aplicación de dichos métodos previstos en el anexo I. Se mantendrá la pérdida de consciencia y sensibilidad hasta la muerte del animal. [...] 4. En el caso de animales que sean objeto de métodos particulares de sacrificio prescritos por ritos religiosos, no serán de aplicación los requisitos del apartado 1, a condición de que el sacrificio se lleve a cabo en un matadero».

El TJUE, por su parte, emplea el término *halal* para referirse al tipo de carne que es demandada durante la Fiesta del Sacrificio, sin explicitar su significado (§§ 23 y 70), aunque sí señala a continuación que «la obligación de realizar el sacrificio ritual en mataderos autorizados impide a numerosos musulmanes practicantes observar su deber religioso de sacrificar o hacer que se sacrifique el primer día de la Fiesta del Sacrificio un animal según las prescripciones del rito» (§ 23). Se puede entender, así, que el derecho comunitario y el TJUE toman como presupuesto este concepto confesional que se relaciona directamente en este caso con el sacrificio ritual.

---

[24] DOUE núm. 303, de 18 de noviembre de 2009.

Con estas premisas, el problema se produce por el desencuentro entre dos factores. Por un lado, el TJUE reconoce que existe un amplio consenso en la comunidad musulmana de Bélgica acerca de que el sacrificio que acostumbra a realizarse en la Fiesta del Sacrificio islámica, para obtener una carne que pueda calificarse como *halal*, debe llevarse a cabo sin aturdimiento previo de los animales y teniendo en cuenta otras prescripciones del rito vinculado a dicho sacrificio. Por otro lado, la ley belga establece que los sacrificios rituales sin aturdimiento previo solo pueden realizarse en mataderos que, fueran estables o temporales, hubieran sido debidamente autorizados por la autoridad competente. Los mataderos temporales dejaron de ser autorizados en la región de Flandes, y ello originó el conflicto que llega hasta el TJUE[25].

La cuestión prejudicial plantea al TJUE si podría constituir una infracción del artículo 9 del Convenio Europeo de

---

25 Como señala en sus conclusiones el abogado general NilsWahl, «[t]ampoco procede determinar si el conjunto de la población musulmana percibe este requisito como una obligación religiosa fundamental o si existe una posible alternativa a esta obligación. Tal y como ha señalado la Comisión en sus observaciones escritas, únicamente cabe tener en cuenta la existencia de determinadas corrientes religiosas. El Tribunal de Justicia no debe pronunciarse sobre la ortodoxia o heterodoxia de determinadas prescripciones ni de ciertos preceptos religiosos. / En consecuencia, tal y como ha expresado, utilizando otros términos, el órgano jurisdiccional remitente, el sacrificio sin aturdimiento con motivo de la Fiesta del Sacrificio islámica constituye un precepto religioso que debe protegerse al amparo de la libertad de religión, con independencia de la existencia de distintas corrientes en el seno del islam o de soluciones alternativas en caso de que resulte imposible garantizar su cumplimiento» (57-58) (Conclusiones del Abogado General Sr. NilsWahl presentadas el 30 de noviembre de 2017 en el asunto C-426/16).

Derechos Humanos[26], del artículo 10 de la Carta de la Unión Europea[27] y/o del artículo 13 TFUE[28], el establecer que los animales que sean objeto de métodos particulares de sacrificio prescritos por ritos religiosos solo podrán ser sacrificados sin aturdimiento en un matadero comprendido en el ámbito de aplicación del Reglamento, habida cuenta de que los mataderos reconocidos resultan ser insuficientes si no se aceptan los

---

26 Convenio para la Protección de los Derechos Humanos y de las Libertades Fundamentales, hecho en Roma el 4 de noviembre de 1950 (TOL164.153). Art. 9: «1. Toda persona tiene derecho a la libertad de pensamiento, de conciencia y de religión; este derecho implica la libertad de cambiar de religión o de convicciones, así como la libertad de manifestar su religión o sus convicciones individual o colectivamente, en público o en privado, por medio del culto, la enseñanza, las prácticas y la observancia de los ritos. / 2. La libertad de manifestar su religión o sus convicciones no puede ser objeto de más restricciones que las que, previstas por la ley, constituyan medidas necesarias, en una sociedad democrática, para la seguridad pública, la protección del orden, de la salud o de la moral públicas, o la protección de los derechos o las libertades de los demás».

27 Carta de los Derechos Fundamentales de la Unión Europea (TOL131.225). Art. 10: «1. Toda persona tiene derecho a la libertad de pensamiento, de conciencia y de religión. Este derecho implica la libertad de cambiar de religión o de convicciones, así como la libertad de manifestar su religión o sus convicciones individual o colectivamente, en público o en privado, a través del culto, la enseñanza, las prácticas y la observancia de los ritos. / 2. Se reconoce el derecho a la objeción de conciencia de acuerdo con las leyes nacionales que regulen su ejercicio».

28 «Al formular y aplicar las políticas de la Unión en materia de agricultura, pesca, transporte, mercado interior, investigación y desarrollo tecnológico y espacio, la Unión y los Estados miembros tendrán plenamente en cuenta las exigencias en materia de bienestar de los animales como seres sensibles, respetando al mismo tiempo las disposiciones legales o administrativas y las costumbres de los Estados miembros relativas, en particular, a ritos religiosos, tradiciones culturales y patrimonio Regional».

temporales, como sucede en el caso, por estimarse que no permiten alcanzar los objetivos perseguidos de bienestar animal y salud pública.

El TJUE sostiene que los métodos específicos de sacrificio prescritos por los ritos religiosos, en el sentido del artículo 4.4, del Reglamento n.º 1099/2009, ya citado, están comprendidos en el ámbito de aplicación del artículo 10, apartado 1, de la Carta, dado que se trata de que el sacrificio ritual objeto del litigio principal es un rito celebrado cada año por un elevado número de musulmanes practicantes en Bélgica con el fin de cumplir un precepto religioso específico, que consiste en la obligación de sacrificar o hacer que se sacrifique un animal, sin aturdimiento previo, para a continuación comer parte de su carne en familia y distribuir otra parte de ella entre las personas desfavorecidas, los vecinos y los familiares lejanos (§ 48). Y, a este respecto, la existencia de eventuales divergencias teológicas que se habían planteado sobre esta cuestión no invalida, en sí misma, la calificación como *rito religioso* de la práctica del sacrificio ritual descrita por el órgano jurisdiccional remitente en la presente petición de decisión prejudicial (§ 51).

Estimará el TJUE que la obligación de efectuar el sacrificio ritual en un matadero autorizado tan solo persigue organizar y encuadrar, desde un punto de vista técnico, el libre ejercicio del sacrificio sin aturdimiento previo con fines religiosos, y que tal encuadramiento técnico no implica, en sí mismo, una limitación del derecho de libertad de religión de los musulmanes practicantes (§§ 58-59). Por ello, sentenciará que del examen de los preceptos invocados del Reglamento n.º 1099/2009 no resulta ningún elemento que pueda afectar a su validez a la vista del artículo 10 de la Carta de los Derechos Fundamentales de la Unión Europea y del artículo 13 TFUE.

Se puede concluir, por tanto, que el TJUE admite el concepto de *halal*, vinculado al de sacrificio ritual, como presupuesto de la norma, pero le sustrae el valor religioso propio del derecho fundamental al que se vincula, de modo que se convierte en un dato de hecho que no redunda favorablemente sobre la libertad religiosa, por lo que deviene inútil[29]. Es así desde el momento en que una consideración técnica para garantizar el bienestar animal se impone sobre el ejercicio, así reconocido, del derecho fundamental de libertad religiosa[30].

También relativa al sacrificio ritual de animales es la Sentencia del TJUE en el asunto *OABA* (2019)[31], que responde a una petición de decisión prejudicial presentada en el contexto de un litigio entre la asociación OABA y el Ministro de Agricultura y Alimentación de Francia, además de varias entidades certificadoras de la calidad de los alimentos, originada por una demanda de aquella asociación que tenía por objeto conseguir la prohibición de la publicidad y la comercialización de productos de carne de vacuno de la marca *Tendre France* con la certificación *halal* y en los que figura la mención agricultura ecológica (AB). La petición de decisión prejudicial tiene por

---

29 «En definitiva, de la sentencia cabe concluir que la excepción al sacrificio animal sin aturdimiento se acepta en el contexto de la Unión Europea, pero que tiene un carácter restrictivo prevalente sobre consideraciones fundadas en el derecho de libertad religiosa», PALOMINO LOZANO, R. (2020)]. "El Tribunal de Justicia de la Unión Europea frente a la religión y las creencias". *Revista de Derecho Comunitario Europeo,* 65, p. 69.

30 Como señala CAÑAMARES, «no cabe duda de que la obligación de acudir a un matadero autorizado tiene un efecto adverso indirecto sobre la libertad religiosa pues cuando este tipo de instalaciones no tienen capacidad para atender la demanda de las comunidades musulmanas durante el tiempo de esta festividad, nos encontramos ante una prohibición *de facto* de llevar a cabo sus propios ritos», CAÑAMARES ARRIBAS, S. (2023), cit., p. 69.

31 Sentencia del TJUE de 26 de febrero de 2019 en el asunto *Œuvre d'assistance aux bêtes d'abattoirs (OABA) contra Ministre de l'Agriculture et de l'Alimentation, Bionoor, Ecocert France, Institutnational de l'origine et de la qualité (INAO),* C-497/17 (TOL7.074.599).

objeto la interpretación del artículo 13 TFUE, del Reglamento (CE) n.º 834/2007 del Consejo, de 28 de junio de 2007, sobre producción y etiquetado de los productos ecológicos[32], y nuevamente del Reglamento (CE) n.º 1099/2009 del Consejo, de 24 de septiembre de 2009, relativo a la protección de los animales en el momento de la matanza.

De este último, se reproduce el considerando 18, donde se afirma: «La excepción respecto a la obligación de aturdimiento en caso de sacrificio religioso en mataderos fue concedida por la Directiva 93/119/CE [del Consejo, de 22 de diciembre de 1993, relativa a la protección de los animales en el momento de su sacrificio o matanza (DO 1993, L 340, p. 21)]. Dado que las disposiciones [del Derecho de la Unión] aplicables a los sacrificios religiosos han sido traspuestas de manera distinta en función de los contextos nacionales y que las normas nacionales toman en consideración dimensiones que exceden de la finalidad del presente Reglamento, es importante mantener la excepción respecto a la obligación de aturdimiento de los animales antes del sacrificio, dejando, no obstante, cierto nivel de subsidiariedad a cada Estado miembro. En consecuencia, el presente Reglamento respeta la libertad de religión y el derecho a manifestar la religión o las convicciones a través del culto, la enseñanza, las prácticas y la observancia de los ritos, de acuerdo con el artículo 10 de la Carta de los Derechos Fundamentales de la Unión Europea». Además, se vuelven a recoger las definiciones ya citadas de *aturdimiento* y de *rito religioso.*

Para el TJUE, contrariamente a lo que sostienen tanto el Gobierno francés como las partes demandadas en el litigio principal en sus observaciones escritas, los métodos específicos de sacrificio prescritos por ritos religiosos, que se realizan sin aturdimiento previo y cuya práctica admite el artículo 4.4, del

---

32 DOUE núm. 189, de 20 de julio de 2007 (TOL1.115.568). Disposición ya derogada.

Reglamento n.º 1099/2009, no equivalen, en términos de garantía de un elevado nivel de protección del bienestar animal en el momento de la matanza, al método de sacrificio con aturdimiento previo[33]. Por este motivo, responderá a la cuestión prejudicial planteada que el Reglamento n.º 834/2007, en relación con el artículo 13 TFUE, debe interpretarse en el sentido de que no se autoriza la utilización del logotipo ecológico de la Unión Europea en productos procedentes de animales que hayan sido objeto de un sacrificio ritual sin aturdimiento previo, efectuado en las condiciones establecidas en el Reglamento n.º 1099/2009 (§§ 50-52).

Para el Abogado General Nils Wahl[34] el asunto no versa directamente sobre la vulneración de la libertad de culto, y ello a pesar de que la instancia certificadora Bionoor alegara en sus observaciones escritas que el declarar que la etiqueta AB es incompatible con la certificación *halal* afectaría al derecho colectivo de los musulmanes a la libertad de culto, consagrado, por un lado, en el artículo 9, en relación con el artículo 14, del Convenio Europeo para la Protección de los Derechos Humanos y de las Libertades Fundamentales, firmado en Roma el 4 de noviembre de 1950 y, por otro lado, en el artículo 10 de la Carta. Según Bionoor, al no prohibir que los productos con la certificación *kosher* o *halal* se acompañen de la mención AB, el

---

33 Conforme explica el considerando 43 del Reglamento: «El sacrificio sin aturdimiento exige degollar con precisión al animal con un cuchillo afilado para reducir al mínimo su sufrimiento. Además, el sangrado en los animales que no están sujetos mecánicamente después de ser degollados puede hacerse más lento y, en consecuencia, prolongar inútilmente su sufrimiento. Los animales de las especies bovina, ovina y caprina son las especies más comunes sacrificados siguiendo este procedimiento. Por ello, los rumiantes sacrificados sin aturdimiento deben sujetarse de manera individual y mecánica».

34 Conclusiones del Abogado General Sr. Nils Wahl presentadas el 20 de septiembre de 2018 en el asunto C-497/17.

legislador de la Unión quiso asumir un compromiso positivo destinado a garantizar el respeto efectivo de la libertad religiosa. El Abogado General entiende que la posibilidad de consumir productos que contengan al mismo tiempo las certificaciones AB y *halal* no está relacionada, como tal, con la práctica de un rito religioso ni con el ejercicio de la libertad religiosa, consagrada en el artículo 10 de la Carta y en el artículo 9 del CEDH, como expresión de una convicción religiosa, porque si se declarase que el sacrificio ritual sin aturdimiento está prohibido en el ámbito de la agricultura biológica, los ciudadanos de confesión judía o musulmana siempre podrían adquirir carne *kosher* o *halal*, de modo que la esencia misma del derecho a la libertad religiosa no se menoscabaría. Únicamente no podrían consumir carnes *kosher* o *halal* con la certificación AB acompañada de la etiqueta halal (§§ 34-40)[35].

En cuanto a lo que aquí nos interesa, resultan muy interesantes las reflexiones del Abogado General cuando apunta a la dificultad de concretar las exigencias religiosas, cuya aceptación y alcance están sujetas, por definición, a diferencias de interpretación y que difícilmente se prestan a normalización, y el hecho de que no exista una normativa europea que defina y regule los requisitos necesarios para el sacrificio ritual, ya sea *kosher* o *halal* (§ 47). Añade que las normativas nacionales tampoco definen el concepto de sacrificio ritual, y que las menciones de certificación relativas al carácter *kosher* o *halal* de los productos están, por lo general, reguladas y gestionadas por organismos certificadores asociados a determinadas auto-

---

[35] Sin embargo, atendiendo de la proporcionalidad de la exclusión, Cañamares recuerda que «toda matanza produce sufrimiento y angustia en los animales [...] [y que, por eso], resulta, cuando menos discutible, que excluir los productos "halal" y "kosher" de la etiqueta BIO sea una medida adecuada y necesaria en el marco de la ganadería ecológica desde el punto de vista de la igualdad y no discriminación religiosa», CAÑAMARES ARRIBAS, S. (2023), cit., p. 81.

ridades religiosas y no por autoridades de regulación (§ 49). En definitiva, que en esta materia los conceptos *halal* y *kosher* funcionan como presupuesto de una concepción religiosa a la que se refieren y que se acepta con un contenido genérico debido a las diferentes visiones que dentro de las propias religiones existen al respecto, hasta el punto de que actualmente se puedan encontrar en el mercado productos con la etiqueta *halal* procedentes de sacrificios de animales que han sido previamente aturdidos (§ 51).

Hay otra Sentencia del TJUE, la dictada en el asunto *Centraal Israëlitisch* (2020)[36], que gira también en torno al sacrificio ritual. La petición de decisión prejudicial en este caso tiene por objeto la interpretación del artículo 26.2.1.c) del citado Reglamento (CE) n.º 1099/2009 del Consejo, y la validez de dicha disposición a la luz de los artículos 10, 20, 21 y 22 de la Carta de los Derechos Fundamentales de la Unión Europea. Su origen está en una demanda presentada contra el Gobierno flamenco de Bélgica por varias instancias a raíz de un decreto aprobado por el primero en torno a los métodos autorizados para el sacrificio.

Se nos recuerda ante todo que el Reglamento señala que, dado que las disposiciones comunitarias aplicables a los sacrificios religiosos han sido traspuestas de manera distinta en función de los contextos nacionales, y que las normas internas toman en consideración dimensiones que exceden de la finalidad del Reglamento, es importante mantener la excepción respecto a la obligación de aturdimiento de los animales antes

---

36 Sentencia TJUE de 17 de diciembre de 2020 en el asunto *Centraal Israëlitisch Consistorie van België y otros, Unie Moskeeën Antwerpen VZW, Islamitisch Offerfe est Antwerpen VZW, JG, KH, Executief van de Moslims van België y otros, Coördinatie Comité van Joodse Organisaties van België — Sectionbelge du Congrèsjuifmondial et Congrèsjuifeuropéen VZW y otros, y VlaamseRegering,* C-336/19 (TOL9.908.206).

del sacrificio, dejando, no obstante, cierto nivel de subsidiariedad a cada Estado miembro. En este sentido, se señala que los Estados miembros podrán adoptar normas nacionales destinadas a garantizar una protección más amplia de los animales en el momento de la matanza que las que estipula el Reglamento. Precisamente, el decreto controvertido en el litigio principal, que entró en vigor el 1 de enero de 2019, puso fin a esta excepción en lo que respecta a la Región Flamenca. En efecto, el artículo 15, apartado 2, de la Ley sobre Protección y Bienestar de los Animales, en su versión modificada por el artículo 3 de dicho decreto, establece que «cuando los animales sean sacrificados conforme a métodos particulares prescritos por ritos religiosos, el aturdimiento deberá ser reversible y la muerte del animal no podrá ser provocada por el aturdimiento». Los demandantes consideran que esta medida priva a los creyentes judíos y musulmanes de la garantía de que los sacrificios rituales no estén sujetos al requisito de aturdimiento previo. Se alega que, de hecho, el decreto mencionado impide que el conjunto de los creyentes, y no solo una fracción minoritaria de ellos practique su religión, dado que no les permite obtener carne de animales sacrificados según sus preceptos religiosos, por cuanto tales preceptos se oponen a la técnica del aturdimiento reversible.

El TJUE va a estimar que el artículo 26.2.1.c) del Reglamento n.º 1099/2009 no vulnera la libertad de manifestar la propia religión, garantizada por el artículo 10.1 de la Carta; y, por otra parte, que, en el marco de la posibilidad que se les confiere, en virtud de dicha disposición, de adoptar normas adicionales destinadas a garantizar una protección más amplia de los animales que la que estipula este Reglamento, los Estados miembros pueden, en particular, imponer una obligación de aturdimiento previo a la matanza, que sea aplicable también en el caso del sacrificio prescrito por ritos religiosos, sin perjuicio, no obstante, del respeto de los derechos fundamentales consagrados por la Carta (§ 48). Reconoce que el decreto conlleva una limitación del ejercicio del derecho a la libertad de los creyentes judíos y musulmanes de manifestar su religión, como se garantiza en el artículo 10.1 de la Carta (§ 55). No obstante, considera que la injerencia es necesaria y que las medidas contenidas en el decreto controvertido en el litigio principal permiten garantizar un justo equilibrio entre la importancia concedida al bienestar animal y la libertad de los creyentes judíos y musulmanes de manifestar su religión y, por consiguiente, son proporcionadas (§ 80).

En cuanto al prepuesto confesional que está detrás del sacrificio ritual, englobado en los conceptos de *kosher* y *halal*, aquí el Abogado General[37] menciona otra vez, en sus conclusiones, las diferentes interpretaciones que existen al respecto, pero estima que un órgano jurisdiccional secular no puede decantarse en cuestiones de ortodoxia religiosa: basta, a su juicio, señalar que para un número considerable de fieles de las religiones musulmana y judía el sacrificio de animales sin aturdimiento es un aspecto fundamental de un rito religioso necesario (§ 47). Considera, además, que Tribunal de Justicia no puede permitir que los diferentes Estados miembros actúen en particular en nombre del bienestar de los animales de modo tal que acarree el efecto material de vaciar de contenido la excepción adoptada en favor de determinados fieles religiosos (§ 87)

Sin embargo, la respuesta del TJUE lleva a la conclusión, nuevamente, de que un valor consagrado por la Unión Europea, como el de la protección del bienestar animal, se impone sobre un derecho fundamental cual es la libertad religiosa.

El asunto objeto de la anterior cuestión prejudicial fue finalmente resuelto en forma desfavorable para los demandantes por el Tribunal Constitucional belga, lo que los determinó a

---

[37] Conclusiones del Abogado General Sr. Gerard Hogan presentadas el 10 de septiembre de 2020 en el asunto C-336/19.

acudir al Tribunal Europeo de Derechos Humanos para hacer valer su caso. Admitidas las diferentes demandas, se resolvieron mediante Sentencia de 13 de febrero de 2024, en el asunto *Executief van de Moslims van België y otros contra Bélgica*[38]. Los demandantes son organizaciones que representan a los musulmanes en Bélgica y a los nacionales belgas de fe musulmana y a los nacionales belgas de fe judía residentes en aquel país.

Ante el Tribunal, los demandantes reclaman contra la prohibición, contenida en los dos decretos antes mencionados, de realizar sacrificios rituales sin aturdimiento. Invocando el artículo 9 de la Convención, se señalarán injerencias injustificadas en su derecho a la libertad de religión. Además, invocando el artículo 14 combinado con el artículo 9 del Convenio, se quejarán de discriminación en el disfrute de su libertad de religión.

El TEDH recuerda que ya ha afirmado que el sacrificio ritual de animales está incluido en el derecho a manifestar la propia religión mediante la realización de ritos en el sentido del artículo 9 del Convenio[39]. Los demandantes musulmanes afirman que el artículo 9 de la Convención protege su derecho a realizar el rito del sacrificio ritual o *dhabiha* (*shehita* para los judíos, que se expresan en similar sentido). Refutan firmemente la afirmación de que el aturdimiento es sólo un detalle del sacrificio ritual. Además, no correspondería al Gobierno determinar qué constituye o no una manifestación legítima de religión, estimando que la obligación de aturdir a los animales antes de su sacrificio constituiría una injerencia en el derecho de los demandantes a manifestar su religión

El TEDH reconoce que la ausencia de aturdimiento antes del sacrificio constituye un aspecto del rito religioso que al-

---

38 Demanda núm. 16760/22 (TOL9.867.922).

39 Así lo hizo en la Sentencia de 27 de junio de 2000, en el asunto *Cha'are Shalom Ve Tsedek contra Francia* (demanda núm. 27417/95), § 74.

canza un grado suficiente de fuerza, seriedad, coherencia e importancia, al menos para determinados miembros de las religiones judía e islámica, de las que los demandantes afirman formar parte (§ 87), y que por tanto existió una interferencia. Sin embargo, también sostendrá que estaba prevista por la ley, y que perseguía un objetivo legítimo, siendo una medida necesaria en una sociedad democrática. Porque, asegura, la promoción de la protección y el bienestar de los animales como seres sintientes puede considerarse un valor moral compartido por muchas personas en la Región Flamenca y en la Región Valona (§ 98). El Tribunal de Estrasburgo no verá ninguna otra razón para contradecir al TJUE y al Tribunal Constitucional belga, que han considerado, ambos, que la protección del bienestar animal constituye un principio ético, y un valor al que las sociedades democráticas contemporáneas atribuyen cada vez más importancia y que debería tenerse en cuenta al evaluar las restricciones impuestas a la manifestación externa de las creencias religiosas (§ 99). Por lo tanto, considerará que la protección del bienestar de los animales puede vincularse a la noción de «moral pública», que constituye un objetivo legítimo en el sentido del párrafo 2 del artículo 9 del Convenio (§ 101).

Opuestas unas creencias a otras —las musulmanas y las judías frente a las que, respecto a los animales, se consideran crecientes en el mundo occidental—, se toma partido en definitiva por una moral, en la que se presume un arraigo que ni siquiera está consolidado. El respeto a los presupuestos tomados de la religión, lo *kosher* y lo *halal*, persiste en lo conceptual, pero su virtualidad se acerca progresivamente al impacto más nulo; incluso se podría plantear si el poder público no estaría induciendo a una redefinición de lo que es *kosher* o *halal*, al relativizar los criterios que las confesiones consideran imprescindibles en estos conceptos.

IV. REMISIÓN MATERIAL: RELACIONES LABORALES Y EJERCICIO PROFESIONAL

El estatus peculiar de los profesores de religión católica en centros educativos públicos viene determinado por la competencia de la jerarquía eclesiástica en su designación conforme a criterios religiosos, como presupuesto de su posterior contratación por la autoridad académica civil. Se trata de una circunstancia que encuentra fundamento concreto en el canon 805 del Código de Derecho Canónico, que dispone: «El Ordinario del lugar, dentro de su diócesis, tiene el derecho a nombrar o aprobar los profesores de religión, así como de remover o exigir que sean removidos cuando así lo requiera una razón de religión o moral». Refuerza esta idea el canon 804.2, que, respecto del deber de vigilancia encomendado al Ordinario del lugar sobre los profesores de religión, indica que habrá de cuidar que «destaquen por su recta doctrina, por el testimonio de su vida cristiana y por su aptitud pedagógica». Estos aspectos se han englobado en el concepto de idoneidad, elevado a requisito imprescindible para que una persona sea propuesta como profesora de religión y para su mantenimiento en el puesto una vez conseguido.

Todo lo expuesto constituye, en resumen, un conjunto de «normas internas que se orientan a asegurar que la enseñanza de la religión se haga con respeto a la doctrina de la Iglesia católica»[40]. Dichas normas internas eclesiásticas han sido recibidas, no obstante, por ordenamientos civiles como el español, cuando, a fin de regular el estatuto del profesorado de religión católica, establece la competencia de la jerarquía eclesial en su designación en el artículo III del Acuerdo sobre enseñanza

---

40 CAÑAMARES ARRIBAS, S. (2023), cit., p. 115.

y asuntos culturales de 3 de enero de 1979[41], y más específicamente fija sus requisitos en el Real Decreto 696/2007, que en su exposición de motivos anticipa: «Se atiene la regulación a la doctrina del Tribunal Constitucional, reiterada a partir de la Sentencia 38/2007, de 15 de febrero, que considera válida la exigencia de la idoneidad eclesiástica como requisito de capacidad para el acceso a los puestos de trabajo de profesor de religión en los centros de enseñanza pública, al propio tiempo que exige que esa declaración de idoneidad, o su revocación, sea respetuosa con los derechos fundamentales del trabajador»[42]. De esta forma, la declaración de idoneidad otorgada por la Iglesia católica como requisito habilitante para impartir la asignatura de religión católica en los centros docentes públicos podría encuadrarse en el reenvío o remisión material, como técnica a través de la cual el ordenamiento estatal incorpora normas de derecho confesional[43].

El TJUE ha tenido ocasión de ocuparse del régimen de los profesores de religión católica en el asunto *YT y otros con-*

---

41 «En los niveles educativos a los que se refiere el artículo anterior, la enseñanza religiosa será impartida por las personas que, para cada año escolar, sean designadas por la autoridad académica entre aquellas que el Ordinario diocesano proponga para ejercer esta enseñanza. Con antelación suficiente, el Ordinario diocesano comunicará los nombres de los Profesores y personas que sean consideradas competentes para dicha enseñanza» (BOE núm. 300, de 15 de diciembre de 1979. TOL1.036.787).

42 Real Decreto 696/2007, de 1 de junio, por el que se regula la relación laboral de los profesores de religión prevista en la disposición adicional tercera de la Ley Orgánica 2/2006, de 3 de mayo, de Educación (BOE núm. 138, de 9 de junio de 2007. TOL1.076.627).

43 GODOY, O. (2020), cit., p. 182. En desacuerdo con considerar la existencia de estas remisiones estaría LLAMAZARES FERNÁNDEZ, D. (2007). "Contratación laboral de los profesores de religión católica por la Administración pública". *Revista Española de Derecho Constitucional,* 80, p. 282.

tra MIUR y Ufficio Scolastico Regionale per la Campania (2022)[44]. Aquí, la petición de decisión prejudicial tiene por objeto la interpretación de las cláusulas 4 y 5 del Acuerdo Marco sobre el Trabajo de Duración Determinada, celebrado el 18 de marzo de 1999, que figura en el anexo de la Directiva 1999/70/CE del Consejo, de 28 de junio de 1999[45], de los artículos 1 y 2, apartado 2, letra a), de la Directiva 2000/78/CE del Consejo, de 27 de noviembre de 2000, relativa al establecimiento de un marco general para la igualdad de trato en el empleo y la ocupación[46], y del artículo 21 de la Carta de los Derechos Fundamentales de la Unión Europea. Su origen está en un litigio en el que un grupo de profesores de religión católica en centros de enseñanza pública demandaron al italiano *Ministero dell'Istruzione dell'Università e della Ricerca* (MIUR) y al *Ufficio scolastico Regionale per la Campania* (Oficina Regional de Educación de Campania, Italia), por la solicitud de los primeros de que sus contratos de trabajo de duración determinada fueran recalificados como contratos de trabajo por tiempo indefinido, por considerarse discriminados respecto de los profesores de otras materias.

El Gobierno italiano, por su parte, invocando el artículo 17 TFUE, apartado 1, consideraba que el Tribunal de Justicia no era competente para responder a las cuestiones prejudiciales planteadas por el órgano jurisdiccional remitente porque estas se refieren a las relaciones entre el ordenamiento jurídico de la República Italiana y el ordenamiento jurídico confesional, en

---

44 Sentencia del TJUE de 13 de enero de 2022, asunto C-282/19 (TOL8.735.724). Puede verse un comentario a esta sentencia en RODRIGO LARA, B. (2022). "La contratación del profesorado de religión católica en la Sentencia del Tribunal de Justicia de la Unión Europea YT y otros, de 13 de enero de 2022". *Revista General de Derecho Canónico y Derecho Eclesiástico del Estado*, 58.

45 DOCE núm. 175, de 10 de julio de 1999 (TOL133.784).

46 DOCE núm. 303, de 2 de diciembre de 2000 (TOL1.902.321).

este caso el ordenamiento jurídico de la Iglesia católica, relaciones que se rigen exclusivamente por el Derecho interno. En particular, en el presente asunto, la cuestión giraba en torno a la relación laboral entre el centro escolar y los profesores de religión católica, que se rige en Italia por el acuerdo por el que se modifica el concordato celebrado el 18 de febrero de 1984 entre la República Italiana y la Santa Sede y por su protocolo adicional. Conforme al punto 5 de este último, la enseñanza de la religión católica se impartirá por docentes cuya idoneidad sea reconocida por la autoridad eclesiástica y nombrados, de común acuerdo con ella, por la autoridad escolar.

Para el TJUE, es cierto que, como alega la República italiana, existe un vínculo entre la declaración de idoneidad expedida a los profesores de religión católica y la contratación y la permanencia de la relación laboral de estos profesores. Sin embargo, la expedición y la revocación de esta declaración, así como las consecuencias que de ello pueden derivarse, presentan un vínculo con la contratación y la permanencia de la relación laboral de dichos profesores, sin que la competencia del ordinario diocesano quede desvirtuada por las disposiciones a que se refieren las cuestiones prejudiciales (§ 52)[47]. Una vez analizados, por tanto, los diferentes argumentos, afirma el TJUE que respecto de aquel basado en la relación de confianza especial que debe existir entre el profesor de religión católica y el obispo diocesano, basta señalar que dicho vínculo se refiere tanto a los profesores que han celebrado un contrato por tiempo indefinido como a aquellos que disponen de un con-

---

[47] «Su questo specifico aspetto si era del resto pronunciata anche la Corte costituzionale italiana, escludendo che la materia riguardante la nomina a termine dell'insegnante di religione dovesse farsi rientrare nella disciplina concordata tra Stato e Chiesa», LICASTRO, A. (2022). "Il rapporto di lavoro degli insegnanti di religione nelle scuole pubbliche italiane davantialla Corte di giustizia dell'Unione europea". *Stato, Chiese e pluralismo confessionale,* 4, p. 85.

trato de duración determinada, de modo que este argumento no puede invocarse para justificar la utilización abusiva de los contratos de duración determinada (§ 100). Asimismo, la revocación de la declaración de idoneidad constituye una causa de extinción de la relación laboral tanto para los profesores titulares de religión católica como para aquellos que, como los demandantes en el litigio principal, solo tienen un contrato de duración determinada, por lo que no constituye una «razón objetiva», en el sentido de la cláusula 5, apartado 1, letra a), del Acuerdo Marco[48] (§ 113).

Por todo ello, la respuesta a la cuestión prejudicial será que la cláusula 5 del Acuerdo Marco sobre el trabajo de duración determinada debe interpretarse en el sentido de que se opone a una normativa nacional que excluye a los profesores de religión católica de los centros de enseñanza pública de la aplicación de las normas que sancionan la utilización abusiva de sucesivos contratos de duración determinada, si no existe ninguna otra medida efectiva en el ordenamiento jurídico interno que sancione dicha utilización abusiva; además, la necesidad de una declaración de idoneidad expedida por una autoridad eclesiástica para permitir a estos profesores enseñar la religión católica no constituye, a juicio del TJUE una «razón objetiva»,

---

48 La cláusula 5 del Acuerdo Marco, titulada «Medidas destinadas a evitar la utilización abusiva», establece, en el punto que aquí interesa: «1. A efectos de prevenir los abusos como consecuencia de la utilización sucesiva de contratos o relaciones laborales de duración determinada los Estados miembros, previa consulta con los interlocutores sociales y conforme a la legislación, los acuerdos colectivos y las prácticas nacionales, y/o los interlocutores sociales, cuando no existan medidas legales equivalentes para prevenir los abusos, introducirán de forma que se tengan en cuenta las necesidades de los distintos sectores y/o categorías de trabajadores, una o varias de las siguientes medidas: a) razones objetivas que justifiquen la renovación de tales contratos o relaciones laborales; [...]».

en el sentido de la cláusula 5, apartado 1, letra a), del Acuerdo Marco, puesto que esa declaración se expide una sola vez y no antes de cada año escolar que da lugar a la celebración de un contrato de trabajo de duración determinada.

De lo expuesto no cabe deducir que el TJUE no haya tenido en cuenta en este asunto el artículo 17 TFUE, ni que no se deba atender a la autonomía de la confesión religiosa afectada, ni que se haya de obviar el factor religioso, sino tan solo que, dadas las circunstancias del litigio, no ha constatado que exista una exigencia de recurrir de forma continuada a contratos de trabajo temporales[49]. En cuanto a la relevancia de las normas religiosas, resulta patente en el caso, y no viene a cuestionarse por la valoración de los aspectos laborales que hace el TJUE, que se adentran en aspectos técnicos que son indiferentes, como ha quedado argumentado, para que el juicio de idoneidad eclesiástico siga gozando de toda su virtualidad[50]. Se puede afirmar, así, que el derecho comunitario en el asunto analizado respeta la consideración que el ordenamiento italiano tiene reconocida a las normas del derecho canónico.

Un ejemplo más singular de esta remisión material al ordenamiento confesional, también en el ámbito laboral, lo encontramos en la Sentencia del TJUE en el asunto *Monachos Eirinaios*, de 7 de mayo de 2019[51], motivada por una cuestión prejudicial presentada por el Consejo de Estado griego, que

---

49 MARTÍN GARCÍA, M. M. (2023), cit., p. 124.

50 «[D]ebe quedar claro, ante todo, que la competencia del derecho comunitario sobre esta decisión religiosa no se predica de los aspectos religiosos o morales sobre los que se adopta. Esto significa que el control judicial efectivo acerca de la decisión eclesiástica no puede entrar a valorar el fondo de la decisión —la legitimidad de la doctrina religiosa del grupo— sino que debe limitarse a constatar que responde al ejercicio de la libertad religiosa colectiva y que resulta proporcionada», CAÑAMARES ARRIBAS, S. (2023), p. 123.

51 C-431/17 (TOL9.910.120).

tenía por objeto la interpretación del artículo 3, apartado 2, de la Directiva 98/5/CE del Parlamento Europeo y del Consejo, de 16 de febrero de 1998, destinada a facilitar el ejercicio permanente de la profesión de abogado en un Estado miembro distinto de aquel en el que se haya obtenido el título[52], en el contexto de un litigio entre el monje ortodoxo Ireneo y el Colegio de Abogados de Atenas por la negativa de esta autoridad a estimar la solicitud de inscripción aquel en su registro especial como abogado que ejerce con su título profesional de origen. El problema radicaba en que el artículo 6.6 del Estatuto de la Abogacía griego, al establecer los requisitos e impedimentos para el ejercicio de la abogacía, dispone que «[e]l abogado [...] no podrá tener la condición de [...] monje», siendo, el antes nombrado, monje del monasterio de Petra, situado en Karditsa (Grecia), que había obtenido la condición profesional de abogado en Chipre. La autoridad colegial griega aducía que la condición de monje no permite ofrecer determinadas garantías, como, en particular, la independencia respecto de las autoridades eclesiásticas a las que está sujeto, la posibilidad de dedicarse plenamente al ejercicio de la abogacía, la capacidad para gestionar asuntos en un contexto de conflicto, la fijación de su establecimiento real en la demarcación del tribunal de primera instancia de que se trate y el respeto de la prohibición de prestar servicios a título gratuito.

El TJUE considera que, a diferencia de las normas relativas a los requisitos previos exigidos para la inscripción, las normas profesionales y deontológicas no han sido objeto de armonización y, por tanto, pueden diferir considerablemente entre el Estado miembro de origen y el Estado miembro de acogida. A este respecto, el TJUE recuerda que el legislador nacional puede establecer garantías de esta índole, siempre y cuando las reglas establecidas a tal efecto no vayan más allá de lo ne-

52 DOCE núm. 77, de 14 de marzo de 1998 (TOL508.824).

cesario para alcanzar los objetivos perseguidos, respetando así el principio de proporcionalidad. A su juicio, corresponderá al Consejo de Estado griego llevar a cabo las comprobaciones necesarias en lo que respecta a la regla de incompatibilidad controvertida en el litigio principal[53].

En virtud de todo lo expuesto, la Gran Sala del TJUE declarará que el artículo 3, apartado 2, de la Directiva 98/5/CE del Parlamento Europeo y del Consejo, debe interpretarse en el sentido de que se opone a una normativa nacional que prohíbe a un abogado que tiene la condición de monje, inscrito como abogado ante la autoridad competente del Estado miembro de origen, inscribirse ante la autoridad competente del Estado miembro de acogida para ejercer en él la profesión con su título profesional de origen debido a la incompatibilidad, prevista en esa normativa, de la condición de monje con el ejercicio de la abogacía[54].

---

53 «En el caso particular, la regulación interna griega debe ser coherente con la libertad de establecimiento de los abogados, debe, por tanto, no obstaculizar este derecho en relación con los profesionales que quieran ejercer en el Estado miembro de acogida con el título del Estado miembro de origen. No obstante, si esa regulación interna, limitativa de la libertad de establecimiento, se encuentra justificada por razones de interés general, será válida. En este sentido, deja en manos del órgano remitente valorar esta cuestión para saber si la medida restrictiva puede ser considerada válida pese a obstaculizar el derecho de establecimiento», RODRÍGUEZ RODRIGO, J. (2021). "Libertad de establecimiento de un abogado con la condición de monje, en un estado miembro distinto de aquel en el que ha obtenido el título profesional. Comentario de la STJUE de 7 mayo 2019, C-431/177". *Cuadernos de Derecho Transnacional*, 13, p. 881.

54 «La confesionalidad del Estado solo resultará contraria a la libertad religiosa y a la igualdad cuando impida o dificulte gravemente el ejercicio de este derecho a las confesiones distintas de la oficial y a sus miembros o suponga una discriminación para ambos. Para la normativa europea, los clérigos y los religiosos no conforman un

La Abogada General Sharpton, en sus observaciones[55], señaló que Ley 590/1977, sobre el Estatuto de la Iglesia de Grecia, establece en su artículo 39 que los monasterios son instituciones religiosas donde los hombres o mujeres que viven en ellos pueden desarrollar una vida ascética, de conformidad con los votos que hayan efectuado y los cánones y tradiciones sagrados de la Iglesia Ortodoxa relativas a la vida monacal. Los monasterios funcionan sujetos al control espiritual del obispo del lugar. Además, el artículo 56, apartado 3, de la misma norma prohíbe a las personas que se encuentren sujetas a la disciplina monástica desplazarse fuera de los límites de su circunscripción eclesiástica sin el permiso de su superior religioso. Asimismo, deberá contar con el permiso del Arzobispo del lugar para permanecer en otra circunscripción por más de dos meses, seguidos o por intervalos, dentro del mismo año civil. Por último, la Ley 3414/1909, sobre la Tesorería Eclesiástica y la administración de monasterios, prevé en su artículo 18 que cuando una persona pasa a estar sujeta a la disciplina monástica, el conjunto de sus bienes pasa al monasterio, con la excepción de la parte reservada a sus herederos de conformidad con el Derecho de sucesiones.

---

estamento y pueden desempeñar las mismas funciones que cualquier otro ciudadano. Por tanto, un monje puede ser abogado del mismo modo que un exsacerdote puede ser catedrático de Derecho en la Universidad», GONZÁLEZ SÁNCHEZ, M. (2019). "La condición de monje no impide ejercer como abogado en la Unión Europea. Sentencia del Tribunal de Justicia [Gran Sala], de 7 de mayo de 2019, asunto C-431/17: Monje Ireneo v. Colegio de Abogados de Atenas". *La Ley Unión Europea.*

55 Conclusiones de la Abogado General Sra. Eleanor Sharpston, presentadas el 19 de diciembre de 2018, al asunto C-431/17 *Monachos Eirinaios, kata kosmon Antonios Giakoumakistou Emmanouil contra Dikigorikos Syllogos Athinon.*

La respuesta dada por el TJUE va en la línea de lo propuesto por la Abogada General en sus conclusiones, en las cuales estimará que las autoridades competentes del Estado miembro de acogida no están facultadas para asumir que, dado que la persona en cuestión está sometida a una disciplina religiosa, actuará automática e inevitablemente de una forma que infrinja las normas disciplinarias aplicables a los abogados en dicho Estado miembro. Entiende, más bien, que deben esperar y ver cómo se comporta realmente en la práctica la persona en cuestión, que es lo que, en su opinión, deben regular las normas profesionales y deontológicas (§ 73). Ciertamente, las autoridades civiles del estado en cuestión no habían asumido de entrada lo antedicho, porque se trataba de una elaboración desde la asunción que previamente han hecho las autoridades religiosas, de las que procede la norma controvertida que ha sido recibida en el ordenamiento griego[56].

56 «La consideración de religión dominante supone que el Estado acepta y aplica en su Derecho interno aspectos de los clérigos y de las personas consagradas a la vida en comunidad. Ello explica que algunas normas estatales tengan en cuenta las disposiciones del Estatuto de la Iglesia de Grecia (Ley 590/1977)», GONZÁLEZ SÁNCHEZ, M. (2019), cit. En cuanto a esta norma, «siguiendo una tradición de ciento cincuenta años de interferencia de los gobiernos en los asuntos de Iglesia y a pesar de la libertad religiosa reconocida en la Constitución, el Estado promulgó la Ley 590, del 26 de mayo de 1977, relativa a la Constitución de la Iglesia en Grecia. Estas disposiciones estatales fueron hechas de acuerdo entre Iglesia y Estado», CORRAL, C. (1991). "Iglesia y Estado en el Oriente cristiano, (IX Congreso Internacional de la Sociedad para el Derecho de las Iglesias Orientales, Kavala, Grecia, 17 a 24 de septiembre de 1989)". *Estudios eclesiásticos*, 66, pp. 297-298.

V. CONSIDERACIONES FINALES

Lo interesante de que se dé relevancia a las normas confesionales en los ordenamientos jurídicos civiles es que, con ello, como señala el profesor BOGARÍN, se atiende mejor a la dignidad humana y a su derecho de libertad religiosa, también a los grupos en que la persona se inserta, reconociéndoles soberanía para dotar de contenido su ámbito de autodeterminación, su autonomía propia en definitiva[57]. Indudablemente, estos objetivos pueden ser compartidos por el ordenamiento de la Unión Europea —que en el artículo 17 TFUE insta a reconocer la aportación específica de las confesiones—, si no se detectara una tendencia general en Occidente a postergar lo religioso y las aportaciones que puede hacer a la sociedad en favor de otros aspectos, sean o no derechos fundamentales[58].

Frente a esa tendencia, comparto la reivindicación de la religión como factor que puede colaborar a la construcción de la sociedad[59], algo innegable sobre todo en el caso de las tradicionales que han contribuido a la configuración de la cultura de

---

57 Cfr. BOGARÍN DÍAZ, J. (2007), cit., pp. 140-141.

58 «Existe una clara tendencia a infravalorar la religión, a tratarla como una cuestión contraria al progreso y a renegar de la tradición cristiana. Se intenta dar significados distintos a los términos y así, reinventar la laicidad como la nueva religión de la libertad", que debe prescindir de las religiones tradicionales», GONZÁLEZ SÁNCHEZ, M. (2024). "Las Administraciones públicas, como las empresas privadas, pueden prohibir el uso de símbolos religiosos a sus empleados: Sentencia del Tribunal de Justicia, Gran Sala, de 28 de noviembre de 2023, asunto C-148/22: OP v. Ayuntamiento de Ans". *La Ley Unión Europea*, 122, p. 14.

59 Porque «las confesiones pueden ser una valiosa herramienta para contribuir a la cultura del encuentro, el diálogo y la solidaridad que son necesarias para responder a los desafíos mundiales actuales», COMBALÍA, Z. (2023). "Políticas de integración y retos de la libertad religiosa en la Europa actual". *Desarrollos, crisis y retos actuales de la libertad religiosa.* Colex, p. 230.

los países, y que por ello deberían ser tenidas más en cuenta[60] —y así se hace en la práctica, al formar parte de esa cultura de fondo, aunque se haga inadvertidamente.

Porque se pone de manifiesto, a mi juicio, a partir de los casos examinados, que la Unión Europea otorga relevancia a las normas confesionales en la medida en que no contradicen sus valores propios, los considerados valores europeos; y ello supone que aquellas tradiciones más cercanas a sus raíces comunes, como son las cristianas, encuentran una receptividad que no se repite en las que se pueden considerar más ajenas[61]. La desatención progresiva a los ritos sacrificiales de islam o judaísmo, o la repulsa hacia la *sharia* en cuanto al repudio[62], parecen acreditarlo, pues al mismo tiempo sigue vigente el reconocimiento de eficacia a las sentencias eclesiásticas de nulidad o al juicio de idoneidad respecto de los profesores de religión[63]. Por otra

---

60 Cfr. GONZÁLEZ-VARAS IBÁÑEZ, A. (2023). *Ideologías y creencias en la formación del derecho en un contexto global.* Olejik, p. 57.

61 «Cuánto más si lo que se plantea es la posible eficacia directa, y la aplicación por parte de los tribunales religiosos asentados en el país, de la Sharia islámica; Derecho que, a diferencia del de origen cristiano, se encuentra alejado de nuestras raíces culturales y que, por sus caracteres concretos, admite instituciones proclives a chocar con el contenido esencial de derechos humanos proclamados en las constituciones nacionales y en convenios internacionales, con especial incidencia en la posible discriminación de la mujer o de los menores de edad», MARTÍNEZ RUBIO, A. (2019), cit., p. 2.

62 Respecto al repudio, escribe GONZÁLEZ-VARAS que «causa rechazo la idea de que se pueda producir una aceptación directa de esa institución en España habida cuenta de que supone una vulneración del principio de igualdad entre los cónyuges, y por conducir a una situación de desprotección jurídica de la mujer», GONZÁLEZ-VARAS IBÁÑEZ, A. (2023), cit., p. 27.

63 Desde dicho arraigo, también, por ejemplo, teniendo en cuenta que las confesiones pueden elaborar sus propias normas de protección de datos personales, «el Derecho interno estatal reconocería alguna

parte, aquellas peculiaridades que se alejan de lo común, aunque estén enraizadas en un concreto país miembro, como en el caso del monje abogado, tampoco encuentran encaje, y ello hace pensar en la virtualidad del principio consagrado en el artículo 17 TJUE, una cuestión en la que la reflexión se encuentra lejos de estar agotada[64].

REFERENCIAS BIBLIOGRÁFICAS

BOGARÍN DÍAZ, J. (2007). "Factor religioso y relaciones entre ordenamientos jurídicos". *Anuario de Derecho Eclesiástico*, vol. XXIII, pp. 51-141.

CAÑAMARES ARRIBAS, S. (2023). *Derecho y factor religioso en la Unión Europea*. Aranzadi.

COMBALÍA, Z. (2023). "Políticas de integración y retos de la libertad religiosa en la Europa actual". *Desarrollos, crisis y retos actuales de la libertad religiosa*. Colex, pp. 219-234.

COMBALÍA, Z. (2013). *La contratación del profesorado de religión en la escuela pública*. Tirant lo Blanch.

CORRAL, C. (1991). "Iglesia y Estado en el Oriente cristiano, (IX Congreso Internacional de la Sociedad para el Derecho de las Iglesias Orientales, Kavala, Grecia, 17 a 24 de septiembre de 1989)". *Estudios eclesiásticos*, 66, pp. 297-298.

---

eficacia a esas normas confesionales en función de su posición privilegiada constitucionalmente, tal sería el caso de las confesiones religiosas que son corporaciones de Derecho público en Alemania», RODRÍGUEZ GARCÍA, J. A. (2019). "Autonomía de las confesiones y derecho comunitario: La protección de los datos personales en este contexto". *Revista General de Derecho Canónico y Derecho Eclesiástico del Estado*, 49, p. 18).

64 En un sentido distinto al aquí expuesto, Polo llega a considerar este precepto «como una fórmula retórica en la práctica huera de toda efectividad», POLO SABAU, J. R. (2018). "Estado y confesiones religiosas en el derecho de la Unión Europea: la repercusión del artículo 17 del Tratado de Funcionamiento de la Unión Europea en la jurisprudencia del TJUE". *Revista General de Derecho Europeo*, 46, p. 308.

DURISOTTO, D. (2016). "Unione europea, chiese e organizzazioni filosofiche non confessionali (art. 17 TFUE)". *Stato, Chiese e pluralismo confessionale.*

FRENI, F. (2024). "Stili di alimentazione religiosamente orientati e sostenibilità nell'esperienza giuridica dei territorio prospicienti il Mar Mediterraneo". *Stato, Chiese e pluralismo confessionale,* 2.

GODOY, O. (2020). "El sistema de fuentes del Derecho eclesiástico español". *Derecho y religión*. Edisofer, pp. 165-185.

GONZÁLEZ SÁNCHEZ, M. (2024). "Las Administraciones públicas, como las empresas privadas, pueden prohibir el uso de símbolos religiosos a sus empleados: Sentencia del Tribunal de Justicia, Gran Sala, de 28 de noviembre de 2023, asunto C-148/22: OP v. Ayuntamiento de Ans". *La Ley Unión Europea,* 122.

GONZÁLEZ SÁNCHEZ, M. (2019). "La condición de monje no impide ejercer como abogado en la Unión Europea. Sentencia del Tribunal de Justicia (Gran Sala), de 7 de mayo de 2019, asunto C-431/17: Monje Ireneo v. Colegio de Abogados de Atenas". *La Ley Unión Europea,* 72.

GONZÁLEZ-VARAS IBÁÑEZ, A. (2023). *Ideologías y creencias en la formación del derecho en un contexto global.* Olejik.

GUTIÉRREZ DEL MORAL, M. J. (2023). "Libertad religiosa e igualdad de género en la jurisprudencia del Tribunal Europeo de Derechos Humanos". *Revista catalana de dretpúblic,* 66, pp. 204-222.

DI IORIO, T. (2023). "Relazioni affettive e frontiere giuridiche. Famiglia e famiglie nello spazio europeo trafattore religioso, dirittinazionali e strategie di convergenza". *Stato, Chiese e pluralismo confessionale,* 6.

LANDETE CASAS, J. (2004). *El Derecho Eclesiástico Comunitario: influencia del ordenamiento jurídico comunitario en el sistema de fuentes del Derecho Eclesiástico español* (tesis doctoral dirigida por María Elena Olmos Ortega, Universidad de Valencia).

LICASTRO, A. (2022). "Il rapporto di lavoro degli insegnanti di religione nell escuole pubbliche italiane davanti alla Corte di giustizia dell'Unione europea". *Stato, Chiese e pluralismo confessionale,* 4.

LLAMAZARES FERNÁNDEZ, D. (2007). "Contratación laboral de los profesores de religión católica por la Administración pública". *Revista Española de Derecho Constitucional,* 80, pp. 267-307.

MANTECÓN SANCHO, J. (2023). *Factor religioso y Derecho. Curso básico de Derecho eclesiástico.* Comares.

MARTÍNEZ RUBIO, A. (2019). "La aplicación directa de la *Sharia* en el Derecho europeo. El caso griego y la Jurisprudencia del Tribunal Europeo de Derechos Humanos". *Revista General de Derecho Canónico y Derecho Eclesiástico del Estado,* 50.

MARTÍN GARCÍA, M. M. (2023). "Una aproximación a la interpretación del artículo 17 del Tratado de Funcionamiento de la Unión Europea por parte del Tribunal de Luxemburgo". *Derecho, religión y política en la sociedad digital.* Comares, pp. 111-131.

NAVARRO VALLS, R. (2008). "THE END. (Unas palabras finales sobre "La neutralidad, por activa y por pasiva" del profesor Ruiz Miguel)". *Revista General de Derecho Canónico y Derecho Eclesiástico del Estado,* 18.

PALOMINO LOZANO, R. (2020). "El Tribunal de Justicia de la Unión Europea frente a la religión y las creencias". *Revista de Derecho Comunitario Europeo,* 65, pp. 35-77.

POLO SABAU, J. R. (2018). "Estado y confesiones religiosas en el derecho de la Unión Europea: la repercusión del artículo 17 del Tratado de Funcionamiento de la Unión Europea en la jurisprudencia del TJUE". *Revista General de Derecho Europeo,* 46.

RODRIGO LARA, B. (2022). "La contratación del profesorado de religión católica en la Sentencia del Tribunal de Justicia de la Unión Europea YT y otros, de 13 de enero de 2022". *Revista General de Derecho Canónico y Derecho Eclesiástico del Estado,* 58.

RODRÍGUEZ BLANCO, M. (2013). *Derecho y religión. Nociones de Derecho Eclesiástico del Estado.* Civitas.

RODRÍGUEZ GARCÍA, J. A. (2019). "Autonomía de las confesiones y derecho comunitario: La protección de los datos personales en este contexto". *Revista General de Derecho Canónico y Derecho Eclesiástico del Estado,* 49.

RODRÍGUEZ RODRIGO, J. (2021). "Libertad de establecimiento de un abogado con la condición de monje, en un estado miembro distinto de aquel en el que ha obtenido el título profesional. Comentario de la STJUE de 7 mayo 2019, C-431/177". *Cuadernos de Derecho Transnacional,* 13, pp. 870-881.

Capítulo 5.

EL ESTATUTO DE LAS CONFESIONES EN EL DERECHO DE LA UNIÓN EUROPEA[1]

M.ª DEL CARMEN CAPARRÓS
Universidad de Granada (UGR)

I. LA PROTECCIÓN DE LA LIBERTAD RELIGIOSA EN LA UNIÓN EUROPEA

El presente trabajo examina la relación entre las confesiones religiosas y el derecho de la Unión Europea (en adelante, UE). El objetivo principal es analizar cómo la UE aborda las cuestiones relacionadas con el estatuto de las confesiones religiosas dentro del marco de su legislación y políticas.

Aunque la UE en sí misma no tiene una competencia directa en materia de religión, asume el compromiso de garantizar la libertad religiosa y proteger a las minorías religiosas, promoviendo la tolerancia, el respeto y la no discriminación

1 Este trabajo se inserta en los Proyectos de investigación PPIT-UAL, Junta de Andalucía-FEDER 2021-2027. Programa 54.A. y PP-2023-17 de UNIR.

por motivos de religión o creencia. La libertad religiosa es un derecho fundamental que implica la posibilidad de profesar, practicar y cambiar de religión o creencia, tanto en público como en privado, individualmente o en comunidad con otros, de forma individual o colectiva. Este derecho está reconocido en varios instrumentos internacionales de derechos humanos, incluyendo la Declaración Universal de Derechos Humanos y el Pacto Internacional de Derechos Civiles y Políticos.

En el contexto de la Unión Europea, la libertad religiosa también está protegida como un derecho fundamental[2]. La Carta se refiere a la religión en el artículo 10 (libertad de pensamiento, conciencia y religión); en el artículo 14.3 (derecho de los padres a garantizar la educación y la enseñanza de sus hijos conforme a sus convicciones religiosas, filosóficas y pedagógicas); en el artículo (no discriminación); y en el artículo 22 (diversidad cultural, religiosa y lingüística).

El tenor del artículo 10 de la Carta es el siguiente:

---

[2] La Carta de los Derechos Fundamentales de la Unión Europea (UE) es un documento que recoge los derechos fundamentales reconocidos en el ámbito de la Unión Europea. La Carta incluye derechos civiles, políticos, económicos, sociales y culturales. Fue proclamada por el Parlamento Europeo, el Consejo y la Comisión el 7 de diciembre de 2000 y adquirió pleno valor jurídico con la entrada en vigor del Tratado de Lisboa en diciembre de 2009. La Carta tiene el mismo valor jurídico que los Tratados de la Unión Europea y la Unión Europea está obligada a respetar y proteger los derechos fundamentales tal como se establecen en la Carta (artículo 6.1 TUE). Esto significa que los tribunales de la UE pueden hacer referencia a la Carta en sus decisiones y garantizar su aplicación. El TJUE es la más alta autoridad judicial de la UE y tiene la responsabilidad de interpretar y garantizar el cumplimiento del derecho de la UE, incluidos los derechos fundamentales. Los ciudadanos y las instituciones de la UE pueden recurrir al TJUE para defender sus derechos si creen que han sido violados.

"1. Toda persona tiene derecho a la libertad de pensamiento, de conciencia y de religión. Este derecho implica la libertad de cambiar de religión o de convicciones, así como la libertad de manifestar su religión o sus convicciones individual o colectivamente, en público o en privado, a través del culto, la enseñanza, las prácticas y la observancia de los ritos.

2. Se reconoce el derecho a la objeción de conciencia de acuerdo con las leyes nacionales que regulen su ejercicio".

Para determinar el alcance y la interpretación de este derecho, tenemos que remitirnos al artículo 52 de la CDFUE que, en un sentido global, se refiere a todos los derechos y principios recogidos en ella. Su apartado primero se ocupa de los límites y, en este sentido, estipula que "cualquier limitación del ejercicio de los derechos y libertades reconocidos por la presente Carta deberá ser establecida por la ley y respetar el contenido esencial de dichos derechos y libertades. Dentro del respeto del principio de proporcionalidad, solo podrán introducirse limitaciones cuando sean necesarias y respondan efectivamente a objetivos de interés general reconocidos por la Unión o a la necesidad de protección de los derechos y libertades de los demás".

Este apartado tenemos que ponerlo en relación con el tercero, que señala que "en la medida en que la presente Carta contenga derechos que correspondan a derechos garantizados por el Convenio Europeo para la Protección de los Derechos Humanos y de las Libertades Fundamentales, su sentido y alcance serán iguales a los que les confiere dicho Convenio"[3]. En este sentido, de conformidad con las explicaciones sobre la CDFUE, redactadas por el *Praesidium*[4], este derecho "corres-

---

3 Artículo 53.3 de la CDFUE.

4 Explicaciones sobre la Carta de los Derechos Fundamentales, DO C 303/17, 14 de diciembre de 2007: "Las presentes explicaciones fueron

ponde al derecho garantizado en el artículo 9 del CEDH y, de conformidad con lo dispuesto en el apartado 3 del artículo 52 de la Carta, tiene el mismo sentido y alcance. Por lo tanto, las limitaciones deben respetar el apartado 2 de dicho artículo 9, redactado como sigue: «La libertad de manifestar su religión o sus convicciones no puede ser objeto de más restricciones que las que, previstas por la ley, constituyen medidas necesarias, en una sociedad democrática, para la seguridad pública, la protección del orden, de la salud o de la moral públicas, o la protección de los derechos o las libertades de los demás»".

De modo que, como cualquier otro derecho, aunque la libertad religiosa está protegida, no es un derecho absoluto y puede estar sujeto a limitaciones en ciertas circunstancias, siempre que esas limitaciones sean proporcionadas y estén previstas por la ley para garantizar la seguridad, el orden, la salud, la moral pública o los derechos y libertades de los demás.

No obstante, resulta preciso a este respecto matizar que, como ha puesto de manifiesto el Tribunal Europeo de Derechos Humanos (en adelante, TEDH) —cuya jurisprudencia debemos tener en cuenta como consecuencia de la mencionada vinculación entre la CDFUE y el Convenio Europeo de Derechos Humanos—, el artículo 9 del Convenio protege tanto la dimensión interna —entendida como el derecho para elegir las propias creencias, religiosas o no, y la libertad para cambiar de religión— como la expresión o manifestación externa de la

---

elaboradas inicialmente bajo la responsabilidad del Praesidium de la Convención que redactó la Carta de los Derechos Fundamentales de la Unión Europea. Han sido actualizadas bajo la responsabilidad del Praesidium de la Convención Europea, a la vista de las adaptaciones de la redacción del texto de la Carta realizadas por la Convención (en particular, los artículos 51 y 52) y de la evolución del Derecho de la Unión. Si bien no tienen por sí mismas valor jurídico, constituyen un valioso instrumento de interpretación con objeto de aclarar las disposiciones de la Carta".

libertad religiosa y de creencias. Así, mientras que la primera goza de una protección absoluta y, por tanto, no admite restricciones de ninguna clase; sería entonces la segunda la que está potencialmente sujeta a las limitaciones previstas en el apartado 2º del propio artículo 9, en la medida en que puedan impactar sobre libertades fundamentales de terceros.

Del mismo modo, a través de la jurisprudencia del TEDH podemos conocer cómo concibe este el contenido del derecho de libertad religiosa en cuanto obliga a los poderes públicos a actuar a favor de su respeto, garantía y tutela, lo que implica el deber del Estado de garantizar plenamente el derecho de los ciudadanos de profesar y practicar sus creencias. La libertad religiosa es un derecho de la persona, no de los Estados, que son incompetentes en materia de fe. Esto implica neutralidad e incompetencia estatal para valorar la legitimidad de unas creencias frente a otras, pero también de sus manifestaciones[5].

Es importante señalar que este concepto "europeo" de neutralidad religiosa del Estado no equivale a algunas nociones paralelas o conectadas a nivel constitucional en algunos Estados. La neutralidad del Estado en su sentido europeo debe entenderse tal como la interpretó el TEDH en el caso Manoussakis de 1996, cuando sostuvo que "el derecho a la libertad de religión garantizado por la Convención excluye cualquier discrecionalidad por parte del Estado para determinar si las creencias religiosas o los medios utilizados para expresar tales creencias son legítimos"[6]. El principio o valor esencial de

---

5 GUTIÉRREZ DEL MORAL, Mª J. (2014). "La neutralidad religiosa de los poderes públicos en el Tribunal Europeo de Derechos Humanos". *Derecho y Religión*, Vol. IX, p. 146.

6 MARTÍNEZ-TORRÓN, J. (2012). "Freedom of Religion in the European Convention on Human Rights under the influence of different european traditions". *Universal Rights in a World of Diversity. The Case of Religious Freedom*, Vatican City, p. 334.

neutralidad que podemos extraer del Convenio está vinculado a los principios de libertad religiosa y de igualdad religiosa, y no al principio de laicidad o aconfesionalidad estatal, aunque indudablemente constituya una característica de ambas[7]. La Corte considera al Estado como un organizador imparcial del pluralismo religioso, de manera que garantice que todos los individuos sean lo más libres posible para practicar su religión y que todos los grupos sean lo más autónomos posible para ocuparse de sus propios asuntos internos sin interferencias externas indebidas, y ha indicado que esta función contribuye a asegurar el orden público, la paz religiosa y la tolerancia en una sociedad democrática[8].

A la par, el deber de neutralidad e imparcialidad ideológica y religiosa de los poderes públicos puede deducirse de los límites que, según el CEDH, los Estados pueden imponer al derecho de libertad de conciencia, pues "la libertad de manifestar su religión o sus convicciones no puede ser objeto de más restricciones que las que, previstas por la ley, constituyan medidas necesarias, en una sociedad democrática, para la seguridad pública, la protección del orden, de la salud o de la moral públicas, o la protección de los derechos o las libertades de los demás". Dicho de otro modo, los elementos esenciales del Estado democrático actúan como límite al poder de actuación de los poderes públicos —como señala Celador Angón— desde dos perspectivas. "En sentido positivo, al estar obligados los poderes públicos a crear los mecanismos necesarios para que el pluralismo ideológico y religioso sea una realidad, pero no porque los poderes públicos se identifiquen con unas

---

7 En tanto que el Estado no puede favorecer ni identificarse con unas creencias religiosas u otras, ni con la opción atea, agnóstica o indiferente.

8 Manoussakis v. Greece, 1996, § 47, y Hassan et Tchaouch v. Bulgarie, 2000, § 78.

creencias o convicciones, sino porque al fomentar el pluralismo están promocionando su propia naturaleza democrática. Y en sentido negativo, pues los Estados no pueden obstaculizar discrecional o arbitrariamente el ejercicio de los derechos fundamentales, y deben ser neutrales en este terreno para evitar discriminar entre sus ciudadanos por razón de sus creencias, convicciones, ideas u opiniones"[9].

Retomando el análisis del artículo 52 de la CDFUE, resulta oportuno detenernos en su apartado cuarto, en virtud del cual "en la medida en que la presente Carta reconozca derechos fundamentales resultantes de las tradiciones constitucionales comunes a los Estados miembros, dichos derechos se interpretarán en armonía con las citadas tradiciones"[10]. Así las cosas, nos encontramos con tres ordenamientos jurídicos que tienen algo que decir en el terreno de los derechos fundamentales en el contexto europeo, el de la Unión Europea, el del Consejo de Europa, y el de los diferentes Estados miembros[11]. Y es que

---

9 CELADOR ANGÓN, O. (2011). *Libertad de conciencia y Europa*, Dykinson, p. 27.

10 Esta norma de interpretación "se basa en la redacción del apartado 3 del artículo 6 del Tratado de la Unión Europea y toma debidamente en consideración el planteamiento de las tradiciones constitucionales comunes seguido por el Tribunal de Justicia (por ejemplo, sentencia de 13 de diciembre de 1979, asunto 44/79, Hauer, Rec. 1979, p. 3727, sentencia de 18 de mayo de 1982, asunto 155/79, AM&S, Rec. 1982, p. 1575). Según esta norma, en lugar de seguir un planteamiento rígido de «mínimo común denominador», los derechos correspondientes recogidos en la Carta deben interpretarse de forma que ofrezcan un elevado nivel de protección que resulte apropiado para el Derecho de la Unión y esté en armonía con las tradiciones constitucionales comunes". Explicaciones sobre la Carta de los Derechos Fundamentales, DO C 303/17, 14 de diciembre de 2007, artículo 52.4.

11 CELADOR ANGÓN, O. (2011). *Libertad de conciencia...*, cit., p. 40. Asimismo, hay que tener en cuenta que los derechos fundamentales que garantiza el Convenio Europeo para la Protección de los Derechos

la protección de la libertad religiosa en el ámbito de la Unión Europea no puede abstraerse del hecho de que los Estados de la Unión tienen distintos modelos de relación con las confesiones religiosas, fruto de sus respectivas historias y experiencias de varios siglos. Ello es consecuencia, asimismo, del mandato general de respeto de la identidad nacional de los Estados miembros inherente a sus estructuras fundamentales políticas y constitucionales, establecido en el artículo 4.2 del Tratado de la Unión Europea[12], y del respeto por la diversidad religiosa del art. 22 de la CDFUE[13].

Humanos y de las Libertades Fundamentales y los que son fruto de las tradiciones constitucionales comunes a los Estados miembros ya formaban parte del Derecho de la Unión como principios generales, de acuerdo con el artículo 6.3 TUE. Y lo dispuesto en el artículo 53 CDFUE: "Ninguna de las disposiciones de la presente Carta podrá interpretarse como limitativa o lesiva de los derechos humanos y libertades fundamentales reconocidos, en su respectivo ámbito de aplicación, por el Derecho de la Unión, el Derecho internacional y los convenios internacionales de los que son parte la Unión o todos los Estados miembros, y en particular el Convenio Europeo para la Protección de los Derechos Humanos y de las Libertades Fundamentales, así como por las constituciones de los Estados miembros"·.

12 "La Unión respetará la igualdad de los Estados miembros ante los Tratados, así como su identidad nacional, inherente a las estructuras fundamentales políticas y constitucionales de estos, también en lo referente a la autonomía local y regional. Respetará las funciones esenciales del Estado, especialmente las que tienen por objeto garantizar su integridad territorial, mantener el orden público y salvaguardar la seguridad nacional. En particular, la seguridad nacional seguirá siendo responsabilidad exclusiva de cada Estado miembro".

13 Carta de los Derechos Fundamentales de la Unión Europea, DO C 83/391, 30 de marzo de 2010, art. 22. «La Unión respeta la diversidad cultural, religiosa y lingüística».

II. ESTADO E IGLESIA EN EL DERECHO DE LA UNIÓN EUROPEA

El compromiso de la Unión Europea con el respeto a la diversidad religiosa y a la identidad nacional de los Estados miembros —mencionado en el apartado anterior— ha sido plasmado en el artículo 17 del Tratado de Funcionamiento de la Unión Europea (en adelante, TFUE), en el cual queda singularmente de relieve la libertad religiosa en su dimensión institucional y organizativa. Este artículo, como es sabido, es heredero del legado de la Declaración 11 al Tratado de Ámsterdam y del artículo I-52 de la nonata Constitución Europea, y recoge el compromiso de la Unión de respetar y no prejuzgar el estatuto reconocido en los Estados miembros, en virtud del Derecho interno, a las iglesias y las asociaciones o comunidades religiosas. Idéntica posición se adopta, en su apartado segundo, en relación con las organizaciones filosóficas y no confesionales. Por último, en su apartado tercero, la Unión Europea, reconociendo su identidad y su aportación específica, se obliga a mantener un diálogo abierto, transparente y regular con dichas iglesias y organizaciones.

El artículo 17 TFUE reconoce la diversidad religiosa y de creencias en los Estados miembros de la UE y establece el principio de respeto hacia las iglesias y las comunidades religiosas. Esto significa que la Unión Europea debe respetar el estatuto jurídico reconocido en los Estados miembros a las iglesias y las asociaciones o comunidades religiosas y no debe interferir en asuntos internos de las confesiones religiosas ni poner en tela de juicio su estatus legal en los Estados miembros[14]. En este

---

14 "Este precepto señala, claramente que, en el marco del Derecho de la Unión Europea, por parte de los Estados no se ha reconocido competencia a la Organización a la hora de regular la situación jurídica que las confesiones religiosas posean en los distintos Estados miembros de la Unión, como consecuencia del respeto a su propia identidad,

sentido, comparto la reflexión de GUTIÉRREZ DEL MORAL, en la que pone de manifiesto que el TEDH acepta las Iglesias de Estado, los Estados confesionales y también los Estados laicos o aconfesionales, siempre que esas formas de relación no supongan un límite para la libertad de conciencia y la libertad religiosa en su dimensión individual y colectiva. La jurisprudencia europea ha declarado que la confesionalidad estatal es legítima mientras no suponga un perjuicio para el derecho de libertad religiosa de aquéllos que no forman parte de la Iglesia de estado o la religión oficial. El Convenio sólo protege derechos fundamentales, no impone una forma determinada de configurar las relaciones entre Estados y confesiones religiosas. No puede exigir uniformidad en ese sentido, pero sí exige neutralidad e imparcialidad a los Estados[15]. Por su parte, Valero Estarellas expresa que "dos de las premisas que fundamentan y legitiman el derecho internacional —los principios de soberanía y de subsidiariedad—, unidas a la pragmática realidad de la coexistencia de una gran diversidad de sistemas de regulación del fenómeno social religioso, tanto en el continente europeo, como en el resto del mundo, determinan que el foco del Convenio no se centre en configurar e imponer un modelo específico de relaciones Iglesia-Estado, sino en promover, sin necesidad de violentar las estructuras constitucionales de los países miembros, los mecanismos normativos e instrumentos de control necesarios para que estos potencien el derecho de

---

y supone, en definitiva, el respeto a unas situaciones jurídicamente consolidadas en lo que se refiere a la posición jurídica de aquéllas". CANO RUIZ, I. (2015). "La relevancia de la autonomía confesional en las relaciones laborales conforme a la jurisprudencia del Tribunal Europeo de Derechos Humanos". *Identidad religiosa y relaciones de trabajo. Un estudio de la jurisprudencia del Tribunal Europeo de Derechos Humanos*, Comares, p. 223.

15 GUTIÉRREZ DEL MORAL, Mª J. (2014). "La neutralidad religiosa..., cit., p. 166.

libertad religiosa, y contribuyan a prevenir y perseguir formas de discriminación basadas en la fe o en las creencias"[16].

El contenido de este precepto supuso el reconocimiento institucional de las confesiones religiosas como grupos sociales específicos del hecho religioso y de su papel como interlocutores y sujetos de diálogo en el entramado social de Europa, además de su autonomía[17] para decidir, sin injerencias por parte del Estado ni de terceros, su propia doctrina, su sistema de gobierno interno y la determinación de sus propios fines[18]. En conexión con esta idea, cabe citar la sentencia del Tribunal Europeo de Derechos Humanos *Hassan y Tchaouch v. Bulgarie* (2000), en la que afirmó que "las comunidades religiosas existen tradicional y universalmente en forma de estructuras organizadas. (…) La participación en la vida de la comunidad es una manifestación de la religión que goza de la protección del artículo 9. (…) Cuando se encuentra en tela de juicio la organización de la comunidad religiosa, el artículo 9 debe interpretarse a la luz del artículo 11 del Convenio, que protege la vida asociativa contra cualquier injerencia injustificada del Estado. Visto desde este punto de vista, el derecho de los fieles a la libertad religiosa supone que la comunidad pueda funcionar tranquilamente, sin injerencia arbitraria del Estado. En efecto, la autonomía de las comunidades religiosas es indispensable para el pluralismo en una sociedad democrática y se encuentra, pues, en el mismo corazón de la protección que ofrece el artículo 9. Presenta un interés directo no solamente para la organización de la comunidad como tal sino para el goce efectivo por el conjunto de sus miembros activos del derecho a la libertad de religión. Si

---

16 VALERO ESTARELLAS, Mª J. (2022). *Neutralidad del Estado y autonomía religiosa en la jurisprudencia de Estrasburgo*, Tirant lo Blanch, p. 50.

17 CANO RUIZ, I. (2015). "La relevancia de…, cit., p. 224.

18 CAÑAMARES ARRIBAS, S. (2023). *Derecho y factor religioso en la Unión Europea*, Editorial Aranzadi, p. 31.

la organización de la vida de la comunidad no estuviera protegida por el artículo 9 del Convenio, todos los demás aspectos de la libertad de religión del individuo estarían debilitados"[19]. Del contenido de esta sentencia se deduce claramente que el TEDH establece una conexión necesaria entre la autonomía organizativa de las confesiones y el efectivo goce del derecho de libertad religiosa individual[20].

Pero, al mismo tiempo, el artículo 17 TFUE no puede entenderse como una cláusula ilimitada, que dé cobertura a aquellos modelos de relación Iglesia-Estado que impidan el libre ejercicio de la religión en condiciones de igualdad por parte tanto de los individuos como de los grupos religiosos. La Carta consagra en su artículo 20 el principio de igualdad, afirmando que "Todas las personas son iguales ante la ley", y en su artículo 21[21]

---

19 § 62.

20 ÁLVAREZ CORTINA, A. C. (2006). La autonomía de las confesiones religiosas". *La libertad religiosa en España: XXV años de vigencia de la Ley Orgánica 7/1980, de 5 de julio (comentarios a su articulado)*, Comares, p. 192. En la misma línea, GUTIÉRREZ DEL MORAL señala que, "en el artículo 9 del Convenio existe una obligación para el Estado de garantizar la libertad religiosa, no solo de los individuos sino también de las colectividades, de forma que el no proteger esa libertad colectiva puede conllevar asimismo una vulneración del derecho individual de los creyentes, fieles de aquella comunidad. Ello implica un reconocimiento de la autonomía interna de las comunidades religiosas y, a su vez, una neutralidad estatal respecto al ámbito propio de esas comunidades, amparados en aquel derecho fundamental". GUTIÉRREZ DEL MORAL, Mª J. (2014). "La neutralidad religiosa..., cit., p. 154.

21 El artículo 21.1 tiene el siguiente tenor: "Se prohíbe toda discriminación, y en particular la ejercida por razón de sexo, raza, color, orígenes étnicos o sociales, características genéticas, lengua, religión o convicciones, opiniones políticas o de cualquier otro tipo, pertenencia a una minoría nacional, patrimonio, nacimiento, discapacidad, edad u orientación sexual".

recoge la prohibición de discriminación haciendo alusión, en particular, a aquellas diferencias de trato basadas en una serie de características personales entre las que se encuentra la religión o convicciones. Subyace aquí la tensión y la necesidad de un equilibrio entre universalidad y diversidad en la protección de la libertad religiosa a nivel supranacional o internacional[22]. Siguiendo a MARTÍNEZ-TORRÓN, los intentos de alcanzar ese equilibrio giran principalmente en torno a dos principios. El primero de ellos, cifrado en la diversidad, implica para el TEDH que, en principio, deberían respetarse los sistemas nacionales de relaciones entre Estado y religión, que son el resultado de una variedad de factores históricos, sociales, políticos y culturales. El artículo 9 de la Convención Europea aspira a la protección de la libertad religiosa y no el establecimiento

---

22 Como pone de manifiesto CELADOR ANGÓN, "la cultura de la defensa y protección de los derechos y libertades fundamentales también ha impregnado el proceso de construcción europea, ya que, como es sabido, el Tratado de Maastricht de 1992 y sus posteriores modificaciones han permitido que la Unión abandone su conformación netamente económica y se convierta en un espacio para la convivencia común de todos los ciudadanos europeos. Por este motivo, el respeto y la promoción de los derechos humanos es una obligación jurídica comunitaria, que se conforma como un requisito expreso tanto de ingreso como de permanencia en la Unión Europea. Ahora bien, la Unión Europea se conforma por países con tradiciones y culturas diferentes en el terreno de los derechos y libertades fundamentales, fruto de sus respectivas historias y experiencias de varios siglos, por lo que diseñar un único modelo que sirva para tamizar todas las experiencias europeas es extremadamente complicado. De ahí que el CEDH sea tan importante para los estudiosos de los derechos humanos en el ámbito europeo, ya que este conjunto normativo, así como la interpretación operada del mismo por parte del Tribunal Europeo de Derechos Humanos (TEDH), supone la existencia de un marco jurídico con tendencia a ser aplicable de forma uniforme a todos los Estados europeos. CELADOR ANGÓN, O. (2011). *Libertad de conciencia...*, cit., pp. 14-5.

de ciertos criterios uniformes para las relaciones Iglesia-Estado en los Estados miembros del Consejo de Europa. Incluso la posición privilegiada de ciertas iglesias, en forma de confesionalidad sociológica del Estado (como en Grecia) o en forma de iglesias de Estado (como en Inglaterra o en algunos países escandinavos), se ha considerado legítima en la medida en que no produce, como efecto colateral, un impacto discriminatorio significativo sobre los individuos ni un daño injustificado a la libertad de acción que deben disfrutar el resto de los grupos e individuos en materia religiosa e ideológica. Precisamente el segundo principio, que apunta a la universalidad, es la garantía de un grado igual de protección de la libertad de religión y de creencias de todos los individuos y grupos, ya sean mayoritarios o minoritarios en un país determinado. En opinión del Tribunal de Estrasburgo, esta libertad, conquistada a un alto precio a lo largo de los siglos y esencial para el pluralismo inherente a las sociedades democráticas, constituye un "bien preciado" no sólo para los creyentes religiosos sino también para los ateos, agnósticos o indiferentes. Naturalmente, el segundo principio (garantía de la libertad religiosa) puede en la práctica implicar limitaciones a las consecuencias del primer principio (respeto a los sistemas nacionales Iglesia-Estado). Así, la interpretación combinada de ambos principios lleva a la conclusión de que las únicas políticas religiosas uniformes que pueden derivarse del Convenio Europeo de Derechos Humanos son las necesarias para la protección adecuada e igualitaria de la libertad religiosa de todos los individuos y comunidades[23].

Debemos tener en cuenta que el CEDH sólo permite aquellas limitaciones a la libertad religiosa que cumplan las tres condiciones expresadas en el artículo 9.2. En primer lugar, debe estar "prescrita por la ley"; en segundo lugar, deber ser

---

23 MARTÍNEZ-TORRÓN, J. (2012). "Freedom of Religion..., cit., pp. 331-2.

necesaria en una sociedad democrática; y, por último, debe perseguir alguno o algunos de los fines legítimos enumerados con carácter cerrado por aquél, a saber, "la seguridad pública, la protección del orden, de la salud o de la moral públicas, o la protección de los derechos o las libertades de los demás". Sin embargo, cuando entran en juego cuestiones relativas a las relaciones entre el Estado y las religiones, sobre las cuales pueden razonablemente existir profundas divergencias a la vista de la gran variedad de modelos constitucionales que rigen las relaciones entre el Estado y las confesiones existentes, según el TEDH, procede conceder una especial importancia a la esfera decisoria de la autoridad competente nacional[24]. En consecuencia, las normas en esta esfera variarán de un país a otro según las tradiciones nacionales y las exigencias impuestas por la necesidad de proteger los derechos y libertades de los demás y de mantener el orden público[25]. En opinión de la Corte, se debe reconocer a los Estados un margen razonable para apreciar cuándo se hace necesaria una limitación de la libertad. La razón alegada es que las autoridades nacionales, al estar más cercanas a sus respectivas sociedades, están en mejor posición para estimar la necesidad de las medidas restrictivas adoptadas y pueden evaluar mejor las necesidades del interés público e interpretar el derecho interno pertinente[26]. Cumple recordar que este margen de apreciación no está exento de la supervi-

---

24 Sobre el origen y fundamentación de la doctrina del margen de apreciación puede verse MARTÍN SÁNCHEZ, I. (2014). "Margen de apreciación nacional y libertad religiosa en la jurisprudencia del Tribunal Europeo de Derechos Humanos". *Derecho y Religión*, Vol. IX, pp. 11-36.

25 Ver, *mutatis mutandis*, Cha'are Shalom VeTsedek, 2000 (TOL223.193), § 84; y Wingrove v. the United Kingdom, 1996 (TOL227.970), § 57 y 58.

26 MARTÍNEZ-TORRÓN, J. (2012). "Freedom of Religion..., cit., p. 332.

sión del TEDH, que abarca tanto la ley como las decisiones que la aplican. Al delimitar el alcance del margen de apreciación, el Tribunal debe determinar si las medidas adoptadas a nivel nacional estaban justificadas y eran proporcionadas y para ello debe tener en cuenta la necesidad de proteger los derechos y libertades de los demás, preservar el orden público y garantizar la paz civil y un verdadero pluralismo religioso, que es vital para la supervivencia de una sociedad democrática[27]. Por lo tanto, la doctrina del margen de apreciación otorga a las autoridades nacionales cierto poder discrecional para determinar cuándo las limitaciones al ejercicio de la libertad religiosa se consideran "necesarias" —y en consecuencia legítimas— y al mismo tiempo otorga a la Corte Europea su propio poder discrecional para supervisar si las autoridades nacionales han utilizado su discrecionalidad razonablemente. En otras palabras, permite evaluar si las medidas restrictivas adoptadas han respetado el principio de proporcionalidad, es decir, si son proporcionadas a alguno de los cinco objetivos legítimos mencionados en el artículo 9.2 del CEDH[28].

Por consiguiente, el TEDH puede interferir con estos estatutos jurídicos cuando son incompatibles con los derechos garantizados en el CEDH, incluida la libertad religiosa[29]. Del mismo modo, la deferencia de la Unión hacia el modelo de relación Estado-Iglesias de cada uno de sus miembros exigirá, en todo caso, el respeto a la libertad y la igualdad religiosa[30]. De ahí que la obligación de neutralidad de los poderes públicos

---

[27] Ver, *mutatis mutandis*, Kokkinakis v. Greece, 1993 (TOL145.170), § 31; y Manoussakis and Others v. Greece, 1996, § 44.

[28] MARTÍNEZ-TORRÓN, J. (2012). "Freedom of Religion..., cit., p. 333.

[29] RODRIGUES ARAÚJO, Mª A. (2012). *Iglesias y organizaciones no confesionales en la Unión Europea. El artículo 17 del TFUE*, EUNSA, p. 173.

[30] CAÑAMARES ARRIBAS, S. (2023). *Derecho y factor...*, cit., p. 46.

ante el estatuto jurídico de las Iglesias en los Estados miembros constituye un límite para el Estado, pero no para el derecho fundamental de libertad religiosa[31], desde el momento en que este debe guiar las relaciones Estado-Iglesias y, por tanto, tiene capacidad para limitarlas[32].

Otro aspecto importante que debe tenerse en cuenta es que, como pone de relieve ÁLVAREZ CORTINA, la limitación de la autonomía de las confesiones "puede tener una mayor o menor intensidad en función de la proyección sobre las vertientes interna o externa del ejercicio de ese derecho de libertad (religiosa). Y en ese sentido, el ejercicio por parte de las confesiones de su derecho de autonomía tiene una clara proyección externa, pudiendo manifestarse hacia terceros a los que puede afectar, sin que entonces puedan pretender, amparándose precisamente en el ámbito absoluto de ese derecho, que todo límite constituya una restricción a su libertad"[33].

En consecuencia, "en la actividad del Tribunal (de Estrasburgo) se pueden identificar hoy hasta tres formas o metodologías distintas de las que se sirven sus magistrados para abordar conflictos en los que existe un riesgo potencial para el derecho de autonomía de las confesiones religiosas: (i) inmunidad o no interferencia (immunity approach), a la que el Tribunal acude preferentemente en casos en los que se cuestiona la intervención de los Estados en las dinámicas de grupos religiosos fracturados como consecuencia de disputas de liderazgo, controversias doctrinales o discrepancias en su gestión, y que tiene como principal objetivo salvaguardar a las confesiones de la

---

31 GUTIÉRREZ DEL MORAL, Mª J. (2014). "La neutralidad religiosa..., cit., pp. 166-7.

32 RODRIGUES ARAÚJO, Mª A. (2012). *Iglesias y organizaciones...*, cit., p. 173.

33 ÁLVAREZ CORTINA, A. C. (2006). "La autonomía de..., cit., pp. 204-5.

arbitrariedad de los poderes públicos; (ii) reserva jurisdiccional (jurisdictional approach), tradicionalmente la metodología elegida por Estrasburgo para abordar demandas que traen causa de desavenencias entre las iglesias y miembros del clero, y que defiere al margen de apreciación de los miembros del Consejo de Europa la decisión de excluir de la competencia de los órganos jurisdiccionales nacionales cuestiones que afectan a la función ministerial; y (iii) proporcionalidad (balancing o proportionality approach), limitada hasta ahora a conflictos de derechos entre empleadores eclesiásticos y sus trabajadores laicos"[34].

Para completar nuestro análisis del estatuto de las confesiones en el Derecho de la Unión Europea, resta referirnos al apartado 3 del artículo 17 TFUE; en virtud del cual, la Unión Europea, reconociendo su identidad y su aportación específica, se obliga a mantener un diálogo abierto, transparente y regular con dichas iglesias y organizaciones. Con dicho apartado la Unión evidencia una valoración positiva del factor religioso y reconoce la contribución específica de los grupos religiosos de la sociedad, como consecuencia precisamente de la identidad especial de la que son expresión. No en vano, el Preámbulo del TUE alude a "la herencia cultural, religiosa y humanista de Europa, a partir de la cual se han desarrollado los valores universales de los derechos inviolables e inalienables de la persona, así como la libertad, la democracia, la igualdad y el Estado de Derecho". De ello se deduce que la Unión debe establecer con ellas un diálogo abierto y regular en la medida en que sea necesario para garantizar su identidad y permitirles aportar su contribución específica al proceso de integración. En este sentido, Meseguer Velasco interpreta el diálogo a que se refiere el apartado 3 del artículo 17 del TFUE "como una herramienta

---

[34] VALERO ESTARELLAS, Mª J. (2022). *Neutralidad del Estado…*, cit., pp. 69-70.

que permite la participación de las instituciones europeas en los asuntos relacionados con la libertad de creencias. Se presenta como el mecanismo para garantizar la dimensión colectiva de la libertad religiosa y salvaguardar la igualdad entre las diversas confesiones religiosas"[35].

Al mismo tiempo, este apartado 3 del artículo 17 TFUE confirma la noción de neutralidad —que venimos manejando—, entendida en clave de respeto y no injerencia en los asuntos internos de las confesiones religiosas, pero que no debe identificarse con indiferentismo frente a la religión, ya que la neutralidad religiosa conlleva el deber de remover los obstáculos que dificulten la plena realización del libre ejercicio de la religión, derivado del compromiso con la libertad religiosa de individuos y grupos plasmado en el artículo 10 CDFUE[36]. A este respecto, resulta particularmente ilustrativa la reflexión de MARTÍNEZ-TORRÓN, según la cual "la neutralidad, si la analizamos desde una óptica que trascienda su dimensión estrictamente nacional, no puede ser entendida como equivalente a separación estricta entre Estado y religión", y continúa "la protección de la libertad y de creencias de todas las personas y grupos, y no el modelo de relaciones Iglesia-Estado, es el punto de referencia apropiado para entender el significado común que ha de darse a la neutralidad del Estado en nuestras sociedades"[37]. Ahora bien, de acuerdo con el compromiso adquirido en el artículo 22 CFDUE, la Unión Europea no podrá alterar u obstaculizar la diversidad religiosa inherente a la sociedad europea, en particular, apoyando o impidiendo el libre ejercicio y desarrollo

---

35 MESEGUER VELASCO, S. (2018). "La financiación de las confesiones religiosas: algunas claves en la jurisprudencia de Estrasburgo". *Derecho y Religión*, Vol. XIII, p. 124.

36 CAÑAMARES ARRIBAS, S. (2023). *Derecho y factor...*, cit., p. 51.

37 MARTÍNEZ-TORRÓN, J. (2015). "La neutralidad religiosa del Estado". *Historia y Constitución. Homenaje a José Luis Soberanes Fernández*, t. III, UNAM, Instituto de Investigaciones Jurídicas, pp. 315 y 317.

de las convicciones religiosas. "La neutralidad —según expresa MARTÍNEZ-TORRÓN— prohíbe cualquier intervencionismo estatal de esa clase, aun motivado por el objetivo —en teoría legítimo— de hacer real la variedad de opciones ideológicas que contribuiría a la libre formación crítica de la conciencia individual. Y, correlativamente, exige que el Estado tampoco adopte una actitud pasiva, de simple abstención. Al contrario, necesita actuar, pero no para imponer un pluralismo artificioso, sino para garantizar el libre juego de las fuerzas sociales, sin cargas y sin privilegios. De ahí que, pese a lo paradójico que pueda resultar, la función promocional del poder civil, que es por definición positiva, deba ser entendida aquí en términos predominantemente negativos. Se trata de actuar positivamente para eliminar los obstáculos que puedan coartar la libre manifestación y expansión de los diferentes grupos religiosos e ideológicos"[38].

Finalmente, quedaría por aclarar, de la mano de la Abogada General Kokkot en sus Conclusiones al Tribunal de Justicia en el asunto Congregación de Escuelas Pías Provincia Betania v. Ayuntamiento de Getafe (2017), que el artículo 17 TFUE "no debe entenderse como una excepción sectorial en virtud de la cual la actividad de las iglesias quede, con carácter general, fuera del ámbito de aplicación del Derecho de la Unión"[39]. Hay que tener en cuenta, pues, que el derecho europeo también puede afectar a las comunidades religiosas, "en la medida en que sus actividades entren en contacto con ámbitos de competencia de la Unión Europea"[40]. Los casos más frecuentes —en

---

38 *Ibidem*, p. 337.

39 Conclusiones de la Abogada General Sra. Juliane Kokkot, presentadas el 16 de febrero de 2017, en el asunto C-74/16, Congregación de Escuelas Pías Provincia de Betania v. Ayuntamiento de Getafe, § 32.

40 PUZA, R. (2012). "Effetti dell'ordinamento comunitario sullo status delle confessioni religiose nei paesi dell'Unione europea". *Le Confessioni religiose nel diritto dell'Unione europea*, Il Mulino, p. 53.

los que se ve comprometida la autonomía de los grupos religiosos—, son los relativos a litigios laborales que enfrentan los principios religiosos del grupo o de una entidad dependiente con los derechos fundamentales del trabajador o aquéllos en los que la normativa estatal o europea establece condiciones y requisitos que afectan a relaciones jurídicamente relevantes y los grupos religiosos alegan que tal normativa infringe su derecho a la autonomía, como pueden ser los relativos a la protección jurídica de datos personales[41], el sacrificio ritual de animales, subvenciones a colegios confesionales o exenciones fiscales a favor de la Iglesia Católica.

REFERENCIAS BIBLIOGRÁFICAS

ÁLVAREZ CORTINA, A. C. (2006). "La autonomía de las confesiones religiosas". *La libertad religiosa en España: XXV años de vigencia de la Ley Orgánica 7/1980, de 5 de julio (comentarios a su articulado),* Comares, p. 177-206.

CANO RUIZ, I. (2015) ."La relevancia de la autonomía confesional en las relaciones laborales conforme a la jurisprudencia del Tribunal Europeo de Derechos Humanos". *Identidad religiosa y relaciones de trabajo. Un estudio de la jurisprudencia del Tribunal Europeo de Derechos Humanos,* Comares, p. 215-260.

CAÑAMARES ARRIBAS, S. (2023). *Derecho y factor religioso en la Unión Europea,* Editorial Aranzadi.

CELADOR ANGÓN, O. (2011). *Libertad de conciencia y Europa,* Dykinson.

GUTIÉRREZ DEL MORAL, M.ª J. (2014). "La neutralidad religiosa de los poderes públicos en el Tribunal Europeo de Derechos Humanos". *Derecho y Religión,* Vol. IX, p. 135-168.

MARTÍN SÁNCHEZ, I. (2014). "Margen de apreciación nacional y libertad religiosa en la jurisprudencia del Tribunal Europeo de Derechos Humanos". *Derecho y Religión,* Vol. IX, pp. 11-36.

---

41 PALOMINO LOZANO, R. (2023). "La autonomía de las confesiones religiosas. Aportes desde el derecho de la Unión Europea". *Ius Canonicum,* Vol. 63, p. 703.

MARTÍNEZ-TORRÓN, J. (2012). "Freedom of Religion in the European Convention on Human Rights under the influence of different european traditions". *Universal Rights in a World of Diversity. The Case of Religious Freedom*, Vatican City, p. 329-355.

MARTÍNEZ-TORRÓN, J. (2015). "La neutralidad religiosa del Estado". *Historia y Constitución. Homenaje a José Luis Soberanes Fernández*, t. III, UNAM, Instituto de Investigaciones Jurídicas, pp. 313-339.

MESEGUER VELASCO, S. (2018). "La financiación de las confesiones religiosas: algunas claves en la jurisprudencia de Estrasburgo". *Derecho y Religión*, Vol. XIII, p. 107-125.

PALOMINO LOZANO, R. (2023). "La autonomía de las confesiones religiosas. Aportes desde el derecho de la Unión Europea". *Ius Canonicum*, Vol. 63, p. 699-737.

PUZA, R. (2012). "Effetti dell'ordinamento comunitario sullo status delle confessioni religiose nei paesi dell'Unione europea". *Le Confessioni religiose nel diritto dell'Unione europea*, Il Mulino, p. 49-62.

RODRIGUES ARAÚJO, Mª A. (2012). *Iglesias y organizaciones no confesionales en la Unión Europea. El artículo 17 del TFUE*, EUNSA.

VALERO ESTARELLAS, Mª J. (2022). *Neutralidad del Estado y autonomía religiosa en la jurisprudencia de Estrasburgo*, Tirant lo Blanch.

Capítulo 6.

LA APLICACIÓN DE LA DIRECTIVA 2000/78/CE DEL CONSEJO, DE 27 DE NOVIEMBRE DE 2000, POR EL TRIBUNAL DE JUSTICIA DE LA UNIÓN EUROPEA, EN LO CONCERNIENTE A LA DISCRIMINACIÓN POR MOTIVOS RELIGIOSOS[1]

M.ª LETICIA ROJO ÁLVAREZ-MANZANEDA

Universidad de Granada (UGR)

1 El presente trabajo se inserta dentro del Proyecto de investigación PPIT-UAL, Junta de Andalucía-FEDER 2021-2027. Programa 54.A.

I.- INTRODUCCIÓN

A lo largo de los últimos años se han planteado en diversos países europeos, problemas en relación con el uso de símbolos religiosos en espacios públicos[2], en centros de enseñanza[3], en el ámbito laboral[4]. Teniendo en cuenta esta cuestión, nosotros

---

2 Vid. ALENDA SALINAS, M.; PINEDA MARCOS, M. (2006). "La manifestación de religiosidad como motivo de conflictividad. Una breve incursión por el panorama judicial español y europeo a propósito de la simbología", *Cuadernos de Integración Europea*, diciembre, pp. 85 y ss.; MOTILLA, A. (2023). "El Comité de Derecho Humanos de Naciones Unidas y el Tribunal Europeo; convergencias y divergencias en materia de simbología religiosa", *Anuario de Derecho Eclesiástico del Estado*, vol. XXXIX, pp. 189 y ss.; PAREJO, M. J. (2010). "La controversia sobre la exposición de los símbolos religiosos en el orden público europeo: hacia soluciones de carácter inclusivo", *Persona y Derecho*, nº 63, pp. 43 y ss.

3 Esta cuestión ha sido objeto de estudio entre otras en: ALENDA SALINAS, M. (2005). "La presencia de símbolos religiosos en las aulas públicas, con especial referencia a la cuestión del velo islámico", *Revista General de Derecho Canónico y Derecho Eclesiástico del Estado*, nº 9, pp.1 y ss.; CONTRERAS JORDÁN, O. R.; PASTOR VICEDO, J. C. (2012). "Consideraciones sobre el velo islámico en las clases de educación física", *Revista Euroamericana de ciencias del deporte*, nº 1, p. 13; MELÉNDEZ-VALDÉS NAVAS, M. (2011). "El uso de símbolos religiosos en la escuela pública en la jurisprudencia del Tribunal Europeo de Derechos Humanos", *Revista Europea de Derechos Fundamentales*, nº 17, pp. 321 y ss.

4 A modo de ejemplo: "El Tribunal Constitucional Federal alemán no admite a trámite el recurso de amparo contra la Sentencia que declara improcedente el despido de una trabajadora musulmana, dependienta de unos grandes almacenes, cuyo contrato fue rescindido por llevar un velo islámico durante el trabajo. La empresa no acredita de modo suficiente los perjuicios que le produce dicha conducta, que está claramente amparada por el derecho fundamental de libertad religiosa reconocido y garantizado en el artículo 4 de la Ley Fundamental de Bonn", LÓPEZ-SIDRO LÓPEZ, Á. (2003). "Despido improcedente de una dependienta de grades almacenes por llevar velo islámico", *Revista General de Derecho Canónico y Derecho Eclesiástico del Estado*, nº

centraremos este estudio en si un empleador tiene derecho a imponer a sus trabajadores restricciones relacionadas con la religión o las convicciones. Estamos ante una cuestión que podríamos calificar de sensible en la que se tienen que conciliar el derecho fundamental a la libertad religiosa y la discriminación por motivos religiosos, con la libertad de empresa, junto con una serie de principios entre los que se encuentra el de laicismo, neutralidad e imparcialidad, así como los derechos de los ciudadanos.

El Derecho de la Unión Europea[5] podríamos decir que se caracteriza, desde sus inicios, por aplicar el principio de no discriminación, y en este sentido procurar la igualdad entre todos los estados miembros. Cuestión esta que se pone de manifiesto en una serie de textos comunitarios entre los que podemos destacar el artículo 19 del Tratado de funcionamiento de la Unión Europea, en el que se recoge que se "podrá adoptar acciones adecuadas para luchar contra la discriminación por motivos de sexo, de origen racial o étnico, religión o convicciones, discapacidad, edad u orientación sexual"[6].

3, p.1. Vid. También BRIONES MARTÍNEZ, I. M. (2009). "El uso del velo islámico en Europa. Un conflicto de libertad religiosa y de conciencia", *Anuario de Derecho Humanos*, vol. 10, p. 17; ALÁEZ CORRAL, B. (2011). "Reflexiones jurídico-constitucionales sobre la prohibición del velo islámico integral en Europa", *Teoría y Realidad Constitucional*, nº 28 p. 483; Vid. También la STEDH, SAS v. Francia, de 1 de julio de 2014 (TOL9.055.339), en la que se avala la prohibición de uso del Burka; OLMEDO PALACIOS, M. (2014). "La prohibición del velo integral en lugares públicos", *Diario La Ley*, nº 8375, Sección Doctrina, 11 de septiembre.

5 A partir de este momento UE.

6 DOCE de 30 de marzo de 2010 (TOL3.711.558).

Debemos destacar, en este sentido, la Carta de Derechos fundamentales de la Unión Europea[7], que en su artículo 21 hace referencia a la prohibición de discriminación, añadiendo, en su artículo 22, que la Unión se compromete a respectar la diversidad cultural, religiosa y lingüística.

También podemos reseñar algunas Directivas; la 2000/43/CE del Consejo, de 29 de junio, relativa a la aplicación del principio de igualdad de trato de las personas independientemente de su origen racial o étnico[8]; la Directiva 2000/78/CE del Consejo, de 27 de noviembre, relativa a la igualdad de trato en el empleo y la ocupación[9]; Directiva del Consejo 2004/113/CE, de 13 de diciembre de 2004, por la que se aplica el principio de igualdad de trato entre hombres y mujeres al acceso a bienes y servicios y su suministro[10]; y por último la Directiva 2023/970 del Parlamento Europeo y del Consejo de 10 de mayo de 2023, por la que se refuerza la aplicación del principio de igualdad

---

7 DOCE de 30 de marzo de 2010 (TOL131.225). Vid. MANGAS MARTÍN, A. (dir.), (2008). *Carta de los Derechos Fundamentales de la Unión Europea. Comentario artículo por artículo*, Fundación BBVA, Bilbao.

8 DOCE de 19 de julio de 2000 (TOL343.434). Esta Directiva “tiene por objeto establecer un marco para luchar contra la discriminación por motivos de origen racial o étnico, con el fin de que se aplique en los Estados miembros el principio de igualdad de trato”, Artículo 1 de la Directiva.

9 DOCE de 2 de diciembre de 2000 (TOL1.902.321). Esta Directiva “tiene por objeto establecer un marco general para luchar contra la discriminación por motivos de religión o convicciones, de discapacidad, de edad o de orientación sexual en el ámbito del empleo y la ocupación, con el fin de que en los Estados miembros se aplique el principio de igualdad de trato”, Artículo 1 de la Directiva.

10 BOUE de 21 de diciembre de 2004 (TOL573.876). Esta Directiva “tiene por objeto crear un marco para combatir la discriminación sexual en el acceso a bienes y servicios y su suministro, con vistas a que entre en vigor en los Estados miembros el principio de igualdad de trato entre hombres y mujeres”, Artículo 1 de la Directiva.

de retribución entre hombres y mujeres por un mismo trabajo o un trabajo de igual valor a través de medidas de transparencia retributiva y de mecanismos para su cumplimiento[11].

Centraremos este trabajo en la Directiva 2000/78/CE, haciendo especial referencia al tratamiento que se realiza del factor religioso en la jurisprudencia del Tribunal de Justicia de la Unión Europea[12].

II.- LA DIRECTIVA 2000/78/CE DEL CONSEJO, DE 27 DE NOVIEMBRE

La Directiva 2000/78/CE del Consejo, de 27 de noviembre de 2000[13], "tiene por objeto establecer un marco general para luchar contra la discriminación por motivos de religión o convicciones", "en el ámbito del empleo y la ocupación, con el fin de que en los Estados miembros se aplique el principio de igualdad de trato"[14].

Esta Directiva será de aplicación a personas del sector público y privado, incluidos los organismos públicos, en lo que respecta a "las condiciones de acceso al empleo, a actividades por cuenta propia y al ejercicio profesional, incluidos los cri-

---

11 BOUE de 17 de mayo de 2023 (TOL9.555.489). Vid. También GARCÍA JUAN, L. (2015). "El discurso de la Unión Europea sobre medidas de integración y de inmigrantes y sus derivaciones en España", *Migraciones Internacionales*, vol. 8, nº 1, p. 131.

12 A partir de este momento TJUE.

13 Directiva 2000/78/CE del Consejo, de 27 de noviembre de 2000, relativa al establecimiento de un marco general para la igualdad de trato en el empleo y la ocupación (DOCE de 2 de diciembre de 2000) (TOL1.902.321).

14 Artículo 1 de la Directiva 2000/78/CE del Consejo, de 27 de noviembre de 2000.

terios de selección y las condiciones de contratación y promoción, independientemente de la rama de actividad y en todos los niveles de la clasificación profesional, con inclusión de lo relativo a la promoción; el acceso a todos los tipos y niveles de orientación profesional, formación profesional, formación profesional superior y reciclaje, incluida la experiencia laboral práctica; las condiciones de empleo y trabajo, incluidas las de despido y remuneración; la afiliación y participación en una organización de trabajadores o de empresarios, o en cualquier organización cuyos miembros desempeñen una profesión concreta, incluidas las prestaciones concedidas por las mismas"[15].

La discriminación en el empleo y la ocupación referenciados en la Directiva estarán fundados en motivos religiosos o de convicciones, de discapacidad, de edad o de orientación sexual[16]. El trabajo se centrará en los conceptos religión y convicciones como motivos de discriminación.

La doctrina del TJUE se pronuncia en numerosas sentencias sobre la discriminación por motivos de creencias ideológicas o religiosas en el ámbito laboral, que afectan principalmente al uso de símbolos religiosos[17]. Analizaremos la aplicación que hace el Tribunal de Luxemburgo del principio de igualdad de

---

15 Artículo 3 de la Directiva 2000/78/CE.

16 Vid. MADEIRO VÁZQUEZ, Y. (2016). "La aplicación de la Directiva 2000/78/CE por el Tribunal de Justicia: avances recientes en la lucha contra la discriminación", *Revista Española de Derecho del Trabajo,* nº 191, pp. 145-178; MARTÍN HERNÁNDEZ, M. L. (2020). "La consideración de los "trabajadores especialmente sensibles" a determinados riesgos laborales como trabajadores discapacitados: supuestos y consecuencias", *Trabajo y Derecho,* nº 66, pp. 1 y ss.; VICENTE ANDRÉS, R. (2023). "La discriminación por edad: ¿Cuándo puede considerarse que una diferencia de trato está justificada a la luz de la Directiva Europea 2000/78/CE?", *Unión Europea Aranzadi,* nº 4, pp. 1 y ss.

17 Vid. MOTILLA, A. (2009). *El pañuelo islámico en Europa,* Marcial Pons, Madrid.

trato[18], y, en concreto, de la discriminación directa o indirecta[19] y la dimensión de la diferencia de trato[20].

Pasaremos, a continuación, a estudiar la evolución experimentada a lo largo de los años, a fin de dar respuesta a una serie de interrogantes: ¿estamos realmente ante supuestos de discriminación?; ¿podríamos hablar de discriminación vetada por la Directiva 2000/78 relativa a la igualdad de trato en el empleo y la ocupación?; ¿qué se entiende por diferencia de trato?

Como paso previo al estudio de estas cuestiones, debemos diferenciar entre discriminación y diferencia de trato. Podríamos decir que la primera supone una diferencia de trato sin justificación, y la segunda posibilita que los Estados puedan establecer diferencias de trato, cuando se cumplan determinados requisitos[21].

Llegados a este punto considero que tendríamos que definir y, en cierta medida, delimitar el término discriminación. Según el Tribunal Constitucional español, "la conducta discriminatoria se cualifica por el resultado peyorativo para el suje-

---

18 "El principio de igualdad de trato constituye un principio general del Derecho de la Unión, actualmente consagrado en los artículos 20 y 21 de la Carta, que exige que no se traten de manera diferente situaciones análogas y que situaciones diferentes no sean tratadas de manera idéntica, salvo que este trato esté justificado objetivamente", Apartado 55 de la STJUE, Petya Milkova e Izpalnitelen direktor na Agentsiata za privatizatsia i sledprivatizatsionen kontrol, v. Varhovna administrativna prokuratura, de 9 de marzo de 2017, C-406/15 (TOL5.982.247).

19 Vid. Artículo 2 de la Directiva 2000/78. Vid. CAÑAMARES ARRIBAS, S. (2018). *Igualdad religiosa en las relaciones laborales,* Aranzadi, Pamplona, pp. 42 y ss.

20 Vid. Artículo 4 de la Directiva 2000/78.

21 Para un estudio más pormenorizado de esta cuestión Vid. MANEIRO VÁZQUEZ, Y. (2016). "La aplicación de la Directiva 2000/78/CE...", cit. p. 3.

to que la sufre, que ve limitados sus derechos o sus legítimas expectativas por la concurrencia en él de un factor cuya virtualidad justificativa ha sido expresamente descartada por la Constitución, por su carácter atentatorio a la dignidad del ser humano (art. 10.1 CE)"[22].

Además debemos tener en cuenta que "aunque los Estados miembros estén obligados, conforme al artículo 16 de la Directiva 2000/78, a suprimir las disposiciones legales, reglamentarias y administrativas contrarias al principio de igualdad de trato, dicho artículo no les impone, sin embargo, la adopción de medidas específicas en caso de incumplimiento de la prohibición de discriminación, sino que les da libertad para elegir, entre las diferentes soluciones capaces de alcanzar el objetivo de dicho artículo, las que consideren más adecuada a estos efectos en función de las diferentes situaciones que puedan presentarse"[23].

Asimismo, "en el supuesto de que no puedan interpretarse las disposiciones nacionales de conformidad con la Directiva 2000/78, el tribunal nacional estará obligado a garantizar en el marco de sus competencias la protección jurídica que para los justiciables se deriva de dicha Directiva y garantizar la plena eficacia de esta, sin que pueda aplicarse ninguna disposición nacional contraria. El Derecho de la Unión debe interpretarse en el sentido de que, a partir del momento en que se haya

---

22 Fundamento jurídico tercero de la Sentencia 173/1994, de 7 de junio, del Tribunal Constitucional, Recurso de amparo 18/1992, contra Sentencia del Tribunal Superior de Justicia de Madrid, en autos sobre despido por vulneración del principio de igualdad (TOL82.578).

23 Apartado 50 de la STJUE, Versicherungsanstalt öffentlich Bediensteter, Eisenbahnen und Bergbau BVAEB) v. BB, de 27 de abril de 2023, C- 681/21 (TOL9.517.079). Vid. También apartado 64 de la STJUE, Österreichischer Gewerkschaftsbund, Gewerkschaft Öffentlicher Dienst v. Republik Österreich, de 8 de mayo de 2019, C-24/17 (TOL7.205.234); apartado 78 de la STJUE, Martin Leitner v. Landespolizeidirektion Tirol, de 8 de mayo de 2019, C-396/17 (TOL7.205.233).

constatado la existencia de una discriminación contraria al Derecho de la Unión y mientras no se adopten medidas que restablezcan la igualdad de trato"[24].

Además debemos precisar que "cuando estén en juego varios derechos fundamentales y principios consagrados por los Tratados, la valoración de la observancia del principio de proporcionalidad se lleve a cabo respetando la necesaria conciliación de las exigencias relacionadas con la protección de los distintos derechos y principios de que se trate y el justo equilibrio entre ellos. Seguidamente, el Tribunal de Justicia señala que el legislador de la Unión, al no proceder él mismo en la Directiva 2000/78 a la necesaria conciliación entre la libertad de pensamiento, de convicción y de religión y las finalidades legítimas que pueden invocarse como justificación de una desigualdad de trato y al haber dejado el cometido de realizar esta conciliación en manos de los Estados miembros y de sus órganos jurisdiccionales, ha permitido tener en cuenta el contexto propio de cada Estado miembro y reconocer a cada uno de ellos un margen de apreciación en el marco de dicha conciliación"[25].

II.1.- La discriminación directa o indirecta y el factor religioso desde el punto de vista del Tribunal de Justicia de la Unión Europea

La Directiva parte de la premisa de que "se entenderá por principio de igualdad de trato la ausencia de toda discrimina-

---

[24] Apartado 65 de la STJUE, Österreichischer Gewerkschaftsbund, Gewerkschaft Öffentlicher Dienst v. Republik Österreich. Vid. También apartado 79 de la STJUE, Martin Leitner v. Landespolizeidirektion Tirol.

[25] TJUE Comunicado de prensa nº 128/21, https://curia.europa.eu/jcms/upload/docs/application/pdf/2021-07/cp210128es.pdf (Recuperado el 5 de marzo de 2024).

ción directa o indirecta”[26]. ¿Qué se entiende por discriminación directa o indirecta?, ¿cuáles son sus dimensiones?

El artículo 2 de la Directiva considera que estamos ante una discriminación directa “cuando una persona sea, haya sido o pudiera ser tratada de manera menos favorable que otra en situación análoga”.

La aludida Directiva, también en su artículo 2, se pronuncia sobre la discriminación indirecta “cuando una disposición, criterio o práctica aparentemente neutros puedan ocasionar una desventaja particular”, —entre otras— “a personas con una religión o convicción”[27]. Precisándose, en este sentido, “que dicha disposición, criterio o práctica pueda justificarse objetivamente con una finalidad legítima y salvo que los medios para la consecución de esta finalidad sean adecuados y necesarios”.

Además, en el Informe de 17 de enero de 2014 de la Comisión al Parlamento Europeo y el Consejo, relativo a la aplicación de la aludida Directiva[28], se hace referencia a la discriminación indirecta, y se precisa que “tiene lugar cuando una disposición criterio o práctica aparentemente neutro sitúan a personas con una característica determinada en desventaja

---

26 Artículo 2 de la Directiva 2000/78/CE del Consejo, de 27 de noviembre de 2000. Vid. CAÑAMARES ARRIBAS, S. (2023). *Derecho y factor religioso en la Unión Europea,* Aranzadi, Pamplona, p. 97 y ss.

27 Artículo 2.2 a) y b) de la Directiva 2000/78/CE.

28 Informe de la Comisión al Parlamento Europeo y al Consejo. Informe conjunto sobre la aplicación de la Directiva 2000/43/CE del Consejo, de 29 de junio de 2000, relativa a la aplicación del principio de igualdad de trato de las personas independientemente de su origen racial o étnico («Directiva sobre igualdad racial»), y de la Directiva 2000/78/CE del Consejo, de 27 de noviembre de 2000, relativa al establecimiento de un marco general para la igualdad de trato en el empleo y la ocupación. https://www.europarl.europa.eu/meetdocs/2014_2019/documents/com/com_com(2014)0002_/com_com(2014)0002_es.pdf (Recuperado el 25 de octubre de 2023).

particular con respecto a otras personas, salvo que dicha disposición, criterio o práctica pueda encontrar justificación objetiva en una finalidad legítima y que los medios para la consecución de esa finalidad sean adecuados y necesarios"[29]. Aunque podríamos decir que profundiza en la dimensión del citado término, en este Informe se recoge el hecho de que algunos Estados miembros advierten que sus tribunales nacionales han expresado preocupación por la falta de claridad o comprensión en relación con el concepto de discriminación indirecta y otros disponen de jurisprudencia que facilite la interpretación del concepto[30].

Aunque posteriormente procederemos a profundizar sobre la diferencia entre discriminación directa e indirecta, resulta clarificador, como punto de partida, la precisión que realiza en sus conclusiones el Abogado General Anthony Michael Collins, presentada el 4 de mayo de 2023[31]. Partiendo de la premisa de que en el seno de una entidad pública exista un reglamento que prohíba a los empleados el uso de cualquier signo visible alusivo a convicciones políticas, filosóficas o religiosas para lograr un entorno totalmente neutro no constituye una discriminación directa respecto a los empleados que deseen ejercer su libertad religiosa mediante el uso de signo visibles, siempre que la aludida disposición se aplique de manera general e indiferenciada[32].

---

[29] Informe de la Comisión al Parlamento Europeo y al Consejo, p. 9.

[30] Vid. Informe de la Comisión al Parlamento Europeo y al Consejo, p. 9.

[31] Apartado 56 Conclusiones del Abogado General Sr. Anthony M. Collins, presentadas el 4 de mayo de 2023, OP v. Commune d'Ans C-148/22 (TOL9.889.897).

[32] En estas mismas conclusiones se precisa, en relación con la diferencia de trato basada indirectamente en la religión o las convicciones, que "puede justificarse por la voluntad de esta entidad de organizar un entorno administrativo totalmente neutro, siempre que, en primer término, esta voluntad responda a una auténtica necesidad de dicha

Abordaremos la jurisprudencia del TJUE atendiendo al ámbito de aplicación de la citada directiva, es decir, el sector privado y la esfera pública.

a) El sector privado

Debemos tener en cuenta que el empresario en muchos casos lo que pretende es dar una imagen de neutralidad que está vinculada a la libertad de empresa[33], y que quizás podría encontrar mayor justificación cuando el trabajador realice actividades en contacto con los clientes. Por otra parte y en relación con el trabajador, en lo que respecta a la libertad religiosa la misma presenta ciertas limitaciones[34], que vienen co-

entidad extremo que incumbe demostrar a esta última (la entidad), en segundo término, que esta diferencia de trato sea adecuada para garantizar la correcta aplicación de esa voluntad y, en tercer término, que la mencionada prohibición esté limitada a lo estrictamente necesario", https://curia.europa.eu/juris/document/document.jsf;jsessionid=534E1B5816ECAE6C22CD4FD80AFCBBE1?text=&docid=273313&pageIndex=0&doclang=es&mode=lst&dir=&occ=first&part=1&cid=8030705 (Recuperado el 20 de diciembre de 2023).

33 Vid. Artículo 16: libertad de empresa. "Se reconoce la libertad de empresa de conformidad con el Derecho de la Unión y las legislaciones y prácticas nacionales", Carta de los Derechos Fundamentales de la Unión Europea (DOUE de 30 de marzo de 2010).

34 Vid. En este sentido la Sentencia 46/2001, de 15 de febrero, del Tribunal Constitucional (TOL104.639), en la que se determina: "un entendimiento de la cláusula de orden público coherente con el principio general de libertad que informa el reconocimiento constitucional de los derechos fundamentales obliga a considerar que, como regla general, sólo cuando se ha acreditado en sede judicial la existencia de un peligro cierto para "la seguridad, la salud y la moralidad pública", tal como han de ser entendidos en una sociedad democrática, es pertinente invocar el orden público como límite al ejercicio del derecho a la libertad religiosa y de culto", Fundamento de derecho 11º.

rroboradas por la jurisprudencia del TEDH[35], en relación con el artículo 9 del CEDH, en el que determina "la libertad de manifestar su religión o sus convicciones no puede ser objeto de más restricciones que las que, previstas por la ley, constituyen medidas necesarias, en una sociedad democrática, para la seguridad pública, la protección del orden, de la salud o de la moral públicas, o la protección de los derechos o las libertades de los demás".

El TJUE se pronuncia sobre esta materia, en relación con una cuestión prejudicial planteada por el Tribunal de Casación de Bélgica, referente a la procedencia del uso del pañuelo islámico y la citada Directiva. La Sentencia del TJUE de 14 de marzo de 2017[36] tiene su origen en el litigio entre Sra. Samira Achbita y el Centrum voor gelijkheid van kansen en voor racismebestrijding (Centro para la Igualdad de Oportunidades y la Lucha contra el Racismo), v. G4S Secure Solutions NV, sobre la prohibición impuesta -por esta última- a sus trabajadores de llevar signos visibles de sus convicciones políticas, filosóficas o religiosas.

Antes de adentrarnos en el análisis de la Sentencia, debemos realizar un breve análisis cronológico de la cuestión litigiosa. El 12 de febrero de 2003 la Sra. Achbita, de confesión musulmana, comienza a trabajar como recepcionista en la citada empresa, con un contrato indefinido. En ese momento en la empresa existía una norma no escrita de que los trabajadores no podían llevar signos visibles de convicciones políticas, filosóficas o religiosas. En abril de 2006, la empleada comunica a la empresa

---

35 Vid. A modo de ejemplo: Apartado 62, STEDH, Sardar Babayev v. Azerbaiyán, de 1 de febrero de 2024 (TOL9.849.424); Apartado 50. STEDH, Perry v. Letonia de 8 de noviembre de 2007 (TOL9.078.262).

36 STJUE, Samira Achbita, Centrum voor gelijkheid van kansen en voor racismebestrijding v. G4S Secure Solutions NV, de 14 de marzo de 2017, C- 157/15 (TOL5.986.679).

que tenía la intención de llevar un pañuelo islámico durante las horas de trabajo, a lo que la empresa le responde que no se tolera el uso por ser contrario a la neutralidad de la empresa. Después de una baja por enfermedad, la Sra. Achbita comunica su incorporación al trabajo el 15 de mayo de 2006, y que llevaría el pañuelo islámico[37].

El 29 de mayo de 2006, el comité de empresa aprueba una modificación del reglamento interno, que entró en vigor el 13 de junio de 2006, en el que se contempla la prohibición de llevar signos visibles de sus convicciones políticas, filosóficas o religiosas, así como observar cualquier rito en el lugar de trabajo[38].

La cuestión que se plantea ante el TJUE es si la prohibición de llevar un pañuelo islámico dimanante de una norma interna constituye una discriminación directa prohibida por la Directiva.

Para dar respuesta a esta interrogante, según el Tribunal de Luxemburgo, debe considerarse que la norma interna, de la que procede dicha prohibición, trata por igual a todos los trabajadores de la empresa, puesto que "les impone, de forma general e indiferenciada, especialmente una neutralidad indumentaria que se opone al uso de tales signos"[39]. Por lo que no se produce una diferencia de trato basada directamente en la religión o las convicciones, como determina el artículo 2.2, letra a) de la Directiva.

---

37 Vid. Apartados 11, 12, 13 y 14, STJUE, Samira Achbita, Centrum voor gelijkheid van kansen en voor racismebestrijding v. G4S Secure Solutions NV.

38 Vid. Apartado 15, STJUE, Samira Achbita, Centrum voor gelijkheid van kansen en voor racismebestrijding v. G4S Secure Solutions NV.

39 Apartado 30, STJUE, Samira Achbita, Centrum voor gelijkheid van kansen en voor racismebestrijding v. G4S Secure Solutions NV.

Corresponde al Tribunal remitente comprobar si, tomando en consideración las limitaciones propias de la empresa y sin que ello represente una carga adicional para la misma, tiene la posibilidad de ofrecerle un puesto de trabajo que no suponga un contacto visual con los clientes en lugar de proceder a su despido[40].

El Tribunal europeo concluye, en este sentido, que "llevar un pañuelo islámico dimanante de una norma interna de una empresa privada que prohíbe el uso visible de cualquier signo político, filosófico o religioso en el lugar de trabajo no constituye una discriminación directa por motivos de religión o convicciones en el sentido de esta Directiva". "En cambio, tal norma interna de una empresa privada puede constituir una discriminación indirecta,...., si se acredita que la obligación aparentemente neutra que contiene ocasiona, de hecho, una desventaja particular a aquellas personas que profesan una religión o tienen unas convicciones determinadas, salvo que pueda justificarse objetivamente una finalidad legítima, como el seguimiento por parte del empresario de un régimen de neutralidad política, filosófica y religiosa en las relaciones con sus clientes, y que los medios para la consecución de esta finalidad sean adecuados y necesarios, extremos que corresponderá comprobar al órgano jurisdiccional remitente"[41].

El TJUE, en una Sentencia de 22 de enero de 2019[42], se pronunció en relación con un litigio entre Cresco Investigation GmbH v. Sr. Markus Achatzi, en relación en el derecho de este último a un complemento salarial por el trabajo realizado

---

40 Apartado 43, STJUE, Samira Achbita, Centrum voor gelijkheid van kansen en voor racismebestrijding v. G4S Secure Solutions NV.

41 Apartado 44, STJUE, Samira Achbita, Centrum voor gelijkheid van kansen en voor racismebestrijding v. G4S Secure Solutions NV.

42 STJUE, Cresco Investigation GmbH v. Markus Achatzi, de 22 de enero de 2019, C-193/17 (TOL7.009.194).

durante el Viernes Santo. La cuestión tiene su origen en una disposición del Derecho austriaco, en concreto la Ley sobre el descanso laboral, en la que se determina que los miembros de las Iglesias evangélicas de la confesión de Augsburgo y de la confesión helvética, de la Iglesia católica antigua y de la Iglesia evangélica metodista, también será festivo el Viernes Santo.

El Sr. Achatzi es un trabajador por cuenta ajena de la Agencia de detectives privados que no es miembro de ninguna de las citadas confesiones, y considera discriminatoria la decisión de no abonarle el complemento de trabajo en día festivos por el trabajo desempeñado el Viernes Santo.

El Tribunal de la UE considera que "el juez nacional debe dejar sin aplicar toda disposición nacional discriminatoria, sin solicitar o esperar su previa derogación por el legislador, y debe aplicar a los miembros del grupo desfavorecido el mismo régimen que aquel del que disfrutan las personas de la otra categoría. Está obligado a ello con independencia de que en el Derecho interno existan o no disposiciones que le confieran la competencia para hacerlo"[43]. También "se deduce igualmente que un trabajador que no pertenezca a ninguna de las iglesias contempladas en la Ley sobre el descanso laboral tiene derecho a que su empleador le abone el complemento establecido en el artículo 9, apartado 5, de la Ley sobre el Descanso laboral cuando dicho empleador no haya accedido a su solicitud de no trabajar ese día"[44].

Añadiendo a continuación: "mientras el Estado miembro de que se trata no haya modificado, a fin de restablecer la igualdad de trato, la legislación en la que solo concede el derecho a un día festivo el Viernes Santo a los trabajadores miembros de determinadas Iglesias cristianas, un empleador privado some-

---

[43] Apartado 80, STJUE, Cresco Investigation GmbH v. Markus Achatzi.

[44] Apartado 86, STJUE, Cresco Investigation GmbH v. Markus Achatzi.

tido a esa legislación está obligado a conceder igualmente al resto de sus trabajadores el derecho a un día festivo el Viernes Santo, siempre y cuando estos últimos le hayan solicitado de antemano no tener que trabajar ese día, y a reconocerles en consecuencia el derecho a un complemento por trabajo en día festivo cuando él no haya accedido a dicha solicitud"[45].

Debemos concluir —en relación con esta resolución y la interpretación que se realiza el artículo 2.2 de la Directiva—, que constituye una discriminación directa por motivos religiosos una legislación nacional en la que el Viernes Santo sólo es día festivo para los trabajadores que son miembros de determinadas Iglesias cristianas, y únicamente estos trabajadores tienen derecho, en el supuesto de que tengan que trabajar durante ese día, a un complemento salarial[46].

En 2021, el TJUE[47] se pronuncia en una misma sentencia sobre dos peticiones de decisión prejudicial, que pasaremos a analizar de forma independiente.

La primera de ellas IX v. Wabe eV[48], empresa que explota numerosas guarderías en Alemania y que se declara apolítica y aconfesional. En lo que respecta a la trabajadora, está vinculada por contrato laboral con la empresa desde 2014; fue a principios de 2016 cuando empezó a llevar puesto un pañuelo islámico. Entre el 15 de octubre de 2016 y el 30 de mayo de 2018 disfrutó de un permiso parental.

La empresa en marzo de 2018 adoptó unas denominadas "Instrucciones de servicio relativas a la obligación de neutralidad", que fueron puestas en conocimiento de la trabajadora

---

45 Apartado 89, STJUE, Cresco Investigation GmbH v. Markus Achatzi.

46 Vid. Fallo, STJUE, Cresco Investigation GmbH v. Markus Achatzi.

47 STJUE, IX v. WABE eV y MH Müller Handels GmbH v. MJ, de 15 de julio de 2021, asuntos acumulados C-804/18 y C-341/19 (TOL9.749.999).

48 C- 804/18.

el 31 de mayo del mismo año. Se determina que las "normas se consideran básicas para la observancia concreta de la obligación de neutralidad en el trabajo: los trabajadores evitarán hacer en el puesto de trabajo cualquier declaración política, filosófica o religiosa frente a los padres, los niños y otras personas; los trabajadores no portarán en el puesto de trabajo, ante los padres, los niños u otras personas, signos visibles de sus convicciones políticas, filosóficas o religiosas; los trabajadores no practicarán en el puesto de trabajo, ante los padres, los niños u otras personas, ritos relacionados con dichas convicciones" [49].

El 4 de junio de 2018 la empleada se presentó en el lugar de trabajo llevando un pañuelo islámico y, puesto que se negó a quitárselo, fue suspendida provisionalmente por la directora del centro. De forma paralela la empresa logró que una trabajadora que llevaba al cuello una cadena con una cruz accediera a quitársela.

El Tribunal de lo laboral de Hamburgo planteó al TJUE una serie de cuestiones prejudiciales: ¿una norma interna de una empresa que prohíbe llevar un signo visible de convicciones políticas, filosóficas o religiosas, en el lugar de trabajo constituye una discriminación directa por motivos de religión o convicciones? La respuesta dada en el caso que nos ocupa coincide con el planteamiento mantenido en resoluciones anteriormente comentadas, es decir, no constituye una discriminación si atañe indistintamente a cualquier manifestación de estas convicciones y trata por igual a todos los trabajadores[50]. Debemos reseñar la alusión que se realiza a la empleada que llevaba una cruz en el cuello que renunció a su uso, por lo que

---

49 Apartado 25 de la STJUE, IX v. WABE eV y MH Müller Handels GmbH v. MJ, de 15 de julio de 2021.

50 Vid. Apartado 52 de la STJUE, IX v. WABE eV y MH Müller Handels GmbH v. MJ.

se reafirma la idea de la inexistencia de diferencia de trato en relación con cualquier otro trabajador de la empresa[51].

Por lo tanto, en el presente caso no existe discriminación directa por motivos de religión o convicciones, en el sentido de la Directiva, de los trabajadores que siguen normas de vestimenta religiosa, siempre que la norma se aplique de forma general e indiferenciada[52].

Otra de las cuestiones que se analiza en la aludida sentencia, es la diferencia de trato basada indirectamente en la religión, procedente de una norma interna de una empresa que prohíbe a trabajadores llevar signos visibles, en el caso que nos ocupa religiosos, justificada en la voluntad empresarial de seguir un régimen de neutralidad, entre otras, religiosa[53]. También se vuelve a precisar que el artículo 2.2 b), que la diferencia de trato está prohibida salvo que la disposición, criterio o práctica de procedencia se pueda justificar objetivamente con una finalidad legítima.

Debemos precisar que el Tribunal europeo considera que llevar un régimen de neutralidad, que a priori podría ser legítimo, no es suficiente para una diferencia de trato basada indirectamente en la religión o las convicciones, puesto que la justificación sólo podría fundamentarse en la necesidad real del empresario, siendo este el competente para demostrarla[54].

---

51 Vid. Apartado 54 de la STJUE, IX v. WABE eV y MH Müller Handels GmbH v. MJ.

52 Vid. Apartado 55 de la STJUE, IX v. WABE eV y MH Müller Handels GmbH v. MJ.

53 Vid. Apartado 56 de la STJUE, IX v. WABE eV y MH Müller Handels GmbH v. MJ.

54 Vid. Apartado 64 de la STJUE, IX v. WABE eV y MH Müller Handels GmbH v. MJ.

La otra petición de decisión prejudicial acumulada planteada es la MH Müller Handels GmbH v. MJ[55]. Esta última trabaja en una de las tiendas de una cadena de droguerías alemana desde el año 2002. Desde 2014 decide portar un pañuelo islámico. Al no atender la solicitud de la empresa de despojarse del pañuelo en el trabajo, se le destina a otro puesto. En junio de 2016 se le pide de nuevo que se quite el pañuelo y, ante su negativa, se le envía a su casa. En julio del 2016 se le ordena que se presente en el lugar de trabajo sin signos de convicciones políticas, filosóficas o religiosas visibles y de gran tamaño.

El Tribunal Supremo de lo laboral de Alemania procede a plantear al TJUE una serie de interrogantes, muy similares a las comentadas anteriormente, por lo que procederemos a reseñar sólo algunas cuestiones relevantes: si la prohibición de una norma interna de una empresa de llevar signos visibles de convicciones políticas, filosóficas o religiosa en el lugar de trabajo vulnera la Directiva; y si es en relación con cualquier forma visible o, por el contrario, se limita a signos vistosos y de gran tamaño, siempre que se aplique de forma congruente y sistemática[56].

El Tribunal considera al respecto que "sólo puede seguirse eficazmente un régimen de neutralidad en el seno de una empresa, …, si no se admite ninguna manifestación visible de convicciones políticas, filosóficas o religiosas cuando los trabajadores estén en contacto con los clientes o cuando estén en contacto entre ellos, puesto que el hecho de llevar cualquier signo, incluso pequeño, pone en peligro la aptitud de la medida para alcanzar la finalidad supuestamente perseguida y pone

---

55 C- 341/19.

56 Vid. Apartado 71 de la STJUE, IX v. WABE eV y MH Müller Handels GmbH v. MJ. C- 341/19.

en entredicho de ese modo la propia congruencia del referido régimen de neutralidad"[57].

En el fallo de la aludida sentencia se determina que si estamos ante "una norma interna de una empresa que prohíbe a los trabajadores llevar cualquier signo visible de convicciones políticas, filosóficas o religiosas en el lugar de trabajo no constituye una discriminación directa por motivos de religión o convicciones, en el sentido de esta Directiva, de los trabajadores que siguen determinadas reglas vestimentarias con arreglo a preceptos religiosos, siempre que esta norma se aplique de forma general e indiferenciada"[58], lo que establece el límite es —por tanto— el considerar que se trata de forma general e indiferenciada.

Este Tribunal considera que la diferencia de trato basada de forma indirecta en la religión o las convicciones, procedente de una norma interna de una empresa en la que se prohíbe a sus trabajadores llevar signos visibles de origen político, filosófico o religioso en el lugar de trabajo, podría estar justificado por la voluntad del empresario de seguir un régimen de neutralidad ante su clientes o usuarios, siempre que se cumplan los siguientes requisitos: que responda a una verdadera necesidad del empresario, en relación con sus clientes o usuarios, y que si se aplica tenga consecuencias desfavorables; en segundo lugar, que esa diferencia de trato sea apta para garantizar la correcta aplicación de dicho régimen de neutralidad, de tal forma que sea seguido de forma congruente y sistemática; y en tercer lugar, que esa prohibición se limite a lo estrictamente necesario a fin de evitar las consecuencias desfavorables que el empresario pretende evitar[59].

---

57 Apartado 77 de la STJUE, IX v. WABE eV y MH Müller Handels GmbH v. MJ.

58 Fallo, C-341/19.

59 Vid. Fallo, C-341/19.

En 2022, el TJUE, en Sentencia de 13 de octubre[60], resuelve sobre una cuestión prejudicial planteada por el Tribunal de lo laboral Francófono de Bruselas (Bélgica), entre otros referente a la interpretación del artículo 2.2 a) de la Directiva. La petición se presenta en el contexto del litigio entre L.F., v. S.C.R.L., sociedad cooperativa de responsabilidad limitada cuya actividad principal es el arrendamiento y explotación de viviendas sociales. La controversia tiene su origen en la negativa impuesta por la sociedad a sus empleados de manifestar sus convicciones religiosas, filosóficas o políticas, por medio de la forma de vestir[61].

La demandante, de confesión musulmana y que lleva el pañuelo islámico, pretende realizar unas prácticas no remuneradas de seis semanas en la citada empresa. El 22 de marzo del 2018 tiene una entrevista, que resulta positiva. En ella se le pregunta si acepta las reglas de neutralidad de la empresa[62], consistentes, entre otras obligaciones, en no manifestar en modo alguno, ya sea verbalmente, en la forma de vestir, o de cualquier otra forma, sus convicciones religiosas[63]. Estas normas internas de la empresa no son aceptadas; la demandante se niega a quitarse el pañuelo y a seguir las reglas de neutralidad impuestas por la empresa.

Este caso presenta la particularidad de que estamos ante una norma que prohíbe no el uso de signos vistosos y de gran tamaño, que han sido objeto de tratamiento en otras resoluciones judiciales; estamos ante el uso de cualquier signo visible

---

60 Vid. STJUE, L.F. v. S.C.R.L., de 13 de octubre de 2022, C- 344/20 (TOL9.248.715).

61 Vid. Apartado 1 y 2, STJUE, L.F. v. S.C.R.L.

62 Vid. Apartado 14 y 15, STJUE, L.F. v. S.C.R.L.

63 Vid. Apartado 16, STJUE, L.F. v. S.C.R.L.

de convicciones políticas, filosóficas o religiosas en el lugar de trabajo[64].

El Tribunal de Justicia viene declarando de forma reiterada que el artículo 2.2. a) de la Directiva se debe interpretar, en relación con una norma interna de una empresa privada que prohíba llevar cualquier signo visible de convicciones políticas, filosóficas o religiosas en el lugar de trabajo, en el sentido de que no supone una discriminación directa por motivos religiosos si afecta indistintamente a cualquier manifestación y trata por igual a todos los trabajadores, es decir, de forma general e indiferenciada[65].

En lo concerniente a la aplicación del artículo 2.2. b) de la Directiva, el Tribunal de Justicia considera que una norma interna puede constituir una diferencia de trato indirecta basada en la religión o las convicciones si se demuestra que la obligación aparentemente neutra que contiene ocasiona una desventaja particular para las personas que profesan una religión, o tienen unas convicciones determinadas[66].

En lo referente a la decisión de la empresa de ofrecer una imagen neutra antes sus clientes al amparo de la libertad de empresa, "el Tribunal de Justicia ha precisado asimismo que la mera voluntad de un empresario de llevar adelante un régimen de neutralidad, aunque constituya, en sí, una finalidad legítima, no es suficiente, por sí sola, para justificar objetivamente una diferencia de trato basada indirectamente en la religión o

---

64 Vid. Apartado 31 y 32, STJUE, L.F. v. S.C.R.L.

65 Vid. Apartado 33, STJUE, L.F. v. S.C.R.L.

66 Vid. Apartado 37, STJUE, L.F. v. S.C.R.L. Vid. También Apartado 34 de la STJUE, Samira Achbita, Centrum voor gelijkheid van kansen en voor racismebestrijding v. G4S Secure Solutions NV, de 14 de marzo de 2027, C- 157/15; y el Apartado 59 de la STJUE, IX v. WABE eV y MH Müller Handels GmbH v. MJ, de 15 de julio de 2021, asuntos acumulados C-804/18 y C-341/19.

las convicciones, ya que el carácter objetivo de tal justificación solo puede determinarse ante una necesidad real de ese empresario, necesidad que incumbe a este demostrar"[67].

A lo largo de este recorrido cronológico por algunas de las STJUE en las que se interpreta el artículo 2 de la Directiva, podemos concluir que la norma en la que se fundamenta la prohibición de llevar símbolos religiosos en unos casos tiene su origen en la costumbre, o procede de la normativa interna de la empresa, existiendo supuestos en que la empresa implanta o modifica la normativa interna para incluir la neutralidad en relación no sólo con las convicciones religiosas, también en relación con las políticas o filosóficas. Tenemos que precisar que esta circunstancia es irrelevante para el TJUE a la hora de resolver.

En lo referente a esta cuestión, coincido con RODRÍGUEZ BLANCO al afirmar que "no es descartable que la norma se disfrace de una vocación de generalidad cuando tiene en el fondo un carácter singular, dado que hasta que la demandante expresó que pensaba portar un símbolo religioso no se había adoptado ninguna reglamentación"[68].

b) La esfera pública

El TJUE se pronuncia sobre esta cuestión en Sentencia de 28 de noviembre de 2023[69], en relación con una decisión prejudicial referente a la interpretación del artículo 2.2, a) y b),

---

67 Apartado 40, STJUE, L.F. v. S.C.R.L.

68 RODRÍGUEZ BLANCO, M. (2017). "La neutralidad del empresario como límite a la libertad religiosa del trabajador (comentario a las Sentencias de la Gran Sala del Tribunal de Justicia de la Unión Europea de 14 de marzo de 2017", *Foro, Nueva época*, vol. 20, nº 1, p. 388.

69 STJUE, OP v. Commune d'Ans, de 28 de noviembre de 2023, C-148/22 (TOL9.889.898).

de la Directiva 2000/78. Esta petición tiene su origen en un litigio entre OP, agente contractual de la commune d´Ans (Ayuntamiento de Ans, Bélgica), en relación con la prohibición impuesta por este Ayuntamiento a sus trabajadores de llevar cualquier signo visible revelador de pertenecer a una corriente ideológica o filosófica o referente a sus convicciones políticas o religiosas[70].

La demandante principal trabaja para este Ayuntamiento desde el 11 de abril de 2016 y ocupa, desde el 11 de octubre de 2016, el puesto de jefa de oficina, realizando su trabajo sin contacto con usuarios del servicio público. Debemos precisar que no fue hasta el 8 de febrero de 2021 cuando solicitó poder llevar velo en el trabajo a partir del 22 de febrero de ese año. La corporación municipal, mediante una resolución de 18 de febrero de 2021, deniega la solicitud; el 26 de febrero de 2021, adopta una segunda resolución en la que se confirma la prohibición[71].

El 29 de marzo de 2021, el pleno del Ayuntamiento modificó su reglamento introduciendo la obligación de neutralidad exclusiva en el lugar de trabajo, que supone prohibir a los trabajadores signos visibles reveladores de sus convicciones religiosas o filosóficas, estén o no en contacto con el público[72].

La demandante inicia el procedimiento alegando que se había vulnerado su libertad religiosa. El órgano jurisdiccional presenta dudas referentes a las disposiciones de la Directiva 2000/78; el Tribunal de lo laboral de Lieja (Bélgica) decide suspender el procedimiento y plantear al Tribunal de Justicia una cuestión prejudicial, que se plantea en los siguientes términos: "¿Puede interpretarse el artículo 2, apartado 2, letras a)

---

70 Vid. Apartado 2, STJUE, OP v. Commune d' Ans.

71 Vid. Apartado 12, 13 y 14, STJUE, OP v. Commune d' Ans.

72 Vid. Apartado 15, STJUE, OP v. Commune d' Ans.

y b), de la Directiva [2000/78] en el sentido de que autoriza a una administración pública a organizar un entorno administrativo totalmente neutro y, por ende, a prohibir el uso de signos [que puedan revelar convicciones religiosas] a todos los miembros del personal, estén o no en contacto directo con el público?"[73].

"Procede responder a la primera cuestión prejudicial que el artículo 2, apartado 2, letra b), de la Directiva 200/78 debe interpretarse en el sentido de que una norma interna de una administración municipal que prohíbe, de manera general e indiferenciada, a los miembros del personal de dicha administración el uso visible, en el lugar de trabajo, de cualquier signo que revele, en particular, convicciones filosóficas o religiosas puede estar justificada por la voluntad de dicha administración de establecer, teniendo en cuenta el contexto que le es propio, un entorno administrativo totalmente neutro, siempre que dicha norma sea adecuada, necesaria y proporcionada, a la luz de ese contexto y habida cuenta de los diferentes derechos e intereses en juego"[74].

En esta Sentencia se determina, además, que la Directiva 2000/78 establece un marco general para la igualdad de trato en el empleo y la ocupación, dejando un margen de apreciación a los Estados miembros, y a sus entidades infra estatales, que les permite tener en cuenta el contexto que les es propio, puesto que se tienen que tomar en consideración los distintos planteamientos en cuanto al espacio que se pretende dar a la religión o las convicciones filosóficas en el sector público. Tendríamos que hacer referencia a lo que se denomina margen de apreciación que se reconoce a los Estados miembros, y que

---

[73] Apartado 20, STJUE, OP v. Commune d' Ans.

[74] Apartado 41, STJUE, OP v. Commune d' Ans.

será controlado por los órganos jurisdiccionales nacionales y de la Unión[75].

En el fallo de esta resolución se procede a interpretar el artículo 2.2, a) de la Directiva; se considera, en el mismo sentido de lo ya expuesto respecto a las empresas privadas, que una norma de una administración municipal que prohíba, de forma general e indiferenciada, a miembros del personal el uso visible, en el lugar de trabajo, de signos que revelen las convicciones filosóficas o religiosas puede estar justificada por voluntad de la administración, teniendo en cuenta que el entorno administrativo es totalmente neutro, siempre que la norma sea adecuada, necesaria y proporcionada, por el contexto y teniendo en cuenta los derechos e intereses en juego[76].

II.2.- La dimensión del artículo 4 de la Directiva 2000/78

El artículo 4 de la Directiva 2000/78, establece que los Estados pueden establecer diferencias de trato fundamentadas en la religión o las convicciones. Considera al respecto que "no constituye discriminación una diferencia de trato basada en la religión o las convicciones de una persona cuando, por la naturaleza de estas actividades o el contexto en el que se desarrollen, dicha característica constituya un requisito profesional esencial, legítimo y justificado respecto de la ética de la organización. Esta diferencia de trato se ejercerá respetando las disposiciones y principios constitucionales de los Estados miembros, así como los principios generales del Derecho comunitario, y no podrá justificar una discriminación basada en otro motivo".

---

75 Apartado 34, STJUE, OP v. Commune d' Ans.

76 Fallo, STJUE, OP v. Commune d' Ans.

Se añade además que "siempre y cuando sus disposiciones sean respetadas, las disposiciones de la presente Directiva se entenderán sin perjuicio del derecho de las iglesias y de las demás organizaciones públicas o privadas cuya ética se base en la religión o las convicciones, actuando de conformidad con las disposiciones constitucionales y legislativas nacionales, podrán exigir en consecuencia a las personas que trabajen para ellas una actitud de buena fe y de lealtad hacia la ética de la organización"[77].

Debemos precisar que no se considera discriminación los supuestos en los que la ocupación o trabajo gire en torno a la religión o creencias, y constituya —por lo tanto— un requisito de la actividad, teniendo en cuenta la naturaleza del trabajo y el contexto en el que se desenvuelve[78]. Como se recoge en el Informe de la Comisión al Parlamento Europeo y al Consejo, anteriormente referenciado, su interpretación debe ser restrictiva, puesto que estamos ante una excepción[79].

II.2.1.- El artículo 4.1 de la Directiva 2000/78/CE

El TJUE se pronuncia sobre esta materia en una cuestión prejudicial planteada por el Tribunal de Casación de Francia, en relación con la procedencia del uso del pañuelo islámico y la citada Directiva, en la Sentencia de 14 de marzo de 2017[80],

---

77 Artículo 4.2 de la Directiva 2000/78/CE del Consejo, de 27 de noviembre de 2000.

78 MOTILLA, A. (2021). *La jurisprudencia del Tribunal de Estrasburgo en materia de libertad religiosa. Cuestiones disputadas*, Comares, Granada, p. 196.

79 Informe de la Comisión al Parlamento Europeo y al Consejo, p. 17.

80 STJUE, Asma Bougnaoui y Association de défense des droits de l'homme (ADDH) v. Micropole SA, de 14 de marzo de 2017, C-188/15 (TOL5.986.677).

que se plantea en el contexto de un litigio entre Sra. Asma Bougnaoui y la Association de défense des droits de l'homme (Asociación de Defensa de los Derechos Humanos, ADDH), v. Micropole SA, en relación con el despido de la trabajadora por su negativa a retirar el pañuelo islámico cuando prestaba servicios en la aludida empresa.

La cuestión se circunscribe a si se deben tener en cuenta los deseos de un cliente de que los servicios del empresario no sigan prestándose por una trabajadora que lleva un pañuelo islámico, y si estamos ante un requisito profesional esencial y determinante, debido a la naturaleza de la actividad y en el contexto en el que se lleva a cabo.

El artículo 4.1 de la Directiva, exige la existencia de unos requisitos concretos, es decir, "debido a la naturaleza de la actividad profesional concreta de que se trate o al contexto en que se lleva a cabo". En la Sentencia se precisa que "implica un requisito objetivamente dictado por la naturaleza de la actividad profesional de que se trate o por el contexto en que ésta se lleva a cabo. En cambio, no puede cubrir consideraciones subjetivas, como la voluntad del empresario de tener en cuenta los deseos particulares del cliente"[81].

El TJUE considera que la voluntad de un empresario de tener en cuenta los deseos de un cliente referentes a que los servicios de la empresa no continúen prestándose por una trabajadora que lleva el pañuelo islámico no se puede considerar como un requisito profesional esencial y determinante; por lo tanto, no se puede encuadrar dentro del contenido del artículo 4.1 de la Directiva[82].

---

81 Apartado 40, STJUE, Asma Bougnaoui y Association de défense des droits de l'homme (ADDH) v. Micropole SA, de 14 de marzo de 2017.

82 Vid. Apartado 41, STJUE, Asma Bougnaoui y Association de défense des droits de l'homme (ADDH) v. Micropole SA, de 14 de marzo de 2017.

"El artículo 4, apartado 1, de la Directiva 2000/78/CE del Consejo, de 27 de noviembre de 2000, relativa al establecimiento de un marco general para la igualdad de trato en el empleo y la ocupación, debe interpretarse —concluye el Tribunal— en el sentido de que la voluntad de un empresario de tener en cuenta los deseos de un cliente de que los servicios de dicho empresario no sigan siendo prestados por una trabajadora que lleva un pañuelo islámico no puede considerarse un requisito profesional esencial y determinante en el sentido de esta disposición"[83].

II.2.2.- El artículo 4.2 de la Directiva 2000/78/CE

El contenido del artículo 4.2 de la citada Directiva es objeto de interpretación en la Sentencia del Tribunal de Justicia de fecha 17 de abril de 2018, en relación con una petición de decisión prejudicial planteada por el Tribunal Supremo de lo laboral de Alemania, entre Vera Egenberger y Evangelisches Werk für Diakonie und Entwicklung eV[84], en una supuesto de discriminación por razón de religión, que pasaremos a detallar.

En noviembre de 2012, la Evangelisches Werk publicó una oferta de empleo de duración determinada. En la oferta de trabajo, las tareas requeridas incluyen el seguimiento del proceso de redacción de informes estatales; "la elaboración del informe paralelo sobre el informe estatal alemán y de observaciones y contribuciones especializadas; la representación, en el ámbito del proyecto, de la obra social evangélica de Alemania ante el mundo político, el público y las organizaciones de defensa de los derechos humanos, así como la cooperación en el seno

---

83 Fallo, STJUE, Asma Bougnaoui y Association de défense des droits de l'homme (ADDH) v. Micropole SA, de 14 de marzo de 2017.

84 Vid. STJUE, Vera Egenberger v. Evangelisches Werk für Diakonie und Entwicklung e.V., de 17 de abril de 2018, C- 414/16 (TOL6.573.837).

de determinadas instancias; la información y coordinación respecto al proceso de formación de opinión en el ámbito de la asociación, y la organización, administración y redacción de informes técnicos en el ámbito del trabajo"[85].

Además, en la oferta de trabajo se especificaba los requisitos que debían cumplir los candidatos, entre los que se encuentra la pertenencia a una iglesia protestante "o a una iglesia integrada en la comunidad de trabajo de las iglesias cristianas de Alemania y la identificación con la misión de servicio social evangélico"[86]. También se tenía que indicar la confesión a la que se pertenece en el currículum.

La Sra. Egenberger, que no pertenecía a ninguna confesión, presenta la solicitud; después de la primera selección no fue convocada a una entrevista, siendo finalmente el candidato seleccionado, "un cristiano miembro de la Iglesia protestante regional de Berlín"[87]. La Sra. Egenberger, al considerar que su candidatura había sido rechazada por carecer de confesión, presenta una demanda ante el Tribunal de lo Laboral de Berlín. A sensu contrario la Evangelisches Werk alegó que la diferencia de trato por motivos religiosos estaba justificada legalmente, y además "el derecho a exigir la pertenencia a una Iglesia cristiana está incluido en el derecho de autonomía eclesiástica"[88], también reconocido legalmente.

El Tribunal Supremo de lo laboral Alemán considera que el resultado del litigio principal depende entre —otras cues-

---

85 Apartado 24, STJUE, Vera Egenberger v. Evangelisches Werk für Diakonie und Entwicklung e.V.

86 Apartado 25, STJUE, Vera Egenberger v. Evangelisches Werk für Diakonie und Entwicklung e.V

87 Apartado 26, STJUE, Vera Egenberger v. Evangelisches Werk für Diakonie und Entwicklung e.V.

88 Apartado 28, STJUE, Vera Egenberger v. Evangelisches Werk für Diakonie und Entwicklung e.V.

tiones— de la interpretación del artículo 4.2 de la Directiva 2000/78. Y por este motivo decide suspender el procedimiento y plantear al Tribunal de Justicia una serie de interrogantes que pasaremos a analizar.

"¿Debe interpretarse el artículo 4, apartado 2, de la Directiva [2000/78] en el sentido de que un empleador, como la demandada en el presente asunto —o la Iglesia en su lugar—, puede determinar por sí mismo de forma vinculante que, por la naturaleza de la actividad o el contexto en el que esta se desarrolla, una determinada confesión religiosa del candidato constituye un requisito profesional esencial, legítimo y justificado respecto de su ética?"[89].

En virtud de lo establecido en el artículo 4.2 de la Directiva 2000/78, se puede desprender que una Iglesia u otra organización cuya ética se fundamente en la religión o las convicciones puede establecer un requisito relacionado con la religión o las convicciones, siempre y cuando por la naturaleza de la actividad o por el contexto en el que se desarrolle, la religión o las convicciones supongan un requisito profesional esencial, legítimo o justificado, en lo referente a la ética de la organización[90]. Además, también el TJUE precisa que es necesario que el control de la observancia de estos criterios, en los supuestos que presenten dudas, "no correspondiera a una autoridad independiente, como un órgano jurisdiccional nacional, sino a la iglesia o a la organización que pretende aplicar una diferencia de trato basada en la religión o las convicciones, tal control quedaría desprovisto de virtualidad alguna"[91].

---

89 Apartado 41, STJUE, Vera Egenberger v. Evangelisches Werk für Diakonie und Entwicklung e.V.

90 Vid. Apartado 45, STJUE, Vera Egenberger v. Evangelisches Werk für Diakonie und Entwicklung e.V.

91 Apartado 46, STJUE, Vera Egenberger v. Evangelisches Werk für Diakonie und Entwicklung e.V.

No podemos olvidar que la Directiva, y el contexto del artículo 4.2, tienen por objeto el establecimiento de un marco general para la lucha contra la discriminación por motivos, entre otros, de religión o convicciones, en el ámbito del empleo y la ocupación, con la finalidad de que en los Estados miembros se aplique el principio de igualdad de trato. En este sentido, el artículo 9 de la Directiva impone a los Estados miembros el establecimiento de procedimientos judiciales para exigir el cumplimiento de las obligaciones contempladas en el citado texto.

Debemos tener en cuenta, que en la STJUE, se determina, en relación con el aludido artículo 4.2 de la Directiva, que "tiene por objeto garantizar el justo equilibrio entre el derecho a la autonomía de las iglesias y de las demás organizaciones cuya ética se basa en la religión o las convicciones, por un lado, y, por otro lado, el derecho de los trabajadores a no ser objeto, en particular durante su selección, de una discriminación basada en la religión o las convicciones, en situaciones en las que pueden concurrir esos derechos"[92]. Además, debemos tener en cuenta que en este precepto se señalan los criterios a tener en cuenta a la hora de realizar la necesaria ponderación para garantizar el equilibrio entre los derechos concurrentes[93]. En el supuesto planteado, la ponderación debe ser objeto de control de una autoridad independiente y, en último término, del tribunal nacional[94].

En conclusión, el Tribunal europeo considera que "cuando una iglesia u otra organización cuya ética se basa en la religión o las convicciones alega, en apoyo de un acto o de una decisión

---

92 Apartado 51, STJUE, Vera Egenberger v. Evangelisches Werk für Diakonie und Entwicklung e.V.

93 Vid. Apartado 52, STJUE, Vera Egenberger v. Evangelisches Werk für Diakonie und Entwicklung e.V.

94 Vid. Apartado 53, STJUE, Vera Egenberger v. Evangelisches Werk für Diakonie und Entwicklung e.V.

como el rechazo de una candidatura a un empleo en su ámbito, por la naturaleza de las actividades de que se trate o por el contexto en que hayan de desarrollarse, que la religión es un requisito profesional esencial, legítimo y justificado respecto de la ética de dicha iglesia u organización, es necesario que esa alegación, llegado el caso, pueda ser objeto de un control judicial efectivo que exija garantizar que, en ese caso concreto, se cumplen los criterios señalados en el artículo 4, apartado 2, de la Directiva 2000/78"[95].

Otro de los interrogantes que se plantea es el referente a: "¿Qué requisitos han de cumplir la naturaleza de las actividades o el contexto en el que estas se desarrollan como requisito profesional esencial, legítimo y justificado respecto de la ética de la organización conforme al artículo 4, apartado 2, de la Directiva [2000/78]?"[96].

Uno de los aspectos que debemos afrontar para dar respuesta a este interrogante es el referente a si en el requisito profesional exigido por la Iglesia o la organización, por la naturaleza de las actividades de que se trate o por el contexto en el que se desarrollen, es esencial, legítimo, y justificado respecto de esa ética[97].

De la interpretación del concepto de "requisito profesional esencial, legítimo y justificado", contemplado en el artículo 4.2 de la Directiva, se desprende que la religión o las convicciones pueden constituir tal exigencia profesional atendiendo a la na-

---

95 Apartado 55, STJUE, Vera Egenberger v. Evangelisches Werk für Diakonie und Entwicklung e.V.

96 Apartado 41, STJUE, Vera Egenberger v. Evangelisches Werk für Diakonie und Entwicklung e.V.

97 Vid. Apartado 61, STJUE, Vera Egenberger v. Evangelisches Werk für Diakonie und Entwicklung e.V.

turaleza de las actividades de que se trate o por el contexto en el que se desarrollen[98].

La diferencia de trato basada en la religión quedaría supeditada a comprobar de forma objetiva la existencia de un vínculo directo entre el requisito profesional que impone el empresario y la actividad de que se trate. Por lo tanto, el vínculo se derivaría o de la naturaleza de la actividad[99], o de las circunstancias en el que se desarrolle la actividad[100].

El requisito profesional debe ser "esencial, legítimo y justificado", como se exige en el artículo 4.2 de la Directiva, respecto de la ética de la Iglesia o de la organización[101]. Pasaremos, en este sentido, a analizar de forma pormenorizada estos elementos.

En relación con el carácter esencial, la alta magistratura de la UE precisa que "la utilización de este adjetivo significa que, desde el punto de vista del legislador de la Unión, la pertenencia a la religión o la adhesión a las convicciones en que se basa la ética de la Iglesia o de la organización de que se trate debe resultar necesaria debido a la importancia de la actividad profesional en cuestión para la afirmación de esa ética o el

---

98 Vid. Apartado 62, STJUE, Vera Egenberger v. Evangelisches Werk für Diakonie und Entwicklung e.V.

99 En el Apartado 63, STJUE, Vera Egenberger v. Evangelisches Werk für Diakonie und Entwicklung e.V., se señala a modo de ejemplo que: "cuando implica participar en la determinación de la ética de la Iglesia o la organización en cuestión o colaborar en su tarea de predicación".

100 En el Apartado 63, STJUE, Vera Egenberger v. Evangelisches Werk für Diakonie und Entwicklung e.V., se precisa que: "como la necesidad de garantizar una representación fidedigna de la Iglesia o de la organización a efectos externos".

101 Vid. Apartado 64, STJUE, Vera Egenberger v. Evangelisches Werk für Diakonie und Entwicklung e.V.

ejercicio de su derecho a la autonomía por parte de esa iglesia o de esa organización"[102].

En lo concerniente al carácter legítimo, "el empleo de ese término demuestra que el legislador de la Unión quiso garantizar que el requisito de pertenencia a la religión o la adhesión a las convicciones en que se basa la ética de la iglesia o de la organización de que se trate no sirva para promover un objetivo ajeno a dicha ética o al ejercicio de su derecho a la autonomía por parte de esa iglesia o de esa organización"[103].

Por último, en cuanto al carácter justificado, "ese término implica no solo que el control de la observancia de los criterios incluidos en el artículo 4, apartado 2, de la Directiva 2000/78 pueda ser efectuado por un órgano jurisdiccional nacional, sino también que la iglesia o la organización que hayan exigido este requisito está obligada a demostrar, a la luz de las circunstancias de hecho del caso concreto, que el riesgo alegado de vulneración de su ética o de su derecho a la autonomía es probable y grave, de tal modo que el establecimiento de ese requisito resulte verdaderamente necesario"[104].

Los requisitos previstos en el artículo 4.2 de la Directiva deben ser conformes, por lo tanto, al principio de proporcionalidad: "el requisito profesional, esencial, legítimo y justificado que en dicho precepto se contempla implica un requisito necesario y objetivamente dictado, respecto de la ética de la iglesia o de la organización de que se trate, por la naturaleza o las circunstancias en que se desarrolle la actividad profesional en cuestión, y no puede amparar consideraciones ajenas a

---

[102] Apartado 65, STJUE, Vera Egenberger v. Evangelisches Werk für Diakonie und Entwicklung e.V.

[103] Apartado 66, STJUE, Vera Egenberger v. Evangelisches Werk für Diakonie und Entwicklung e.V.

[104] Apartado 67, STJUE, Vera Egenberger v. Evangelisches Werk für Diakonie und Entwicklung e.V.

dicha ética o al derecho a la autonomía de esa iglesia o de esa organización"[105].

El Tribunal también aborda el siguiente interrogante: "¿Deberá dejarse inaplicada en un litigio como el presente una disposición de Derecho nacional —concretamente el artículo 9, apartado 1, primera alternativa, de la AGG[106]— conforme a la cual se admite una diferencia de trato basada en la religión en el marco del empleo por las comunidades religiosas y por las entidades adscritas a estas cuando una determinada confesión religiosa, atendiendo a la definición de la propia identidad de la comunidad religiosa, constituya un requisito profesional justificado habida cuenta de su derecho a la libre determinación?"[107].

En respuesta a esta cuestión prejudicial podemos decir que un tribunal nacional, "al conocer de un litigio entre dos particulares, cuando no puede interpretar el Derecho nacional aplicable de conformidad con lo dispuesto en el artículo 4, apartado 2, de la Directiva 2000/78, está obligado a garantizar, con arreglo a sus atribuciones, la protección jurídica que se deriva para los justiciables de lo establecido en los artículos 21 y 47 de la Carta, así como la plena eficacia de esos preceptos, dejando sin aplicar, si es necesario, cualesquiera normas nacionales que los contradigan"[108].

---

105 Apartado 69, STJUE, Vera Egenberger v. Evangelisches Werk für Diakonie und Entwicklung e.V.

106 "La Allgemeines Gleichbehandlungsgesetz (Ley General de Igualdad de Trato), de 14 de agosto de 2006 (BGBl. 2006 I, p. 1897; en lo sucesivo, «AGG»)", Apartado 13, STJUE, Vera Egenberger v. Evangelisches Werk für Diakonie und Entwicklung e.V.

107 Apartado 41, STJUE, Vera Egenberger v. Evangelisches Werk für Diakonie und Entwicklung e.V.

108 Apartado 82, STJUE, Vera Egenberger v. Evangelisches Werk für Diakonie und Entwicklung e.V.

"El análisis realizado por el Tribunal nacional competente, en el ámbito de la jurisdicción social alemana atendiendo a los criterios del TJUE, dictaminó que hubo discriminación y que procedía indemnizar a la Sra. Egenberger por los perjuicios morales causados. En esencia, el tribunal nacional consideró que la Obra Social Evangélica de Alemania se extralimitó al exigir el requisito de pertenencia, pues analizando en profundidad las tareas previstas para el puesto de trabajo, la entidad no probó que esta característica fuera requisito profesional esencial, legítimo y justificado respecto la determinación, la difusión ni la protección de su ideario, siguiendo los criterios del TJUE"[109].

Otro supuesto de decisión prejudicial referente al artículo 4.2 de la Directiva tiene su origen en la STJUE de 11 de septiembre de 2018[110], en relación con un litigio seguido entre JQ y su empresario, IR, sobre la legalidad del despido del primero, justificado por un presunto incumplimiento de su obligación de buena fe y de lealtad hacia la ética de la empresa.

Antes de analizar esta resolución, debemos precisar que IR es una sociedad de responsabilidad limitada de Derecho alemán, cuyo objeto social es el desempeño de funciones de Cáritas (conferencia internacional de organizaciones católicas de fines caritativos) que se dedica en particular a la gestión de hospitales, sin fines lucrativos y que depende del Arzobispado católico de Colonia (Alemania)[111]. JQ es médico y trabaja desde 2000 como jefe del servicio de medicina interna de un

---

[109] LETURIA NAVAROA, A. (2020). "Tutela antidiscriminatoria en las relaciones laborales con organización de tendencia religiosa, a la luz de la reciente jurisprudencia del TJUE: asuntos Egenberger e IR-JQ", *Revista General de Derecho Canónico y Derecho Eclesiástico del Estado*, nº 52, p. 25-26.

[110] STJUE, IR v. JQ, 11 de septiembre de 2018, C- 68/17 (TOL6.770.859).

[111] Vid. Apartado 23, STJUE, IR v. JQ.

hospital de IR[112]. Aunque profesa la religión católica y se casó por el rito de esa Iglesia, en agosto de 2005 se separó de su primera esposa, obteniendo el divorcio en marzo de 2008. En agosto de 2008 contrajo matrimonio civil, sin que se anulara el primer matrimonio[113]. Fue al conocerse este segundo matrimonio cuando se produjo el despido de su trabajo por medio de un escrito de 30 de marzo de 2009, con efectos desde el 30 de septiembre de 2008[114].

Esta circunstancia dio lugar a la interposición de una demanda por parte de JQ ante el Tribunal de lo laboral, en la que se alega que el segundo matrimonio no era causa válida de despido, en tanto que, aplicando el Reglamento de Servicio Eclesiástico de 1993, la celebración de un nuevo matrimonio por parte de un jefe de servicio protestante o sin religión no habría supuesto ninguna consecuencia en relación con la relación laboral en la empresa y, por lo tanto, podríamos estar ante un despido en el que se produce la vulneración del principio de igualdad de trato[115].

El Tribunal Supremo de lo laboral considera que la resolución del litigio depende, entre otros motivos, de la interpretación del artículo 4.2 de la Directiva, razón por la que decide suspender el procedimiento y plantear al Tribunal de Justicia una serie de cuestiones que pasaremos a analizar[116].

La primera de las cuestiones que se plantea es si: "¿Debe interpretarse el artículo 4, apartado 2, párrafo segundo, de la [Directiva 2000/78] en el sentido de que la iglesia puede decidir imperativamente que una organización como la parte de-

---

112 Vid. Apartado 24, STJUE, IR v. JQ.

113 Vid. Apartado 25, STJUE, IR v. JQ.

114 Vid. Apartado 26, STJUE, IR v. JQ.

115 Vid. Apartado 27, STJUE, IR v. JQ.

116 Vid. Apartado 37, STJUE, IR v. JQ.

mandada en el presente litigio debe diferenciar, al exigir a los trabajadores con responsabilidades directivas una actitud de buena fe y de lealtad, entre los que pertenecen a esa iglesia y los que pertenecen a otra iglesia o a ninguna?"[117].

En este sentido el Tribunal considera que "una iglesia u otra organización cuya ética se base en la religión o en las convicciones y que gestione un centro hospitalario bajo la forma de una sociedad de capital de Derecho privado no puede decidir imponer a aquellos de sus trabajadores que ejerzan responsabilidades directivas unas exigencias relativas a una actitud de buena fe y lealtad hacia dicha ética que son distintas en función de la religión de esos trabajadores o de su irreligión, sin que tal decisión pueda ser objeto, en su caso, de un control judicial efectivo destinado a garantizar que se cumplen los criterios mencionados en el artículo 4, apartado 2, de esa Directiva"[118].

Además, "una diferencia de trato, en lo que atañe a la exigencia de una actitud de buena fe y lealtad hacia dicha ética, entre los trabajadores que ocupan puestos con responsabilidades directivas, en función de su religión o de su irreligión, no es conforme con dicha Directiva, excepto cuando, dada la naturaleza de las actividades profesionales de que se trate o el contexto en el que se desarrollen, la religión o las convicciones constituyan un requisito profesional esencial, legítimo y justificado respecto de la ética de la iglesia u organización en cuestión y conforme con el principio de proporcionalidad, extremo cuya verificación incumbe al tribunal nacional"[119].

Otra de las preguntas resueltas por el Tribunal europeo es si: "¿Debe excluirse la aplicación, en el presente litigio, de una disposición de Derecho nacional como la del artículo 9, apar-

---

117 Apartado 37, STJUE, IR v. JQ.

118 Apartado 61, STJUE, IR v. JQ.

119 Apartado 61, STJUE, IR v. JQ.

tado 2, [de la Ley de Igualdad de Trato], en virtud de la cual está justificada tal diferencia de trato por razón de la pertenencia del trabajador a una confesión, con arreglo a la conciencia eclesiológica de la iglesia de que se trate?"[120].

Recuerda el Tribunal que corresponde a los "órganos jurisdiccionales nacionales, tomando en consideración el conjunto de normas del Derecho nacional y aplicando los métodos de interpretación reconocidos por éste, resolver si una disposición nacional, como el artículo 9, apartado 2, de la Ley de Igualdad de Trato, puede interpretarse de conformidad con el artículo 4, apartado 2, de la Directiva 2000/78, y de ser así en qué medida, sin proceder a una interpretación *contra legem* de dicha disposición nacional"[121].

También hace referencia el Tribunal al artículo 13 de la Directiva, en el que se contempla que los Estados miembros de la Unión Europea están obligados a fomentar el diálogo entre los interlocutores sociales y a la firma de convenios para promover la igualdad de trato y establecer medidas antidiscriminatorias[122].

Debemos tener en cuenta que "la jurisdicción social alemana, a través del Tribunal Federal de Trabajo, resolvió el litigio constatando que IR fundamentó acrecentar las obligaciones de lealtad a los médicos directivos católicos, atendiendo a la credibilidad ética y el efecto que podría acarrear respecto al resto de empleados, el incumplimiento de un empleado de rango superior, en lugar de justificarlo atendiendo al vínculo con la naturaleza de los deberes o las circunstancias de su práctica. El tribunal nacional declaró que los razonamientos de IR

---

120 Apartado 37, STJUE, IR v. JQ.

121 Vid. Apartado 63, STJUE, IR v. JQ.

122 Artículo 13 de la Directiva 2000/78/CE del Consejo, de 27 de noviembre de 2000.

no atendieron a los requisitos exigidos por el Derecho de la UE para superar la discriminación por motivos religiosos"[123].

III.- CONSIDERACIONES FINALES

El derecho de libertad religiosa se caracteriza por su incidencia en múltiples derechos y deberes, que pueden ser el origen de numerosos problemas que pueden resultar heterogéneos, cuestión esta que hace que las posibles soluciones no puedan ser uniformes. Por lo tanto, tendríamos que hablar de soluciones concretas atendiendo a las circunstancias concurrentes y a la ponderación de derechos. Considero que adquieren relevancia, en este sentido, los criterios orientadores del TJUE.

La diversidad y pluralidad de convicciones y de creencias plantean un nuevo panorama dentro del ámbito religioso en Europa, especialmente relevante en el ámbito laboral. No cabe duda de que, sobre todo a lo largo de los últimos años, los Estados miembros han adoptado medidas para aplicar los pronunciamientos de la Directiva 2000/78/CE del Consejo, de 27 de noviembre de 2000, y se han establecido procedimientos y organismos que contribuyen a esta finalidad.

Según la jurisprudencia del Tribunal Europeo en relación con la Directiva 200/78/CE y, más concretamente, en la interpretación de su artículo 2.2. a), en el que se contempla la denominada discriminación directa, se produce cuando una persona sea, haya sido o pudiera ser tratada de forma menos favorable que otra en una situación análoga. Podemos decir que en el supuesto de que una norma interna de una empresa

---

[123] LETURIA NAVAROA, A. (2020). "Tutela antidiscriminatoria en las relaciones laborales con organización de tendencia religiosa, a la luz de la reciente jurisprudencia del TJUE: asuntos Egenberger e IR-JQ"... cit., p. 36-37.

establezca la prohibición de llevar un pañuelo islámico de forma visible, se podría encuadrar en el citado apartado.

A efectos de la Directiva, el término religión considero que se caracteriza por su amplitud, puesto que comprende las manifestaciones públicas (STJUE, Samira Achbita, Centrum voor gelijkheid van kansen en voor racismebestrijding v. G4S Secure Solutions NV, de 14 de marzo de 2027, C- 157/15), y también ampara a quien no profesa religión o creencia alguna (STJUE, Vera Egenberger v. Evangelisches Werk für Diakonie und Entwicklung e.V., de 17 de abril de 2018, C- 414/16.).

En el supuesto de normas internas de empresas privadas, sería de aplicación lo dispuesto en el artículo 2.2. b), alusivo a la discriminación indirecta, cuando una disposición, criterio o práctica puedan ocasionar una desventaja particular a determinadas personas respecto de otras sin justificación. Estaríamos ante una desventaja aplicable a las personas que profesan una determinada religión o tienen unas convicciones determinadas, que podrían encontrar justificación en una finalidad legítima, y en este sentido podríamos hacer referencia al seguimiento por parte del empresario de un régimen de neutralidad política, filosófica o religiosa, que podría adquirir especial relevancia en relación con sus clientes.

También debemos precisar que el TJUE analiza en sus resoluciones factores que pueden incidir a la hora de determinar si estamos o no ante una diferencia de trato, y este es el caso de que se aplica a todos los empleados el mismo régimen (STJUE, IX v. WABE eV y MH Müller Handels GmbH v. MJ, de 15 de julio de 2021, asuntos acumulados C-804/18).

Otro dato relevante que se recoge en las STJUE referenciadas a lo largo de este estudio supone la delimitación que se realiza en relación con la diferencia de trato basada de forma directa en la religión o las convicciones que proceden de una norma interna, y en este sentido podemos decir que encuentra justificación en los supuestos de que el empresario adopte un régimen de neutralidad y se cumplan una serie de requisitos: verdadera necesidad, sea apta para garantizar la aplicación del régimen de neutralidad; se limite a lo estrictamente necesario; y que sea congruente sin hacer distinciones.

También tenemos que hacer referencia al artículo 4 de la Directiva 2000/78, en el que se permite la diferencia de trato como una excepción con relación a ocupaciones o trabajos en los que la religión o creencias sean un requisito de la actividad. Estamos ante una excepción, por lo que su interpretación debe ser restrictiva. Debemos precisar que adquiere relevancia el que la actividad que se desempeñe no esté relacionada directamente con la religión o las convicciones.

Otro dato relevante que debe tenerse en cuenta es que las manifestaciones de un cliente en relación con el uso de signos visibles, religiosos o de convicciones, al ser considerados por el TJUE como subjetivos, no se pueden considerar como un requisito esencial determinante (STJUE, Asma Bougnaoui y Association de défense des droits de l'homme (ADDH) v. Micropole SA, de 14 de marzo de 2017).

Además, hay que tener en cuenta que la diferencia de trato basada en la religión o las convicciones se supedita a que de forma objetiva exista un vínculo directo que impone el empresario y la actividad que desempeña.

Por último, debemos precisar que un régimen de neutralidad (política, filosófica o religiosa) en relación con los clientes, en el ámbito empresarial, y en el seno de la administración, supone imponer límites a la libertad religiosa. Además, el TJUE entiende que la visibilidad y el tamaño de los símbolos religiosos podría poner en entredicho la congruencia del régimen de neutralidad (STJUE, IX v. WABE eV y MH Müller Handels GmbH v. MJ, de 15 de julio de 2021, asuntos acumulados C-804/18 y C-341/19).

REFERENCIAS BIBLIOGRÁFICAS

ALÁEZ CORRAL, B. (2011). "Reflexiones jurídico-constitucionales sobre la prohibición del velo islámico integral en Europa", *Teoría y Realidad Constitucional,* nº 28 p. 483.

ALENDA SALINAS, M. (2005). "La presencia de símbolos religiosos en las aulas públicas, con especial referencia a la cuestión del velo islámico", *Revista General de Derecho Canónico y Derecho Eclesiástico del Estado,* nº 9, pp.1 y ss.

ALENDA SALINAS, M.; PINEDA MARCOS, M. (2006). "La manifestación de religiosidad como motivo de conflictividad. Una breve incursión por el panorama judicial español y europeo a propósito de la simbología", *Cuadernos de Integración Europea,* diciembre, pp. 85 y ss.

BRIONES MARTÍNEZ, I. M. (2009). "El uso del velo islámico en Europa. Un conflicto de libertad religiosa y de conciencia", *Anuario de Derecho Humanos,* vol. 10, p. 17.

CAÑAMARES ARRIBAS, S. (2018). *Igualdad religiosa en las relaciones laborales,* Aranzadi, Pamplona, pp. 42 y ss.

CAÑAMARES ARRIBAS, S. (2023). *Derecho y factor religioso en la Unión Europea,* Aranzadi, Pamplona, p. 97 y ss.

CONTRERAS JORDÁN, O. R.; PASTOR VICEDO, J. C. (2012). "Consideraciones sobre el velo islámico en las clases de educación física", *Revista Euroamericana de ciencias del deporte,* nº 1, p. 13.

GARCÍA JUAN, L. (2015). "El discurso de la Unión Europea sobre medidas de integración y de inmigrantes y sus derivaciones en España", *Migraciones Internacionales,* vol. 8, nº 1, p. 131.

LETURIA NAVAROA, A. (2020). "Tutela antidiscriminatoria en las relaciones laborales con organización de tendencia religiosa, a la luz de la reciente jurisprudencia del TJUE: asuntos Egenberger e IR-JQ", *Revista General de Derecho Canónico y Derecho Eclesiástico del Estado,* nº 52, p. 25-26.

LÓPEZ-SIDRO LÓPEZ, Á. (2003). "Despido improcedente de una dependienta de grades almacenes por llevar velo islámico", *Revista General de Derecho Canónico y Derecho Eclesiástico del Estado,* nº 3, p.1.

MADEIRO VÁZQUEZ, Y. (2016). "La aplicación de la Directiva 2000/78/CE por el Tribunal de Justicia: avances recientes en la lucha contra la discriminación", *Revista Española de Derecho del Trabajo,* nº 191, pp. 145-178.

MANGAS MARTÍN, A. (dir.), (2008). *Carta de los Derechos Fundamentales de la Unión Europea. Comentario artículo por artículo,* Fundación BBVA, Bilbao.

MARTÍN HERNÁNDEZ, M. L. (2020). "La consideración de los "trabajadores especialmente sensibles" a determinados riesgos laborales como trabajadores discapacitados: supuestos y consecuencias", *Trabajo y Derecho,* nº 66, pp. 1 y ss.

MELÉNDEZ-VALDÉS NAVAS, M. (2011). "El uso de símbolos religiosos en la escuela pública en la jurisprudencia del Tribunal Europeo de Derechos Humanos", *Revista Europea de Derechos Fundamentales,* nº 17, pp. 321 y ss.

MOTILLA, A. (2009). "*El pañuelo islámico en Europa,* Marcial Pons, Madrid.

MOTILLA, A. (2021). *La jurisprudencia del Tribunal de Estrasburgo en materia de libertad religiosa. Cuestiones disputadas,* Comares, Granada, p. 196.

MOTILLA, A. (2023). "El Comité de Derecho Humanos de Naciones Unidas y el Tribunal Europeo; convergencias y divergencias en materia de simbología religiosa", *Anuario de Derecho Eclesiástico del Estado,* vol. XXXIX, pp. 189 y ss.

OLMEDO PALACIOS, M. (2014). "La prohibición del velo integral en lugares públicos", *Diario La Ley,* nº 8375, Sección Doctrina, 11 de septiembre.

PAREJO, M. J. (2010). "La controversia sobre la exposición de los símbolos religiosos en el orden público europeo: hacia soluciones de carácter inclusivo", *Persona y Derecho,* nº 63, pp. 43 y ss.

RODRÍGUEZ BLANCO, M. (2017). "La neutralidad del empresario como límite a la libertad religiosa del trabajador (comentario a las Sentencias de la Gran Sala del Tribunal de Justicia de la Unión Europea de 14 de marzo de 2017", *Foro, Nueva época,* vol. 20, nº 1, p. 388.

VICENTE ANDRÉS, R. (2023). "La discriminación por edad: ¿Cuándo puede considerarse que una diferencia de trato está justificada a la luz de la Directiva Europea 2000/78/CE?", *Unión Europea Aranzadi,* nº 4, pp. 1 y ss.

JURISPRUDENCIA

Tribunal de Justicia de la Unión Europea:

STJUE, Petya Milkova e Izpalnitelen direktor na Agentsiata za privatizatsia i sledprivatizatsionen kontrol, v. Varhovna administrativna prokuratura, de 9 de marzo de 2017, C-406/15 (TOL5.982.247).

STJUE, Samira Achbita, Centrum voor gelijkheid van kansen en voor racismebestrijding v. G4S Secure Solutions NV, de 14 de marzo de 2017, C- 157/15 (TOL5.986.679).

STJUE, Asma Bougnaoui y Association de défense des droits de l'homme (ADDH) v. Micropole SA, de 14 de marzo de 2017, C- 188/15 (TOL5.986.677).

STJUE, Vera Egenberger v. Evangelisches Werk für Diakonie und Entwicklung e.V., de 17 de abril de 2018, C- 414/16 (TOL6.573.837).

STJUE, Cresco Investigation GmbH v. Markus Achatzi, de 22 de enero de 2019, C-193/17 (TOL7.009.194).

STJUE, Martin Leitner v. Landespolizeidirektion Tirol, de 8 de mayo de 2019, C-396/17 (TOL7.205.233).

STJUE, Österreichischer Gewerkschaftsbund, Gewerkschaft Öffentlicher Dienst v. Republik Österreich, de 8 de mayo de 2019, C-24/17 (TOL7.205.234).

STJUE, IX v. WABE eV y MH Müller Handels GmbH v. MJ, de 15 de julio de 2021, asuntos acumulados C-804/18 y C-341/19 (TOL9.749.999).

STJUE, L.F. v. S.C.R.L., de 13 de octubre de 2022, C- 344/20 (TOL9.248.715).

STJUE, Versicherungsanstalt öffentlich Bediensteter, Eisenbahnen und Bergbau BVAEB) v. BB, de 27 de abril de 2023, C- 681/21 (TOL9.517.079).

STJUE, OP v. Commune d' Ans, de 28 de noviembre de 2023, C- 148/22 (TOL9.889.898).

Tribunal Europeo de Derechos Humanos:

STEDH, SAS v. Francia, de 1 de julio de 2014 (TOL9.055.339).

STEDH, Perry v. Letonia, de 8 de noviembre de 2007 (TOL9.078.262).

STEDH, Sardar Babayev v. Azerbaiyán, de 1 de febrero de 2024 (TOL9.849.424).

Tribunal Constitucional

SENTENCIA 173/1994, de 7 de junio, del Tribunal Constitucional, Recurso de amparo 18/1992, contra Sentencia del Tribunal Superior de Justicia de Madrid, en autos sobre despido por vulneración del principio de igualdad (TOL82.578).

SENTENCIA 46/2001, de 15 de febrero, del Tribunal Constitucional (TOL104.639).

Capítulo 7.

LOS MINISTROS DE CULTO ANTE EL DERECHO DE LA UNIÓN EUROPEA

ENRIQUE HERRERA CEBALLOS
Universidad de Cantabria (UC)

SUMARIO: I. LA NOCIÓN DE MINISTRO DE CULTO. II. LOS MINISTROS DE CULTO EN LA NORMATIVA DE LA UNIÓN EUROPEA. II.1. *Excursus*: breve referencia a la protección de los derechos fundamentales en la Unión Europea. II.2. Derecho originario de la UE. II.3. Derecho derivado. *II.3.1. Manifestaciones de los ministros de culto en contra de la doctrina de la confesión en la que prestar servicio.* III. VALORACIÓN DEL SISTEMA. IV. LA AUTONOMÍA CONFESIONAL. IV.1. Prohibición de la intervención del Estado en el nombramiento de dirigentes religiosos. *IV.1.1. Conflictos en Grecia. IV.1.2. Conflictos en exrepúblicas soviéticas.* IV.2. El ejercicio de los derechos fundamentales: la tutela judicial efectiva. IV.3. Las relaciones de servicio entre los ministros de culto y las confesiones religiosas. V. LA LIBERTAD DE EXPRESIÓN DE LOS MINISTROS DE CULTO. V.1. El ministro de culto como "autoridad moral"

I. LA NOCIÓN DE MINISTRO DE CULTO

A la hora de abordar esta cuestión otros me han precedido con, seguramente más acierto y, sin ninguna duda, con más ciencia[1]; lo que no obsta para hacer una aproximación más o

---

1 Vid. GONZÁLEZ AYESTA, J. y MOTILLA DE LA CALLE, A. (2020). "Los ministros de culto en la jurisprudencia del Tribunal Europeo de

menos pormenorizada del régimen jurídico de los ministros de culto en el derecho de la Unión Europea.

El primer escollo que nos encontramos al iniciar el estudio presente es la noción misma de "ministro de culto". La primera dificultad radica en que, siendo un concepto propio del Derecho Eclesiástico del Estado, apegado al Estado liberal, su contenido viene dado, necesariamente, por referencia a los ordenamientos confesionales, donde curiosamente, no existe el término porque cada confesión utiliza una denominación diferente: sacerdote, pastor, rabino, imán, etc.

La idea de ministro de culto, en términos generales, hace referencia a la existencia de unos sujetos especialmente cualificados en el seno de las confesiones religiosas, investidos de cierta autoridad, a los que se atribuyen funciones específicas, distintas a las que les son propias a los fieles laicos[2]. Sin embargo, el estatus de cada uno en su confesión puede variar significativamente así como las funciones que se le pueden encomendar; es más, lo que en algunas confesiones religiosas o, incluso para el Estado, puede ser un ministro de culto, en otras confe-

---

Derechos Humanos". *El derecho de las confesiones a designar sus ministros de culto.*

2 Esta noción "convencional" del ministro de culto queda, sin embargo, en entredicho —al menos en el derecho norteamericano— a raíz de la sentencia de la Corte Suprema en el caso Hosanna-Tabor. Vid. un comentario a la misma en CELADOR ANGÓN, O. (2012), "La discriminación laboral por motivos religiosos. El asunto Hosanna-Tabor Evangelical Lutheran Church and School v. EEOC". *Laicidad y Libertades* (12) y SANTIAGO, A. y NAVARRO GAMBOA, J. A. (2013). "La autonomía de las organizaciones religiosas en el Estado Constitucional de Derecho en dos recientes fallos jurisprudenciales". *Ars Iuris Salmanticensis* (1) y en RUBIO LÓPEZ, J. I. (2012). "Jurisprudencia norteamericana sobre autonomía de las Iglesias y relaciones laborales: Doctrina de la "excepción ministerial". Parte I: Antes de Hosanna-Tabor. *Ius Canonicum* (59), 79-119.

siones dista mucho de asimilarse a ello e incluso puede haber confesiones en las que la identificación de la figura pueda ser problemática porque parte del presupuesto de la existencia de un binomio (ministro de culto/laico) que no tiene por qué darse en el seno de algunos grupos religiosos como por ejemplo las iglesias reformadas entre otras.

La condición y las exigencias requeridas para la designación de ministros de culto —llámense como se llamen— divergen sustancialmente entre confesiones, lo que conlleva ulteriormente un alto grado de heterogeneidad conceptual que, llevado a la posible existencia de una categoría omnicomprensiva de ministro de culto en el Derecho Eclesiástico del Estado, configura necesariamente *una categoría extraordinariamente amplia en sus presupuestos.* En suma, si el Derecho del Estado pretende reconducir las diferentes manifestaciones de la idea de los "ministros de culto" en una sola categoría, para así dotarle de un estatus jurídico peculiar es la esfera civil, debe elaborar un concepto notablemente amplio para dar cabida a situaciones de muy diversa índole según cada tradición religiosa.

Esta diversidad de conceptos queda patente a poco que se indague en la condición de "ministro de culto" en el seno de las confesiones más relevantes.

Así, en al menos tres confesiones religiosas (católica, ortodoxa y anglicana) existe una idea de ministro de culto asociada a tres categorías jerárquicamente ordenadas (diáconos, presbíteros y obispos). Bien es cierto que, en el seno de la iglesia católica, la adquisición de la condición viene determinada por la realización de actos públicos de naturaleza sacramental como es la recepción del "orden sacerdotal" o, en el caso de los religiosos, por la emisión de un voto público.

De otro lado, en el seno del cristianismo, la gran mayoría de las iglesias reformadas no cuentan con una estructura jerárquica como la descrita, actuando de forma asamblearia o sinodal.

De este modo, no existe una base sacramental[3] que distinga al fiel del ministro de culto (*pastor*), si bien es cierto que algunos de ellos asumen funciones de predicación de la palabra o administración de los sacramentos.

Las similitudes —*secundum quid*— advertidas en las confesiones cristianas que facilitarían al legislador una extracción, relativamente fácil, de un "mínimo" de características comunes a los ministros de cara a su traslación al Derecho del Estado desaparecen cuando se traspasa el muro del cristianismo para caer en otras confesiones, aun cuando de base monoteísta como son el judaísmo y el islam. En la primera, la condición de rabino se adquiere previa obtención de una cualificación de tipo académico pero su desempeño no viene asociado a la asunción de funciones similares a las de los sacerdotes católicos o pastores de iglesias reformadas sino que actúan esencialmente como maestros de la Ley y de las tradiciones judías.

---

3 La idea de sacramento, su alcance y contenido, no es uniforme en las iglesias reformadas. Ni siquiera el número de sacramentos, que fluctúa a lo largo del tiempo. No obstante, desde su comienzo, el calvinismo reconoció únicamente dos de ellos, el bautismo y la Cena. La exclusión del orden sacerdotal como sacramento se produce en todos los escritos protestantes desde 1530. El protestantismo pues no reconoce la existencia de un *verdadero estado sacerdotal* sino de "titulares de ministerios eclesiásticos para servicio y por encargo de la misma comunidad"; titularidad que se adquiere con la ordenación, considerada consagración solemne con la oración e imposición de manos. De igual modo las iglesias reformadas niegan el carácter sacramental a la consagración episcopal, aunque la iglesia anglicana, por ejemplo, defiende que "el apostolado fue instituido por Dios cual servicio permanente en la iglesia cristiana y este servicio en la historia del cristianismo es ejercido por el ministerio episcopal tradicional". Cfr. ALGERMISSEN, K. (1963). *Iglesia católica y confesiones cristianas (Confesionología)*, 917 y 926.

El caso del Islam es un supuesto peculiar porque, aunque se reconoce la relevancia de varios sujetos como los *imanes*, los *muftís* o los *qadis*, en puridad, la idea de ministro de culto no existe como sujeto "separado" de la comunidad (Umma) e investido de funciones específicas y jerárquicamente superiores a las del resto de los fieles islámicos[4].

---

[4] En el Islam no existe ni la idea de jerarquía ni la idea de mediación; ideas que constituyen la base de la noción de ministro de culto. El ministro es un sujeto separado de la comunidad de creyentes e investido de unas funciones que no puede ejercer el fiel laico sobre la base de que es considerado *mediador* entre la criatura y el Creador. En el Islam están ausentes a las ideas de jerarquía y mediación. Solo se reconoce la autoridad, única y suprema de *Alah* "resultando el resto de gobernantes nada más que sombra suya en la tierra" y entre el fiel y Dios no hay intermediarios. Como afirma Jiménez Aybar, cualquier referencia a la dignidad sacerdotal tiene más que ver con el llamado "sacerdocio común de los fieles" que con el ministerio ordenado en el catolicismo.

El Islam solo reconoce la autoridad (*suprema y única*) de Alá, de lo que se deduce la improcedencia de la idea de jerarquía sacerdotal, de modo que cualquier referencia a la *dignidad sacerdotal* en el seno del Islam solo guardaría un cierto paralelismo con el *sacerdocio común* de los fieles católicos pero en absoluto con la idea de ministro consagrado. Constituye una excepción la tradición musulmana chií donde sí se reconoce la idea de mediación en la persona del imán que, a la postre, resulta nada menos de sucesor del mismo Mahoma. En suma, en el islam chií sí que se puede advertir la idea de "clero" —el imán— al que se le adjudican no solo facultades de índole espiritual sino también de gobierno temporal, de modo que se erige en el jefe del Estado musulmán chií a imagen y semejanza del califa en los estados de tradición sunní.

Aun en ausencia de una construcción teórica en torno a la noción de imán, antiguos textos jurídicos como la *Risāla* o *Compendio de Derecho islámico* (s. X) han delimitado sus funciones entre las que destaca la dirección de la oración, teniendo en cuenta —de modo significativo— que la actividad ritual del imán no difiere de la del resto de fieles quienes solo tienen obligación de imitar sus mismos gestos.

Vista la diversidad conceptual habida en el seno de las confesiones en torno a la figura del "ministro de culto", su estatus religioso y jurídico e incluso las funciones que se le encomiendan no es de extrañar que se advierta una tensión entre el Estado y la confesiones; o de forma más precisa, entre la pretensión del Estado de conceptualizar unívocamente una realidad intrínsecamente plural con ánimo de exclusividad y el derecho de las confesiones a la conceptualización teológico-jurídica de su propia noción de ministro del culto: sacerdote, religioso, pastor, rabino, imán, etc. Esta tensión ha llevado a la doctrina eclesiasticista a discutir la conveniencia de la propia existencia de una noción estatal del ministro de culto[5], so pena de que

---

La doctrina sostiene que la *Risāla* concibe al imán desde una dimensión horizontal en tanto no ejerce funciones de mediación entre Alá y los fieles aunque sí de representación simbólica de la comunidad musulmana en cuanto "cuando reza solo, de alguna manera, se considera que lo hace con valor de grupo". Finalmente, el reconocimiento de la existencia de *imanes ocasionales* a partir de la *Risāla* lleva a sostener que cualquier hombre respetable con conocimientos suficientes puede actuar como imán si fuese necesario. Puede verse un interesante estudio sobre la figura del imán y sus funciones en JIMÉNEZ-AYBAR, I. (2004). *El Islam en España. Aspectos institucionales de su estatuto jurídico,* 129-138.

5 Una de las posturas contrarias a la construcción de una noción estatal de ministro de culto más conocidas la sostiene el profesor Rodríguez Blanco. Para él las diferentes nociones de la idea de ministro de culto en cada confesión, sobre la base del principio de autonomía, impiden la existencia de una noción civil, amén de la inoperancia práctica. Dicho lo anterior considera que, en ocasiones el ordenamiento estatal podría admitir la noción de ministro de culto recogida en la normativa confesional pero en otras sería necesario matizar o complementar la concepción de las confesiones. Cfr. RODRÍGUEZ BLANCO, M. (2013). *Derecho y religión. Nociones de Derecho Eclesiástico del Estado,* 100-102. Un breve resumen de las posturas a favor y en contra puede verse en SEGLERS GÓMEZ-QUINTERO, A. (2005). "Autonomía confesional y designación de los ministros de culto". *Anuario de Derecho Eclesiástico del Estado,* (21), 103 y ss., HERRERA

el Poder público se desmarque unilateral e injustificadamente del principio de neutralidad que debe guiar su actuación para con las confesiones, convirtiéndose en un Estado teólogo; incurriendo, en suma, en una injerencia arbitraria en el derecho de autonomía de las confesiones religiosas.

II. LOS MINISTROS DE CULTO EN LA NORMATIVA DE LA UNIÓN EUROPEA

Se ha afirmado que la idea de integración de europea o, en otras palabras, el "intento de consecución de una unificación política en el área geográfica de Europa occidental"[6] ha sido, desde antiguo, una idea recurrente.

A pesar de haber sido concebida desde antiguo no se vio impulsada más allá de lo eidético sino hasta bien entrado el siglo XX, con el nacimiento de la Comunidad Europea del Carbón y del Acero (CECA) y la suscripción de los tratados de la Comunidad Europea de la Energía Atómica (EURATOM) y de la Comunidad Económica Europea en 1951 y 1957.

Sin embargo, frente a lo que podríamos llamar "integración económica" no fue hasta los años 90 cuando realmente se hace jurídicamente real la idea de integración política con el nacimiento de la Unión Europea a partir del Tratado de Maastricht en 1992.

CEBALLOS, E. (2023). "¿Es conveniente que exista un concepto de ministro de culto en el Derecho español?". *El régimen jurídico de los ministros de culto. Actas del X Simposio de Derecho Concordatario*, 419-430.

6 Cfr., SÁENZ DE SANTAMARÍA P. A., GONZÁLEZ VEGA, J. A. y FERNÁNDEZ PÉREZ, B. (1999). *Introducción al derecho de la Unión Europea*, 2ª ed., 30 y ss.

El nacimiento a la vida de este tratado[7] junto con los anteriores —en la década de los años 50—, el Convenio Europeo de Derechos Humanos y la Carta de los Derechos Fundamentales de la Unión Europea, constituirá el núcleo duro del Derecho de la Unión o, en términos estrictamente jurídicos, el Derecho originario de ésta; medida por la que se regirán —como veremos— no solo las relaciones entre Estados de la UE (hoy 27) sino la tutela de los derechos fundamentales y libertades públicas de los ciudadanos de la Unión.

Junto con este derecho originario la Unión Europa también produce derecho derivado: reglamentos, directivas y decisiones que vinculan a los Estados miembros y que, en no pocas ocasiones, afectan —por vía de transposición— a los derechos y libertades de los ciudadanos europeos.

Es este último aspecto —la tutela de los derechos y libertades fundamentales— el asunto que ahora nos interesa destacar en relación con el estatuto jurídico de los ministros de culto en la UE porque su estatus en el seno de las confesiones es manifestación de lo que se ha dado en llamar *dimensión colectiva de la libertad religiosa*, que como ha puesto de manifiesto el TEDH es expresión, a su vez, de la libertad religiosa individual. Además, merece la pena recordar, que la defensa de los derechos y libertades individuales fue reconocida como un elemento esencial para la construcción de una Europa unida y, como se ha dicho, "un signo revelador de la identidad europea"[8].

---

7 Modificado por el Tratado de Funcionamiento de la Unión Europea, Lisboa, 2007.

8 Cfr., SÁENZ DE SANTAMARÍA P. A., GONZÁLEZ VEGA, J. A. y FERNÁNDEZ PÉREZ, B. *Introducción al Derecho...*, p. 56.

II.1. *Excursus*: breve referencia a la protección de los derechos fundamentales en la UE

El origen de la Unión Europea se circunscribió a la creación de un mercado único de libre circulación de personas, mercancías y capitales. En consecuencia, la protección de la dignidad humana y los derechos y libertades fundamentales resultaba secundaria.

Aunque la primera referencia al asunto la encontramos en el Acta Única Europea, no fue sino hasta la firma del Tratado de Maastricht en 1992 cuando se dé el punto de inflexión a raíz de dos declaraciones: a) la introducción de la categoría de "ciudadanía de la Unión" en oposición con la concepción mercantilista que hasta entonces imperaba con respecto a las personas consideradas como agentes económicos y, b) la erección de los derechos fundamentales en la forma reconocida en el CEDH como principios del Derecho comunitario (Art. F).

Tras frustrarse la posible adhesión de la Unión al Convenio Europeo de Derechos Humanos y el avance que supuso el Tratado de Ámsterdam al prever la eventual suspensión de derechos de los Estados en caso de violación grave y persistente de los derechos fundamentales de los ciudadanos, el Consejo Europeo de Colonia (1999) advirtió la necesidad de redacción de una Carta de Derechos fundamentales para la Unión a modo de principios generales propios[9]. Tras varias vicisitudes y tiempo en el que careció de valor jurídico fue la firma del Tratado de Lisboa en 2010 cuando adquirió carta de naturaleza, dotándola el artículo 6 del mismo del mismo rango y valor que los Tratados de la UE.

---

9 Vid. un comentario sistemático en ALONSO GARCÍA, R. y SARMIENTO, D. (2006). *La Carta de los Derechos Fundamentales de la Unión Europea. Explicaciones, Concordancias, jurisprudencia.*

Frente a la consideración anterior de los derechos fundamentales como meros principios del derecho comunitario que vinculaban a los poderes públicos en su quehacer legislativo y ejecutivo alegables solo ante los órganos jurisdiccionales estatales en el control de legalidad, la consagración de la Carta —sostiene Cañamares— supuso "una proclamación de derechos fundamentales *ut talis* que... protege a los ciudadanos de la UE frente a la actuación de las autoridades públicas... resultando además de aplicación no solo vertical sino horizontal entre particulares".

Como veremos, la regulación del derecho de libertad religiosa en la Carta se encuentra en su artículo 10 que, esencialmente coincide con la redacción del artículo 9.1 CEDH en tanto el artículo 52.3 impone tal identidad al establecer que "En la medida en que la Carta contenga derechos que correspondan a derechos garantizados por el Convenio Europeo para la Protección de los Derechos Humanos y de las Libertades Fundamentales, su sentido y alcance serán iguales a los que confiere dicho Convenio. Esta disposición no obstará a que el Derecho de la Unión Europea conceda una protección más extensa".

Esta última referencia implica que para determinar el alcance y contenido de los derechos de la Carta habrá que tener en cuenta la jurisprudencia del Tribunal Europeo de Derechos Humanos.

En cuanto al contenido del derecho de libertad religiosa, el TEDH ha distinguido una dimensión interna y una dimensión externa. La primera tiene un carácter absoluto y no es limitable porque pertenece al fuero interno del sujeto e incluye diferentes manifestaciones como la libertad para profesar creencias religiosas o no, la libertad para cambiarlas o para abandonarlas, por ejemplo. La segunda, de naturaleza restringible porque implica manifestaciones públicas que, eventualmente, pueden interferir en derechos de otros, conlleva el derecho a manifestar y comportarse externamente de acuerdo con las convicciones que se profesen así como, desde su vertiente negativa, la posibilidad de no verse obligado a expresarlas o manifestarlas ni directa ni indirectamente. El TEDH entiende además que solo se consideran creencias aquellas opiniones que alcanzan un cierto nivel de fuerza, seriedad, coherencia e importancia[10].

Por otro lado, la Carta, al igual que el CEDH omite cualquier referencia a la dimensión colectiva de la libertad religiosa, sin perjuicio de que, ha sido el propio TEDH el que recuerda que "las comunidades religiosas existen tradicional y universalmente en forma de estructuras organizadas concluyendo que la participación en la vida de la comunidad es una manifestación de la religión que goza de la protección del artículo 9 que, en este ámbito de protección, debe interpretarse a la luz del artículo 11 del Convenio, que protege la vida asociativa contra cualquier injerencia injustificada del Estado. Visto desde este punto de vista, el derecho de los fieles a la libertad religiosa supone que la comunidad pueda funcionar tranquilamente, sin injerencia arbitraria del Estado"[11]. En consecuencia, en el ámbito de la Unión Europea la protección de la libertad religiosa colectiva dependerá —a semejanza de lo que ocurre en el Consejo de Europa— del juego entre los artículos 10 y 12 de la Carta, es decir de la libertad religiosa y de la libertad de asociación[12].

---

10 Vid. *Campbell and Cosans v. the United Kingdom*, 25 de febrero de 1982. Cfr. PALOMINO LOZANO, R. (2020). "El Tribunal de Justicia de la Unión Europea frente a la religión y las creencias". *Revista de Derecho Comunitario Europeo*, 42.

11 Sentencia 30985/96 en el caso Hasan y Tchaouch contra Bulgaria.

12 Cfr., CAÑAMARES ARRIBAS, S. (2023). *Derecho y factor religioso en la Unión Europea*, 31.

II.2. Derecho originario de la Unión Europea

Los Tratados que crearon las Comunidades Europeas y los Tratados que modifican estos, entre los que destaca el Tratado de la Unión Europea (TUE), constituyen el derecho primario u originario o derecho comunitario originario; integran lo que el Tribunal de Justicia de la Unión Europea (TJUE) ha denominado "Carta constitucional" de la "Comunidad de Derecho"[13].

Del análisis de este Derecho originario de la Unión se deduce rápidamente la ausencia de referencias a los ministros de culto.

En primer lugar, el artículo 17 del *Tratado de Funcionamiento de la Unión Europea* (TFUE) establece que:

"1. La Unión respetará y no prejuzgará el estatuto reconocido en los Estados miembros, en virtud del Derecho interno, a las iglesias y las asociaciones o comunidades religiosas".

"3. Reconociendo su identidad y su aportación específica, la Unión mantendrá un diálogo abierto, transparente y regular con dichas iglesias y organizaciones".

Los orígenes del artículo lo constituyen la Declaración número 11 del Tratado de Ámsterdam (UE 2.10.1997) y el artículo 52 del Proyecto de Constitución Europea (18.07.2003) del que son transcripción literal, por lo que obviamos reiterar aquí de nuevo el texto.

El Tratado se articula en torno a dos elementos. El primero sería la *neutralidad gnoseológica y deferente* de la Unión hacia los Estados con respecto a los sistemas de relación que establecen con las confesiones religiosas; es decir, que se reconoce un cierto margen de discrecionalidad a los Estados para determinar

---

13 Cfr., SÁENZ DE SANTAMARÍA P. A., GONZÁLEZ VEGA, J. A. y FERNÁNDEZ PÉREZ, B. (1999) *Introducción al Derecho…*, cit. 421.

su modelo de relación con las confesiones religiosas debiendo la Unión mantenerse neutral al respecto[14]. El segundo, es el establecimiento de un cauce de relación entre la Unión y las confesiones que ha de concretarse en un "diálogo abierto, transparente y regular". De este modo, como sostiene Palomino, frente al posicionamiento específico de los Estados con respecto al hecho religioso (confesionales, aconfesionales, laicos), la nueva institución política creada adopta una opción deferencial en el tema y, al mismo tiempo, reconoce implícitamente el valor específico de estos grupos en la construcción de la Unión según lo dispuesto en el Preámbulo del Tratado de la Unión Europea[15].

Aunque la UE no pudo adherirse al CEDH, tal y como hemos puesto de manifiesto, su importancia en la interpretación de los derechos fundamentales en la Unión es innegable (art. 53 de la Carta).

Nacido en el seno del Consejo de Europa para la protección internacional de los derechos humanos en línea con la Declaración Universal de 1948, establece en su artículo 9, que:

"1. Toda persona tiene derecho a la libertad de pensamiento, de conciencia y de religión; este derecho implica la libertad de cambiar de religión o de convicciones, así como la libertad de manifestar su religión o sus convicciones individual o colectivamente, en público o en privado, por medio del culto, la enseñanza, las prácticas y la observancia de los ritos.

2. La libertad de manifestar su religión o sus convicciones no puede ser objeto de más restricciones que las que, previstas por la ley, constituyan medidas necesarias, en una sociedad democrática, para la seguridad pública, la protección del orden,

---

14 Cfr., CAÑAMARES ARRIBAS, S. (2023). cit. 46.

15 Cfr., PALOMINO LOZANO, R. (2020). "El Tribunal de Justicia de la Unión Europea frente a la religión y las creencias", cit., 40.

de la salud o de la moral públicas, o la protección de los derechos o las libertades de los demás".

Y finalmente, la *Carta de los Derechos Fundamentales de la Unión Europea,* incorporada hoy día como un Tratado constitutivo más por vía del artículo 6.1 del Tratado de la Unión Europea[16], en su artículo 10 reproduce las referencias a la libertad de pensamiento, de conciencia y religión del CEDH cuando reza:

"1. Toda persona tiene derecho a la libertad de pensamiento, de conciencia y de religión. Este derecho implica la libertad de cambiar de religión o de convicciones, así como la libertad de manifestar su religión o sus convicciones individual o colectivamente, en público o en privado, a través del culto, la enseñanza, las prácticas y la observancia de los ritos.

2. Se reconoce el derecho a la objeción de conciencia de acuerdo con las leyes nacionales que regulen su ejercicio".

Otras referencias a la libertad religiosa están en los artículos 14, 21 y 22 de la Carta. El primero garantiza el derecho de los padres a que los hijos reciban educación y enseñanza de acuerdo con sus convicciones religiosas, el segundo establece la prohibición de cualquier discriminación por razón de religión y el último garantiza el principio del pluralismo religioso.

II.3. Derecho derivado

En el derecho derivado de la Unión hemos encontrado únicamente dos referencias a los ministros de culto: una explícita y otra implícita.

---

16 La Unión reconoce los derechos, libertades y principios enunciados en la Carta de los Derechos Fundamentales de la Unión Europea de 7 de diciembre de 2000, tal como fue adaptada el 12 de diciembre de 2007 en Estrasburgo, la cual tendrá el mismo valor jurídico que los Tratados.

Por lo que se refiere a la explícita se encuentra en el *Reglamento (UE) número 549/2013 del Parlamento Europeo y del Consejo, de 21 de mayo de 2013, relativo al Sistema Europeo de Cuentas Nacionales y Regionales de la Unión Europea.*

Este Reglamento establece el sistema de normas contables de la Unión Europea que resulta compatible a escala internacional y que puede utilizarse para proporcionar una descripción sistemática y detallada de una economía[17]. La elaboración de políticas europeas comunes y la supervisión de las economías exigen datos comparables, actualizados y fiables sobre la estructura de la economía y la evolución de la situación económica de cada Estado miembro, de modo que en aras a la comparabilidad de los estados económicos de cada miembro y resultando, en última instancia estos accesibles a los ciudadanos, se establece un sistema único de cuentas bajo el auspicio de principios comunes que no den lugar a interpretaciones divergentes[18] a través del Sistema Europeo de Cuentas 2010 (SEC 2010) que "constituye un marco contable comparable a escala internacional, cuyo fin es realizar una descripción sistemática y detallada del total de una economía (una región, un país o un grupo de países), sus componentes y sus relaciones con otras economías" (art. 1.01)[19].

El capítulo 11 del Reglamento establece los criterios de comparabilidad entre Estados en relación con la "población y el empleo" definiendo expresamente tanto la "población activa" (art. 11.10) como el "empleo" (art. 11.11) e *incluyendo expresamente a los ministros de culto en la categoría de "asalariados"* (art. 11.13[20]). El propio Reglamento aclara que el término asalaria-

---

17 Considerando 1.

18 Considerando 3.

19 Vid., Diario Oficial de la Unión Europea, 26.06.2013.

20 Los asalariados incluyen las siguientes categorías: *d) los ministros del culto, si les paga directamente una administración pública o una institución sin fines de lucro.*

do converge con el de la Organización Mundial del Trabajo[21], "existiendo una relación empleador-empleado cuando hay un contrato, que puede ser formal o informal, entre una empresa y una persona, suscrito de forma voluntaria por ambas partes y por el que la persona trabaja para la empresa a cambio de una remuneración en efectivo o en especie" (art. 11.12).

II.3.1. Manifestaciones de los ministros de culto en contra de la doctrina de la confesión en la que prestar servicio

En lo que a la referencia implícita se refiere, la encontramos en la *Directiva 2000/78/CE del Consejo de 27 de noviembre de 2000, relativa al establecimiento de un marco general para la igualdad de trato en el empleo y la ocupación.* Su artículo 4.1 establece que:

"No obstante lo dispuesto en los apartados 1 y 2 del artículo 2, los Estados miembros podrán disponer que una diferencia de trato basada en una característica relacionada con cualquiera de los motivos mencionados en el artículo 1 no tendrá carácter discriminatorio cuando, debido a la naturaleza de la actividad profesional concreta de que se trate o al contexto en que se lleve a cabo, dicha característica constituya un requisito profesional esencial y determinante, siempre y cuando el objetivo sea legítimo y el requisito, proporcionado".

Y en su apartado 2§2 establece:

"Las disposiciones de la presente Directiva se entenderán sin perjuicio del derecho de las iglesias y de las demás organizaciones públicas o privadas cuya ética se base en la religión o las convicciones, actuando de conformidad con las disposiciones constitucionales y legislativas nacionales, podrán exigir en con-

21 Cfr. Recomendación sobre la relación de trabajo, 2006 (núm. 198), párrafos 4 y 13.

secuencia a las personas que trabajen para ellas una actitud de buena fe y de lealtad hacia la ética de la organización".

En el contexto en el que nos movemos, la excepción a la discriminación pasaría por advertir dos elementos. El primero sería la ocupación en la que la religión o la creencia religiosa constituya un verdadero requisito de actividad en atención a la naturaleza del trabajo y del contexto en que se desenvuelve. El segundo que el objetivo perseguido con el requisito profesional exigido sea legítimo y éste, a su misma vez, resulte proporcionado.

La labor del ministro de culto en este sentido resulta paradigmática porque la naturaleza del "trabajo" es genuinamente religiosa cuando se trata, esencialmente, del desarrollo de las actividades de culto y la enseñanza religiosa. Es evidente que resulta condición *sine quanon* para ser ministro de culto profesar una determinada creencia en cuanto quien desarrolla el trabajo en el seno de la confesión, a su misma vez, la representa. Y, por otro lado, determinadas exigencias formativas de naturaleza teológica también resultan proporcionadas al fin perseguido en tanto, de ordinario, la predicación y la enseñanza son actividades connaturales a la labor del ministro. No es extraño, por ejemplo, que universidades, hospitales o empresas con gran número de empleados contraten a capellanes para la prestación de asistencia espiritual a sus miembros. Resulta perfectamente razonable que la contratación quede sometida a la profesión de una determinada creencia o a la posesión de cierta formación teológica, de modo que no se podría considerar esta situación como discriminación ilegítima porque se negaría al empleador el derecho a hacer una distinción absolutamente necesaria para el desempeño de la actividad profesional[22].

---

22 Cfr. DOS SANTOS JR., A. C. y GARCIANDÍA IGAL, D. (2021). *La libertad religiosa de los trabajadores. El deber de acomodación razonable como mecanismo de promoción de los derechos humanos*, 138-139.

Cuestión más espinosa plantea el hecho de que el trabajador, contratado por su cualificación religiosa, abandone las creencias que fueron tenidas en cuenta para su contratación.

Para algunos autores el ejercicio de la libertad religiosa por sí solo no puede legitimar el despido disciplinario, pero tampoco la extinción del contrato de trabajo por iniciativa del empleador puede ser interpretado como conducta discriminadora. Concluyen que se produce una extinción contractual por causa objetiva como es la ineptitud sobrevenida del trabajador, de acuerdo con el artículo 52 del Estatuto de los Trabajadores que dispone que "el contrato [de trabajo] podrá extinguirse por ineptitud del trabajador conocida o sobrevenida con posterioridad a su colocación efectiva en la empresa"[23].

Los dos requisitos indicados anteriormente llevan a MOTILLA a concluir —como veremos, con buen criterio— que "la discrepancia con la religión o ideología, manifestada externamente, puede hacer que una persona sea lícitamente despedida de su trabajo de naturaleza religiosa"[24]. Deducción que resulta fácil a la vista de la jurisprudencia del TEDH cuando sostiene que el artículo 9 del Convenio no garantiza ningún derecho a la disidencia en el seno de la entidad religiosa, de modo, que en caso de discrepancia doctrinal con la confesión el ministro de culto ve garantizado su derecho de libertad religiosa y de conciencia con su abandono[25].

---

23 Ibid., 139.

24 Cfr. MOTILLA DE LA CALLE, A. (2017). "Excepciones a la prohibición general de discriminar por motivos ideológicos en el ámbito laboral". *Anuario de Derecho Eclesiástico del Estado,* 321. Llama la atención la conclusión del autor teniendo en cuenta únicamente el primer párrafo del artículo 4 de la Directiva porque a nuestro humilde entender, es del texto del parágrafo segundo de donde que puede deducir esta restricción a la libertad de expresión del trabajador.

25 Cfr. MARTÍN SÁNCHEZ, I. (2014). "Las confesiones religiosas y su autonomía según el Tribunal Europeo de Derechos Humanos" (46).

Como a continuación veremos, ha habido varias sentencias donde se resuelven casos en los que un ministro de culto es despedido o descartado del acceso a un determinado oficio religioso por el hecho de discrepar de la *doctrina oficial* de la confesión en la que desempeña su labor[26].

En el caso *Knudsen contra Noruega*[27] la Comisión Europea de Derechos Humanos consideró lícito del despido de un vicario de una parroquia de la Iglesia nacional noruega por negarse a realizar determinadas funciones en protesta por la modificación estatal de la Ley del aborto, considerando que no se había producido una violación del artículo 9 del Convenio Europeo de Derechos Humanos. A juicio de la Comisión, el despido se debió al abandono de sus funciones[28]. Por otro lado, el Convenio no garantiza el derecho a ocupar un cargo en la Iglesia, quedando a salvo, no obstante, su derecho de pensamiento, conciencia y religión al poder abandonar libremente el que venía ocupando en la Iglesia estatal[29].

Encuentros multidisciplinares, 1141 y ROCA, Mª J. (2017). "Impacto de la jurisprudencia del TEDH y de la Corte IDH sobre libertad religiosa". *Revista Española de Derecho Constitucional* (110), 259.

26 Véase la referencia a las sentencias en ibid., p. 321-322.

27 Decisión núm. 11045/84 de la Comisión de 08.03.1985.

28 La Comisión considera que el vicario no solo asumía obligaciones religiosas sino también con el Estado debido a la propia naturaleza de la Iglesia noruega como Iglesia de Estado.

29 Textualmente: "The Commission finds that a clergyman within a State Church system, has not only religious duties, but has also accepted certain obligations towards the State. If the requirements imposed upon him by the State should be in conflict with his convictions, h*e is free to relinquish his office as clergyman within the State Church,* and *the Commission regards this as an ultimate guarantee of his right to freedom of thought, conscience and religión*" (apartado 2). Disponible en línea en https://www.stradalex.eu/en/se_src_publ_jur_eur_cedh/document/echr_11045-84 [Recuperado el 17.04.2024]. (La cursiva es nuestra).

Esta doctrina fue reiterada por la Comisión en el caso *Williamson contra Reino Unido*[30], en el que un pastor de la Iglesia de Inglaterra demanda a la propia Iglesia por herejía y cisma —en aplicación incorrecta de su propio derecho constitucional— por la autorización de la ordenación sacerdotal de mujeres. El demandante aduce violación del artículo 9 CEDH por la "amenaza de despido"[31], ante lo cual la Comisión reitera que su derecho de libertad de conciencia queda garantizado con el libre abandono de la organización.

En el caso *Karlsson contra Suecia*[32] se descarta la candidatura de un pastor de la Iglesia nacional sueca a ocupar el puesto de párroco por el hecho de mostrarse hostil con la ordenación femenina aceptada en el seno de la Iglesia. Según la organización, la exclusión de la candidatura se produjo por la negativa a colaborar con un ministro de culto mujer. En este supuesto, la Comisión sentenció que la libertad religiosa, amparada por

---

30 Decisión de la Comisión de 17.5.1995.

31 La Comisión advierte, sin embargo, que el pastor "permanece en la parroquia". Por otro lado, resulta criticable la afirmación de que "los cambios [esto es, aceptar mujeres a la ordenación] afectan a la estructura más que a las creencias" por resultar, a nuestro juicio, una justificación meramente "formalista" del cambio de criterio de la Iglesia de Inglaterra, cuando por el contrario, debería ser observado como lo que realmente es, un cambio en la doctrina de la confesión. La ordenación de mujeres como sacerdote, en puridad, no modifica la estructura de la Iglesia porque ésta seguirá nutriéndose de "ordenados", con independencia del sexo. Como indica Algermissen "la constitución propia de la Iglesia anglicana es desde el principio episcopal... habiéndose conservado la consagración tanto de los obispos como de otros dos grados jerárquicos, sacerdotes y diáconos". (Cfr. ALGERMISSEN, K. cit., 880). A lo que realmente afecta este cambio es a la "sustancia doctrinal" relativa a la institución de la ordenación sacerdotal por el mismo Cristo, que solo confirió la ordenación a varones.

32 Decisión de la Comisión de 08.09.1988.

el artículo 9 del CEDH, no ampara el derecho del ministro de defender convicciones particulares distintas de las mantenidas oficialmente por la Iglesia para la que trabaja.

La misma argumentación siguió la Comisión en el caso *X contra Dinamarca*[33], en el que un pastor de la Iglesia danesa fue despido por negarse a atender los requerimientos de su Iglesia exigiéndole cesar en su empeño de condicionar el bautismo a que los padres asistiesen a cinco lecciones religiosas.

III. VALORACIÓN DEL SISTEMA

Vistos los textos básicos de la UE en materia de derechos fundamentales y libertades públicas y algún otro —representativo— de naturaleza divergente, la ausencia a cualquier referencia sobre los ministros de culto, salvo contadísimas excepciones, es patente.

En este punto del discurso, el avezado lector podrá establecer ciertos paralelismos entre el presente trabajo y otro publicado por el profesor GONZÁLEZ AYESTA en 2020[34] cuyo tema era el mismo, aunque desde una perspectiva no solo europea sino internacional. Como el trabajo nos ha servido de guía utilísima, en este punto del discurso queremos hacer nuestras —*mutatis mutandi*— algunas reflexiones del mismo autor.

Advierte el autor que, a pesar de las referencias normativas internacionales al culto, la observancia de prácticas y a los ritos religiosos, no existen menciones explícitas, en términos generales, a quienes ostentan la capacidad para llevar a cabo insti-

---

33 Decisión de la Comisión de 08.03.1976.

34 Cfr. GONZÁLEZ AYESTA, J. (2020). "Los ministros de culto en los textos internacionales: análisis en relación con el tratamiento de la dimensión colectiva de la libertad religiosa". *El derecho de las confesiones religiosas a designar sus ministros de culto*, 21-56.

tucionalmente tales ritos, cultos o prácticas. Y justifica tal postura en la perspectiva esencialmente individualista con que se configura ontológicamente la libertad religiosa; es la libertad religiosa del sujeto y sus manifestaciones típicas la que merece tutela en el derecho internacional. Aunque a renglón seguido no le queda más remedio que admitir que también en este plano existen referencias a los grupos religiosos —en cuyo seno, no olvidemos, actúan los ministros de culto— cuando se habla de "manifestar las convicciones colectivamente".

Sin embargo, no podemos trasladar miméticamente estas razones al Derecho de la Unión Europea. En primer lugar, porque el artículo 17 TFUE y la Declaración número 11 del Acta Final del Tratado de Ámsterdam hacen referencia *expresa* al ejercicio colectivo de la libertad religiosa. Ciertamente no declaran un catálogo de derechos atribuible a los grupos religiosos como titulares de la libertad religiosa —al modo de la libertad religiosa individual— pero sí que contemplan la existencia de un estatuto jurídico propio. Si esto es así; si hay estatus, hay reconocimiento —al menos— implícito del derecho. La perspectiva de tutela de la libertad religiosa no es ya sólo de corte esencialmente individualista.

Y por otro lado, es la propia configuración estructural originaria de la propia Unión con los Estados en relación con las confesiones (principio de neutralidad gnoseológica) lo que justifica la ausencia de referencias a los ministros de culto. Cuando la Unión afirma que *respeta y no prejuzga* el estatuto jurídico de las confesiones otorgado por el derecho estatal reconoce un cierto margen de discrecionalidad a los Estados miembros para establecer sus modelos de relación con las confesiones religiosas; en última instancia un derecho propio y exclusivo de los Estados en este asunto. La posición de la Unión es la de neutralidad, es decir, la de no interferir ni en el establecimiento y ni en el desarrollo de tales modelos de relación; en suma, la de no alterar tales modelos. Sin embargo, hay que matizar que el propio Abogado General Tanchev sostiene que es un error interpretar el artículo 17 TFUE como un "metaprincipio de derecho constitucional" que obligue a la Unión a respetar siempre y en todo caso el estatuto conferido por los Estados a las confesiones[35] sino que los Estados, a la hora definir tales modelos de relación han de tener en cuenta —como miembros de la Unión—, aspectos como el respeto a los principios democráticos[36], al pluralismo religioso (art. 22 de la Carta) o la lucha contra la discriminación (art. 10 TFUE)[37].

La ausencia de pronunciamiento explícito de la UE frente al fenómeno religioso no conlleva su desentendimiento. Del texto del artículo 17 se deduce la acción del principio de neutralidad en materia de religión, de modo que en el ejercicio de las competencias que le son propias, garantice la diversidad e integridad de los modelos de relación que hayan asumido autónomamente los Estados. *A fortiori*, esta competencia propia de los Estados inhabilita a la Unión a manifestarse sobre su legitimidad con los límites a los que nos hemos referido anteriormente.

La neutralidad de la Unión Europea en esta materia, entendida como neutralidad positiva por algún autor[38], no implica que las cuestiones religiosas quedan completamente al margen de la competencia comunitaria tal y como se ha puesto de manifiesto en diferentes sentencias del Tribunal de Justicia sino "solo aquellas que afecten con carácter esencial al núcleo de

---

35 Vid. STJUE (Gran Sala), *Vera Egenberger* contra *Evangelisches Werk für Diakonie und Entwicklung*, de 17 de abril de 2018 (Asunto C-414/16). Disponible en línea en https://curia.europa.eu/juris/liste.jsf?num=C-414/16&language=ES [Recuperado el 19.04.2024].

36 STEDH *Refah Partisiet alii* c. Turquía, de 31.07.2001.

37 Cfr. CAÑAMARES ARRIBAS, S. (2023). cit., 47.

38 Ibid., 48-50.

las relaciones entre el Estado y las confesiones en cada Estado miembro"[39].

No se puede perder de vista la idea de que la actuación del ministro de culto adquiere sentido en el seno de una comunidad porque, al fin y al cabo, es la comunidad la que respalda institucionalmente su *capacitación* y *preeminencia* —en la mayor parte de supuestos— frente a los fieles laicos; su estatus específico. Desde aquí el razonamiento es puro silogismo: si los ministros lo son, por virtud de la confesión y son los Estados quienes otorgan un estatuto jurídico propio a éstas como competencia *exclusiva*[40], el estatuto jurídico de los ministros será el que, en el seno de la confesión, halla previsto el Estado.

En suma, es el derecho constitutivo de la Unión el que justifica la ausencia de referencias a un estatuto general de los ministros de culto porque ello supondría conculcar el principio de pluralismo religioso del artículo 22 TFUE cuya garantía de efectividad viene dada por los múltiples modos de relación con el fenómeno religioso de los Estados miembros. Si la Unión reconduce todos estos modos a uno solo conculcaría este principio.

Dicho lo anterior podríamos destacar, además —aunque conscientes de la ausencia de valor normativo— las *Orientaciones de la Unión Europea sobre el fomento y la protección de la liber-*

---

39 Vid. STJUE (Gran Sala) Congregación de Escuelas Pías Provincia Betania c. Ayuntamiento de Getafe, de 27 de junio de 2017 (Asunto C-74/16), ap. 32; STJUE (Gran Sala), Cresco Investigation GmbH c. Markus Achatzi, de 22 de enero de 2019 (Asunto C-193/17), ap. 26., y STJUE (Sala Segunda), YT *et alii* c. *Ministero dell'Istruzione, dell'Università e della Ricerca — MIUR y Ufficio Scolastico Regionale per la Campania*, de 13 de enero de 2022 (Asunto C-282/19).

40 Con los límites ontológicos a los que hemos hecho referencia anteriormente.

tad de religión o creencias de 2013[41], donde en su apartado 19 se describen las manifestaciones típicas del derecho colectivo de libertad religiosa. Adviértase que, aunque el texto menciona a "*dirigentes*" en lugar de "*ministros de culto*", resultaría adecuada una equiparación terminológica merced al contexto en que se da y su conexión explícita con el artículo 4 del Comentario General núm. 22 relativo al artículo 18 del Pacto Internacional de Derechos Civiles y Políticos donde se equiparan los términos "dirigentes religiosos y sacerdotes"[42].

[El ejercicio colectivo de la libertad religiosa] (apartado 18):

"...incluye los derechos de las comunidades a realizar actos esenciales para que los grupos religiosos desempeñen sus funciones básicas. Entre estos derechos figuran la personalidad jurídica y la no intervención en los asuntos internos, incluido el derecho de fundar y conservar lugares de culto o reunión de libre acceso, *la libertad de seleccionar y formar a dirigentes* o el derecho a realizar actividades sociales, culturales, educativas y caritativas".

IV. LA AUTONOMÍA CONFESIONAL

El derecho de autonomía de las confesiones religiosas responde, fundamentalmente, a la exigible capacidad de actuación como manifestación de la dimensión colectiva del derecho de libertad religiosa.

---

41 Redactado por el Consejo de la UE, en Bruselas, el 24 de junio de 2013. Puede consultarse en línea en https://www.mpr.gob.es/mpr/subse/libertad-religiosa/Documents/DocumentosInteres/11491_13_ConsejoUE_240613.pdf [Recuperado el 29/02/2024].

42 Vid. Nota al pie número 13 de las "Orientaciones..." así como GONZÁLEZ AYESTA, J. (2020). cit. p. 31.

No es este el momento ni el foro para analizar dogmáticamente el ius fundamento de la autonomía de las confesiones más allá de apuntar que éstas son anteriores al propio Estado y, en consecuencia éste —si quiere arrogarse el título de aconfesional o laico— solo puede reconocerla pero conviene indicar sobre qué aspectos de la vida del grupo religioso se despliega. Como sostiene PALOMINO, la autonomía confesional expresa un "haz de facultades" en materia doctrinal y organizativa o, dicho de otro modo, presenta una dimensión organizativa y otra funcional.

En terminología del TEDH, la autonomía de los grupos religiosos es expresión simultánea del *fórum internum* (libertad de creer y formular las propias creencias y su fisonomía organizativa) y del *fórum externum* (libertad de manifestar las creencias y actuar en consonancia con ellas) y conlleva un halo de protección frente al Poder público derivado de su carácter religioso.

Este haz de facultades implica, por ejemplo, el derecho a la determinación e interpretación de la doctrina, la determinación de la estructura de gobierno y de la normativa reguladora, la selección y formación y designación y cese de ministros de culto, el establecimiento de las reglas por las que se rigen las relaciones de servicio entre éstos y las confesiones así como del resto de trabajadores, el régimen de acceso y salida de la membresía o la organización de las comunicaciones internas.

Dicho lo anterior es de recibo admitir, no obstante, que el alcance de la autonomía confesional vendrá dado por la propia doctrina de la confesión en relación con lo que reivindique de los Poderes públicos. Resulta evidente que el grado de autonomía que reivindican las Iglesias reformadas, que forman parte de la estructura estatal es sustancialmente distinta de aquellas que no se encuentran en tal entramado institucional. De modo que, dada la variedad de sistemas habidos en el Unión Europea, la extensión del derecho de autonomía en cada caso concreto podrá variar.

En todo caso, el TEDH ha subrayado en la sentencia *Kokkinakis contra Grecia* que este derecho es un pilar fundamental en el seno de una sociedad democrática y consecuencia necesaria del pluralismo religioso que deben respetar los Estados. Como sostiene MOTILLA, además la autonomía organizativa de las confesiones actúa como matriz de una pluralidad de derechos reconocidos por el propio Tribunal como el derecho a obtener personalidad jurídica, a abrir lugares de culto, a entablar relaciones con otras confesiones, a tener y administrar el patrimonio, a enseñar su doctrina en instituciones públicas, etc.

En las páginas subsiguientes tendremos ocasión de ver como la jurisprudencia Europa ha modulado el ejercicio del derecho de autonomía y hasta qué punto la intervención del Estado puede considerarse legítima para la salvaguarda de los derechos fundamentales de los ciudadanos.

IV.1. Prohibición de la intervención del Estado en el nombramiento de dirigentes religiosos

IV.1.1. Conflictos en Grecia

El TEDH se ha pronunciado en varias ocasiones proscribiendo la actuación de algunos Estados que intervenían en la elección del líder religioso más afín a sus intereses frente a la voluntad de la propia comunidad religiosa. Semejante situación provocaba disensiones notables en el seno de los grupos confesionales que fueron sofocadas exigiendo a éstos unidad de liderazgo con el pretexto de evitar conflictos. Las principales sentencias dictadas, como veremos, se circunscriben al Estado griego y a algunas repúblicas de la antigua Unión Soviética.

En lo que se refiere al Estado griego, el profesor MOTILLA[43] advierte que es el único de los miembros de la UE que reconoce la jurisdicción de un juez religioso sobre los musulmanes de la región de Tracia. Actualmente existen tres Oficinas de los Muftís en Tracia[44].

Da cuenta igualmente de que el respeto a esta minoría y el peculiar papel de los muftís en el derecho griego proviene de la suscripción de varios Tratados, entre ellos el *Tratado de Estambul* de 1881, el *Tratado de Atenas,* de 1913 y finalmente, el *Tratado de Lausana*[45] entre el Estado griego y el turco en el año 1923 en el que recíprocamente se reconocen el derecho al respecto de sus respectivas minorías[46] en materia de derecho de familia y estatuto personal como puede advertirse en los artículos 42.1[47] y 45[48].

El Tratado de Atenas fue incorporado al derecho interno griego por la Ley 4511/2018, que modifica a su vez la Ley 1920/1991, relativa a los cargos religiosos musulmanes de Tra-

---

43 Cfr. MOTILLA DE LA CALLE, A. (2020). "Los ministros de culto en la jurisprudencia del Tribunal Europeo de Derechos Humanos. *El derecho de las confesiones religiosas a designar...*, 63-64.

44 Cfr. FERREIRO GALGUERA, J. (2010). "Reminiscencias del sistema de Iglesia Estado en países de la Unión Europea". *Anuario de Derecho Eclesiástico del Estado,* (XXV), 259.

45 Que delimita las fronteras de la Turquía moderna.

46 Los griegos de Estambul y los musulmanes de Tracia.

47 "El gobierno turco se compromete a adoptar, con respecto a las minorías no musulmanas, en lo que se refiere al derecho de familia y al estatuto personal, medidas que permitan la resolución de estas cuestiones de acuerdo con las costumbres de esas naciones" (La traducción es nuestra)

48 "Los derechos conferidos por las disposiciones de esta sección [III Protección de las minorías] a los no musulmanes de Turquía serán conferidos de forma similar por Grecia a las minorías musulmanas en su territorio" (La traducción es nuestra).

cia, y se dispuso que los musulmanes griegos miembros de la minoría musulmana de Tracia podrían elegir entre el derecho civil (aplicado por los tribunales civiles) y la Sharía en las cuestiones de derecho de familia y/o sucesorio. En concreto, respecto de los miembros de la minoría musulmana de Tracia, las cuestiones de derecho de familia se rigen por las disposiciones del derecho civil común, y solo en casos excepcionales pueden ser competencia de los muftíes, siempre y cuando ambas partes acuerden que estos resuelvan su litigio de conformidad con la sharía. Las cuestiones relativas a la herencia también se rigen por las disposiciones del Código Civil, a menos que el testador haga una declaración testamentaria exclusivamente al efecto de manifestar su voluntad de que su sucesión se someta a la Sharía.

Además, cabe destacar que las sentencias dictadas por los muftíes no son ejecutorias a menos que así lo declaren los tribunales civiles locales. Estos últimos examinan, en primer lugar, si el asunto entra dentro de la competencia del muftí y, en segundo lugar, si las disposiciones aplicadas por el muftí contravienen la Constitución griega, especialmente su artículo 4, párrafo 2 (igualdad de género), o el Convenio Europeo de Derechos Humanos u otros tratados internacionales de derechos humanos.

A pesar del tenor de la legislación, desde el año 1991, el Estado griego comenzó a nombrar los muftís, surgiendo así los conflictos que, a la postre, llegaron al TEDH. En fechas recientes, no obstante, el Estado griego aprobó en el Parlamento un nuevo marco normativo sobre los muftís en la región de Tracia[49]. Sin embargo, no reconoce el derecho de las comunidades musulmanas locales a convocar elecciones internas lo que

---

[49] Cfr. https://mundoislam.com/actualidad/europa/2022/07/27/grecia-busca-nuevo-marco-normativo-muftis-musulmanes-tracia/. Recuperado el 29/02/2024.

ha suscitado las protestas del Estado turco por —a su juicio— violación de los derechos de esta minoría religiosa[50].

En la sentencia *Serif contra Grecia,* de 14 de diciembre de 1999, el TEDH estimó que se había violado el artículo 9 CEDH al condenar a un dirigente religioso por usurpación de las funciones de muftí en contra del criterio del Estado. El enfrentamiento entre las autoridades civiles y religiosas griegas surgió de una desavenencia en el nombramiento de un muftí en la región de Tracia (*Comunidad de Rodopi*) porque la comunidad religiosa lo eligió sin respetar la preceptiva intervención de las autoridades estatales exigida expresamente por la Ley griega debido a la importancia de las funciones administrativas y judiciales que ejercen los muftís en el país. Este hecho no solo provocó el enfrentamiento que hemos indicado sino también cierta división en el seno de la comunidad religiosa islámica.

El hecho de que la condena de los tribunales nacionales se basó en que el procesado había emitido varios mensajes con ocasiones de festividades religiosas y fue visto vistiendo un atuendo religioso, llevó al TEDH a considerar vulnerada su libertad religiosa sosteniendo que "condenar a una persona por el mero hecho de actuar como líder religioso de un grupo —que además lo apoyaba— resulta incompatible con la exigencia de pluralismo religioso exigible en una sociedad democrática", a lo que añadió que, excepto cuando existe una necesidad social imperiosa, el Estado no está legitimado para interferir en una cuestión meramente religiosa que ha sido decidida por una comunidad religiosa, incluso aunque esa comunidad se encuentre dividida por opiniones opuestas sobre el tema y pueda producirse, en consecuencia una tensión social; hecho que, de nuevo, es uno de los efectos inevitables del pluralismo que,

---

50 Cfr. https://www.trt.net.tr/espanol/turkiye-1/2022/08/04/turquia-reacciona-al-marco-normativo-con-respecto-a-los-muftis-de-musulmanes-de-tracia-1863537. Recuperado el 29/02/2024.

a su vez, es inseparable —dice— de la democracia. El papel de las autoridades en tales circunstancias no consiste en eliminar la causa de las tensiones eliminando el pluralismo, sino en asegurar la tolerancia mutua entre los grupos enfrentados.

Finalmente —y esto resulta notablemente relevante— el Tribunal no cree que, en una sociedad democrática, el Estado tenga que adoptar medidas para garantizar que las comunidades religiosas permanezcan o sean conducidas bajo un liderazgo unificado[51].

En el caso *Agga contra Grecia,* de 17 de octubre de 2002,[52] de nuevo, se produce un conflicto entre el Poder público y las autoridades confesionales por el nombramiento de un dirigente religioso. El demandante fue condenado reiteradamente por los tribunales nacionales por usurpación de funciones religiosas en cuanto había hecho caso omiso a la designación como muftí de otro sujeto deponiéndolo a él, designado interinamente.

Para la Corte la injerencia estatal en el derecho de libertad religiosa del demandante (*Sr. Agga*) no responde a una necesidad social imperiosa ni resulta proporcionada en una sociedad democrática (ap. 56). Reitera, de igual modo, la doctrina sentada en la sentencia *Serif* por la que resultan contrarias a las exigencias del pluralismo en una sociedad democrática tanto la condena a una persona por el mero hecho de considerarse a sí mismo como líder religioso como la actitud intervencionista

---

51 Cfr. MARTÍNEZ TORRÓN, J. (2001). "La protección de la Libertad Religiosa en el sistema del Consejo de Europa". *Proyección nacional e internacional de la libertad religiosa,* 118; GONZÁLEZ SÁNCHEZ, M. (2016) "Cuestiones del trabajo de los ministros de culto para la confesión". *La jurisprudencia del Tribunal Europeo de Derechos Humanos en torno al derecho de libertad religiosa en el ámbito laboral,* 110.

52 Cfr. GUTIÉRREZ DEL MORAL y CAÑIVANO (2003). cit. p. 96.

del Estado pretendiendo garantizar la unidad de liderazgo en una determinada comunidad religiosa.

En fechas recientes y, aunque el asunto no ha llegado aún al TEDH, el Estado griego ha condenado al muftí y jurisconsulto *Ahmet Mete*, electo de la ciudad de Xanthi[53], a una pena de quince meses de prisión por "*alterar el orden público al sembrar la discordia pública*"; pena que solo se hará efectiva si comete otro delito en el plazo de tres años.

De inmediato el gobierno turco[54] se manifestó contra la decisión del tribunal griego calificándola como "otra manifestación de la presión legal y las políticas de intimidación de Grecia contra los muftís elegidos por la minoría turca de Tracia Occidental" a través de la imputación de "acusaciones infundadas" contra aquellos para "evitar que cumplan con sus deberes religiosos y sociales libremente". En suma, Turquía acusa a Grecia de una intromisión ilegítima en el derecho de autonomía a la hora de elegir y designar a los dirigentes religiosos de la minoría musulmana de Tracia occidental a tenor del derecho internacional.

Teniendo en cuenta que la sentencia no es firme aún, Turquía expresó su esperanza en que la «injusta decisión» se corrija en las etapas posteriores del proceso legal invitando a Grecia a "a poner fin a sus prácticas opresivas que violan los derechos

---

53 Fuente: https://mundoislam.com/actualidad/europa/2021/06/21/turquia-acusa-grecia-perseguir-muftis-elegidos-minoria-turca-tracia/#google_vignette [Recuperado el 04/03/2024]. Xanthi (Iskece) es parte de la región de Tracia Occidental de Grecia que cuenta con una población de 150.000 turcos musulmanes.

54 Cfr. Comunicado de prensa núm. 248, de 4 de agosto de 2022, sobre la Ley de los Muftíes en Tracia Occidental emitido por el Ministerio de Asuntos Exteriores turco. Disponible en línea en https://www.mfa.gov.tr/no_-248_-yunanistan-in-bati-trakya-muftuluklerine-iliskin-hazirladigi-yasa-hk.es.mfa. Recuperado el 3/03/2024.

y libertades fundamentales de la minoría turca de Tracia Occidental y sus muftís electos"[55].

IV.1.2. Conflictos en exrepúblicas soviéticas

Por su parte, han sido varios los pronunciamientos del TEDH en contra del gobierno búlgaro por violación del artículo 9 CEDH en relación con la designación de líderes religiosos de minorías musulmanas, transgrediendo así el libre ejercicio del derecho de autonomía organizativa que constitucionalmente les asiste.

Como ocurría en Grecia, desde los años 90 del siglo XX ha existido un interés gubernamental por favorecer la elección de líderes religiosos afines al Estado con la intención de controlar a determinadas minorías religiosas que, en su caso, podrían ser consideradas disidentes.

Bulgaria salió del yugo comunista en 1989, dotándose de una nueva Constitución en el año 1991. El país, aunque de mayoría ortodoxa, cuenta con minorías musulmanas, fundamentalmente turcos, roma y *pomaks*, descendientes de búlgaros eslavos convertidos al Islam durante la época del Imperio otomano, en la cordillera Ropodi, en el límite con Grecia y algunos otros al noreste del país, en las ciudades de Shumen y Razgrad y en la costa del Mar Negro[56].

---

55 Ibid.

56 Cfr. TORRES GUTIÉRREZ, A., HRISTOV KOLEV, A., NIKOLOV DOBREV, E., y PETROVA ANGELOVA, I. (2006). "El derecho a la libertad religiosa y de conciencia en la legislación búlgara postcomunista". *Laicidad y Libertades* (6), 534-535.

La Constitución búlgara proclama con nitidez, en su artículo 13, el principio de separación Iglesia-Estado[57] y garantiza el derecho de libertad religiosa (art. 13.1[58]), obligando a los Poderes públicos a mantener la tolerancia y el respeto a los creyentes de diversas confesiones y entre creyentes y no creyentes (art. 37.1[59]). Consagra también el principio de neutralidad del Estado proscribiendo, expresamente, el reconocimiento de privilegios y restricciones de derechos por razón de las creencias religiosas (art. 6)[60].

Estos principios constitucionales son reiterados, a su vez, por la *Ley de Denominaciones Religiosas* de 2002 que, en lo que a este trabajo se refiere, establece claramente la prohibición de que el Estado interfiera en los asuntos internos de las confesiones cuando afirma que "Las instituciones religiosas deben estar separadas del Estado. La interferencia del Estado en la organización interna del autogobierno de instituciones religiosas no está permitida" (art. 4 §1 y §2)[61]. En consecuencia, el principio de autonomía en la organización interna —en cuyo seno se puede colocar la designación de ministros de culto— de los

---

57 Cfr. SANTOS, J. L. (2007). "El factor religioso en Bulgaria y Rumanía, nuevos miembros de la Unión Europea". *UNISCI Discussion Papers*, (14), 134.

58 "*La práctica de cualquier religión será libre*". Fuente del texto: ÁLVAREZ VÉLEZ, Mª I. y CORREAS SOSA, I. (2006). "Constitución de Bulgaria. Estudio introductorio". *Revista de las Cortes Generales* (68).

59 "*La libertad de conciencia, la libertad de pensamiento y la elección de religión y de creencias religiosas o ateas será inviolable. El Estado asegurará el mantenimiento de la tolerancia y respeto entre los creyentes de diferentes ideologías, y entre los creyentes y no-creyentes*". Ibid.

60 Algunos autores cuestionan el alcance de este derecho por la referencia expresa a la Iglesia Ortodoxa en la propia Constitución, calificándola de "*difusa sensación de confesionalidad*". Cfr. TORRES GUTIÉRREZ, A. *et alii*, cit., 539 y 598.

61 Cfr. SANTOS, J. L. (2007). cit., 133 (La traducción es nuestra).

grupos religiosos resulta del propio texto constitucional (principio de neutralidad) y se proyecta en un texto legal, resultando inequívocamente vinculante para cualquier Poder público.

En el caso *Hasan Tchaouch contra Bulgaria*, de 26 de octubre de 2000,[62] —caso icónico en la doctrina— también se produjeron desavenencias entre las autoridades estatales y las confesionales por el nombramiento de un muftí en una comunidad búlgara. El Estado había intervenido en varias ocasiones confirmando la designación alternativa de dos muftís en una comunidad islámica. En su seno surgió la división entre partidarios de uno y otro, reclamando ambos ante los tribunales nacionales la legitimidad de su designación.

Partiendo de la idea de que las comunidades religiosas quedan amparadas por el Convenio —pues son manifestación de la libertad religiosa colectiva— por virtud de la vinculación entre el artículo 9 y el 11 que garantiza la independencia de las asociaciones frente a las injerencias del Estado (*Serif y Kokkinakis*) el TEDH deja expresa dos ideas básicas, eje del derecho de autonomía de las confesiones frente a los Poderes públicos como son: a) que, salvo en casos excepcionales, "la libertad religiosa garantizada por el Convenio excluye cualquier discrecionalidad estatal para determinar si las creencias o los medios para expresarlas son legítimos y, b) que resulta una injerencia indebida en la libertad religiosa la acción estatal encaminada a obligar a una comunidad unida bajo un mismo liderazgo".

Es de destacar el parágrafo 62 en el que se define claramente la idea de autonomía confesional cuando el TEDH afirma que "Al cuestionarse la organización de la comunidad religiosa, el artículo 9 debe interpretarse a la luz del artículo 11 del

---

62 Cfr. GUTIÉRREZ DEL MORAL, Mª. J. y CAÑIVANO, M. A. (2003). *El Estado frente a la libertad de religión: jurisprudencia constitucional española y del Tribunal Europeo de Derechos Humanos*, 94.

Convenio que protege la vida asociativa contra cualquier injerencia injustificada del Estado. Desde este punto de vista, el derecho de los fieles a la libertad de expresión supone que la comunidad pueda funcionar apaciblemente, sin injerencia arbitraria del Estado. En efecto, la autonomía de las comunidades religiosas es indispensable para el pluralismo en una sociedad democrática y por lo tanto está bajo la protección que ofrece el artículo 9. Presenta un interés directo no solamente para la organización de la comunidad como tal sino para el goce efectivo para el conjunto de sus miembros activos del derecho a la libertad de religión. Si la organización de la vida de la comunidad no estuviera protegida por el artículo 9 del Convenio, todos los demás aspectos de la libertad de religión del individuo estarían debilitados".

El caso *Santo Consejo Supremo de la Comunidad Musulmana c. Bulgaria,* de 16 de diciembre de 2004[63], guarda gran similitud con los hechos acaecidos en el caso *Hasan Tchaouch* en cuanto las autoridades búlgaras habían intervenido —de nuevo— en la designación de dos líderes religiosos (muftís) de la comunidad islámica búlgara que reclamaban simultáneamente la legitimidad de su liderazgo.

La entidad demandante, el Santo Consejo Supremo de la Comunidad, encabezado por el señor Gendzhev, era reconocida oficialmente como la organización que lideraba a los musulmanes en Bulgaria, al menos entre 1995 y 1997. El Sr. Gendzhev era su líder y ejerció como muftí al menos entre 1988 y 1992, siendo además Presidente del Santo Consejo Supremo entre 1995 y 1997. Tras ser acusado el Santo Consejo de colaboración

---

[63] Aranzadi TEDH 2004/100, también en OTADUY GUERÍN, J. (2005). "Crónica de Jurisprudencia". *Ius Canonicum* (89), 310-311 y GUTIÉRREZ DEL MORAL, Mª J. (2014). "Neutralidad religiosa de los poderes públicos en el TEDH", *Derecho y Religión* (IX), 154, GONZÁLEZ, M. (2016) Cuestiones del trabajo de los ministros..., cit. 111.

con el régimen comunista, el gobierno búlgaro declaró nula la elección del Sr. Gendzhev y designó interinamente al Sr. Hasan. Tras varias disputas a lo largo de los años entre ambos por tomar el control de la confesión y la división en el seno de la misma el asunto llegó al TEDH que reiterando la doctrina de las sentencias *Serif* y *Hasan Tchaouch* y, partiendo de la idea de que "El derecho a la libertad religiosa protegido por el artículo 9, interpretado a la luz del artículo 11, que protege a las asociaciones frente a injustificadas interferencias estatales, incluye la expectativa de que se permitirá a la comunidad un funcionamiento pacífico, libre de arbitrarias interferencias estatales", concluye finalmente que la actuación del Estado obligando a la comunidad a mantener un liderato unitario constituyó una injerencia indebida en la libertad religiosa colectiva en cuanto "las medidas que favorecen a un líder o a un grupo en particular dentro de la comunidad religiosa dividida, o que busquen forzar a la comunidad, o a parte de ella, a tomar partido por un liderato concreto… constituyen un infracción de la libertad de religión amparada por el artículo 9 CEDH" (§ 76 y 85).

En el caso *Santo Sínodo de la Iglesia Ortodoxa Búlgara*, de 22 de enero de 2009[64], el Tribunal declaró que, aunque la disputa por el liderazgo de la Iglesia Ortodoxa búlgara fuera cuestión de interés por el Estado, "las medidas adoptadas para obligar a la comunidad a unirse al liderazgo apoyado por el gobierno excedieron el margen de apreciación reconocido al Estado". De este modo se reconoció la violación del derecho de libertad religiosa de la comunidad religiosa, insistiendo la Corte en la necesidad de respeto —por parte del Estado— del principio

---

64 Vid. Un comentario crítico a la sentencia EN PONKIN, I. y KOUZNETSOV, M. (2009). "Los cismas religiosos y la postura del Tribunal Europeo de Derechos Humanos en el asunto «El Santo Sínodo de la Iglesia Ortodoxa Búlgara (metropolitana Innokenty) y otros contra Bulgaria»". *Revista General de Derecho Canónico y Derecho Eclesiástico del Estado* (21).

de neutralidad e *imparcialidad* [sic] que "resulta incompatible con cualquier poder del Estado de valorar la legitimidad de las creencias religiosas" (§120) sobre la base de la vinculación entre los artículos 9 y 11 CEDH (§103[65]).

En el caso *Mirolubovs y otros contra Letonia*, de 15 de septiembre de 2009, el TEDH declara que el Estado letón violó el artículo 9 CEDH y realizó una intromisión en la autonomía confesional al intervenir ilegítimamente en una disputa interna que afectaba a la comunidad "ortodoxa-vieja" en Riga, siendo ésta una de las religiones tradicionales del país. La Corte reiteró su doctrina de que "el Estado debe permanecer neutral frente a los conflictos internos de las entidades religiosas y que las injerencias sobre ellas no se justifican en el seno de un Estado democrático"[66].

IV.2. El ejercicio de los derechos fundamentales: la tutela judicial efectiva

El artículo 6 CEDH consagra el derecho a la tutela judicial efectiva a través de la garantía de acceso a un proceso equitativo en el que el Tribunal habrá de decidir los litigios sobre los derechos y obligaciones "de carácter civil". En términos generales los tribunales de justicia y, en especial el TEDH, han venido rechazando las demandas de los ministros de culto, principalmente, por no estar basadas en la existencia de un "derecho civil" reconocido como tal por el Estado. Normalmente tales disputas traen causa de las relaciones jurídicas de carácter re-

65 Sentencia *Hasan Tchaouch c. Bulgaria* §26.

66 Cfr. MARTÍN-RETORTILLO, L. (2010). "La libertad religiosa en la reciente jurisprudencia del Tribunal Europeo de Derechos Humanos". *Anuario de Derecho Eclesiástico del Estado* (26), 305-310, GUTIÉRREZ DEL MORAL, Mª. J. (2014). "Neutralidad religiosa...", cit., 154 y GONZÁLEZ, M. (2016). "Cuestiones del trabajo...", cit., 112.

ligioso entre ministro y confesiones configuradas en la propia normativa confesional.

Como afirma MOTILLA[67], existe una notable variabilidad en los procesos internos de las confesiones religiosas así como de los efectos civiles que pueden tener. Así pues, hay situaciones tratadas por el TEDH en las que se analiza un procedimiento judicial intraconfesional, proseguido en diferentes instancias y regulado por una ley concreta y, en otros casos, son decisiones administrativas emitidas por la autoridad religiosa sin posibilidad de recurso. En otro orden de cosas, hay que advertir también que la variabilidad aludida depende del tipo de relación que se establece entre las confesiones y el Estado, abarcando una multiplicidad de situaciones que pueden ir desde la confesionalidad a la laicidad, y que condicionan la eficacia jurídico-civil de los actos emanados de las autoridades religiosas.

En términos generales, cuando se ha recurrido la resolución de una iglesia o comunidad religiosa por parte de un ministro de culto ante los tribunales estatales, éstos han declarado incompetentes por falta de jurisdicción, bien porque las relaciones entre el ministro y la confesión pertenecen al ámbito de la autonomía confesional, bien por el sistema jurisdiccional confesional parte del entramado institucional del Estado[68].

Existen dos supuestos paradigmáticos en el TEDH que apoyan esta tesis como son el caso *Tyler c. Reino Unido* (1994) y el caso *Seremity c. Grecia* (2008).

En el primero, un pastor de la Iglesia de Inglaterra fue suspendido de sus funciones como párroco al ser acusado de haber cometido adulterio con una de sus feligresas y se le retira la asig-

---

67 Cfr. MOTILLA DE LA CALLE, A. (2020). "Los ministros de culto…", cit., 82.

68 Ibid., 84.

nación que venía percibiendo. Tras varias apelaciones fallidas en sede confesional se interpone demanda ante la Comisión Europea de Derechos Humanos alegando violación del derecho a un proceso equitativo porque el juez que dictó la sentencia fue elegido por el obispo, quien, a su vez, era la parte acusatoria. Teniendo en cuenta los hechos en el proceso y que el Estado lo asume como propio por ser una iglesia establecida, la Comisión concluyó que no había violación del artículo 6 CEDH porque el abogado, experto en derecho, fue elegido independientemente y asistido por dos personas también independientes.

En el segundo caso, un ministro de culto de la Iglesia ortodoxa es destituido en un proceso administrativo confirmado, posteriormente, en sede judicial. Recurrida la resolución del tribunal se apeló ante el superior de la Iglesia ortodoxa alegando el recurrente que no dispuso de abogado en primera instancia y recusando a varios jueces. La apelación rechaza la demanda y confirma la sentencia, lo mismo que el Consejo de Estado griego. Finalmente, el TEDH dictaminó que el proceso ante los tribunales de la Iglesia ortodoxa carecía de indicios de arbitrariedad y, en consecuencia, no se había violado lo dispuesto por el artículo 6 CEDH.

IV.3. Las relaciones de servicio entre el ministro de culto y la confesión religiosa

Existen otras resoluciones del TEDH en las que se pronuncia sobre reclamaciones contra confesiones religiosas por disputas en la relación de servicio que prestan los ministros de culto.

Existe una cierta evolución en la doctrina del Tribunal al respecto. Mientras en un primer momento se desestiman las demandas por incompetencia jurisdiccional al pertenecer tales relaciones al ámbito de la autonomía confesional y, en consecuencia, formando parte del derecho de libertad religiosa, posteriormente se deslindan algunos aspectos, esencialmente de carácter económico, de tal relación declarando que los mismos exceden el ejercicio de la libertad religiosa, arrogándose los tribunales europeos la competencia para juzgarlos.

Resultan ilustrativas del primer momento al que nos referimos las sentencias de los casos *Athinen c. Finlandia,* de 23 de septiembre de 2008 y *Dudová y Duda c. República Checa,* de 30 de enero de 2001 y del segundo las de los casos *Károly Nagy c. Hungría,* de 1 de diciembre de 2015 y *Sindicatul c. Rumanía,* de 9 de julio de 2013.

En el primero de los supuestos, el TEDH desestimó un recurso presentado por un pastor de la Iglesia Evangélica Luterana de Finlandia que había sido trasladado forzosamente de parroquia por violación de su derecho a la tutela judicial efectiva como consecuencia de que los tribunales finlandeses desestimaran su demanda por falta de contenido laboral de la relación de servicio con la Iglesia. La razón principal del Tribunal europeo fue que, si bien a nadie se le puede negar su derecho a interponer una demanda para defender sus derechos y obligaciones civiles, en el caso concreto, propiamente no se tutelaba ningún "derecho civil" porque sus relaciones quedaban en el plano estrictamente religioso. Resalta al respecto Cañamares que la "sentencia viene a concluir que la Ley reconoce el derecho de las iglesias a su libre organización interna, derecho que incluye las cuestiones relativas al nombramiento de sacerdotes y su posterior servicio. Consecuentemente —sigue— cualquier decisión judicial sobre este tipo de materias sería contraria a la autonomía e independencia de las confesiones religiosas garantizadas por el Convenio en sus artículos 9 y 11".

En el segundo supuesto, el TEDH inadmitió una demanda de unos ministros de culto de la iglesia *hussita*[69] que habían

---

69 Vid. una referencia a la misma en MARTÍN RETORTILLO, L. (2011). "La libertad religiosa en la reciente jurisprudencia del Tribunal

sido sancionados con la suspensión de su salario como consecuencia de la dejación de funciones en la que se habían instalado por mala relación con otros eclesiásticos al considerar que las relaciones de servicio quedan al margen del artículo 6 del Convenio por ser estrictamente religiosas.

La idea de que la autonomía confesional abarca cualesquiera aspectos de la relación de servicio entre los ministros y las confesiones religiosas decae ya en la STEDH del caso *Károly Nagy c. Hungría.*

En el supuesto, un ministro de la Iglesia Calvinista[70] reclamaba el abono de las retribuciones devengadas desde que había sido suspendido cautelarmente de sus funciones en la Iglesia hasta que se puso fin definitivamente, según la ley confesional, a la relación de servicio. En el procedimiento interno, las normas preveían una suspensión cautelar de sesenta días durante la instrucción del procedimiento aparejando el derecho a la percepción del 50% de los emolumentos. La sustanciación del procedimiento superó efectivamente los sesenta días con lo que el recurrente entendía que le asistía derecho a cobrar el 100% de su sueldo ya que fue en segunda instancia cuando se puso fin, definitivamente, a la relación con la confesión religiosa.

Finalmente, tanto los tribunales de lo social como el orden civil se declararon incompetentes para conocer del fondo del asunto por entender que la relación con la Iglesia no se regía por el derecho estatal sino por el confesional[71].

Europeo de Derechos Humanos". *Derechos y garantías del ciudadano; estudios en homenaje al profesor Alfonso Pérez Moreno*, 251-252.

70 El ministro realizaba esencialmente funciones pastorales a las que se sumaba el ejercicio de la labor de profesor de Historia de la Reforma en una escuela de la Iglesia.

71 Vid. SÁNCHEZ GÓMEZ, H. (2016). "Ministros de culto y autonomía de las confesiones religiosas. A propósito de la STEDH, de 1 de

Aunque el Alto Tribunal desestimó la pretensión del actor de considerar violado su derecho a la tutela judicial efectiva por los tribunales húngaros[72], resulta de especial interés el voto discrepante formulado por tres jueces que consideraron que la autonomía confesional no es absoluta, resultando competentes los tribunales civiles para conocer de aquellos aspectos de la relación de servicio entre los ministros y las confesiones que propiamente resulten ajenos al ejercicio de la libertad religiosa colectiva como era la reclamación del salario.

Los mismos jueces hicieron hincapié en que la tutela judicial efectiva puede ser restringida para salvaguardar un interés legítimo siempre que exista proporcionalidad en los medios empleados. Restricción que se justificaría en el caso por la protección de la autonomía frente a las injerencias estatales ilegítimas. Sin embargo, habría que afirmar que para ello es necesario que el riesgo que alega la confesión debe ser "real y sustancial" y no meramente potencial. Concluyen pues que los tribunales nacionales no hicieron un juicio de ponderación entre la tutela judicial efectiva y el derecho de autonomía de la confesión para ver si la demanda podía amenazar la autonomía y recuerdan que "el núcleo de la demanda no versaba sobre la designación o cese de los ministros —aspecto intrínsecamente unido a la autonomía— sino sobre las retribuciones en el período en el que el ministro había actuado como tal"[73].

Esta "nueva" visión del Tribunal se hizo realmente patente en el caso *Sindicatul "Pastorul Cenl Bun" c. Rumanía* en el que se

---

diciembre de 2015, Károly Nagy c. Hungría". *Revista General de Derecho Canónico y Derecho Eclesiástico del Estado* (42).

72 Según el Tribunal de Estrasburgo las relaciones entre el clérigo y su Iglesia no pueden ser calificadas de laborales cuando se realizan tareas predominantemente pastorales como ocurría en el caso ya que no existía un contrato laboral que le vinculase con el colegio.

73 Cfr. CAÑAMARES, S. (2018). "Ministros de culto…", cit., p. 77.

debía solventar un conflicto en torno al derecho de asociación en el seno de una confesión religiosa, en este caso, la Iglesia Ortodoxa.

Varios clérigos y algún laico fundaron un sindicato en el seno de la Iglesia Ortodoxa para la defensa de sus intereses. Para ello, solicitaron su inscripción y pedir autorización al arzobispo de Crainova tal y como preveía la normativa confesional. Notificado por el Registro el arzobispo se opone a la inscripción por considerar que las funciones del sindicato son incompatibles con la jerarquía que vertebra la estructura de la Iglesia. Sin embargo, el tribunal civil de primera instancia ordena la inscripción, frente a lo que el máximo órgano de gobierno de la entidad, el Santo Sínodo, apeló la sentencia de instancia obteniendo su revocación.

El Tribunal de Estrasburgo consideró que se había violado el derecho de asociación contenido en el artículo 11 CEDH en su modalidad de constituir un sindicato, resultando por tanto, la intervención del Estado arbitraria porque no se encontraba justificada en las necesidades de una sociedad democrática ya que no se ponía en riesgo la fe la de la Iglesia ni resultaba proporcionada porque desprotegía a los trabajadores de su derecho de libertad sindical.

Sin embargo, la Gran Sala del TEDH revierte el fallo, partiendo de la idea de la asimilación entre las funciones de los ministros y las relaciones laborales, subrayando su naturaleza especial. Partiendo de ello, se reconoce el derecho de los demandantes a crear un sindicato; derecho que por otro lado, contempla la propia legislación canónica. Luego se dio una injerencia en el derecho de asociación del Convenio. Sin embargo, matiza el tribunal que tal injerencia no resultaba arbitraria porque, por un lado estaba prevista por la ley ya que la normativa confesional preveía la autorización preceptiva del Santo Sínodo previo V° B° del obispo y, por otro, el fin resultaba legítimo: preservar la estructura jerárquica y la autonomía de la Iglesia.

A pesar de lo anterior el Tribunal de Estrasburgo, al analizar si la intervención estatal fue "necesaria y proporcionada en el seno de una sociedad democrática", recurre de nuevo a la idea de "necesidad de existencia de un daño sustancial y real" acreditable por la confesión. Textualmente dice que "una mera alegación de la comunidad religiosa de que existe un peligro actual o potencial a la autonomía no es suficiente para los limitar los derechos de sus miembros a un sindicato… debe además mostrarse…. Que el riesgo alegado es real y sustancial, y que la interferencia en el derecho de asociación no va más allá de lo necesario para eliminar el riesgo y no para otros propósitos distintos del derecho de la autonomía de la iglesia".

Tras esta argumentación, la Gran Sala concluye que la intervención del Estado denegando la inscripción fue razonable apreciándose un riesgo real a la autonomía de la Iglesia Ortodoxa porque "de permitir la constitución y funcionamiento de la asociación, a la diócesis se le obligaría a trabajar con un cuerpo extraño a la tradición de la Iglesia que pone en peligro su estructura jerárquica y que promueve unas actividades poco acordes con los modos de adoptar decisiones y de proceder regulados por el derecho canónico"[74].

V. LA LIBERTAD DE EXPRESIÓN DE LOS MINISTROS DE CULTO

No es este el lugar ni el contexto para analizar pormenorizadamente el contenido y los límites a la libertad de expresión; cuestión ampliamente tratada por parte de la doctrina, no solo

---

74 Cfr. MOTILLA DE LA CALLE, A. (2020). "Los ministros de culto…", cit., 105.

eclesiasticista sino de otras especialidades del derecho. Lo que sí cabe plantearse es si —como hace la profesora GARCIMARTÍN[75]— la libertad de expresión de los ministros de culto merece un tratamiento específico.

Como sostiene la autora, la respuesta *a priori*, es negativa. Desde que se abolió el privilegio de jurisdicción y gran parte de los Estados devienen en laicos o confesionales, los ministros se someten, como cualquier otro ciudadano a la legislación civil.

Dicho lo anterior y, aunque el ministro de culto se asimila al ciudadano común en el plano secular, lo cierto es que su posición no es la misma porque gozan de una situación singular por la posición que ocupan en sus comunidades, quien de algún modo, les invisten de un poder, de una autoridad, de la que carecen —en general— los fieles laicos. Dicha autoridad variará en función del caso y del estatus que la comunidad religiosa confiera al ministro de acuerdo con su tradición y creencias. De igual modo, y en conexión con lo anterior, el alcance potencial del mensaje transmitido por el ministro de culto merced a la autoridad que ostenta, es mucho mayor que el de cualquier ciudadano secular. Las posibilidades que el mensaje sea escuchado y seguido se incrementan exponencialmente en virtud de su condición, por no hablar del potencial que adquiere a través de su difusión en las redes sociales.

La importancia del autor del mensaje y el contexto en que se transmite[76] a la hora de su calificación jurídica cuando se desata el conflicto, hace que el emisor, cuando se trata de un ministro de culto, deba asumir una especial posición de

---

75 Cfr. GARCIMARTÍN MONTERO, Mª. C. (2021). "La libertad de expresión de los ministros de culto". *Anuario de Derecho Eclesiástico del Estado* (37), 572.

76 Ibid., 578.

responsabilidad con respecto al mismo[77], dando fiel cumplimiento al mandato contenido en el artículo 10.1 del Convenio Europeo de Derechos Humanos. No faltan ejemplos en la jurisprudencia española y extranjera de denuncias contra ministros de culto de diversas religiones acusándoles de delitos de odio, especialmente cuando se trata de discursos contrarios a determinados valores o conductas que pretenden imponerse desde determinados sectores políticos, configurando parte de lo que se ha dado en llamar "lo políticamente correcto", en contra de valores religiosos que podríamos calificar de tradicionales. La importancia del contexto —como antes hemos dicho— y de los destinatarios del mensaje resulta capital. No es lo mismo que un ministro de culto difunda un mensaje —por ejemplo una homilía— para sus fieles en el contexto de una celebración religiosa que difunda un mensaje para público religioso y no religioso. Aquí el destinatario juega un papel fundamental porque las posibilidades de adhesión son infinitamente mayores que las de crítica y, por tanto, el mensaje puede ser —al menos *a priori*— más contundente; más *radical*, si se nos permite el término, dado el contexto. El ejercicio de responsabilidad del emisor es quizá mayor cuando el destinatario es público no religioso o de creencias distintas porque las posibilidades de que el mensaje pueda resultar hostil, ofensivo o perturbador son mucho mayores; máxime hoy en un clima social fuertemente secularizado y transido de lenguaje políticamente correcto. Las posibilidades de disrupción de determinados mensajes de contenido religioso en ambientes fuertemente secularizados, o incluso antirreligiosos, de la "paz social" son altas. Aunque, dicho lo cual, hay que dejar claro que tal ejercicio de responsabilidad por parte del emisor, cuando es un ministro, no puede menos-

---

77 STEDH *Handyside c. Reino Unido*, núm. 5493/72, §49 que dice textualmente: "...cualquiera que ejerce su libertad de expresión asume *deberes y responsabilidades*, cuyo ámbito depende de su situación y del procedimiento técnico utilizado..." (La cursiva es nuestra).

cabar de ningún modo ni el derecho de autonomía de las confesiones a la hora de confeccionar teológicamente sus valores y principios morales ni la libertad de difundir íntegramente tales valores y principios sin injerencias indebidas provenientes ya del Estado ya de terceros pues no hay que olvidar que las manifestaciones de origen religioso son, como cualquier otra manifestación laica, encuadrables en las libertades ideológicas y de expresión —amén de la propiamente religiosa", incluyendo nuestra jurisprudencia aquellas ideas que resulten "críticas, incluso extremistas aun cuando puedan ser desabridas, molestas o inquietantes"[78]; criterio éste último —el de la irritabilidad o inquietud— en el destinatario que sirve de línea de deslinde de muchas manifestaciones religiosas que no son bien acogidas por determinados sectores sociales por el mero hecho de provenir de ministros de culto o fieles religiosos.

En el caso *Mahi c. Bélgica*, de 3 de septiembre de 2020[79], un profesor de religión islámica en un colegio francófono belga fue objeto de un traslado como medida disciplinaria por haberse manifestado en una carta abierta en la prensa sobre ciertos altercados acaecidos en su escuela tras el atentado terrorista contra Charlile Hebdó así como sobre otras cuestiones de interés social como la homosexualidad, los medios de comunicación, la clase política, la judicatura, etc. La justificación de la Administración para su traslado fue haber violado el deber de discreción que recae sobre los funcionarios públicos belgas, entre los que se encuentran los profesores. Interpuesta la co-

---

[78] SSTC 176/2005, de 11 de diciembre y 174/2006, de 5 de junio. Vid, también la teoría de las *shocking ideas* del TEDH, en el caso Handyside c. Reino Unido y del Tribunal Supremo del Reino Unido en la sentencia *Redmond-Bate c. DPP*, de 23 de julio de 1999, que sostuvo que la "*libertad de expresión no sólo incluye las opiniones inofensivas sino también las irritantes, conflictivas, heréticas, las que no son bienvenidas y las provocadoras, siempre que no tiendan a provocar la violencia*".

[79] Núm. 57462/19.

rrespondiente demanda ante el TEDH por violación tanto del derecho a la intimidad del artículo 8 CEDH como del derecho a la libertad de expresión del 10 CEDH, éste la inadmitió de inmediato al considerar que, si bien efectivamente se había producido una conculcación de éste último, la injerencia estatal estaba prevista por Ley, fue legítima, proporcionada y respondió a una necesidad en el seno de una sociedad democrática. En primer lugar, existía una norma en el derecho belga que, expresamente, imponía a los profesores, como funcionarios públicos, un especial deber de discreción[80]. Por otro lado, persiguió un fin legítimo en cuanto su objetivo último fue evitar disturbios en el "caldeado" ambiente que se vivía en la escuela tras los atentados contra la revista Charlie Hebdó y, finalmente, el traslado resultaba una medida necesaria porque los deberes para con el ejercicio de la libertad de expresión en el caso de funcionarios adquiere una especial significación.

El aspecto más destacable de la sentencia es la asimilación de los profesores a autoridad pública. Para el Tribunal la autoridad que representa el docente para sus alumnos incide notablemente en las posibilidades de difusión y calado de su mensaje, de lo que se deduce la especial relevancia de sus deberes

---

80 El *Real Decreto de 22 de marzo de 1969 por el que se establece el estatuto de los miembros del personal directivo y docente, del personal auxiliar de educación, del personal paramédico de los centros educativos, de las guardias, de educación primaria, especializada, media, técnica, social y artística de la promoción del Estado, internados dependientes de estos establecimientos y miembros del personal del servicio de inspección encargado de la supervisión de estos establecimientos*, establece en su artículo 7 que los miembros del personal [en el que se incluyen los profesores] "Están sujetos a la más estricta corrección tanto en sus relaciones de servicio como en sus relaciones con el público y los padres de los estudiantes… Deben evitar cualquier cosa que pueda comprometer el honor o la dignidad de su cargo" (Cfr. *Mahi…* Antecedentes de Hecho). Puede verse en línea en https://hudoc.echr.coe.int/eng?i=001-204590 [última visita el 28.04.2024].

en el ejercicio de la libertad de expresión y, en especial, su deber de discreción a tenor de la legislación belga. Concluye el Tribunal declarando que, si bien sus manifestaciones no constituyen un delito de odio o discriminación sí que transgreden éste último deber que se extiende —a tenor de su especial posición— no solo al ámbito escolar sino también a las actividades extraacadémicas.

A lo anterior hay que añadir la valoración del contexto que hace el TEDH. El hecho de que las manifestaciones no fuesen orales —luego improvisadas— sino objeto de reflexión y, por ende escritas, y públicamente difundidas resultando fácilmente accesibles a sus alumnos, para quienes resultaba una autoridad moral, contribuía a incrementar el nivel de tensión que, en las fechas, se daba en el colegio.

V.1. El ministro de culto como "autoridad moral"

No cabe equiparar la figura del maestro como funcionario público al ministro de culto porque el contexto donde ejerce su actividad uno y otro son diametralmente opuesto. El maestro desempeña su actividad para el Estado y es el Poder público quien le inviste —si lo considera oportuno— de cierta autoridad que le faculta para exigir del alumno un determinado comportamiento y, de no darse, en su caso, de ejercitar una fuerza coercitiva sobre el mismo; fuerza cuyo monopolio reside en la Administración. La eventual fuerza coercitiva del ministro de culto, en general, no trasciende de lo moral, en cuanto las confesiones religiosas no suelen disponer de una policía que vele por el cumplimiento de las exigencias para con el fiel del ministro de culto. Y si la tuviere, en Estados democráticos como los europeos, la eficacia civil sería prácticamente inexistente.

Por ello, no se puede aplicar analógicamente la restricción a la libertad de expresión de los funcionarios belgas a los ministros de culto. Puesto que no son figuras asimilables el deber de discreción no afectaría a los ministros de culto, que desempeñan su actividad para las confesiones y no para el Estado.

Sin embargo, coincidimos absolutamente con el juicio de GARCIMARTÍN[81] cuando sostiene que los ministros de culto ejercen autoridad moral sobre los fieles de sus comunidades y, en consecuencia, están sometidos a una especial responsabilidad en el ejercicio de su libertad de expresión dado el nivel de potencial difusión y penetración de su mensaje tal y como pone de manifiesto la Recomendación núm. 15 de la Comisión Europea contra el Racismo y la Intolerancia al reconocer "la responsabilidad particularmente importante de los líderes políticos, religiosos y de las comunidades y otros a este respecto debido a su capacidad de influir en un amplio sector de la ciudadanía".

Concluimos con la autora que "Es cierto que la responsabilidad ética o moral de los ministros de culto, como de cualquier otro agente social, excede los límites de lo exigible jurídicamente. Sin embargo, la referencia del artículo 10.2 del CEDH a la responsabilidad que conlleva el ejercicio de la libertad de expresión, sobre todo cuando está vinculada al ejercicio de determinadas profesiones, puede abrir la puerta a otorgar un peso mayor a la figura del ministro de culto en la consideración del contexto de un hecho determinado"[82].

REFERENCIAS BIBLIOGRÁFICAS

ALGERMISSEN, K. (1963). *Iglesia católica y confesiones cristianas (Confesionología).*

ALONSO GARCÍA, R. y SARMIENTO, D. (2006). *La Carta de los Derechos Fundamentales de la Unión Europea. Explicaciones, Concordancias, jurisprudencia.*

---

81 Vid. GARCIMARTÍN MONTERO, C. (2021). "La libertad de expresión..." cit., 547-585.

82 Ibid. 585.

ÁLVAREZ VÉLEZ, M.ª I. y CORREAS SOSA, I. (2006). "Constitución de Bulgaria. Estudio introductorio". *Revista de las Cortes Generales* (68), 211-274.

CAÑAMARES ARRIBAS, S. (2023). *Derecho y factor religioso en la Unión Europea.*

CELADOR ANGÓN, O. (2012). "La discriminación laboral por motivos religiosos. El asunto Hosanna-Tabor Evangelical Lutheran Church and School v. EEOC". *Laicidad y Libertades* (12), 403-410.

DOS SANTOS JR., A. C. y GARCIANDÍA IGAL, D. (2021). *La libertad religiosa de los trabajadores. El deber de acomodación razonable como mecanismo de promoción de los derechos humanos.*

FERREIRO GALGUERA, J. (2010). "Reminiscencias del sistema de Iglesia Estado en países de la Unión Europea". *Anuario de Derecho Eclesiástico del Estado,* (XXV).

GARCIMARTÍN MONTERO, Mª. C. (2021). "La libertad de expresión de los ministros de culto". *Anuario de Derecho Eclesiástico del Estado* (37), 547-585.

GONZÁLEZ AYESTA, J. (2020). "Los ministros de culto en los textos internacionales: análisis en relación con el tratamiento de la dimensión colectiva de la libertad religiosa". *El derecho de las confesiones religiosas a designar sus ministros de culto,* 21-56.

GONZÁLEZ SÁNCHEZ, M. (2016). "Cuestiones del trabajo de los ministros de culto para la confesión". *La jurisprudencia del Tribunal Europeo de Derechos Humanos en torno al derecho de libertad religiosa en el ámbito laboral,* 107-140.

GUTIÉRREZ DEL MORAL, Mª J. (2014). "Neutralidad religiosa de los poderes públicos en el TEDH". *Derecho y Religión* (IX), 135-168.

GUTIÉRREZ DEL MORAL, Mª. J. y CAÑIVANO, M. A. (2003). *El Estado frente a la libertad de religión: jurisprudencia constitucional española y del Tribunal Europeo de Derechos Humanos.*

HERRERA CEBALLOS, E. (2023). "¿Es conveniente que exista un concepto de ministro de culto en el Derecho español?". *El régimen jurídico de los ministros de culto. Actas del X Simposio de Derecho Concordatario,* 419-430.

JIMÉNEZ-AYBAR, I. (2004). *El Islam en España. Aspectos institucionales de su estatuto jurídico.*

MARTÍN-RETORTILLO, L. (2010). "La libertad religiosa en la reciente jurisprudencia del Tribunal Europeo de Derechos Humanos". *Anuario de Derecho Eclesiástico del Estado* (26), 287-332.

MARTÍN-RETORTILLO, L. (2011). "La libertad religiosa en la reciente jurisprudencia del Tribunal Europeo de Derechos Humanos". *Derechos y garantías del ciudadano estudios en homenaje al profesor Alfonso Pérez Moreno,* 223-282.

MARTÍN SÁNCHEZ, I. (2014). "Las confesiones religiosas y su autonomía según el Tribunal Europeo de Derechos Humanos" (46). *Encuentros multidisciplinares,* 64-73.

MARTÍNEZ-TORRÓN, J. (2001). "La protección de la Libertad Religiosa en el sistema del Consejo de Europa". *Proyección nacional e internacional de la libertad religiosa,* 89-131.

MOTILLA DE LA CALLE, A. (2017). "Excepciones a la prohibición general de discriminar por motivos ideológicos en el ámbito laboral". *Anuario de Derecho Eclesiástico del Estado,* 317-341.

MOTILLA DE LA CALLE, A. (2020). "Los ministros de culto en la jurisprudencia del Tribunal Europeo de Derechos Humanos". *El derecho de las confesiones religiosas a designar sus ministros de culto,* 57-120.

OTADUY GUERÍN, J. (2005). "Crónica de Jurisprudencia". *Ius Canonicum* (89), 310-311.

PALOMINO LOZANO, R. (2020). "El Tribunal de Justicia de la Unión Europea frente a la religión y las creencias". *Revista de Derecho Comunitario Europeo* (42), 35-77.

PONKIN, I. y KOUZNETSOV, M. (2009). "Los cismas religiosos y la postura del Tribunal Europeo de Derechos Humanos en el asunto «El Santo Sínodo de la Iglesia Ortodoxa Búlgara (metropolitana Innokenty) y otros contra Bulgaria»". *Revista General de Derecho Canónico y Derecho Eclesiástico del Estado* (21).

ROCA, Mª J. (2017). "Impacto de la jurisprudencia del TEDH y de la Corte IDH sobre libertad religiosa". *Revista Española de Derecho Constitucional* (110), 253-281.

RODRÍGUEZ BLANCO, M. (2013). *Derecho y religión. Nociones de Derecho Eclesiástico del Estado.*

RUBIO LÓPEZ, J. I. (2012). "Jurisprudencia norteamericana sobre autonomía de las Iglesias y relaciones laborales: Doctrina de la "excepción ministerial". Parte I: Antes de Hosanna-Tabor. *Ius Canonicum* (59), 79-119.

SÁENZ DE SANTAMARÍA P. A., GONZÁLEZ VEGA, J. A. y FERNÁNDEZ PÉREZ, B. (1999). *Introducción al derecho de la Unión Europea.*

SÁNCHEZ GÓMEZ, H. (2016). "Ministros de culto y autonomía de las confesiones religiosas. A propósito de la STEDH, de 1 de diciembre de 2015, Károly Nagy c. Hungría". *Revista General de Derecho Canónico y Derecho Eclesiástico del Estado* (42).

SANTIAGO, A. y NAVARRO GAMBOA, J. A. (2013). La autonomía de las organizaciones religiosas en el Estado Constitucional de Derecho en dos recientes fallos jurisprudenciales". *Ars Iuris Salmanticensis* (1), 61-82.

SANTOS, J. L. (2007). "El factor religioso en Bulgaria y Rumanía, nuevos miembros de la Unión Europea". *UNISCI Discussion Papers,* (14).

SEGLERS GÓMEZ-QUINTERO, A. (2005). "Autonomía confesional y designación de los ministros de culto". *Anuario de Derecho Eclesiástico del Estado,* (21), 103 y ss.,

TORRES GUTIÉRREZ, A., HRISTOV KOLEV, A., NIKOLOV DOBREV, E., y PETROVA ANGELOVA, I. (2006). "El derecho a la libertad religiosa y de conciencia en la legislación búlgara postcomunista", *Laicidad y Libertades* (6), 534-535.

Capítulo 8.

RECONOCIMIENTO JURÍDICO DEL SECRETO RELIGIOSO EN EUROPA[1]

MERCEDES SALIDO
Universidad Internacional de La Rioja (UNIR)

I. ANTECEDENTES

En los últimos años, son abundantes las noticias publicadas en distintos medios de comunicación, en las que, de manera coincidente, se pone de manifiesto el silencio de diversos miembros de la Iglesia católica sobre los casos conocidos de abusos a menores producidos dentro o fuera de su seno.

La revelación de esta situación, entre otras acciones, ha provocado numerosos impulsos en torno al secreto religioso en diversos países de todo el mundo. El punto de conexión entre los abusos a menores y el secreto religioso se encuentra, principalmente, en la acusación de encubrimiento a la que han

---

1 Este trabajo se inserta en los Proyectos de investigación PPIT-UAL, Junta de Andalucía-FEDER 2021-2027. Programa 54.A. y PP-2023-17 de UNIR.

venido enfrentándose los ministros de culto que, habiendo conocido sobre ellos en el ejercicio de su función ministerial, no han dado cuenta a las autoridades civiles competentes, por encontrarse bajo el deber de guardar secreto según su normativa confesional. La denuncia o testimonio del ministro de culto, en estos casos, sin duda facilitaría la condena de los autores de estos delitos y la reparación de las víctimas. Por ello, su silencio llega a comprenderse por muchos como una ocultación deliberada, si no a favor del propio delincuente, tampoco en beneficio de la víctima, lo que ha sido duramente criticado.

Los primeros escándalos de abusos sexuales cometidos por clérigos católicos —al menos, los primeros que obtuvieron una gran repercusión mediática— se produjeron en EE.UU., a finales del siglo XX, con la investigación por parte del Equipo *Spotlight* (una unidad creada en 1970 para realizar periodismo de investigación) del periódico *Boston Globe* (Boston, Massachusetts, Estados Unidos), que en 2002 destaparon varios abusos, cometidos décadas antes, que involucraban a toda la institución religiosa. Su publicación provocó la renuncia del cardenal Bernard Francis Law, por probarse que conociendo todo el entramado lo guardó bajo silencio, y llevó a destapar hasta 87 casos de pederastia en la Iglesia católica[2].

Desde entonces, el debate no ha dejado de estar presente y ha ido creciendo en las esferas política y jurídica, así como en la sociedad en general. En numerosos Estados se comenzaron

---

2 La historia fue adaptada al cine en la película *Spotlight* (protagonizada por Mark Ruffalo; recibió el Óscar a la mejor película en 2015). La película termina con la publicación del reportaje del domingo 6 de enero de 2002 (el primero de más de 600 que publicó el Boston Globe). Sobre el asunto, MIZNER, D. "Caso CSJ-13-0050.0", disponible desde internet en *https://ccnmtl.columbia.edu/projects/caseconsortium/casestudies/115/casestudy/files/global/115/BostonGlobeylosAbusosSexualesenlaIglesiaCatolicaEpilogue.pdf*. Recuperado el 28 de abril de 2024.

a desarrollar importantes estrategias para investigar el asunto, bien con la conformación de comisiones de investigación creadas por instituciones civiles o religiosas, como con la elaboración de informes oficiales por parte del Gobierno.

El primer país europeo en elaborar un Informe oficial sobre abusos sexuales a menores cometidos o encubiertos por el clero fue Irlanda, con su *Informe Murphy* (2009), que siguió al publicado unos meses antes (*Informe Ryan,* mayo 2009). El encargo del Gobierno se hizo a una Comisión independiente presidida por la juez Ivonne Murphy; seguidamente, en Bélgica, la Comisión para el tratamiento de denuncias por abusos sexuales elaboró el *Informe Adrianenssens* (2010), presidido por el psiquiatra infantil, Peter Adrianenssens; por su parte, —más recientemente— en Francia, la Comisión Independiente sobre los abusos sexuales en la Iglesia elaboró el denominado *Informe Ciase* (2021), por encargo de la Conferencia Episcopal; y en Portugal, la Comisión Independiente para el estudio de los abusos sexuales a menores en la Iglesia Católica, establecida por la Conferencia Episcopal y coordinada por Pedro Strech, validó en su *Informe Dar voz ao silencio* (2023) 512 testimonios de víctimas. También en España, con anterioridad al reciente Informe del Defensor del Pueblo de octubre del 2023[3], en febrero de 2022, la Conferencia Episcopal ya había encargado al despacho de abogados *Cremades & Calvo Sotelo* una investigación de los casos de abusos sexuales cometidos por miembros de la Iglesia. Aunque, en un inicio, el plazo señalado para este trabajo sería de un año, finalmente, con el plazo vencido, la

---

3 El *Informe sobre los abusos sexuales en el ámbito de la Iglesia católica y el papel de los poderes públicos. Una respuesta necesaria,* puede consultarse en https://www.defensordelpueblo.es/informe-iglesia/informe-los-abusos-sexuales-ambito-la-iglesia-catolica-papel-los-poderes-publicos/. Recuperado el 29 de abril de 2024.

Conferencia Episcopal recibió el Informe el 17 de diciembre de 2023[4].

Como resultado de estas investigaciones se han emprendido numerosas acciones en el ámbito jurídico, adoptando políticas más actualizadas para la protección de menores, tanto por parte de la Iglesia católica como de los propios Estados, culminando en algunos países[5] con la promulgación de leyes estatales que incluyen a los ministros de culto entre los denunciantes obligatorios de abusos a menores —bajo sanción penal—, sin excepción alguna. En última instancia, estas medidas repercu-

---

4 El Informe recoge 1.302 denuncias (2.056 víctimas) de casos de abusos sexuales dentro del seno de la Iglesia católica en España. La propia confesión, contando con los datos derivados de este Informe más los obtenidos por el Defensor del Pueblo, en marzo de 2024 confirma 1.057 denuncias (desde 1940) en su Informe *Para dar a Luz* (428 casos en diócesis, 613 en congregaciones religiosas, 1 en institutos seculares y 15 en otras instituciones eclesiásticas). De ellos, 155 los considera como casos probados, aunque solo 3 fueron denuncias falsas. Disponible desde internet en https://www.vidanuevadigital.com/la-conferencia-episcopal-actualiza-su-informe-de-abusos-1-057-casos-registrados/. Recuperado el 23 de abril de 2024.

5 Varios Estados de Australia (Victoria, Camberra, Tasmania y Australia Occidental, entre otros) poseen leyes que consideran a los ministros de culto como denunciantes obligados en caso de abusos de menores; en otros países, como Irlanda, Chile, Costa Rica o varios Estados de EEUU (Delaware, Vermont y Washington, entre otros) se han presentado diversos proyectos de Ley en este sentido. Más recientemente, se daba noticia de una carta conjunta publicada por 16 expertos en libertad religiosa expresando su preocupación por las implicaciones que la nueva Ley de Seguridad Nacional de la Región Administrativa Especial de Hong Kong (RAEHK) puede traer con relación al secreto de confesión, al castigar con 14 años de prisión al que conociendo de un delito de traición no informase a las autoridades, *vid.*, desde internet en El secreto de confesión puede ser delito en Hong Kong por la nueva ley de seguridad china (infocatolica.com). Recuperado el 28 de abril de 2024.

ten en la protección jurídica que tradicionalmente se le venía otorgando al secreto religioso o ministerial y hacen tambalear la conveniencia de su garantía jurídica en sede civil. Pese a resultar, sin duda, la protección de los menores frente a los abusos sexuales un punto de encuentro en ambos órdenes jurídicos, las medidas adoptadas ante lo conocido en secreto de confesión resultan, en algunos Estados, opuestas a lo dispuesto en sede confesional, por la diferente concepción que se tiene del propio secreto en sede civil y religiosa. En consecuencia, lo que actualmente resulta una realidad en ciertos países fuera del contexto europeo —como en Australia Occidental, que desde noviembre de 2022 los ministros de culto de cualquier confesión religiosa están obligados a revelar la confesión de un penitente en caso de que aporte información sobre abuso sexual de menores, bajo multa de hasta 6.000 dólares australianos—, cada vez más se convierte en creciente discusión en Europa y comienza a traducirse en la toma de determinadas medidas jurídicas y cambios normativos en algunos países del territorio, aunque —hasta ahora— casi siempre en forma de proyecto.

En este contexto, el objetivo principal del estudio que se presenta atiende al análisis del reconocimiento normativo existente en los ordenamientos estatales de los países europeos sobre el secreto religioso, identificando el alcance de su protección en sede civil y el contraste existente con la normativa confesional en cuanto a su garantía.

II. BREVE REFERENCIA AL MARCO NORMATIVO CANÓNICO BÁSICO DEL SECRETO RELIGIOSO

Es conocido que la institución del secreto es una realidad originariamente configurada en sede religiosa, posteriormente traducida a términos seculares. Por tanto, la referencia a la regulación normativa en el Derecho canónico devendrá ineludible para el correcto entendimiento de su protección y alcance en sede estatal. Así, se comenzará con este breve análisis, para a continuación entrar en el reconocimiento secular de la institución religiosa descrita previamente.

Se parte del entendimiento de que, en sentido estricto —en la cultura occidental—, aunque la relación confidencial entre ministro de culto y creyente está protegida en varios derechos confesionales[6], el secreto religioso entronca sus raíces con la propia Iglesia católica y en el ejercicio de sus funciones, por lo que es en el Derecho canónico donde con mayor intensidad se protege dicho secreto y es, por tanto, a éste al que atenderemos.

La actual regulación jurídico-canónica de los elementos básicos del secreto religioso parte de una importante distinción entre secreto religioso y sigilo confesional. Mientras que en el

---

6 Ejemplo de ello son la Iglesia episcopaliana o la reformada de Francia (esta última, aun habiendo abolido la confesión sacramental, conserva la necesidad del secreto en las conversaciones de los fieles con sus ministros religiosos), *vid.*, PRECHT PIZARRO, J. (2004). "Ministros de culto, secreto religioso y libertad religiosa", *Revista Chilena de Derecho,* vol. 31, núm. 2, p. 340. Los derechos hebreo e islámico, aunque con matices, también poseen algo similar, *vid.*, PALOMINO, R. y CAÑAMARES, S. (2001). "Conflicto matrimonial, derecho a la intimidad y libertad religiosa". *Derecho de familia y libertad de conciencia en los países de la UE y el Derecho comparado: actas de IX Congreso Internacional de DEE* (San Sebastián, junio 2000), Bilbao, pp. 672-673. Por último, también la Iglesia ortodoxa armenia contempla el secreto de confesión, al igual como la Iglesia de la Cienciología mantiene el secreto de la información divulgada durante las sesiones de auditación, de forma absoluta y sin excepción, por ser considerada sacrosanta, *vid.*, SCIENTOLOGY, "¿La información divulgada durante las sesiones de auditación se mantiene siempre confidencial?", disponible desde internet en https://www.scientology.es/faq/scientology-and-dianetics-auditing/is-information-divulged-during-auditing-sessions-always-kept-confidential.html. Recuperado el 22 de marzo de 2024.

Derecho civil —con lógica— no suele hacerse diferenciación alguna, en el Derecho canónico se contempla, por un lado, el secreto ministerial (o religioso), que se entiende como la obligación de silencio que rodea las comunicaciones entre fieles y ministros religiosos en el ejercicio general de su ministerio y, por otro, el secreto de confesión (sigilo o sello sacramental), esto es, la obligación de guardar bajo silencio absoluto lo conocido dentro del sacramento de la penitencia. La distinción deviene esencial a los efectos de este trabajo. Así, mientras que el secreto ministerial resulta un deber general que admite excepciones a favor de un interés superior, el sigilo confesional es inviolable y absoluto en cualquier circunstancia. Lo que el ministro de culto conoce en este contexto sagrado queda *sellado* de forma definitiva, constituyendo su violación, además de un ataque inaceptable contra la intimidad del penitente, un sacrilegio gravísimo contra el propio sacramento (c. 1388 del CIC 1983).

Por tanto, con la denominación de *sigilo sacramental*, el Derecho canónico sustantivo recoge (en el canon 983, apartado 1°) un secreto de carácter absoluto y permanente, en los siguientes términos: "El sigilo sacramental es inviolable; por lo cual está terminantemente prohibido al confesor descubrir al penitente, de palabra o de cualquier modo, y por ningún motivo". Su carácter inviolable se refleja claramente en la expresión "y por ningún motivo". El quebranto se concibe como imposible, sin posible excepción, reflejado en la prohibición terminante que se establece en su literalidad.

El apartado 2° del citado precepto extiende la obligación de secreto a otras personas distintas al confesor: "[...] el intérprete, si lo hay, y todos aquellos que, de cualquier manera, hubieran tenido conocimiento de los pecados por la confesión".

Ambos supuestos, diferentes en cuanto al sujeto obligado —confidencias al confesor o a otras personas—, dan lugar a dos distintas figuras delictivas tipificadas en la ley penal canónica: por un lado, se sanciona al sacerdote que quebrante el sigilo con la pena de excomunión *latae sententiae*[7] —si la violación es directa[8]—, y con pena *ferendae sententiae* proporcional a la gravedad del delito —si la violación es indirecta[9] (canon 1388 § 1); por otro, si la transgresión, por el contrario, es del denominado secreto penitencial (de otras personas distintas al confesor), el castigo será con una pena justa, sin excluir la excomunión (c. 1388 § 2).

A lo referido sobre la normativa sustantiva debe agregarse lo dispuesto en el ámbito procesal canónico, concretamente en el canon 1550 § 2. 2º, donde se indica que se consideran incapaces (para ser testigos) "[...] los sacerdotes, respeto a todo lo que conocen por confesión sacramental, aunque el penitente pida que lo manifieste; más aún, lo que de cualquier modo haya oído alguien con motivo de confesión no puede ser aceptado ni siquiera como indicio de verdad". A su vez, el c. 1548 § 2, 1º los declara exentos del deber de responder sobre lo que

---

7 Por tanto, quien comete el delito incurre en dicha pena *ipso facto*, sin necesidad de que una sentencia la declare. En el Derecho canónico oriental se castiga la violación directa con la excomunión mayor (c. 1456 § 1 CCEO). Por el contrario, las penas *ferendae sentenciae* requieren una sentencia que las imponga.

8 La violación directa del secreto hace referencia a revelar la persona y el objeto o materia del sigilo sacramental (aunque no se diga que lo ha conocido por medio de la confesión).

9 La violación indirecta del secreto consiste en poner en peligro, mediante palabras o acciones dirigidas a una finalidad distinta, el relevo de la materia del sigilo (el pecado) o de la persona que lo cometió (pecador), por resultar fácilmente deducible de lo expresado y, en consecuencia, arriesgar la debida confidencialidad del penitente. En la medida en que esa posibilidad de deducción sea más o menos probable, la violación indirecta se acercará a la directa y, en consecuencia, la gravedad del delito irá aumentando, variando con ello la sanción o pena que se le imponga. En el Derecho canónico oriental se castiga la violación indirecta en el c. 1456 § 1 CCEO.

se les haya confiado por razón del ministerio sagrado. Enlazando ambos preceptos, puede evidenciarse que no solo se les exime de la obligación de testificar o responder respecto a todo lo conocido en el ejercicio de su ministerio (c. 1548 § 2, 1°), sino que se les declara *incapaces* para ser testigos en relación con lo que conocen por confesión sacramental, aunque el penitente les pida que lo manifiesten, e incluso se valora lo así percibido como indicio de verdad inaceptable (c. 1550 § 2. 2°). De ello es deducible que, en el orden canónico, existe una diferencia importante con base a la graduación del deber de silencio, estableciéndose una *exención* para el secreto religioso en general (lo confiado por razón del ministerio) y una *incapacitación* para el sigilo confesional (lo conocido por confesión sacramental), lo que deriva en la exclusión de la prueba testifical del confesor por resultar incapaz a estos efectos —resultará una prueba no válida, en el caso de llegar a producirse.

Del análisis de esta producción normativa canónica básica —sustantiva y procesal— puede concluirse que la Iglesia recoge y conserva intactos el carácter inviolable y absoluto de la reserva que debe mantenerse en la confesión. Las reformas y nuevas normativas promulgadas por la propia institución eclesiástica al respecto, así como el reciente sistema de denuncias establecido[10], no han supuesto debilitamiento alguno en

---

[10] Como ejemplo de ello: el *Vademécum sobre algunas cuestiones procesales ante los casos de abuso sexual a menores cometidos por clérigos* (16 de julio de 2020), redactado con el fin de señalar el procedimiento a seguir en estos supuestos; el *Protocolo marco para la prevención y actuación en caso de abusos a menores y equiparables legalmente* (noviembre 2022); y la *Instrucción sobre abusos sexuales* (abril 2023), emanada de la propia Conferencia Episcopal española; *vid., https://www.paradarluz.com/legislacion-vigente/*. Recuperado el 29 de abril de 2024. Un actual resumen de esta normativa en MARTÍN GARCÍA, M.ª M., (2023). “Acerca de la obligación de denunciar a clérigos y religiosos en el Derecho canónico reciente”. *El régimen jurídico de los ministros de culto.*

la protección otorgada al sigilo confesional, sino al contrario, han supuesto la proclamación pública y firme de su imposible excepción bajo ninguna circunstancia.

III. RECONOCIMIENTO DEL SECRETO RELIGIOSO EN EUROPA

De forma particular, se ha atendido al estudio del tratamiento jurídico-secular de la institución del secreto religioso, principalmente, en tres distintos países: Portugal, Bulgaria y Chipre. La selección responde a la representación —respectivamente— de las dos posturas básicas que encontramos con relación al tema objeto de estudio: (1) reconocimiento secular del secreto religioso en leyes estatales de carácter unilateral o en acuerdos con las confesiones; (2) no reconocimiento del secreto religioso en sede civil. Como ejemplo del primer grupo, a su vez, se ha escogido un país de Europa occidental (Portugal) y otro de Europa del Este (Bulgaria), por sus diversas circunstancias sociopolíticas. De esta forma, en cierta medida, se ofrece una visión más amplia y completa del panorama desarrollado.

III.1. Reconocimiento en leyes unilaterales estatales y en acuerdos con las confesiones

A continuación, se analizan dos de los Estados que, entre otros, ejemplifican de manera propicia distintas formas de reconocimiento secular del secreto religioso en Europa, bien en sus leyes estatales unilaterales (generales o especiales sobre el

---

Actas del X Simposio internacional de Derecho Concordatario. Zaragoza 1-3 junio 2022, pp. 502-506.

fenómeno religioso), bien en normas pactadas con las confesiones religiosas, o incluso en ambas fuentes normativas.

III. 1. A. Portugal

En lo que a los datos demográficos con relación a las creencias religiosas se refiere, Portugal es un país de fuerte tradición cristiana: el 90,5% de sus ciudadanos son cristianos[11]; apenas el 0,5% de la población es budista y el 0,4% musulmanes, alcanzando un 8% los ciudadanos que no profesan religión alguna, en su condición de agnósticos o ateos[12].

Su progreso ha sido similar al acaecido en España en cuanto a la relación Iglesia-Estado en el país[13]. De forma particular, el tratamiento jurídico del fenómeno religioso está claramente reunido en dos importantes fuentes jurídicas surgidas tras la Revolución de los claveles de 1974 y la promulgación de un nuevo texto constitucional: la Ley 16/2001 de Libertad Religiosa, de 22 de junio (en adelante, LLR)[14] y el Concordato en-

---

11 Para la Oficina de Información Diplomática del Ministerio de AAEE, Unión Europea y Cooperación, el 84,5% de los ciudadanos portugueses son católicos, según la ficha del país, mayo de 2023, Informe disponible desde internet en chrome-extension://efaidnbmnnnibpcajpcglclefindmkaj/https://www.exteriores.gob.es/Documents/FichasPais/PORTUGAL_FICHA%20PAIS.pdf. Recuperado el 29 de abril de 2024.

12 Datos extraídos de https://acninternational.org/religiousfreedomreport/reports/country/2023/portugal. Recuperado el 5 de mayo de 2024.

13 Sobre el tema puede consultarse TORRES GUTIÉRREZ, A. (2010). *El derecho de libertad religiosa en Portugal,* Madrid.

14 Lei *16/2001, da Libertade Religiosa, de 22 de junho.* El texto de la Ley puede consultarse en Diário da República, I Série-A Nº 143, de 22 de junho de 2001, disponible desde internet en https://www.pgdlisboa.pt/leis/lei_mostra_articulado.php?nid=806&tabela=leis&so_miolo=.

tre la Santa Sede y la República Portuguesa de 18 de mayo de 2004[15].

En lo que al fenómeno religioso se refiere, la Constitución de la República portuguesa de 2 de abril de 1976[16] garantiza el derecho de libertad religiosa y de culto —junto al de conciencia[17]—, estableciendo su inviolabilidad (art. 41.1). En el mismo precepto se dispone la separación entre el Estado y las iglesias y comunidades religiosas, y la libertad de éstas para auto organizarse y ejercer sus funciones y culto (art. 41.4). A su vez, el artículo 13 del texto constitucional garantiza la igualdad ante la ley, prohibiendo, en su apartado segundo, toda discriminación por (entre otros) motivos religiosos.

Recuperado el 07 de abril de 2024. Para un estudio de conjunto de la Ley, *vid.*, GARCÍA GARCÍA, R., (2013) "La Ley de Libertad Religiosa portuguesa", en *Derecho y Religión*, núm. 8, pp. 53-84; GONZÁLEZ SÁNCHEZ, M. (2015). "Algunas consideraciones sobre las leyes de libertad religiosa. *ADEE*, vol. XXXI, pp. 503-545.

15 Sobre ambas fuentes jurídicas puede consultarse: GONZÁLEZ AYESTA, J. (2018). "Las asociaciones constituidas en el seno de las iglesias y comunidades religiosas en Portugal, a la luz de la Ley de Libertad Religiosa de 2001 y del Concordato con la Santa Sede de 2004". *ADEE*, vol. XXXIV, p. 267; MIRANDA, J. (2006). "A Constituição e a Concordata: brevissima nota". *Estudios sobre a Nova Concordata Santa Sé-República Portuguesa 18 de Maio de 2004*, Editora: Universidade Católica, Lisboa, pp. 105-106.

16 Puede consultarse su texto en Portugal 1976 (rev. 2005) Constitución–Constitute (constituteproject.org). Recuperado el 3 de mayo de 2024.

17 Al margen de este reconocimiento general de la libertad de conciencia —a imagen de lo dispuesto en el texto constitucional y los tratados internacionales en la materia—, no parece derivarse de él ninguna otra ventaja, pues, en la práctica, la Ley solo contempla la libertad de conciencia como derecho individual, sin serle reconocidas a las asociaciones ateísticas o agnósticas los derechos colectivos de libertad religiosa recogidos en el texto (art. 8.f), *cfr.*, ROSSELL, J. (2000). "La Ley orgánica de Libertad Religiosa española y los Proyectos italiano y portugués: un análisis comparativo". *ADEE*, núm. 16, pp. 358-359.

Con relación a la tutela jurídico-constitucional del secreto, el art. 38.2.b) recoge de manera expresa el "derecho de los periodistas, en los términos establecidos por la ley, de obtener acceso a las fuentes de información y protección de su independencia y secreto profesional [...]". Aunque va referido al secreto periodístico, se percibe el valor jurídico que se le otorga a la salvaguarda de la confidencialidad en determinadas relaciones profesionales, entendiéndose necesaria para su correcto desempeño.

Por su parte, en desarrollo de estos preceptos constitucionales, la LLR portuguesa (2001) otorga, de forma amplia, un contenido positivo (art. 8) y negativo (art. 9) al derecho de libertad religiosa, y recoge los principios básicos que rigen las relaciones entre el Estado y las confesiones religiosas en el país: libertad, igualdad (no solo individual, sino también colectiva, de las iglesias y comunidades religiosas), no confesionalidad del Estado, cooperación y tolerancia (arts. 1 a 7, Capítulo I LLR). También se afirma, en el art. 3 del mismo cuerpo legal, que las iglesias y demás comunidades están separadas del Estado y son libres en cuanto a su organización; en el art. 5 el Estado se compromete a cooperar con las iglesias y comunidades religiosas *radicadas* en Portugal, teniendo en consideración su representatividad.

De forma particular, referente al tema que nos ocupa, el art. 16.2 LLR dispone, expresamente, que los ministros de culto no pueden ser interrogados por los magistrados u otras autoridades sobre hechos y cosas de las que hayan tenido conocimiento por razón de su ministerio. La propia Ley específica en su texto que se considerarán ministros de culto a los certificados como tales según las normas de la respectiva iglesia o comunidad religiosa (la autenticación de los certificados y credenciales es responsabilidad del Registro de Personas Jurídicas Religiosas, art. 15 LLR); y añade que, a los efectos de la concesión de autorización de residencia y derecho a prestaciones del sistema de seguridad social, equivalen a ministros de culto los miembros de institutos de vida consagrada y otras personas que ejercen profesionalmente actividades religiosas y que, como tales, están certificados por la iglesia o comunidad religiosa a la que pertenecen (art. 16 *in fine,* LLR).

En la literalidad de este precepto (art. 16.2) se observa que el deber de secreto referido no se circunscribe en exclusividad al de confesión, sino que los términos en los que se expresa la LLR son más amplios y abarcan al secreto religioso en general, esto es, a cualquier información recibida por el ministro de culto en el ejercicio de su ministerio. Además, se señala que la prohibición de interrogatorio no solo es para magistrados o jueces, sino también para *otras autoridades* (administrativas o policiales, por ejemplo); por último, aunque se exprese en términos prohibitivos ("no pueden ser interrogados"), no debe entenderse que los ministros de culto no puedan ser citados como testigos: al señalar la prohibición de los magistrados u otras autoridades para "interrogarlos", lo que en realidad el texto legal dispone es su configuración como *exención* de testificar, y no como *prohibición* de declarar. No existe legalmente una obligación de silencio, sino una limitación para las autoridades civiles respecto a la exigencia de declaración a los ministros de culto sobre lo conocido por razón de su ministerio, lo que, por otro lado, resulta más acorde con la neutralidad del Estado portugués (art. 41 CP).

Por último, la LLR prevé en sus arts. 45 a 50 la posibilidad de firmar acuerdos entre el Estado y las iglesias o comunidades religiosas radicadas en el país. En desarrollo de esta facultad, la República portuguesa ha regulado de forma pacticia las cuestiones comunes en materia religiosa con dos distintas confesiones: la Iglesia Católica y el *Imamat Ismaili*[18].

---

18 Resolución de la Asamblea de la República nº 109/2010 por la que se aprueba en Anexo el Acuerdo firmado en Lisboa el 8 de mayo de 2009 entre la República Portuguesa y el *Imamat Ismaili.* Se trata de

De forma particular, con relación a la Iglesia católica, el ya mencionado Concordato de 18 de mayo de 2004 establece un estatuto jurídico diferenciado para los católicos en Portugal —además de tener la categoría de Acuerdo de derecho internacional por la reconocida naturaleza jurídica internacional de la Santa Sede. En efecto, lo dispuesto en la LLR para las iglesias inscritas o arraigadas[19] en Portugal no resulta de aplicación para la Iglesia católica, regida por esta norma pactada (*vid.*, art. 58 LLR 2001). En cualquier caso, en la materia que nos ocupa, el art. 5 del Concordato se expresa en idénticos términos a los dispuestos en la LLR (y a los ya recogidos anteriormente en el art. XII de su precedente, el Concordato de 1940), disponiendo que "los eclesiásticos no pueden ser interrogados por los magistrados u otras autoridades sobre hechos y cosas de

---

una confesión religiosa minoritaria (los *ismaelíes* son una rama *shiíta* del Islam) con su propio estatuto jurídico pactado. Pese a no tener la condición de confesión religiosa radicada (carece de la declaración de radicación), ni estar inscrita en el Registro de Personas Religiosas Colectivas del país, el *Imamat Ismaili* y la comunidad musulmana *Shia Imami Ismaili* presentan una vocación universal (de ámbito mundial), con una proyección internacional que la equipara en algunos aspectos a la Santa Sede: el propio Gobierno portugués le reconoce personalidad jurídica internacional en el art. 1 del Acuerdo mencionado. En consecuencia, ha podido firmar un pacto de naturaleza internacional (no de derecho interno), con base al art. 45 LLR. El Acuerdo no contiene previsión alguna sobre la confidencialidad en las comunicaciones entre fieles y ministros, por lo que, según su art. 8, habrá que estar a lo que dispone la LLR, aplicable a todas las confesiones.

19 Esta condición se adquiere con la existencia de un determinado número de creyentes, la historia de su existencia en Portugal y una presencia social organizada mínima de 30 años en Portugal o al menos 60 años si es en otro país extranjero; la calificación de radicada se acredita por un miembro del Gobierno portugués, tras oír a la Comisión de Libertad Religiosa, y el certificado obtenido se inscribe en el Registro, art. 37 LLR 2001.

los que obtuvieron conocimiento en razón de su ministerio". Nos remitimos a lo antes comentado al respecto.

En otro orden de cosas, atendiendo a la normativa unilateral estatal no específica sobre el fenómeno religioso, en el Código Penal portugués (CPP)[20] se incluye como delito la violación del secreto profesional en los siguientes términos: "El que, sin consentimiento, revelare el secreto de otro, cuyo conocimiento obtuvo en razón de su estado, oficio, trabajo, profesión o arte, será castigado con pena privativa de libertad de hasta 1 año o multa de hasta 240 días" (art. 195 CPP). Al incluirlo dentro del capítulo VII sobre delitos contra la vida privada, queda claro que lo que se protege jurídicamente es la intimidad del confidente. Como suele ser tradicional, los ministros de culto (de cualquier confesión) se encuentran cubiertos por la referencia a "estado" (el estado eclesiástico de los ministros de una iglesia o confesión religiosa). También se deduce que podrían estar incluidas otras posibles personas que obtengan conocimiento de un secreto mediante el ejercicio de funciones religiosas. A juicio de la doctrina[21], que el deber de confidencialidad prevalezca sobre el deber de denunciar un delito depende de las concretas circunstancias: en principio, el deber de confidencialidad prevalece después de la infracción, pero no antes de ella, siempre que sea posible evitarla. Por tanto, el secreto religioso, en la esfera secular, podría admitir excepciones si con la divulgación de lo bajo él conocido se pudiese evitar la comisión del delito.

---

20 Disponible desde internet en https://diariodarepublica.pt/dr/legislacao-consolidada/decreto-lei/1995-34437675. Recuperado el 8 de mayo de 2024.

21 DE SOUSA E BRITO, J. (2013). "Religion and Criminal Law in Portugal". *Religion and Criminal Law. Religion et Droit Pénal*, p. 221.

En esta línea también se expresa la Ley procesal penal (LPP)[22] portuguesa, en la que se dispone (art. 135.1) que los ministros de culto (además de abogados, médicos, periodistas, etc.) podrán excusarse de declarar sobre los hechos a que se refiere su deber de guardar secreto, añadiendo en el apartado tercero que "El tribunal superior a aquel donde se planteó el incidente [...] podrá decidir prestar testimonio violando el secreto profesional cuando ello esté justificado, según el principio de prevalencia de intereses preponderantes, particularmente teniendo en cuenta la indispensabilidad del testimonio para el descubrimiento de la verdad, la gravedad del delito y la necesidad de proteger los bienes jurídicos". En este caso, "la decisión de la autoridad judicial o tribunal se tomará previa audiencia del órgano representativo de la profesión relacionada con el secreto profesional de que se trate, en los términos y con los efectos previstos en la legislación que regula dicho organismo" (art. 135.4 LPP). Por tanto, es clara la posibilidad que dispone la Ley penal de permitir levantar la obligación de secreto en casos justificados por la existencia de un interés prevalente (necesidad para alcanzar la verdad, gravedad del delito o protección de determinados bienes jurídicos), a criterio de la autoridad judicial y previa audiencia del órgano representativo de la profesión. No obstante, en el caso que nos ocupa —el sigilo confesional—, difícilmente podrá autorizarse dicha vulneración del secreto siguiendo la legislación canónica, en la que la inviolabilidad del sigilo posee carácter absoluto (c. 983 y cc. 1548 y 1550 CIC).

Por su parte, en el ámbito civil, el art. 197.3 de la Ley procesal civil (LPC) establece la obligación de negarse a testificar (en relación con hechos amparados por el secreto) a "Los obligados por el secreto profesional, el secreto de los funcionarios

---

22 El texto de la Ley puede consultarse en https://diariodarepublica.pt/dr/legislacao-consolidada/decreto-lei/1987-34570075. Recuperado el 2 de mayo de 2024.

públicos y el secreto de Estado [...]", en cuyo caso, dispone, se aplicará lo dispuesto en el apartado 4 del artículo 417 °. Este último precepto remite a la posibilidad antes mencionada de invocar una excusa justificativa para violar el secreto profesional, en cuyo caso son aplicables las disposiciones del proceso penal relativas a la verificación de la legitimidad de la excusa y a la exención del deber de secreto invocado, con las adaptaciones que imponga la naturaleza de los intereses en cuestión.

III. 1. B. Bulgaria

Bulgaria constituye un país cuya sociedad es eminentemente cristiana (82,7%; concretamente, más del 69% se identifica como cristiana ortodoxa oriental), siendo el 13,6% de la población musulmana y apenas el 3,5% entre agnósticos (2,7%) y ateos (0,8%)[23].

El país búlgaro se caracteriza, por un lado, por haber estado sometido durante 500 años (hasta 1908) al Imperio otomano y, por otro, durante otros 40 años (1949-1989), a la Unión soviética[24].

En lo que al fenómeno religioso se refiere, la Constitución búlgara, de 12 de junio de 1991[25], establece que la libertad de

---

23 Datos extraídos de https://acninternational.org/religiousfreedomreport/reports/country/2023/bulgaria. Recuperado el 3 de mayo de 2024.

24 El dominio comunista concluyó en 1990. *Vid.*, SANTOS, J. L. (2007), "El factor religioso en Bulgaria y Rumanía, nuevos miembros de la Unión europea". *UNISCI Discussion Papers*, núm. 14, p. 132. Disponible desde internet en https://www.unisci.es/el-factor-religioso-en-bulgaria-y-rumania-nuevos-miembros-de-la-union-europea/. Recuperado el 29 de abril de 2024.

25 Sobre ésta, *vid.*, ÁLVAREZ VÉLEZ, M.ª I. y CORREAS SOSA, I. (2006). "Constitución de Bulgaria". *Revista de las Cortes generales,* (68), pp. 211-273.

pensamiento, religión y de conciencia son inviolables (arts. 13.1 y 37.1), y estipula que el Estado ayudará a mantener la tolerancia y el respeto entre creyentes de diferentes confesiones, así como entre creyentes y no creyentes. A su vez, dispone que la práctica de cualquier religión no tendrá restricciones, excepto en la medida en que sea perjudicial para la seguridad nacional, el orden público, la salud y la moral o los derechos y libertades de los demás (art. 37.2), y que nadie estará exento de las obligaciones establecidas por la Constitución o la ley por motivos de convicciones religiosas o de otra índole.

La Constitución también establece la separación de las instituciones religiosas del Estado, subrayada, además, con la prohibición de la formación de partidos políticos de líneas religiosas u organizaciones que inciten a la animosidad religiosa, así como el uso de creencias, instituciones y comunidades religiosas con fines políticos (art. 13). Esta separación es reconocida también en la Ley de confesiones religiosas, de 20 de diciembre de 2002[26], con el añadido de la cláusula de no intervención del Estado en la organización interna de las confesiones.

Lo dicho se complementa con la prohibición constitucional del reconocimiento de privilegios y la restricción de derechos sobre la base de las creencias religiosas (art. 6.2). En esta línea, también la Ley de Defensa contra la Discriminación 86/2003, de 30 de septiembre, asegura a todas las personas el derecho a la no discriminación basada en motivos de religión, convicciones o creencias (art. 4.1). Sin embargo, tanto la neutralidad estatal antes mencionada, como la igualdad religiosa, parecen confrontar, en alguna medida, con la mención expresa en la Constitución de la Iglesia ortodoxa y la consideración del cristianismo ortodoxo oriental (BOC) como la religión "tradicional" del país (art. 13.3), quedando exenta (en la Ley de

---

26 Puede consultarse la Ley en https://lex.bg/bg/laws/ldoc/2135462355. Recuperado el 28 de abril de 2024.

confesiones religiosas de 2002) del necesario registro, obligatorio para todos los demás grupos religiosos que buscan reconocimiento legal. Pese a ello, la distinción se corrige, al menos formalmente, con el art. 10.3 de la propia Ley de confesiones religiosas, en el que se establece que lo dispuesto no podrá servir de base para garantizar privilegios o ventajas legales o reglamentarias[27].

Respecto al secreto en las comunicaciones, el art. 30.5 del texto constitucional establece que la confidencialidad de las comunicaciones abogado-cliente es inviolable. No hace referencia alguna a otro tipo de secretos profesionales, aunque, como en el caso de Portugal, el precepto es significativo del valor jurídico que se le otorga a la salvaguarda de la confidencialidad en algunas determinadas relaciones laborales (abogado-cliente, en este caso), por entenderla necesaria para su correcto desempeño.

En todo caso, habrá que remitirse al art. 13 de la referida Ley de confesiones religiosas, en el que expresamente se dispone que "El secreto de confesión es inviolable. Ningún clérigo puede ser obligado a testificar o dar información sobre hechos y circunstancias que conoció durante la confesión". A diferencia de lo comentado sobre la LLR portuguesa (2001), en el texto normativo búlgaro se hace referencia, concretamente, al secreto o sigilo confesional —no al secreto religioso, ni a lo conocido por el ministro de culto en el ejercicio general de su ministerio. De ahí que, clara y expresamente se señale la inviolabilidad absoluta de la obligación de reserva, sin admitirse

---

27 TORRES GUTIÉRREZ, A., HRISTOV KOLEV, Á., NIKOLOV DOBREV, E. y PETROVA ANGELOVA, I. (2006). "El derecho de libertad religiosa y de conciencia en la legislación búlgara postcomunista". *Laicidad y Libertades,* núm. 6, p. 541. Disponible desde internet en https://www.boe.es/biblioteca_juridica/anuarios_derecho/abrir_pdf.php?id=ANU-J-2006-10053300598. Recuperado el 30/04/2024.

excepción alguna. De forma añadida, aunque solo se alude a los clérigos o ministros de culto propiamente dichos, también podría deducirse que están incluidas otras posibles personas que obtengan conocimiento de un secreto mediante el ejercicio de funciones religiosas, de igual manera que se comentaba con motivo del tenor de la Ley portuguesa.

Con relación a la normativa unilateral estatal general, el art. 145.2 del Código penal de Bulgaria[28] dispone que quien revele ilegalmente un secreto que le haya sido confiado o que haya conocido en relación con su profesión, poniendo en peligro el buen nombre de otra persona, será castigado con la pena de prisión de hasta 1 año o multa de 300 BGN (150 euros, aprox.). Dos cuestiones destacan en este texto: por un lado, la exigencia de hacer peligrar "el buen nombre de otra persona" para poder conferir la pena y, por otro, la cuestión abierta y debatible —al no recoger expresión alguna similar a "estado" u "oficio"— de si el ministerio confesional es considerado una "profesión" de las que refiere el Código penal[29] y, por tanto, quedaría garantizada penalmente su vulneración.

Por su parte, el art. 121.2 de la Ley procedimiento penal búlgara[30] de nuevo solo hace referencia al secreto profesional que deben guardar los abogados, aunque, en esta ocasión, también se alude a los intérpretes que hubieran participado en dicha reunión abogado-cliente, disponiendo que "el testigo no podrá ser interrogado sobre las circunstancias que le fueron confiadas como abogado defensor o fideicomisario o que fue-

---

28 Puede consultarse el Código penal en https://lex.bg/bg/laws/ldoc/1589654529. Recuperado el 28 de abril de 2024.

29 *Cfr.*, BEROV, H.P. (2013). "Religion and Criminal Law in Bulgaria". *Religion and Criminal Law. Religion et Droit Pénal*, p. 31.

30 Puede consultarse la Ley de procedimiento penal en https://lex.bg/bg/laws/ldoc/2135512224. Recuperado el 28 de abril de 2024.

ron conocidas como intérprete durante las reuniones del acusado con el defensor".

III.2. Ausencia de reconocimiento en sede civil: Chipre

La República de Chipre constituye un país cuya sociedad es mayoritariamente cristiana (70,5%), aunque el porcentaje de población musulmana (23,1%) es bastante considerable[31]. Constituyen religiones constitucionalmente constituidas, además de la Iglesia ortodoxa griega, la católica (maronitas y romanos), los ortodoxos armenios y el Vakf (comunidad islámica). Particularmente, la Constitución chipriota (1960)[32] garantiza expresamente a la Iglesia autocéfala ortodoxa griega de Chipre y al Vakf (institución islámica) derechos exclusivos sobre sus asuntos internos y propiedades, y prohíbe los actos legislativos, ejecutivos o de cualquier otra naturaleza que contravengan las disposiciones de ambas confesiones religiosas o que interfieran en ellas (artículo 110)[33].

---

31 VV.AA., FUNDACIÓN PONTIFICIA Ayuda a la Iglesia Necesitada. *Libertad religiosa en el mundo. Informe (ILR) 2023*, en https://acninternational.org/religiousfreedomreport/es/informe/pais/2023/chipre. Recuperado el 2 de mayo de 2024.

32 Para un estudio más exhaustivo sobre el texto Constitucional chipriota, puede consultarse ÁLVAREZ VÉLEZ, M.ª I. y ALCÓN YUSTAS, M.ª F. (2006). "Constitución de Chipre". *Revista de las Cortes Generales*, 69, pp. 165-294.

33 Esto es considerado por parte de la doctrina como indicio del mantenimiento de privilegios especiales concedidos a algunos grupos religiosos, *vid.*, https://fot.humanists.international/countries/asia-western-asia/cyprus/. Recuperado el 15 de abril de 2024. Sobre el estatus legal peculiar de estas dos comunidades religiosas puede consultarse PAPASTATHIS, CH.K. (2002). "Le statut des confessions religieuses des États candidats à l'Union Européenne", pp. 197-222, espec. n.2.

No obstante, conforme a su texto constitucional, en Chipre no existe religión oficial o de Estado. El artículo 18 garantiza la libertad de religión, salvaguarda el derecho de los individuos a profesar su fe y celebrar el culto y prohíbe la discriminación por motivos religiosos[34]. El derecho de libertad religiosa solo puede restringirse en interés de la seguridad de la República, del orden constitucional, de la seguridad, del orden público, de la salud o moralidad pública o de la protección de los demás derechos y libertades garantizados por la Constitución (art. 18.6).

---

[34] Artículo 18: (1) Toda persona tendrá derecho a la libertad de pensamiento, conciencia y religión. (2) Serán libres todas las religiones cuyas doctrinas o ritos no sean secretos. (3) Todas las religiones serán iguales ante la ley. Sin perjuicio de la competencia de las Cámaras Comunitarias de acuerdo con esta Constitución, ningún acto legislativo, ejecutivo o administrativo de la República discriminará cualquier institución religiosa o religión. (4) Cada persona es libre y tiene el derecho de profesar su fe y manifestar su religión o creencias mediante el culto, la enseñanza, la práctica o la observancia, bien individual o colectiva, en privado o en público, así como de cambiar de religión o de creencias. (5) Está prohibido el uso de coacción física o moral para obligar a una persona a cambiar de religión o para impedirle el cambio. (6) La libertad de manifestar la propia religión o creencias estará sujeta únicamente a las limitaciones establecidas por la ley y que sean necesarias en interés de la seguridad de la República, del orden constitucional, de la seguridad, del orden público, de la salud pública, de la moralidad pública o de la protección de los derechos y libertades garantizados por esta Constitución a todas las personas. (7) Hasta que una persona no alcance los dieciséis años de edad, la decisión en cuanto a la religión que haya de profesar será tomada por la persona que tenga la guarda legal. (8) Nadie podrá ser obligado a pagar impuestos o tasas que, en todo o en parte, estén destinados a fines de una religión distinta de la suya. Disponible desde internet en https://www.bcn.cl/procesoconstituyente/comparadordeconstituciones/constitucion/cyp. Recuperado el 18 de abril de 2024.

Pese a lo expuesto, en la práctica, el Estado chipriota presenta un panorama religioso complicado al encontrarse dividido, desde 1974, en dos grandes zonas, con dos comunidades nacionales históricamente enfrentadas: el sur, controlado por el Gobierno de la República de Chipre (grecochipriotas, mayoritariamente cristianos ortodoxos), y el norte, administrado por los turcochipriotas (musulmanes) que proclamaron la República Turca del Norte de Chipre[35]. En la zona norte son muy pocas las iglesias a las que se les permite celebrar de forma regular sus prácticas religiosas, estando muy restringido el acceso a antiguas iglesias ortodoxas y maronitas de la zona para celebrar el culto[36]. Ante esta situación, los intentos por parte de los dirigentes religiosos para desarrollar iniciativas de reconciliación y paz son constantes[37].

En lo que al secreto religioso se refiere, la República de Chipre constituye una excepción al reconocimiento jurídico secular del secreto religioso en Europa. En efecto, únicamente resulta garantizado el secreto profesional de los abogados con sus clientes, por una ley específica[38], pero no se observa equi-

---

35 Para un conocimiento de la historia de Chipre y el conflicto político-religioso existente, *vid.*, ALGORA WEBER, M.ª D. (2002). "El conflicto en Chipre en perspectiva histórica". *Boletín de información*, núm. 273, pp. 27-46. En https://dialnet.unirioja.es/servlet/articulo?codigo=4582776. Recuperado el 13 de abril de 2024.

36 *Vid.*, Sentencia de la Gran Sala del TEDH *Chipre c. Turquía*, de 10 de mayo de 2001. Recuperado el 19 de abril de 2024.

37 ALMENDRAS, J. (2021). "Informe de Libertad Religiosa en el Mundo 2021", en Chipre: Libertad Religiosa. Por Jennifer Almendras: Verdad en Libertad. Recuperado el 20 de abril de 2024.

38 Artículo 13 del Código de Conducta de la abogacía, de 17 de mayo de 2002 (*Οι περί Δεοντολογίας των Δικηγόρων Κανονισμοί του* 2002) Boletín Oficial de la República, Anexo C (1) nº. 237 de 17.5.2002 (Reglamento 237/2002). En su apartado primero reconoce este secreto profesional como derecho y obligación que debe protegerse por los Tribunales y por cualquier autoridad estatal o pública; prerrequisito necesario

paración alguna en su garantía entre dicho secreto profesional y el religioso. A su vez, tampoco existe ninguna otra norma especial que regule las relaciones con las confesiones en la que se recoja este deber de secreto. Por tanto, no constituye delito el que un ministro de culto revele lo conocido bajo secreto de confesión (no está tipificado penalmente), ni civilmente se le apareja ninguna sanción. De esta manera, la revelación del secreto por un ministro de culto solo será penada, en su caso, en el orden canónico, dentro de la propia Iglesia, pero no en el orden estatal[39].

Atendiendo a la normativa estatal general, tampoco el Código Penal del país recoge esta obligación de reserva. Sin embargo, sí se encuentran tipificadas otras conductas frente al fenómeno religioso, como la ofensa deliberada contra los sentimientos religiosos de una persona, que constituye delito si perturba el orden público (art. 141 Código Penal chipriota[40]) o la publicación de libros, folletos, cartas o artículos en revistas y periódicos con la intención de humillar a una religión o insultar a quienes la siguen (art. 142 CPCH). En todo caso, ambas acciones son consideradas delitos menores, esto es, con pena privativa de libertad inferior a 3 años (concretamente, de 6 meses a 1 año).

La República chipriota, por tanto, constituye una de las pocas excepciones a la garantía del secreto religioso en Europa. En algún otro Estado europeo, como Suecia (58% católicos,

---

para inspirar la confianza del cliente (apartado 2). En su último apartado (art. 13.7) dispone que ante una acusación del cliente, el abogado tiene derecho a revelar cualquier información confidencial referente a la acusación.

39 *Cfr.*, EMILINADES, A.C. (2013). "Religion and Criminal Law in Bulgaria". *Religion and Criminal Law. Religion et Droit Pénal*, p. 39.

40 *Cfr.*, Chipre | Leyes de difamación (freemedia.at). Recuperado el 7 de mayo de 2024.

8,2% musulmanes, 32,5% agnósticos y ateos[41]), hasta el año 2000, la violación del secreto profesional venía recogida en una Ley del Parlamento y se aplicaba a todos los funcionarios estatales y a los ministros de la Iglesia de Suecia (Iglesia evangélica luterana). Al quedar derogada la Ley, desapareció el delito, por lo que, en la actualidad, la revelación de lo recabado mediante secreto de confesión no constituye violación alguna en sede secular.

IV. REFLEXIÓN FINAL

Ha podido analizarse que, en sede confesional, el sigilo religioso aparece configurado como inviolable —de forma absoluta—, por ser una característica intrínseca al sacramento de la penitencia, que protege el carácter sagrado de la propia institución. Este rasgo, estrictamente confesional-religioso, es el que lo configura como esencial en el desarrollo del ejercicio de la libertad religiosa del fiel, el ministro y la propia confesión. Además de este fundamento, la necesidad de salvaguarda de la intimidad del penitente —que, en ejercicio de su libertad religiosa, requiere acudir a determinados servicios que solo puede recibir de unas concretas personas especialmente cualificadas por razón de su profesión o estado (en este caso, *ministros de culto*), y comunicar datos íntimos y confidenciales (en confesión)— también sustenta razonablemente su tutela jurídica en sede secular. De otra forma, quedaría desnaturalizada en sus rasgos esenciales la relación establecida (entre confesor-fiel)[42] y se impediría su correcto desarrollo y, con él, el de los derechos fundamentales relacionados.

---

41 *Vid.*, Suecia Report 2023 (acninternational.org). Recuperado el 2 de mayo de 2024.

42 *Cfr.*, PALOMINO, R. (1999). *Derecho a la intimidad y religión. La protección jurídica del secreto religioso*, Granada, p. 12.

En consecuencia, la mayoría de las legislaciones civiles europeas protegen, directa o indirectamente, tanto por leyes estatales unilaterales (generales o especiales) como por normas pactadas con las confesiones religiosas, el secreto religioso —habitualmente, de manera general, sin distinción entre el deber de sigilo confesional y el de secreto ministerial— bajo el ámbito de los secretos profesionales, amparando así las comunicaciones confidenciales de cualquier confesión religiosa. La buena lógica y la eficacia jurídica del principio de igualdad han supuesto que, pese a las tendencias legislativas surgidas respecto a su supresión en algunos países, en otros, por el contrario, se produzca la expansión de su protección a los distintos grupos religiosos que lo contemplan entre sus reglas básicas.

Claro ejemplo de ello lo ofrecen las regulaciones normativas de los Estados analizados. Así, mientras el país portugués reconoce expresamente el secreto religioso en normas estatales unilaterales —tanto generales como relativas al fenómeno religioso— y en acuerdos pactados con la Iglesia católica, el Estado búlgaro lo tutela principalmente en una Ley especial aplicable a todas las confesiones.

El contenido difiere en cuanto a la extensión: así, en la normativa portuguesa se hace referencia al secreto religioso en general, mientras que en la Ley búlgara se concreta únicamente en el sigilo confesional. Esto afecta directamente a la posibilidad de levantar la obligación de secreto en casos justificados. De forma expresa, en sede penal y civil portuguesa se permite quebrantar el secreto a criterio de la autoridad judicial y previa audiencia del órgano representativo de la profesión, por razón de la necesidad para alcanzar la verdad, la gravedad del delito o la protección de determinados bienes jurídicos; en cambio, en la normativa del país búlgaro no aparece dicha previsión, lo que se corresponde adecuadamente con la circunscripción de ésta a la garantía del sigilo confesional. Como se comentaba al principio de este trabajo, en el orden canónico, existe una *exención* para el secreto religioso en general (lo confiado por razón del ministerio) y una *incapacitación* para el sigilo confesional (lo conocido por confesión sacramental), lo que deriva en una graduación del deber de silencio de menos (secreto religioso, que permite excepciones a favor de un interés superior) a más (sigilo confesional, que es inviolable y absoluto en cualquier circunstancia).

En lo que a los sujetos protegidos se refiere, es interpretable encontrar incluidas, junto a los clérigos o ministros de culto, a otras posibles personas que obtengan conocimiento de un secreto mediante el ejercicio de funciones religiosas. La doctrina se decanta por así considerarlo comprendido en sus leyes penales o civiles, aunque no se especifique expresamente.

Por otro lado, en el país portugués la revelación del secreto religioso está claramente sancionada (con pena de prisión de hasta 1 año), mientras que en la República de Bulgaria únicamente se hace referencia a lo confiado o conocido en relación con la "profesión", sin señalarse la condición de "oficio" u "estado", en las que tradicionalmente se encuentra admitido el ministro religioso. Esta ausencia pone en duda, por parte de algún sector, el amparo jurídico del sigilo confesional en la Ley penal de Bulgaria.

Pese a todo —y, en definitiva—, ambos territorios son ejemplo de distintas formas de reconocimiento y garantía del secreto religioso en sede secular, no plenamente coincidente con la regulación confesional canónica, pero suficiente y ajustada debidamente a la neutralidad estatal constitucionalizada en sus territorios.

En cualquier caso, existe alguna excepción a este reconocimiento o tutela estatal del secreto religioso en Europa, como es el caso de Chipre (también Suecia). En el Estado chipriota, aun previéndose el secreto profesional del abogado, éste no cubre la confidencialidad de las comunicaciones entre fiel y religioso de ninguna confesión, y no existe ninguna disposición especial sobre la revelación de un secreto obtenido en el ejercicio del ministerio religioso que lo proteja.

REFERENCIAS BIBLIOGRÁFICAS

ALGORA WEBER, M.ª D. (2002). "El conflicto en Chipre en perspectiva histórica", *Boletín de información,* núm. 273, pp. 27-46. En https://dialnet.unirioja.es/servlet/articulo?codigo=4582776. Recuperado el 13 de abril de 2024

ALMENDRAS, J. (2021). "Informe de Libertad Religiosa en el Mundo 2021". En Chipre: Libertad Religiosa. Por Jennifer Almendras: Verdad en Libertad. Recuperado el 20 de abril de 2024.

ÁLVAREZ VÉLEZ, M.ª I. y ALCÓN YUSTAS, M.ª F. (2006). "Constitución de Chipre". *Revista de las Cortes Generales,* 69, pp. 165-294.

ÁLVAREZ VÉLEZ, M.ª I. y CORREAS SOSA, I. (2006). "Constitución de Bulgaria". *Revista de las Cortes generales,* (68), pp. 211-273.

BEROV, H.P. (2013). "Religion and Criminal Law in Bulgaria". *Religion and Criminal Law. Religion et Droit Pénal,* pp. 27-34.

DE SOUSA E BRITO, J., (2013). "Religion and Criminal Law in Portugal". *Religion and Criminal Law. Religion et Droit Pénal,* pp. 213-223.

EMILINADES, A.C. (2013). "Religion and Criminal Law in Bulgaria". *Religion and Criminal Law. Religion et Droit Pénal,* pp. 35-40.

GARCÍA GARCÍA, R. (2013). "La Ley de Libertad Religiosa portuguesa". *Derecho y Religión,* núm. 8, pp. 53-84.

GONZÁLEZ SÁNCHEZ, M. (2015). "Algunas consideraciones sobre las leyes de libertad religiosa. *ADEE,* vol. XXXI, pp. 503-545.

GONZÁLEZ AYESTA, J. (2018). "Las asociaciones constituidas en el seno de las iglesias y comunidades religiosas en Portugal, a la luz de la Ley de Libertad Religiosa de 2001 y del Concordato con la Santa Sede de 2004". *ADEE,* vol. XXXIV, pp. 265-303.

MARTÍN GARCÍA, M.ª M., (2023). "Acerca de la obligación de denunciar a clérigos y religiosos en el Derecho canónico reciente". *El régimen jurídico de los ministros de culto. Actas del X Simposio internacional de Derecho Concordatario. Zaragoza 1-3 junio 2022,* pp. 501-507.

MIRANDA, J. (2006). "A Constituição e a Concordata: brevissima nota". COSTA GOMES, M.S. (coord.), *Estudios sobre a Nova Concordata Santa*

Sé-República Portuguesa 18 de Maio de 2004, Editora: Universidade Católica, Lisboa, pp. 105 y ss.

MIZNER, D. "Caso CSJ-13-0050.0", disponible desde internet en*https://ccnmtl.columbia.edu/projects/caseconsortium/casestudies/115/casestudy/files/global/115/BostonGlobeylosAbusosSexualesenlaIglesiaCatolicaEpilogue.pdf*. Recuperado el 21 de abril de 2024.

PALOMINO, R. (1999). *Derecho a la intimidad y religión. La protección jurídica del secreto religioso*, Granada.

PALOMINO, R. y CAÑAMARES, S. (2001). "Conflicto matrimonial, derecho a la intimidad y libertad religiosa". *Derecho de familia y libertad de conciencia en los países de la UE y el Derecho comparado: actas de IX Congreso Internacional de DEE* (San Sebastián, junio 2000), Bilbao, pp. 671-678.

PAPASTATHIS, CH.K. (2002). "Le statut des confessions religieuses des États candidats à l'Union Européenne", pp. 197-222, espec. n.2.

PRECHT PIZARRO, J. (2004). "Ministros de culto, secreto religioso y libertad religiosa". *Revista Chilena de Derecho*, vol. 31, núm. 2, p. 337-349.

ROSSELL, J. (2000). "La Ley orgánica de Libertad Religiosa española y los Proyectos italiano y portugués: un análisis comparativo". *ADEE*, núm. 16, pp. 341-397.

SANTOS, J. L. (2007). "El factor religioso en Bulgaria y Rumanía, nuevos miembros de la Unión europea". *UNISCI Discussion Papers*, núm. 14, pp. 131-142. Disponible desde internet en https://www.unisci.es/el-factor-religioso-en-bulgaria-y-rumania-nuevos-miembros-de-la-union-europea/. Recuperado el 29 de abril de 2024.

TORRES GUTIÉRREZ, A. (2010). *El derecho de libertad religiosa en Portugal*, Madrid.

TORRES GUTIÉRREZ, A., HRISTOV KOLEV, Á., NIKOLOV DOBREV, E. y PETROVA ANGELOVA, I. (2006). "El derecho de libertad religiosa y de conciencia en la legislación búlgara postcomunista". *Laicidad y Libertades*, núm. 6, pp. 533-598. Disponible desde internet en https://www.boe.es/biblioteca_juridica/anuarios_derecho/abrir_pdf.php?id=ANU-J-2006-10053300598. Recuperado el 30/04/2024.

Capítulo 9.
¿DISCRIMINACIÓN DE LA MUJER POR MOTIVOS RELIGIOSOS EN EL TRIBUNAL DE JUSTICIA DE LA UNIÓN EUROPEA?[1]

M.ª JESÚS GUTIÉRREZ DEL MORAL
Universidad de Girona (UDG)

SUMARIO: I. INTRODUCCIÓN. DISCRIMINACIÓN MÚLTIPLE E INTERSECCIONAL. II. MARCO JURÍDICO DE LA DISCRIMINACIÓN DE LA MUJER POR MOTIVOS RELIGIOSOS EN LA UNIÓN EUROPEA. III. LA JURISPRUDENCIA DEL TRIBUNAL DE JUSTICIA DE LA UNIÓN EUROPEA. IV. VALORACIÓN CRÍTICA DE LA JURISPRUDENCIA DEL TRIBUNAL DE JUSTICIA DE LA UNIÓN EUROPEA RESPECTO A LA DISCRIMINACIÓN DE LA MUJER POR MOTIVOS RELIGIOSOS. V. A MODO DE CONCLUSIÓN

I. INTRODUCCIÓN. DISCRIMINACIÓN MÚLTIPLE E INTERSECCIONAL

La mujer constituye la mitad de la población mundial y, sin duda alguna, es titular de los derechos humanos, incluida la libertad religiosa y la no discriminación por motivos religiosos

1 Este trabajo es parte del proyecto de I+D+i, Referencia: PID2020-114400GB-I00, "Igualdad de género y creencias en el marco de la Agenda 2030", financiado por el MCIN/AEI/10.13039/501100011033.

y por motivos de género. Igualdad de género significa tener acceso a las mismas oportunidades[2]. Según las organizaciones internacionales, la desigualdad de la mujer es aún, hoy en día, una realidad, y hay que seguir luchando para conseguir que la mujer disfrute de todos sus derechos en libertad e igualdad. Como es sabido en la Agenda 2030 para el Desarrollo Sostenible de Naciones Unidas, el quinto de los Objetivos es la igualdad de género, que se considera, además de un derecho humano fundamental, uno de los fundamentos esenciales para construir un mundo pacífico, próspero y sostenible[3]. A veces, en la discriminación se dan dos o más motivaciones a la vez y entonces se habla de discriminación múltiple o discriminación interseccional, que suele afectar a la mujer de una manera específica, por motivos de género y por motivos de religión o de creencias, por ejemplo. La discriminación contra la mujer en Naciones Unidas es toda distinción, exclusión o restricción basada en el sexo que tenga por objeto o resultado menoscabar o anular el reconocimiento, goce o ejercicio por la mujer de sus derechos, lesionando su dignidad. Aunque no se hable de discriminación por motivos religiosos en la Convención sobre la eliminación de todas las formas de discriminación contra la mujer de 1979, se puede entender que esta hace una remisión a los motivos de discriminación detallados en el artículo 2 del Pacto de Derechos Civiles y Políticos de 1966 y es evidente que los Estados parte condenan la discriminación contra la mujer en todas sus formas (artículo 2 de la Convención), por tanto, también la discriminación por motivos de creencias o religión. La discriminación por religión o creencia consistirá en el diferente e ilegítimo trato a personas, basado en la religión de la que son fieles y en la que creen, o por razón de sus creen-

---

[2] FOCES RUBIO, P. (2015). "La desigualdad de género en Europa". *Derecho y cambio social,* (41), p. 4.

[3] https://www.un.org/sustainabledevelopment/es/gender-equality/. Recuperado el 19/02/2024.

cias, lo que supone una violación del derecho fundamental de libertad de pensamiento, de conciencia y de religión. La discriminación religiosa puede presentar diferentes variantes: antisemitismo, islamofobia, cristianofobia, etc. Como ya se ha comentado, en algunos casos la discriminación por motivo de sexo y la discriminación religiosa de la mujer se darán de manera conjunta, dando lugar a una discriminación múltiple o interseccional, que plantea una mayor gravedad y que victimiza a la mujer y a las niñas de un modo específico. Según expone José M. Díaz de Valdés Juliá[4], la discriminación múltiple es aquella que suma dos o más factores o características personales diferentes que se convierten en los motivos de la discriminación. La interseccional se da cuando se combinan ciertos factores o características de la persona, y se produce un estatus distinto. En el primer caso, sería, por ejemplo, cuando una mujer es discriminada por ser mujer y por ser judía, de manera que se le impide ascender por ambas circunstancias, pues la empresa es de musulmanes comprometidos. En el segundo caso, la prohibición del velo islámico en el ámbito laboral sólo afectaría a la mujer musulmana, suponiendo una discriminación especial resultado de la asociación de ambas cualidades. Pero en realidad, como se verá, no hay unanimidad doctrinal en cuanto a dichos conceptos.

La discriminación interseccional es un concepto relativamente reciente en el Derecho internacional de los derechos

4 DÍAZ DE VALDÉS JULIÁ, J. M. (2019). *Igualdad constitucional y no discriminación.* Valencia, p. 203. Según MERINO SANCHO, V. (2019). "Evolución y estándares internacionales de protección frente a la violencia de género". *Las respuestas del Derecho ante la violencia de género desde un enfoque multidisciplinar.* Cizur Menor, p. 38: Interseccionalidad es la "interrelación de modelos de opresión en la que una misma persona comparta rasgos y/o posiciones de subordinación que generen una situación de discriminación diferenciada de los sujetos que comparten uno de los rasgos".

humanos y tiene su origen en el Derecho de Estados Unidos. Desde los años noventa, Naciones Unidas se refiere a las múltiples barreras a las que se enfrentan las mujeres y las niñas para lograr la igualdad real (Declaración de Beijing de 1995). Es en la Conferencia de Naciones Unidas contra el Racismo, la Discriminación Racial, la Xenofobia y la Intolerancia, Durban 2001[5], cuando se reconoce expresamente el concepto de discriminación múltiple, poniéndolo en el mapa del Derecho internacional, y de ahí pasó a la Unión Europea (UE)[6]. La Declaración de Durban declara que los Estados tienen el deber de proteger y promover los derechos humanos y las libertades fundamentales de todas las víctimas, que deberían aplicar una perspectiva de género que reconozca las múltiples formas de discriminación, que pueden afectar a las mujeres, reconociendo de modo expreso que las víctimas de la discriminación pueden sufrirla por diversas causas y en formas múltiples o agravadas y que afecta de manera especial a mujeres migrantes y pertenecientes a minorías nacionales o étnicas, religiosas y lingüísticas[7].

En la UE también existe un importante movimiento de lucha contra la discriminación de la mujer y de la desigualdad en general, y contra la discriminación interseccional. Ya en la Directiva 2000/43/CE del Consejo, de 29 de junio de 2000, relativa a la aplicación del principio de igualdad de trato de

---

5 https://www.un.org/es/events/pastevents/cmcr/durban_sp.pdf. Recuperado el 19/02/2024.

6 Al respecto véase: BALLESTER CARDELL, M.ª (2013). “Mujer y discapacidad”. *La discriminación múltiple en los ordenamientos jurídicos español y europeo.* Valencia, p. 164. REY MARTÍNEZ, F. (2008). “La discriminación múltiple, una realidad antigua, un concepto nuevo”. *Revista Española de Derecho Constitucional,* (84), pp. 254-255.

7 Al respecto puede verse GUTIÉRREZ DEL MORAL, M.ª J. (2024). *Mujer, discriminación, odio y creencias.* Madrid. https://e-archivo.uc3m.es/handle/10016/39191. Recuperado el 19/02/2024.

las personas independientemente de su origen racial o étnico (Considerando 14) (TOL343.434), y en la Directiva 2000/78/CE del Consejo, de 27 de noviembre de 2000, relativa al establecimiento de un marco general para la igualdad de trato en el empleo y la ocupación (Considerando 3) (TOL1.902.321), se habla de discriminación múltiple y en ambos casos se reconoce que afecta de manera especial a las mujeres, aunque no se utilice la terminología precisa de la interseccionalidad[8]. La Directiva 2006/54/CE del Parlamento Europeo y del Consejo, de 5 de julio de 2006, relativa a la aplicación del principio de igualdad de oportunidades e igualdad de trato entre hombres y mujeres en asuntos de empleo y ocupación (TOL981.093), viene a refundir el amplio corpus normativo desarrollado en el ámbito de la igualdad entre mujeres y hombres en el ámbito del empleo, pero no hace mención de discriminación múltiple o interseccional, ni de discriminación por motivos religiosos, solo de la discriminación por motivos de sexo.

No obstante, en la Directiva 2023/970 del Parlamento Europeo y del Consejo, de 10 de mayo de 2023, por la que se refuerza la aplicación del principio de igualdad de retribución entre hombres y mujeres por un mismo trabajo o un trabajo de igual valor a través de medidas de transparencia retributiva y de mecanismos para su cumplimiento (TOL9.555.489), se ofrece una definición de discriminación interseccional, como aque-

---

8 "Estas Directivas que tienen como finalidad expresa la lucha contra la discriminación por otros rasgos distintos del sexo –origen racial o étnico, discapacidad, edad, orientación sexual, religión o convicciones-, también van a ser instrumentos efectivos de la lucha contra la discriminación por razón de sexo, al interseccionar muchas mujeres esta discriminación con la que tiene que ver con los rasgos sospechosos arriba citados". GIMÉNEZ GLUCK, D. (2013). "La legislación y la jurisprudencia de la Unión Europea ante la multidiscriminación". *La discriminación múltiple en los ordenamientos jurídicos español y europeo.* Valencia, pp. 56-57.

lla discriminación por razón de sexo combinada con cualquier otro motivo o motivos de discriminación contra los que protegen las Directivas 2000/43 o 2000/78, por lo tanto, también se incluye la discriminación por motivos de religión o creencias. Es la primera vez que se contempla en la normativa comunitaria la discriminación interseccional y se la vincula a diferentes motivos de discriminación en el ámbito laboral.

Respecto a los conceptos de discriminación múltiple y discriminación interseccional, la doctrina a veces diferencia entre ambas, como Timo Makkonen[9]. Para Fernando Rey Martínez, sin embargo, la discriminación múltiple es sinónimo de la interseccional, y no es coherente considerar que esta, en sentido estricto, pueda suponer una respuesta específica y diferente del ordenamiento, por su complejidad frente a aquella. Destaca, incluso, que el término "interseccional" no figura en el Diccionario de la Real Academia de la Lengua Española, por lo que lo más adecuado sería hablar de discriminación múltiple[10]. Según Magdalena Martín Martínez, "quizás por influencia de los estudios de género, predomina el término discriminación interseccional, mientras que en el Derecho internacional de los derechos humanos es más usual hablar de discriminación múltiple"[11]. Según David Giménez Gluck, "en

9 MAKKONEN, T. (2002). *Multiple, Compound and Intersectional Discrimination: bringing the experiences of the most marginalized to the fore.* Institute For Human Rights, Abo Akademi University, (abril) pp. 9-17. https://www.abo.fi/wp-content/uploads/2018/03/2002-Makkonen-Multiple-compound-and-intersectional-discrimination.pdf. Recuperado el 19/02/2024.

10 REY MARTÍNEZ, F. (2008). "La discriminación múltiple, una realidad antigua, un concepto nuevo", pp. 10-13.

11 MARTÍN MARTÍNEZ, M. M.ª (2021). "La discriminación interseccional en la jurisprudencia de los Tribunales Internacionales y su relación con los delitos de odio". *Odio, Prejuicios y Derechos Humanos.* Granada, pp. 196-197.

realidad, el término de discriminación interseccional se creó para asegurar que no estábamos ante una simple acumulación de discriminaciones sino ante una discriminación cualitativamente diferente, lo que justificaba una respuesta cualitativamente diferente"[12].En definitiva, la doctrina está dividida y muestra de ello es que nuestra más reciente legislación diferencia entre discriminación múltiple e interseccional, la Ley 15/2022, de 12 de julio, integral para la igualdad de trato y la no discriminación.

Recordemos que según el Instituto Europeo para la Igualdad de Género[13], en la UE, la discriminación múltiple es cualquier combinación de formas de discriminación contra las personas por motivos de sexo, origen racial o étnico, religión o creencias, discapacidad, edad, orientación sexual, identidad de género u otras características, y la discriminación sufrida por quienes tienen, o se percibe que tienen, esas características[14]. Por otra parte, la distingue de la discriminación interseccional, la que se produce sobre la base de varios motivos personales o características/identidades, que operan e interactúan entre sí al mismo tiempo, de manera que son inseparables[15]. No obstante, parece que la tendencia más actual, en el derecho

---

12 GIMÉNEZ GLUCK, D. (2013). "La discriminación múltiple en el Derecho de la Unión". *Revista de Derecho Europeo,*(45), p. 126.

13 "El Instituto Europeo de la Igualdad de Género (EIGE) se creó en 2010 para reforzar y promover la igualdad de género en toda la Unión Europea (UE). Tras más de diez años de experiencia en la recogida de datos, la realización de investigaciones y el desarrollo de recursos, el EIGE se ha convertido en el centro de conocimiento de la UE en materia de igualdad de género. https://eige.europa.eu/es/in-brief. Recuperado el 19/02/2024.

14 https://eige.europa.eu/thesaurus/terms/1297. Recuperado el 19/02/2024.

15 https://eige.europa.eu/thesaurus/terms/1492. Recuperado el 19/02/2024.

europeo, es utilizar el término discriminación interseccional, más que discriminación múltiple, como se ha visto en la Directiva 2023/970.

Parece que es a partir de la Estrategia para la Igualdad de Género 2020-2025 de la Unión, cuando se insiste en atender a la discriminación interseccional para conseguir una efectiva protección de los derechos de las mujeres y las niñas. La Resolución del Parlamento Europeo, de 10 de marzo de 2022, sobre la integración de la perspectiva de género en el Parlamento Europeo–Informe anual 2020[16], que cita todas las Resoluciones del Parlamento más recientes sobre la materia, confirma su firme compromiso con la igualdad de género, y respalda la integración de la perspectiva de género en su actuación. Asimismo, destaca que las medidas para garantizar la igualdad de género deben incorporar un enfoque interseccional para evitar toda discriminación, especialmente las interseccionales, que tienen como víctimas a las mujeres. Por otra parte, la Propuesta de Directiva sobre la lucha contra la violencia contra las mujeres y la violencia doméstica, adoptada por la Comisión Europea, el 8 de marzo de 2022, hace una referencia expresa a la discriminación múltiple de las mujeres, y se refiere a ella como la intersección de múltiples formas de discriminación[17].

En este trabajo me he centrado en el análisis de la jurisprudencia del Tribunal de Justicia de la Unión Europea para extraer qué doctrina se ha seguido en cuanto a la protección de la mujer y sus convicciones religiosas frente a posibles casos de discriminación múltiple o interseccional, por motivos religiosos y por motivos de sexo, y para ello parto de un interrogante, ¿supone una discriminación religiosa para la mujer la jurisprudencia

---

16 https://www.europarl.europa.eu/doceo/document/TA-9-2022-0072_ES.html. Recuperado el 19/02/2024.

17 https://eur-lex.europa.eu/legal-content/ES/TXT/HTML/?uri=CELEX:52022PC0105. Recuperado el 20/02/2024.

del Tribunal de Justicia de la Unión Europea? Si bien, en primer lugar, es necesario hacer antes una breve revisión del marco jurídico de la discriminación religiosa de la mujer en la UE.

II. MARCO JURÍDICO DE LA DISCRIMINACIÓN DE LA MUJER POR MOTIVOS RELIGIOSOS EN LA UNIÓN EUROPEA

La protección de los derechos humanos era algo secundario en la Comunidad Económica Europea (CEE) y los Tratados originarios no contenían una declaración de derechos. No será hasta el Tratado de Ámsterdam de 1997(TOL139.322) que se expone que "la Unión se basa en los principios de libertad, democracia, respeto de los derechos humanos y de las libertades fundamentales y el Estado de Derecho, principios que son comunes a los Estados miembros" (artículo F.1); y se hace una remisión expresa al Convenio Europeo para la Protección de los Derechos Humanos y las Libertades Fundamentales de 1950[18] (TOL164.153).También se prevé la adopción "de acciones adecuadas para luchar contra la discriminación por motivos de sexo, de origen racial o étnico, religión o convicciones, discapacidad, edad u orientación sexual" (artículo 6.A). En la misma línea, se dispone que la igualdad entre mujeres y hombres y la eliminación de las desigualdades por razón de sexo es un objetivo que debe integrarse en todas las políticas y acciones de la UE, y de sus Estados miembros (artículos 2, 3.2 y 13)[19]. Sin embargo, la doctrina habla de que en los tra-

---

18 LIROLA DELGADO, I. (2004). "La protección de los Derechos Humanos en la Unión Europea. Reflexiones a la luz de la Carta de Derechos Fundamentales de la Unión Europea". *Agenda Internacional*, (20), pp. 95-96.

19 DURAN FEBRER, M.ª *La Constitución Europea y la Igualdad entre hombres y mujeres*. Ponencia presentada en debate organizado por

tados fundacionales de 1957 ya se aludía al objetivo de consolidación de la paz y la libertad, vinculado necesariamente a la protección de la dignidad humana y al respeto de los derechos humanos[20]. E, incluso, se defiende que en la UE existía una clara política sobre igualdad de género desde el Tratado de Roma, lo que se hace más evidente desde la década de 1990, cuando se introduce la perspectiva de género de modo transversal[21]. En el Tratado de Maastricht, de 1992 (TOL5.557.284), se disponía que "la Unión respetará los derechos fundamentales tal y como se garantizan en el Convenio Europeo para la Protección de los Derechos Humanos y de las Libertades Fundamentales, firmado en Roma el 4 de noviembre de 1950, y tal y como resultan de las tradiciones constitucionales comunes a los Estados miembros como principios generales del Derecho comunitario" (artículo F.2); y el reconocimiento de la igualdad entre hombres y mujeres en el ámbito laboral (artículo 2 y 6). En cualquier caso, se puede decir que la igualdad y la no discriminación, tal como están concebidas en el Convenio de Roma,

---

los Consejos de la Mujer de la Comunidad de Madrid, "La Igualdad en la Constitución Europea", en http://www.mujeresjuristasthemis.org/novedades/opiduran.PDF. Recuperado el 26/03/2009, en: REY MARTÍNEZ, F. (2004). "Comentario a los informes del Consejo de Estado sobre el impacto por razón de género". *Teoría y Realidad Constitucional,* (14), p. 507. GIL RUIZ, J. M. (2011). "El derecho internacional de los derechos humanos y su apertura al principio del Gender Mainstreaming: el caso español". *IUS. Revista del Instituto de Ciencias Jurídicas de Puebla. México,* (28), p. 245.

20 CAÑAMARES ARRIBAS, S. (2023). *Derecho y factor religioso en la Unión Europea.* Cizur Menor, pp. 17-22.

21 RUBIO, C. (2019). "Un estudio comparativo sobre las políticas de igualdad de género en la UE y el MERCOSUR. Avances y Desafíos". *Quaderns de la Igualtat. Igualdad de género en Europa y América Latina.* Tarragona, pp. 187-193. GIMÉNEZ GLUCK, D. (2013). "La discriminación múltiple en el Derecho de la Unión", p. 116.

así como el derecho de libertad religiosa, se interpretan como principios para la CEE y después para la UE[22].

El Tratado de la Unión Europea (TUE), de 13 de diciembre de 2007 (TOL1.347.864), en vigor desde el 1 de diciembre de 2009, establece como valores de la Unión, el respeto de la dignidad humana, la libertad, la democracia, la igualdad, el Estado de Derecho y el respeto de los derechos humanos, incluidos los derechos de las personas pertenecientes a minorías (artículo 2). Estos valores son comunes a todos los Estados miembros, con una sociedad caracterizada por el pluralismo, la no discriminación, la tolerancia, la justicia, la solidaridad y la igualdad entre mujeres y hombres, de modo que la lucha contra la discriminación es uno de los objetivos de la UE. El Tratado igualmente dispone que la Unión combatirá la exclusión social y la discriminación y fomentará la justicia y la protección sociales, la igualdad entre mujeres y hombres, la solidaridad entre las generaciones y la protección de los derechos del niño (artículo 3).

En el Tratado de funcionamiento de la Unión Europea (TFUE), de la misma fecha que el anterior, se prevé que la Unión se fijará el objetivo de eliminar las desigualdades entre el hombre y la mujer, y promover su igualdad (artículo 8). Se tratará de luchar contra toda discriminación por razón de sexo, raza u origen étnico, religión o convicciones, discapacidad, edad u orientación sexual, en la definición y ejecución de sus políticas y acciones (artículo 10). Se prohíbe toda discriminación por razón de nacionalidad (artículo 18) y sexo, origen racial o étnico, religión o convicciones, discapacidad, edad y orientación sexual (artículo 19) y se podrán adoptar

---

22 Se puede ver ROMÁN MARTÍN, L. (2019). "El marco internacional de protección de las víctimas de violencia de género". *Las respuestas del derecho ante la violencia de género desde un enfoque multidisciplinar*. Cizur Menor, pp. 84-85.

las medidas adecuadas para combatirla, así como establecer la regulación necesaria al respecto, con exclusión de toda armonización de las disposiciones legales y reglamentarias de los Estados miembros. También se hace una especial mención de la igualdad entre hombres y mujeres en el ámbito laboral (artículos 153.1.i, y 157).

La Carta de Derechos Fundamentales de la UE, de 7 de diciembre de 2000 (TOL131.225), en versión de 12 de diciembre de 2007, en vigor desde el 1 de diciembre de 2009, y con la misma validez jurídica que los Tratados de la Unión Europea, proclama que la dignidad humana es inviolable (artículo1); la libertad de pensamiento, de conciencia y de religión (artículo 10); todas las personas son iguales ante la ley (artículo 20); y prohíbe toda discriminación, y en particular la ejercida por razón de sexo, raza, color, orígenes étnicos o sociales, características genéticas, lengua, religión o convicciones, opiniones políticas o de cualquier otro tipo, pertenencia a una minoría nacional, patrimonio, nacimiento, discapacidad, edad u orientación sexual (artículo 21). Asimismo, establece el respeto a la diversidad cultural, religiosa y lingüística (artículo 22), y la igualdad entre hombres y mujeres, aceptando acciones positivas en favor del sexo menos representado (artículo 23). Es innegable, por otra parte, la vinculación entre la Carta y el Convenio de Roma[23].

Es evidente que la UE ofrece el marco jurídico adecuado para la protección de la mujer y sus derechos, y garantizar su

---

[23] Véase también CAÑAMARES ARRIBAS, S. (2023). *Derecho y factor religioso en la Unión Europea*, pp. 22-34. El autor, además ofrece un interesante estudio sobre la igualdad y no discriminación religiosa en el derecho de la Unión y en la jurisprudencia del Tribunal de Justicia de la Unión Europea, *ibíd.* pp. 37-45. GIMÉNEZ GLUCK, D. (2013). "La legislación y la jurisprudencia de la Unión Europea ante la multidiscriminación", pp. 45-48.

no discriminación por una gran variedad de factores, entre ellos la religión o las creencias, en todos los ámbitos sociales.

Dentro de este marco jurídico de la discriminación de la mujer en la UE por motivos religiosos, interesa de especialmente la Directiva 2000/78/CE, de 27 de noviembre, relativa al establecimiento de un marco general para la igualdad de trato en el empleo y la ocupación(TOL1.902.321), pues va dirigida a proteger la igualdad religiosa de los trabajadores, aunque no cita la igualdad entre mujer y hombre. Tanto en esta Directiva (Considerando 3), como en la Directiva 2000/43/CE del Consejo, de 29 de junio de 2000, relativa a la aplicación del principio de igualdad de trato de las personas independientemente de su origen racial o étnico (Considerando 14)(TOL343.434), se habla de discriminación múltiple y en ambos casos se reconoce que afecta de manera especial a las mujeres, aunque no se utilice la terminología precisa de la interseccionalidad. Estas dos normas son fruto de la evolución del derecho antidiscriminatorio de la UE, que venía desarrollándose desde los años setenta, y es criticado por la doctrina en cuanto es un derecho muy complejo, lo que es acentuado por dichas directivas, que establecen ámbitos de aplicación diversos para los diferentes motivos de discriminación y un ámbito de aplicación diferente a los del Convenio de Roma y su Protocolo 12, a lo que hay que sumar la normativa propia de cada Estado miembro[24]. Además, en la actualidad, tienen su fundamento en el artículo 19 del TFUE.

En ambas directivas se prohíbe tanto la discriminación directa como la indirecta, en el ámbito público y privado. En la Directiva 2000/43/CE, los motivos de discriminación podrán

---

24 MORONDO TARAMUNDI, D. (2021). "Desigualdad compleja e interseccionalidad: «reventando las costuras» del derecho antidiscriminatorio". *Desigualdades complejas e Interseccionalidad. Una revisión crítica.* Madrid, pp. 18-26.

ser el origen racial o étnico, en el ámbito laboral, protección social, ventajas sociales, educación y acceso a bienes y servicios, incluida la vivienda. En la Directiva 2000/78/CE, los motivos de discriminación podrán ser de religión o convicciones, de discapacidad, de edad o de orientación sexual en el ámbito del empleo y la ocupación.

En la Directiva 2023/970/CE, del Parlamento Europeo y del Consejo, de 10 de mayo de 2023, por la que se refuerza la aplicación del principio de igualdad de retribución entre hombres y mujeres por un mismo trabajo o un trabajo de igual valor a través de medidas de transparencia retributiva y de mecanismos para su cumplimiento (TOL9.555.489), se prohíbe la discriminación directa e indirecta, en el ámbito público y privado, y también la interseccional. En su Considerando 25 se reconoce la posible discriminación interseccional de la mujer con discapacidad, por origen racial y étnico, o por edad; así mismo se reconoce la posible discriminación interseccional en materia de retribución. Como ya sabemos, en su artículo 3, apartado 2, letra e, se define la discriminación interseccional como aquella discriminación por razón de sexo combinada con cualquier otro motivo o motivos de discriminación contra los que protegen las Directivas 2000/43 o 2000/78, por tanto, también se incluye la discriminación por motivos de religión o creencias. Además, su artículo 16 reconoce el derecho a la indemnización de la víctima de la discriminación interseccional; el artículo 23 posibilita que la interseccionalidad pueda ser considerada un agravante en el momento de establecer sanciones para la discriminación; y el artículo 29 prevé que los Estados sigan políticas de seguimiento y sensibilización contra la discriminación interseccional en relación con la igualdad de retribución. Es la primera vez que se contempla en la normativa comunitaria la discriminación interseccional y se la vincula a diferentes motivos de discriminación en el ámbito laboral.

Para lo que nos interesa, ha sido con ocasión de la aplicación de la Directiva 2000/78/CE, cuando el Tribunal de Justicia de la Unión Europea ha tenido la oportunidad de conocer de algunos casos en los que claramente está en juego el ejercicio del derecho de las mujeres a su libertad religiosa en el ámbito laboral, y nos ofrece la oportunidad de hacer una lectura con perspectiva de género, para analizar si el Tribunal de Luxemburgo ha actuado en favor de la igualdad religiosa de la mujer, o por el contrario, su actuación puede interpretarse como discriminatoria por motivos religiosos y de género, en definitiva, dando lugar a una discriminación múltiple. No obstante, la Directiva no trata la discriminación por motivos de sexo.

Como ya se ha adelantado, el objeto de la Directiva 2000/78/CE es establecer un marco general para luchar contra la discriminación por motivos de religión o convicciones, de discapacidad, de edad o de orientación sexual en el ámbito del empleo y la ocupación, con el fin de que en los Estados miembros se aplique el principio de igualdad de trato (artículo 1). A estos efectos distingue entre discriminación directa, que se dará cuando una persona sea tratada de manera menos favorable que otra en situación análoga por alguno de los motivos mencionados; de la discriminación indirecta, que existirá cuando una disposición, criterio o práctica aparentemente neutros pueda ocasionar una desventaja particular a personas con una religión o convicción, a no ser que se justifique mediante una finalidad legítima y que los medios para su consecución sean adecuados y necesarios. Se prohíbe el acoso y la orden de discriminar, que se consideran discriminación. Todo ello sin perjuicio de las medidas adoptadas por la legislación nacional, que son necesarias en una sociedad democrática para la seguridad pública, la defensa del orden y la prevención de infracciones penales, la protección de la salud y la protección de los derechos y libertades de los ciudadanos (artículo 2), en coherencia con el artículo 52 de la Carta Europea que contiene los límites de los derechos fundamentales y su remisión al Convenio de Roma. Igualmente se prevén ciertas excepciones, pues los

Estados miembros, por ejemplo, podrán disponer que una desigualdad no sea discriminatoria cuando se justifique por la naturaleza de la actividad profesional concreta de que se trate o al contexto en que se lleve a cabo, o dicha característica constituya un requisito profesional esencial y determinante, siempre y cuando el objetivo sea legítimo y el requisito, proporcionado (artículo 4.1). La Directiva también acepta la discriminación positiva, para prevenir o compensar las desventajas ocasionadas por cualquiera de los motivos de discriminación citados (artículo 7). Los Estados podrán adoptar disposiciones más favorables para la protección del principio de igualdad de trato que las de la Directiva, y no podrán suponer una reducción de la protección contra la discriminación ya garantizada por los Estados miembros (artículo 8)[25].

Por tanto, la Directiva prohíbe toda discriminación directa o indirecta, por motivos de religión o convicciones, como trato diferenciado sin justificación alguna. Probablemente la discriminación indirecta sea la más difícil de identificar, pues surge de una norma o disposición o práctica, de inicio, neutral, pero que en el caso concreto provoca una desigualdad no justificada, por consiguiente, habrá que estar a las circunstancias particulares de cada supuesto y poder identificar la intención

---

25 Al respecto puede verse: CAÑAMARES ARRIBAS, S. (2023). *Derecho y factor religioso en la Unión Europea*, pp. 85-102. SPITALERI, F. (2023). "Religious freedom and employment. Discrimination in the Case Law of the European Court of Justice". *Freedom of Religions and Beliefs in the European Context.* Suiza, pp. 217-221. CAÑAMARES ARRIBAS, S. (2017). "Discriminación laboral por razón de religión en el Derecho comunitario europeo". *Revista Derecho del Trabajo*, (16, julio/septiembre), pp. 50-55. LEAL-ADORNA, M. (2023). "El velo islámico como causa de despido en empresas privadas". *Cuadernos de Derecho Transnacional*, (15:2, octubre), pp. 716-718.

discriminatoria bajo la apariencia de neutralidad[26]. La discriminación directa vincula a la igualdad formal, pues se trata de desigualdad basada en las cualidades de una persona, y la discriminación indirecta se vincula a una desigualdad material "lo cual exige, más allá de tratar de la misma manera a quienes están [en] la misma situación, compensar las diferencias materiales que, tanto históricamente como en la actualidad, padecen determinados grupos de personas por razón de sus particulares características (minorías étnicas, grupos religiosos, discapacitados, etc.). En algunos casos tales objetivos se logran mediante ajustes razonables que contribuyen a aliviar el efecto adverso que puede tener sobre ellos determinados criterios o prácticas empresariales"[27]. En lo que se refiere a las excepciones previstas para no considerar una desigualdad como una discriminación indirecta, la existencia de un objetivo o fin empresarial legítimo y que los medios para su consecución sean adecuados y necesarios, se ha destacado la dificultad de determinar qué tipo de finalidades u objetivos pueden ser considerados legítimos, así como cuándo se considerarán los medios como adecuados y necesarios[28]. La Directiva incluye el acoso como práctica discriminatoria prohibida si la causa es la

---

26 Sobre la necesidad de la existencia, en la discriminación indirecta, de una intención discriminatoria, y su interpretación por el Tribunal de Justicia de la Unión Europea, véase GIMÉNEZ GLUCK, D. (2013). "La legislación y la jurisprudencia de la Unión Europea ante la multidiscriminación", pp. 50-52.

27 CAÑAMARES ARRIBAS, S. (2017). "Discriminación laboral por razón de religión en el Derecho comunitario europeo", p. 55.

28 En los supuestos de discriminación por razón de sexo, el Tribunal ha utilizado un criterio estricto, exigiendo que los medios respondan a una efectiva necesidad de la empresa, y que sean idóneos para alcanzar el objetivo perseguido, asunto C-170/84 (36), sentencia del Tribunal de Justicia de la Unión Europea (STJU), de 13 de mayo de 1986. "Ello podría suponer valorar la existencia de medios menos gravosos para lograrlo", *ibídem*.

religión o convicciones, por ejemplo. La discriminación por asociación no está recogida por ninguna de las Directivas, pero sí por la jurisprudencia del Tribunal de Justicia de la Unión Europea. "Es aquella que se produce contra una persona por su relación con otra de especiales características"[29].

Para facilitar la igualdad material, el Derecho de la Unión introduce tanto la acción o discriminación positiva como el acomodo razonable. Al respecto, el artículo 5 de la Directiva 2000/78, se refiere a la discriminación por discapacidad, sin embargo podría utilizarse igualmente en cuanto a la discriminación por motivos de religión o convicciones[30]. La acción positiva y medidas específicas para prevenir o compensar las desventajas ocasionadas, por cualquiera de los motivos de discriminación previstos en el artículo 1, están previstas en el artículo 7 de la Directiva.

La Directiva 78/2000, como la 43/2000, no hace referencia expresa a la discriminación por razón de género o sexo, tampoco a la discriminación múltiple, pero ésta sí queda plasmada en los Considerandos. Así el Considerando 3 de la Directiva 78/2000 dispone: "En la aplicación del principio de igualdad de trato, la Comunidad, en virtud del apartado 2 del artículo 3 del Tratado CE, debe proponerse la eliminación de las desigualdades y el fomento de la igualdad entre hombres y mujeres, en particular considerando que, a menudo, las mujeres son víctimas de discriminaciones múltiples". Según la doctrina, con ello "se trata de subrayar que estas Directivas, que tienen como finalidad expresa la lucha contra la discriminación por

---

[29] GIMÉNEZ GLUCK, D. (2013). "La legislación y la jurisprudencia de la Unión Europea ante la multidiscriminación", p. 53: Caso Coleman, C-303/06, sentencia de 17 de julio de 2008 (TOL9.929.613): la discriminación por incapacidad también protege a aquellas personas que sin estar ellas discapacitadas, sufran discriminación o acoso en el empleo por estar vinculadas a una persona discapacitada.

[30] *Ibíd.* p. 54.

otros rasgos distintos del sexo —origen racial o étnico, discapacidad, edad, orientación sexual, religión o convicciones—, también van a ser instrumentos efectivos de la lucha contra la discriminación por razón de sexo, al interseccionar muchas mujeres esta discriminación con la que tiene que ver con los rasgos sospechosos arriba citados". Es evidente que cuando se habla de interseccionalidad, se hace referencia a la discriminación de las mujeres por motivos de sexo y cualquier otro motivo, pero no de estos otros factores entre sí[31].

No obstante, como se podrá comprobar, el Tribunal de Luxemburgo rechaza atender a la discriminación por motivos de género o sexo atendiendo a la Directiva 78/2000, que no incluye en su articulado este motivo de discriminación, sin embargo, se refiere a él en sus Considerandos.

Por otra parte, la Directiva 2006/54/CE del Parlamento Europeo y del Consejo, de 5 de julio de 2006, relativa a la aplicación del principio de igualdad de oportunidades e igualdad de trato entre hombres y mujeres en asuntos de empleo y ocupación (refundición), no hace referencia alguna a la posible discriminación por motivos de religión o convicciones, ni a la discriminación múltiple o interseccional de la mujer en el ámbito laboral, ni siquiera en sus Considerandos, aunque recoge unas definiciones muy similares en cuanto a discriminación directa e indirecta, acoso y acciones positivas (artículos 2 y 3).

Quizás la Directiva 2023/970/CE suponga un cambio, al incluir en su articulado la prohibición de la discriminación interseccional, como aquella discriminación por razón de sexo combinada con cualquier otro motivo o motivos de discriminación contra los que protegen las Directivas 2000/43 o 2000/78. No parece lógico que a partir de ahora solo se prohíba y se sancione de modo más grave la discriminación interseccional

---

31 *Ibíd.* pp. 56-57.

en materia de retribución y no respecto a otros aspectos del ámbito laboral.

III. LA JURISPRUDENCIA DEL TRIBUNAL DE JUSTICIA DE LA UNIÓN EUROPEA

El Tribunal de Justicia de la Unión Europea ha tenido la oportunidad de pronunciarse en los últimos años en una serie de casos que tienen en común que la demandante es una mujer trabajadora musulmana a la que se le prohíbe el uso del velo islámico en el ámbito laboral, de manera que se dan unas circunstancias que hacen pensar en una posible discriminación por motivos religiosos y por motivos de género. En todos los casos las respectivas sentencias resuelven cuestiones prejudiciales, formuladas en relación con la Directiva 2000/78/CE y su interpretación en lo que se refiere a la discriminación directa e indirecta por motivos de religión.

En concreto, hay que citar cuatro sentencias que analizan las circunstancias de la prohibición del uso del velo islámico, y otros símbolos religiosos en el ámbito de la relación laboral en la empresa privada, y por último una reciente sentencia en el ámbito laboral público.

En pocos años el Tribunal de Luxemburgo ha tenido la oportunidad de analizar diferentes supuestos muy similares en relación con la discriminación por motivos religiosos y se aprecia cierta evolución, aunque no totalmente satisfactoria para la protección de los derechos de la mujer.

III.1. Caso Achbita, C-157/15, sentencia de 14 de marzo de 2017 (Bélgica)

El 14 de marzo de 2017 se dictaron dos interesantes sentencias por la Gran Sala del Tribunal de Justicia de la Unión

Europea. El primer supuesto, Caso C-157/15, conocido como Achbita (TOL5.986.679), ha sido ampliamente comentado por la doctrina[32]. La Sra. Achbita, de confesión musulmana, trabajaba como recepcionista para la empresa G4S, con contrato indefinido, en la que existía una norma no escrita para todos los trabajadores de no usar signos visibles que mostraran las convicciones religiosas, filosóficas o políticas en el lugar de trabajo. Unos años después la Sra. Achbita comunicó a la empresa su intención de comenzar a utilizar el velo islámico durante las horas de trabajo. La empresa no se lo permitió alegando su

---

32 LEAL-ADORNA, M. (2023). "El velo islámico como causa de despido en empresas privadas", pp. 724-728. PALOMINO LOZANO, R. (2020). "El Tribunal de Justicia de la Unión Europea frente a la religión y las creencias". *Revista de Derecho Comunitario Europeo,* (65), p. 50-52. MORENO ANTÓN, M. (2018). "A vueltas con el velo: La prohibición del hiyab bajo el paraguas de la neutralidad". *Derecho y Religión,* (13), pp. 153-176. GIL ALBURQUERQUE, R. (2018). "Prohibición de discriminación por causa de religión o convicciones". *Derecho Social de la Unión Europea: aplicación por el Tribunal de Justicia.* Madrid, pp. 612-621. RODRÍGUEZ BLANCO, M. (2017). "La neutralidad del empresario como límite a la libertad religiosa del trabajador. (Comentario a las sentencias de la Gran Sala del Tribunal de Justicia de la Unión Europea de 14 de marzo de 2017)". *Foro, Nueva época,* (20:1), pp. 383-397. CAÑAMARES ARRIBAS, S. (2017). "Discriminación laboral por razón de religión en Derecho comunitario europeo", pp. 49-63. CONTRERAS MAZARIO, J M. (2017). "EL TJUE no prohíbe el uso del velo islámico. Comentario a las sentencias del TJUE de 14 de marzo de 2017, asuntos C-157/15 y C-188/15". *Revista de Derecho Comunitario Europeo,* (57), pp. 577-613. PELAYO OLMEDO, J. D. (2017). "La prohibición del uso de prendas y símbolos religiosos en el ámbito laboral. Aclaraciones del TJUE sobre la aplicación del principio de igualdad y no discriminación en el Caso Samira Achbita C. G45 Secure Solutions NV". *Revista General de Derecho Europeo,* (43), www.iustel.com. Recuperado el 20/2/2024. PALOMINO LOZANO, R. (2016). "Igualdad y no discriminación religiosa en el Derecho de la Unión Europea. A propósito de las conclusiones en los casos Achbita y Bougnaoui". *Revista Latinoamericana de Derecho y Religión,* (2:2), pp. 1-34.

política de neutralidad y poco después aprobó una modificación de su reglamento interno para incluir dicha prohibición: "Se prohíbe a los trabajadores llevar signos visibles de sus convicciones políticas, filosóficas o religiosas u observar cualquier rito derivado de éstas en el lugar de trabajo". Ante la negativa de la trabajadora de cumplir con el reglamento interno, fue despedida y acudió a los tribunales belgas que no atendieron a su demanda por discriminación directa prevista en la Directiva 2000/78. Pero el Tribunal de Casación de Bélgica decidió suspender el procedimiento y plantear al Tribunal de Justicia la siguiente cuestión prejudicial:

> "¿Debe interpretarse el artículo 2, apartado 2, letra a), de la Directiva 2000/78 en el sentido de que la prohibición de llevar un pañuelo como musulmana en el lugar de trabajo no constituye una discriminación directa si la norma en vigor en la empresa prohíbe a todos los trabajadores llevar en el lugar de trabajo signos externos de convicciones políticas, filosóficas o religiosas?".

La sentencia, tras hacer un recordatorio del Derecho de la Unión y del Derecho belga, expone los antecedentes del Caso, para centrarse en la cuestión prejudicial planteada. Al respecto, en primer lugar, el Tribunal se detiene en el concepto de "religión" que figura en el artículo 1 de la Directiva 2000/78, que no es definido, pero entiende que hay una remisión, en su Considerando 1, primero, al Convenio Europeo para la Protección de los Derechos Humanos y de la Libertades Fundamentales, de 1950. En su artículo 9 se establece que toda persona tiene derecho a la libertad de pensamiento, de conciencia y de religión, y que implica la libertad de manifestar su religión o sus convicciones individual o colectivamente, en público o privado, mediante el culto, la enseñanza, las prácticas y la observancia de los ritos. Asimismo, se expone que también hay una remisión a las tradiciones constitucionales comunes europeas, como principios generales del Derecho de la Unión, reafirmados en la Carta de Derechos Fundamentales de la UE, cuyo artículo 10 reconoce la libertad de pensamiento, de conciencia y de religión, en el mismo sentido y alcance que el artículo 9 del Convenio de Roma[33]. Esto lleva a interpretar que el concepto de religión comprende tener unas convicciones y manifestarlas.

En segundo lugar, considera necesario determinar si la norma interna prohibitiva ocasiona una diferencia de trato entre los trabajadores en función de su religión o convicciones, y si ello supone una discriminación directa. Pero no se aprecia una desigualdad de trato hacia la Sra. Achbita, porque la norma se aplica a todos por igual y de forma general e indiferenciada. Por lo tanto, no existe discriminación directa. La Corte, sin embargo, sigue su análisis de oficio, para comprobar si se da una discriminación indirecta, en el sentido del artículo 2, apartado 2, letra b), de la Directiva, de manera que una disposición neutral ocasione una desventaja particular a una persona que profesa una religión determinada. Al respecto se admite que puede justificarse una desigualdad si existe una finalidad legítima y si los medios utilizados para conseguirla son adecuados y necesarios. Corresponde al juez nacional valorar si la norma interna es conforme con dichas exigencias. Se considera legítima la voluntad de seguir un régimen de neutralidad política, filosófica o religiosa en las relaciones con los clientes, tanto del sector público como del sector privado. Esta finalidad está ligada a la libertad de empresa reconocida en el artículo 16 de la Carta Europea, y es legítima en cuanto solo afecta a los trabajadores que, en principio, van a estar en contacto con sus clientes. La interpretación de que la persecución de tal finalidad permite restringir, con ciertos límites, la libertad de religión se considera confirmada por el Tribunal Europeo de Derechos Humanos (Caso Eweida, de 2013). De igual modo, la

---

33 Explicaciones sobre la Carta de Derechos Fundamentales, DO 2007, C 303, p. 17.

prohibición del uso de simbología religiosa se reconoce como apta para garantizar el régimen de neutralidad empresarial, siempre que se haga de manera congruente y sistemática, y es el Tribunal remitente quien debe comprobar que es así y dirigido a todos los trabajadores, indistintamente, que estaban en contacto con sus clientes. Respecto al carácter necesario de la medida prohibitiva, debe comprobarse que se limita a lo estrictamente necesario para conseguir la finalidad perseguida.

Por último, el Tribunal remitente también debe comprobar si era posible que la empresa diera una alternativa a la trabajadora, ofreciéndole un puesto de trabajo que no conllevara un contacto visual con los clientes, en lugar de proceder a su despido.

En definitiva, la prohibición de llevar un pañuelo islámico atendiendo a una norma interna de una empresa privada, que prohíbe el uso visible de cualquier signo político, filosófico o religioso en el lugar de trabajo, no constituye una discriminación directa por motivos de religión o convicciones en el sentido de esta Directiva, según el artículo 2, apartado 2, letra a) de la Directiva 2000/78.

No obstante, dicha norma interna puede constituir una discriminación indirecta en el sentido del artículo 2, apartado 2, letra b) de la Directiva 2000/78, "si se acredita que la obligación aparentemente neutra que contiene ocasiona, de hecho, una desventaja particular a aquellas personas que profesan una religión o tienen unas convicciones determinadas, salvo que pueda justificarse objetivamente con una finalidad legítima, como el seguimiento por parte del empresario de un régimen de neutralidad política, filosófica y religiosa en las relaciones con sus clientes, y que los medios para la consecución de esta finalidad sean adecuados y necesarios, extremos que corresponderá comprobar al Tribunal remitente".

Por consiguiente, podemos avanzar que a la mujer musulmana se la está obligando a elegir entre su trabajo o su religión; se está prohibiendo la diferencia, la diversidad, el pluralismo propio de una sociedad como la nuestra, basada en los derechos fundamentales; y es evidente el perjuicio que sufre la mujer musulmana trabajadora que usa el velo islámico en el ámbito laboral, que hace pensar en intolerancia del diferente[34]. Por otra parte, la neutralidad de la empresa es transformada a modo de la laicidad estatal y cierra la puerta a posibles manifestaciones de la libertad religiosa en el ámbito laboral y privado[35]. O lo que sería también una "empresa de tendencia laica"[36], cuando, en realidad, la neutralidad debería entenderse en el sentido de que la trabajadora no se vea condicionada por sus creencias en el desempeño de su trabajo y trate por igual a sus clientes de acuerdo con su puesto laboral.

La norma prohibitiva del velo fue aprobada con esa finalidad, pues se hizo una vez surgió la petición de la trabajadora de usarlo. Esto ya hace sospechar de su neutralidad, pues la finalidad última es excluir el hecho religioso del ámbito propio

---

34 A este respecto ver CONTRERAS MAZARIO, J. M. (2017). "EL TJUE no prohíbe el uso del velo islámico. Comentario a las sentencias del TJUE de 14 de marzo de 2017, asuntos C-157/15 y C-188/15", p. 613: "En conclusión, el TJUE ha pedido una magnífica oportunidad para haber abordado en profundidad las condiciones que permiten delimitar la libertad religiosa de un modo legal, al no ofrecer ninguna explicación sustancial a cómo las medidas de restricción a) deben estar prescritas por ley; b) deben respetar el contenido esencial de los derechos y libertades fundamentales de los demás, y c) fueron adecuadas, necesarias y proporcionales para alcanzar el objetivo legítimo".

35 A este respecto ver: PALOMINO LOZANO, R. (2016). "Igualdad y no discriminación religiosa en el Derecho de la Unión Europea. A propósito de las conclusiones en los casos Achbita y Bougnaoui", p. 29. PALOMINO LOZANO, R. (2020). "El Tribunal de Justicia de la Unión Europea frente a la religión y las creencias", p. 52.

36 MORENO ANTÓN, M. (2018). "A vueltas con el velo: La prohibición del hiyab bajo el paraguas de la neutralidad", p. 175.

de la empresa. "la neutralidad no se consigue mediante la eliminación de la religión, sino estableciendo unas condiciones de respeto mutuo y tolerancia recíprocas entre todas las manifestaciones de religiosidad"[37].

Tampoco se entiende que se equipare la libertad de empresa al derecho fundamental de libertad religiosa, que debe ser un límite de aquel. Aquí es la libertad de empresa la que está limitando el derecho fundamental. Y toda restricción del derecho debe perseguir un objetivo legítimo y debe existir una relación razonable de proporcionalidad. Si bien, en este supuesto no se guarda "una relación de proporcionalidad entre el medio empleado y la finalidad perseguida"[38].

III.2. Caso Bougnaoui, C-188/15, sentencia de 14 de marzo de 2017 (Francia)

El 14 de marzo de 2017 se dictó otra interesante sentencia por la Gran Sala del Tribunal de Luxemburgo (TOL5.986.677), en un supuesto similar al anterior, igualmente muy comentada por la doctrina[39]. La Sra. Bougnaoui solicitó unas prácticas en

---

37 RODRÍGUEZ BLANCO, M. (2017). "La neutralidad del empresario como límite a la libertad religiosa del trabajador. (Comentario a las sentencias de la Gran Sala del Tribunal de Justicia de la Unión Europea de 14 de marzo de 2017)", p. 389. En un sentido similar: PALOMINO LOZANO, R. (2020). "El Tribunal de Justicia de la Unión Europea frente a la religión y las creencias", p. 52. LEAL-ADORNA, M. (2023). "El velo islámico como causa de despido en empresas privadas", p. 735.

38 RODRÍGUEZ BLANCO, M. (2017). "La neutralidad del empresario como límite a la libertad religiosa del trabajador. (Comentario a las sentencias de la Gran Sala del Tribunal de Justicia de la Unión Europea de 14 de marzo de 2017)", p. 391.

39 LEAL-ADORNA, M. (2023). "El velo islámico como causa de despido en empresas privadas", pp. 728-730. PALOMINO LOZANO, R. (2020).

una empresa, sobre la que se le había informado que llevar un velo islámico podría constituir un problema la hora de relacionarse con los clientes. Al final pudo realizar las prácticas de final de carrera en dicha empresa, usando un pañuelo bandana y también un pañuelo islámico. Tras las prácticas fue contratada por tiempo indefinido como ingeniera de proyectos en 2008. Un año después se le requiere para que deje de usar el velo islámico, a lo que se niega, y es despedida para no herir las convicciones de sus clientes, aunque se la considera muy competente en su trabajo. La Sra. Bougnaoui recurre a los tribunales franceses por considerar su despido como discriminatorio. El Caso llegó al Tribunal de Casación francés que decide suspender el procedimiento y plantear al Tribunal de Justicia de la Unión Europea la siguiente cuestión prejudicial:

> "¿Debe interpretarse el artículo 4, apartado 1, de la Directiva 2000/78 en el sentido de que el deseo manifestado por un cliente de una empresa de consultoría informática de que, en lo sucesivo, los servicios informáticos contratados no sean prestados por una asalariada de dicha empresa, ingeniero de proyectos, que usa un pañuelo islámico constituye un requisito profesional esencial y determinante, debido a la naturaleza de

---

"El Tribunal de Justicia de la Unión Europea frente a la religión y las creencias", pp. 52-55. GIL ALBURQUERQUE, R. (2018). "Prohibición de discriminación por causa de religión o convicciones", pp. 616-617. CONTRERAS MAZARÍO, J. M. (2017). "El TJUE no prohíbe el uso del velo islámico. Comentario a las sentencias del TJUE de 14 de marzo de 2017, asuntos C-157/15 y C-188/15", pp. 577-613. MARTÍ SÁNCHEZ, J. M. (2017). "Comentario a la Sentencia del Tribunal de Justicia (Gran Sala) de la Unión Europea (TJUE) de 14 de marzo de 2017, Asma Bougnaoui, Association de défense des droits de l´homme (ADDH) Y Micropole SA. (El cliente y su libertad religiosa, ante la prestación de un servicio, por operario con caracterización religiosa)". *Revista General de Derecho Canónico y Derecho Eclesiástico del Estado,* (44), pp. 1-12. PALOMINO LOZANO, R. (2016). "Igualdad y no discriminación religiosa en el Derecho de la Unión Europea. A propósito de las conclusiones en los casos Achbita y Bougnaoui", pp. 1-34.

> la actividad profesional concreta de que se trata o al contexto en que se lleva a cabo?"

La sentencia tras conocer los antecedentes y revisar el Derecho de la UE y del Derecho francés, como en la sentencia Achbita, se refiere brevemente, en primer lugar, al concepto de "religión" en la Directiva 2000/78, en similares términos. En segundo término, apunta que la resolución de remisión no permite saber si la cuestión prejudicial planteada reposa en una discriminación directa o indirecta basada en la religión.

Al respecto, se expone que se debe comprobar por el Tribunal remitente si el despido de la Sra. Bougnaoui se fundó en el incumplimiento de una norma interna vigente en la empresa, que le prohibía el uso de cualquier signo visible religioso, filosófico o político. Y, por otra parte, si se acredita que dicha norma, en principio neutral, ocasiona una desventaja particular a las personas que profesan una religión determinada, en cuyo caso, cabría concluir que existe una discriminación indirecta por motivos religiosos, conforme al artículo 2, apartado 2, letra b) de la Directiva 2000/78. Sin embargo, no se considerará discriminación indirecta, si dicha norma prohibitiva puede justificarse objetivamente con una finalidad legítima, como sería una política de neutralidad empresarial para con sus clientes, y si los medios para lograrlo son adecuados y necesarios (Caso Achbita).

Pero si no existiera dicha norma interna, el Tribunal remitente examinará si la voluntad del empresario de considerar los deseos de un cliente, en cuanto no ser atendido por una trabajadora que usa un símbolo religioso visible como el velo islámico, constituye un requisito profesional esencial y determinante, según el artículo 4, apartado 1, de la Directiva 2000/78, si el objetivo es legítimo y el requisito proporcionado. Y se subraya "que, con arreglo al Considerando 23 de la Directiva 2000/78, sólo en muy contadas circunstancias una característica vinculada en particular a la religión puede constituir un requisito profesional esencial y determinante: "A tenor del artículo 4, apartado 1, de la Directiva 2000/78, la característica en cuestión únicamente puede constituir tal requisito «debido a la naturaleza de la actividad profesional concreta de que se trate o al contexto en que se lleve a cabo»" (apartado 39). Por tanto, "requisito profesional esencial y determinante" está ligado a la actividad profesional de que se trate o al contexto en el que se lleva a cabo. No caben, por consiguiente, las preferencias o deseos de los clientes. De manera que, en caso contrario, se estaría ante una discriminación indirecta.

En este supuesto se puede llegar a las mismas conclusiones, ya vistas respecto a la sentencia del caso Achbita. Pero, además, hay que añadir, que la restricción de la libertad religiosa de la trabajadora no puede quedar en manos de los clientes de una empresa, de modo que sus deseos no son considerados por el Tribunal un requisito profesional esencial y determinante en el marco de la Directiva 2000/78. Lo contrario sería permitir que cualquier prejuicio de un cliente suponga la limitación del derecho fundamental de la trabajadora[40].

---

40 MARTÍ SÁNCHEZ, J. M. (2017). "Comentario a la Sentencia del Tribunal de Justicia (Gran Sala) de la Unión Europea (TJUE) de 14 de marzo de 2017, Asma Bougnaoui, Association de défense des droits de l´homme (ADDH) Y Micropole SA. (El cliente y su libertad religiosa, ante la prestación de un servicio, por operario con caracterización religiosa*)*", pp. 11-12: "... El símbolo es un elemento cultural que debe tener la versatilidad propia de una sociedad pluralista y abierta. Con la misma amplitud de miras, tendrían que comportarse quienes acuden a establecimientos abiertos al público, en busca de un servicio o mercancía. También al que los recibe en sus instalaciones. La convivencia exige porosidad y tolerancia a los signos identitarios ajenos, siempre que no sean ofensivos o pongan en peligro bienes sociales y jurídicos (art. 3.1 de la Ley Orgánica 7/1980 de libertad religiosa)".

III.3. Caso WABE, C-804/18 y Caso MH Müller Handels GmbH, C-341/19, sentencia de 15 de julio de 2021 (Alemania)

La sentencia de 15 de julio de 2021, de la Gran Sala del Tribunal de Justicia de la Unión Europea, resuelve conjuntamente los Casos C-804/18 y C-341/19 (TOL9.749.999), ambos procedentes de Alemania, que plantean cuestiones prejudiciales que tienen por objeto los artículos 2, apartados 1 y 2, letras a) y b), 4, apartado 1, y 8, apartado 1, de la Directiva 2000/78, así como de los artículos 10 y 16 de la Carta Europea. Tras revisar la Directiva 2000/78 y el Derecho alemán la sentencia procede a resolver[41].

En WABE, una trabajadora, la Sra. IX, de una guardería propiedad de dicha empresa, es amonestada en varias ocasiones por seguir utilizando el velo islámico, ante la prohibición

---

41 Puedes consultarse algunos comentarios de la doctrina: FERNÁNDEZ SÁNCHEZ, S. (2023). "La posición del Tribunal de Justicia de la Unión Europea frente al uso de símbolos religiosos en el puesto de trabajo. A propósito de la prohibición del uso del velo y contrato de trabajo en TJUE C-804/18 y C-341/19". *Revista General de Derecho Canónico y Derecho Eclesiástico del Estado,* (61), pp. 1-20. LEAL-ADORNA, M. (2023). "El velo islámico como causa de despido en empresas privadas", pp. 730-732. CAÑAMARES ARRIBAS, S. (2021). "Luces y sombras en la protección de la igualdad religiosa en el empleo en la Unión Europea. La sentencia del Tribunal de Justicia Wabe& MH Müller, de 15 de julio de 2021". *Revista General de Derecho Canónico y Derecho Eclesiástico del Estado,* (57), pp. 1-9. CONTRERAS MAZARÍO, J. M. (2021). "Velo islámico y neutralidad empresarial: ¿dos nuevos caos para su prohibición? (Comentario a la sentencia del TJUE de 15 de julio de 2021, asuntos C-804/18 y C-341/19)". *Laicidad y libertades,* (21), pp. 101-136. SHARPSTON, E. (2021). "Shadow Opinion of former Advocate-General Sharpston: headscarves at work (Cases C-804/18 and C-341/19)".*EU LawAnalysis.*https://eulawanalysis.blogspot.com/2021/03/shadow-opinion-of-former-advocate.html. Recuperado el 20/2/2024. GIL ALBURQUERQUE, R. (2018). "Prohibición de discriminación por causa de religión o convicciones", pp. 625-627.

empresarial de que sus trabajadores muestren cualquier signo visible de naturaleza política, filosófica o religiosa en el lugar de trabajo, cuando estén en contacto con los padres o los hijos de estos, siguiendo una política de neutralidad. Esto estaba establecido en una norma interna para todos los empleados que cumplieran dicha condición. Se prohíbe exhibir una cruz cristiana, un pañuelo islámico o una kipá judía, según la "Hoja informativa" de la empresa. La Sra. IX recurre al Tribunal remitente con el propósito de que WABE retirase las amonestaciones de su expediente personal. Declara que la política de neutralidad de la empresa va dirigida a la prohibición del velo islámico y que, por lo tanto, se trata de una discriminación directa, que además afecta a la mujer, convirtiéndose en una discriminación por razón de sexo, e igualmente perjudica más a las mujeres inmigrantes, y puede constituir una discriminación por motivo de origen étnico también. Alega que el Tribunal Constitucional Federal alemán ha declarado que la prohibición de llevar el pañuelo islámico en el trabajo, en centros en los que se atiende a menores, constituye un menoscabo grave de la libertad de creencia y de confesión religiosa y, para ser admisible, debe basarse en un riesgo demostrado y concreto. WABE solicita al Tribunal que desestime el recurso alegando la aplicación de la doctrina sentada en la sentencia del Caso Achbita, que ya conocemos, y declarando que IX no podía ser destinada a otro puesto laboral, porque no se correspondería con sus capacidad y cualificación. Ante estos hechos el Tribunal remitente duda si ha existido una discriminación por motivos de religión, del artículo 2, apartado 2, letra a) de la Directiva 2000/78. Por ello el Tribunal de lo Laboral de Hamburgo plantea las siguientes cuestiones prejudiciales:

> "1. ¿Supone una instrucción unilateral del empresario que prohíbe llevar cualquier signo visible de convicciones políticas, filosóficas o religiosas una discriminación directa por motivo de religión, en el sentido del artículo 2, apartados 1 y 2, letra a), de la Directiva [2000/78], de los trabajadores que, por

mandamientos religiosos de cubrimiento, siguen determinadas reglas vestimentarias?

2. ¿Supone una instrucción unilateral del empresario que prohíbe llevar cualquier signo visible de convicciones políticas, filosóficas o religiosas una discriminación indirecta por motivos de religión o de sexo, en el sentido del artículo 2, apartados 1 y 2, letra b), de la Directiva [2000/78], de una trabajadora que, debido a su fe musulmana, lleva un pañuelo en la cabeza?

En particular:

a. ¿Permite la Directiva [2000/78] justificar una discriminación [indirecta] por motivos de religión o de sexo apelando al deseo subjetivo del empresario de observar una política de neutralidad política, filosófica y religiosa, si con ello el empresario desea atender a los deseos subjetivos de sus clientes?

b. ¿Se oponen la Directiva [2000/78] o el derecho fundamental a la libertad de empresa consagrado en el artículo 16 de la [Carta], habida cuenta del artículo 8, apartado 1, de la Directiva [2000/78], a una normativa nacional con arreglo a la cual, en aras de la protección del derecho fundamental a la libertad religiosa, la prohibición de vestimenta religiosa no puede justificarse simplemente por la capacidad abstracta a comprometer la neutralidad del empresario, sino que es necesario un riesgo suficientemente concreto, en particular, de ocasionar un perjuicio económico concreto al empresario o a un tercero afectado?"

En MH Müller Handels GmbH (en adelante MH), la protagonista es una mujer musulmana, la Sra. MJ, que trabaja en una droguería propiedad de MH, que usaba el velo islámico, y a la que se le ordenó que se abstuviera de usar signos vistosos y de gran tamaño, de naturaleza política, filosófica o religiosa, en el lugar de trabajo. La Sra. MJ interpuso un recurso ante los órganos jurisdiccionales nacionales con objeto de que se declarara la nulidad de la orden y de que se le concediera una indemnización por el perjuicio sufrido. Para ello invocó la libertad religiosa protegida por la Ley Fundamental de la

República Federal de Alemania y alegó que la política de neutralidad empresarial no tiene primacía incondicional sobre el derecho fundamental de libertad religiosa, y que debe someterse a un examen de proporcionalidad. La empresa MH alega la sentencia del Caso Achbita, interpretando que no es necesario acreditar que la política de neutralidad se justifique en un perjuicio económico determinado, y que la libertad de empresa es más importante que la libertad religiosa según el Tribunal de Justicia. El Tribunal remitente entiende que la directriz interna de la empresa, aunque tiene carácter general, da lugar a una desigualdad de trato basada indirectamente en la religión, conforme a la legislación alemana y la Directiva 2000/78. El Tribunal estima que puede pensarse que la Sra. MJ resulta discriminada de forma particular con respecto a otros trabajadores que no tienen obligación de manifestar externamente sus religión o convicciones, pero se pregunta si la legitimidad del régimen de neutralidad debe basarse en la prohibición de cualquier signo visible o solo la de los vistosos y de gran tamaño. Antes estos hechos, el Tribunal Supremo de lo Laboral de Alemania plantea las siguientes cuestiones prejudiciales:

> "1) ¿Puede ser aceptable una diferencia de trato indirecta por razones de religión, en el sentido del artículo 2, apartado 2, letra b), de la Directiva [2000/78], resultante de la aplicación de una norma interna de una empresa privada siempre que se trate de una norma que prohíbe portar cualquier clase de símbolo visible de una creencia religiosa o política o de otras convicciones y no se refiera solamente a símbolos que sean vistosos y de gran tamaño?
>
> 2) En caso de respuesta negativa a la primera cuestión:
>
> a. ¿Debe interpretarse el artículo 2, apartado 2, letra b), de la Directiva [2000/78] en el sentido de que pueden ser tenidos en cuenta los derechos reconocidos en el artículo 10 de la [Carta] y en el artículo 9 del [CEDH] a la hora de evaluar si es aceptable una diferencia de trato indirecta por razones de religión resultante de la aplicación de una norma interna de una empresa privada que prohíbe portar símbolos de creencias

religiosas o políticas o de otras convicciones que sean vistosos y de gran tamaño?

b. ¿Debe interpretarse el artículo 2, apartado 2, letra b), de la Directiva [2000/78] en el sentido de que las disposiciones nacionales de rango constitucional que protegen la libertad religiosa pueden ser tenidas en cuenta como disposiciones más favorables en el sentido del artículo 8, apartado 1, de la Directiva [2000/78] a la hora de evaluar si es aceptable una diferencia de trato indirecta por razones de religión resultante de la aplicación de una norma interna de una empresa privada que prohíbe portar símbolos de creencias religiosas o políticas o de otras convicciones que sean vistosos y de gran tamaño?

3) En caso de respuesta negativa a la segunda cuestión, letras a) y b): A la hora de evaluar una orden basada en una norma interna de una empresa privada que prohíbe portar símbolos de creencias religiosas o políticas o de otras convicciones que sean vistosos y de gran tamaño, ¿deben ser inaplicadas las disposiciones nacionales de rango constitucional que protegen la libertad religiosa y ser desplazadas por el Derecho primario de la Unión, aun cuando este reconozca las legislaciones y las prácticas nacionales, como acontece con el artículo 16 de la [Carta]?"

Al resolver la primera cuestión prejudicial planteada en el asunto WABE, el Tribunal de Luxemburgo se remite a lo expuesto con ocasión del Caso Achbita, dejando claro que el uso de signos o prendas de vestir para manifestar la religión o las convicciones personales queda cubierto por la libertad de pensamiento, de conciencia y de religión, protegida por el artículo 10 de la Carta Europea, que forma parte del contexto pertinente para interpretar la Directiva 2000/78, y se corresponde con el artículo 9 del Convenio de Roma. Así mismo expone "a efectos de la aplicación de la Directiva 2000/78, los términos «religión» y «convicciones» se consideran las dos caras de un mismo y único motivo de discriminación. Según el artículo 21 de la Carta, el motivo de discriminación basado en la religión o las convicciones debe distinguirse del basado en "opiniones políticas o de cualquier otro tipo y comprende las convicciones religiosas y las filosóficas o espirituales" (apartado 47), por lo que no se distingue entre ellas. El Tribunal, siguiendo la sentencia del Caso Achbita, resuelve que una norma interna de una empresa privada, que prohíbe llevar cualquier signo visible de convicciones políticas, filosóficas o religiosas en el lugar de trabajo, no constituye una discriminación directa por motivos de religión o convicciones, en el sentido del artículo 2, apartado 2, letra a), de la Directiva 2000/78, si atañe indistintamente a cualquier manifestación de esas convicciones y trata por igual a todos los trabajadores de la empresa, imponiéndoles, de modo general e indiferente, especialmente una neutralidad en el vestir que se opone al uso de tales signos, y no se acepta una diferencia de trato entre trabajadores basada en un criterio indisociablemente ligado a la religión o a las convicciones.

En la segunda cuestión prejudicial planteada en el asunto WABE, el Tribunal deja claro que el motivo de discriminación por razón de sexo no está comprendido en el ámbito de aplicación de la Directiva 2000/78, y, por tanto, no procede examinar su existencia o no. En cuanto a si existe una discriminación indirecta, una diferencia de trato basada indirectamente en la religión o las convicciones, que supone una desventaja para personas que profesan una religión en concreto, corresponde al Tribunal remitente comprobarlo, aunque parece evidente que la norma en cuestión afecta casi exclusivamente a trabajadoras musulmanas que llevan un pañuelo islámico. Por otra parte, el empresario puede basar su régimen de neutralidad política, filosófica o religiosa en las expectativas de sus clientes o usuarios, y no se considerará una discriminación indirecta, si puede justificarse objetivamente con una finalidad legítima y si los medios para su consecución son adecuados y necesarios (Caso Bougnaoui), y estos aspectos deben interpretarse de manera estricta[42] (apartado 61). Por consiguiente, puede considerarse legítima la voluntad de un empresario de seguir un régimen de neutralidad política, filosófica o religiosa en las relaciones con los clientes, tanto del sector público como del sector privado, vinculada a la libertad de empresa, artículo 16 de la Carta (Caso Achbita), si bien, dicha voluntad "no es suficiente, por sí sola, para justificar objetivamente una diferencia de trato basada indirectamente en la religión o las convicciones, ya que el carácter objetivo de tal justificación solo puede determinarse ante una necesidad real de ese empresario, necesidad que incumbe a este demostrar" (apartado 64). Para ello se puede atender a los derechos y expectativas legítimas de sus clientes y usuarios, y en este supuesto entiende el Tribunal que se justifica en el derecho de los padres a garantizar la educación y enseñanza de sus hijos conforme a sus convicciones religiosas, filosóficas y pedagógicas, artículo 14 de la Carta. Igualmente, el empresario deberá justificar que, sin dicha política de neutralidad, sufriría consecuencias desfavorables y se vulneraría su libertad de empresa, artículo 16 de la Carta. Por descontado, la norma interna en discusión debe ser apta para garantizar la correcta aplicación del régimen de neutralidad empresarial, y que se haga de forma congruente y sistemática y, además, se limite a lo estrictamente necesario (Caso Achbita). Es decir, que las consecuencias en lo que se refiere a la limitación del derecho fundamental de libertad religiosa del trabajador sean imprescindibles para evitar consecuencias desfavorables para la empresa.

En conclusión, una diferencia de trato basada indirectamente en la religión o las convicciones, dimanante de una norma interna de una empresa que prohíbe a los trabajadores lle-

---

42 Ver por analogía, la sentencia de 16 de julio de 2015, CHEZ Razpredelenie Bulgaria, C-83/14, apartado 112 (TOL5.204.217).

var cualquier signo visible de convicciones políticas, filosóficas o religiosas en el lugar de trabajo, puede estar justificada por la voluntad del empresario de seguir un régimen de neutralidad política, filosófica y religiosa ante sus clientes o usuarios, siempre que (apartado 70):

1. "Este régimen responda a una verdadera necesidad de este empresario, necesidad que incumbirá a este acreditar tomando en consideración especialmente las expectativas legítimas de dichos clientes o usuarios y las consecuencias desfavorables que sufriría sin tal régimen, habida cuenta de la naturaleza de sus actividades o del contexto en el que estas se inscriben.
2. Esa diferencia de trato sea apta para garantizar la correcta aplicación de dicho régimen de neutralidad, lo que implica que el mismo régimen sea seguido de forma congruente y sistemática.
3. Esa prohibición se limite a lo estrictamente necesario en consideración a la amplitud y la gravedad reales de las consecuencias desfavorables que el empresario pretende evitar mediante tal prohibición".

En la primera cuestión prejudicial planteada en el Caso MH, el Tribunal sentencia que una norma interna empresarial que solo prohíbe llevar signos vistosos y de gran tamaño puede afectar en mayor medida a los seguidores de aquellas corrientes religiosas, filosóficas y no confesionales que establezcan el uso de una prenda de vestir o de un signo de gran tamaño, como un cubrecabezas, lo que dará lugar a desigualdad de trato y que determinados trabajadores sean tratados de forma menos favorable que otros por motivos de religión, dando lugar a una discriminación directa, en el sentido del artículo 2, apartado 2, letra a), de la Directiva 2000/78. Y si no se aprecia discriminación directa, podría ser indirecta, y entonces habrá de comprobarse que la política de neutralidad responde a una verdadera necesidad de la empresa, como podría ser la prevención de conflictos sociales entre los trabajadores, tal como se alega por MH, o seguir una política de neutralidad ante sus clientes; y que la política de neutralidad adoptada es apta para garantizar la finalidad perseguida, y si la prohibición se limita a lo estrictamente necesario.

Por consiguiente, "una discriminación indirecta basada en la religión o las convicciones, dimanante de una norma interna de una empresa que prohíbe llevar signos visibles de convicciones políticas, filosóficas o religiosas en el lugar de trabajo con el objetivo de garantizar un régimen de neutralidad en el seno de dicha empresa, solo puede justificarse si esa prohibición cubre toda forma visible de expresión de las convicciones políticas, filosóficas o religiosas. Una prohibición limitada al uso de signos de convicciones políticas, filosóficas o religiosas que sean vistosos y de gran tamaño puede constituir una discriminación directa basada en la religión o las convicciones, que, en cualquier caso, no puede justificarse sobre la base" del artículo 2, apartado 2, legra b), inciso i) de la Directiva 2000/78 (apartado 78).

Son coincidentes la segunda cuestión prejudicial, letra b), planteada en el asunto WABE y la segunda cuestión prejudicial, letra b), planteada en el asunto MH. Al respecto, el Tribunal de Justicia declara que los órganos jurisdiccionales nacionales han de tener presentes y sopesar los derechos implicados, como la libertad de pensamiento, de conciencia y de religión y el principio de no discriminación, así como el derecho de los padres a garantizar la educación y enseñanza de sus hijos conforme a sus convicciones y la libertad de empresa, reconocidos en el Convenio de Roma y la Carta Europea, y, además, hay que limitar las restricciones a lo estrictamente necesario (Caso Achbita), atendiendo al principio de proporcionalidad. La Directiva 2000/78 permite tener en cuenta el contexto propio de cada Estado miembro, por lo tanto, las disposiciones nacionales que protegen la libertad religiosa pueden considerarse como disposiciones más favorables, en el sentido del artículo 8, apartado 1, de la Directiva, al examinar el carácter adecuado de una diferencia de trato basada indirectamente en la religión o las convicciones.

En cuanto a las cuestiones prejudiciales segunda, letra a), y tercera planteadas en el asunto C-341/19, se estima que no procede responderlas.

Al final, el Tribunal decide que:

1. Una norma interna de una empresa que prohíbe a los trabajadores llevar cualquier signo visible de convicciones políticas, filosóficas o religiosas en el lugar de trabajo no constituye una discriminación directa por motivos de religión o convicciones de los trabajadores que siguen determinadas reglas vestimentarias según preceptos religiosos, siempre que esta norma se aplique de forma general e indiferenciada, artículo 1 y 2, apartado 2, a) de la Directiva 2000/78.

2. Una diferencia de trato basada indirectamente en la religión o las convicciones, derivada de una norma interna de una empresa, que prohíbe a los trabajadores llevar cualquier signo visible de convicciones políticas, filosóficas o religiosas en el lugar de trabajo, puede justificarse por la voluntad del empresario de seguir un régimen de neutralidad política, filosófica y religiosa ante sus clientes o usuarios, siempre que, en primer lugar, este régimen responda a una verdadera necesidad de este empresario, necesidad que debe acreditar atendiendo a las expectativas legítimas de dichos clientes o usuarios y a las consecuencias desfavorables que sufriría sin tal régimen, habida cuenta de la naturaleza de sus actividades o del contexto en el que estas se inscriben; en segundo lugar, que esa diferencia de trato sea apta para garantizar la correcta aplicación de dicho régimen de neutralidad, lo que exige que dicho régimen sea seguido de manera congruente y sistemática; y, en tercer

lugar, esa prohibición se limite a lo estrictamente necesario en consideración a la amplitud y la gravedad reales de las consecuencias desfavorables que el empresario pretende evitar mediante tal prohibición (artículo 2, apartado 2, letra b) de la Directiva).

3. Una discriminación indirecta basada en la religión o las convicciones, dimanante de una norma interna de una empresa, que prohíbe llevar signos visibles de convicciones políticas, filosóficas o religiosas en el lugar de trabajo, con el objetivo de garantizar un régimen de neutralidad en el seno de dicha empresa, solo puede justificarse si esa prohibición cubre toda forma visible de expresión de las convicciones políticas, filosóficas o religiosas. Una prohibición limitada de esos signos, cuando sean vistosos y de gran tamaño, puede constituir una discriminación directa basada en la religión o las convicciones, que, de cualquier modo, no puede justificarse sobre la base del artículo 2, apartado 2, letra b), inciso i) de la Directiva.

4. Las disposiciones nacionales que protegen la libertad religiosa pueden considerarse como disposiciones más favorables, en el sentido del artículo 8, apartado 1, de la Directiva, al examinar el carácter adecuado de una diferencia de trato basada indirectamente en la religión o las convicciones.

El Tribunal de Justicia, así, intenta establecer con las circunstancias o requisitos necesarios para identificar una discriminación directa o indirecta en aplicación de la Directiva 2000/78. Al respecto no deja de sorprender que se nos está ofreciendo, como expone José María Contreras Mazarío, un "catálogo *apertus* de finalidades legítimas" para justificar la prohibición de simbología religiosa en el ámbito laboral privado, que puede convertirse en un "cajón sin fondo", pues las quejas de los clientes o usuarios y quebrantos económicos pueden ser consideradas causas objetivas y razonables, pero no la "paz social" dentro de la empresa, que hace pensar en intolerancia, que solo podría combatirse con educación y respeto[43].

Como en los casos ya analizados, la libertad de empresa se sobrepone al derecho fundamental de libertad religiosa. Se impone la uniformidad y se obliga a ocultar la diversidad y el pluralismo religioso presente en la sociedad, lo que es contrario a la protección de los derechos fundamentales[44].

III.4. Caso LF, C-344/20, sentencia de 13 de octubre de 2022 (Bélgica)

La sentencia de 13 de octubre de 2022 resolvía el Caso C-344/20 (TOL9.251.795). También da respuesta a una cuestión prejudicial procedente de Bélgica[45]. La demandante, mujer musulmana que usa el pañuelo islámico, solicitó en 2018 unas prácticas no remuneradas en la empresa SCRL, en el marco de su formación profesional. La empresa considera su solicitud, sin embargo, le indican que tienen un régimen de neutralidad al que se debe comprometer. Ante su negativa no

---

43 CONTRERAS MAZARÍO, J. M. (2021). "Velo islámico y neutralidad empresarial: ¿dos nuevos caos para su prohibición? (Comentario a la sentencia del TJUE de 15 de julio de 2021, asuntos C-804/18 y C-341/19)", p. 128.

44 En el mismo sentido, *ibíd.* p. 134.

45 Al respecto puede verse el comentario en: LEAL-ADORNA, M. (2023). "El velo islámico como causa de despido en empresas privadas", pp. 732-734. MEIX CERECEDA, P. (2023). "El hiyab en el Derecho de la Unión Europea: Reflexiones sobre el principio de neutralidad religiosa y el concepto de discriminación". *Revista General de Derecho Europeo*, (61), pp. 1-30. GIL ALBURQUERQUE, R. (2018). "Prohibición de discriminación por causa de religión o convicciones", pp. 627-629.

dieron curso a su candidatura. La demandante, entonces, volvió a solicitar hacer las prácticas y ofreció cubrirse la cabeza con otro tipo de tocado, pero esto tampoco fue aceptado por la empresa, que prohibía toda prenda que cubriera la cabeza. En mayo denunció una discriminación ante el organismo público independiente competente y después acudió al órgano jurisdiccional remitente, que, aunque conoce la jurisprudencia del Tribunal de Justicia, entiende que el concepto de discriminación directa realizada en el Caso Achbita plantea dudas, y se pregunta si en las sentencias de los Casos Achbita y Bougnaoui, las convicciones religiosas, las convicciones filosóficas y las convicciones políticas constituyen un único criterio, luego no es necesario distinguir entre ellas. Por ello plantea las siguientes cuestiones prejudiciales:

> "1) ¿Debe interpretarse el artículo 1 de la Directiva [2000/78] en el sentido de que la religión y las convicciones son las dos caras de un mismo criterio protegido o, por el contrario, en el sentido de que la religión y las convicciones son dos criterios distintos, a saber, por un lado, el de la religión, que comprende las convicciones inherentes a la misma, y, por el otro, el de las convicciones, del tipo que sean?
>
> 2) En caso de que el artículo 1 de la Directiva [2000/78] deba interpretarse en el sentido de que la religión y las convicciones son las dos caras de un mismo criterio protegido, ¿se opone esta interpretación a que, sobre la base del artículo 8 de esta misma Directiva y a fin de evitar una reducción del nivel de protección contra la discriminación, el juez nacional siga interpretando una norma de Derecho interno, como el artículo 4, apartado 4, de la [Ley General contra la Discriminación], en el sentido de que las convicciones religiosas, filosóficas y políticas constituyen criterios protegidos distintos?
>
> 3) ¿Puede interpretarse el artículo 2, apartado 2, letra a), de la Directiva [2000/78] en el sentido de que una norma recogida en el reglamento laboral de una empresa, que exige a los trabajadores «no manifestar en modo alguno, ya sea verbalmente, a través de su vestimenta o de cualquier otra forma, sus convicciones religiosas, filosóficas o políticas, del tipo que

sean», constituye una discriminación directa cuando la aplicación concreta de esta norma interna ponga de manifiesto:

a) bien que la trabajadora que desea ejercer su libertad de religión mediante el uso visible de un signo (con connotaciones) —en el caso de autos, un pañuelo— recibe un trato menos favorable que otro trabajador que no profesa ninguna religión, no expresa sus convicciones filosóficas y no manifiesta sus ideas políticas y que, por consiguiente, no tiene necesidad de usar signos políticos, filosóficos o religiosos;

b) o bien que la trabajadora que desea ejercer su libertad de religión mediante el uso visible de un signo (con connotaciones) —en el caso de autos, un pañuelo— recibe un trato menos favorable que otro trabajador que tiene convicciones filosóficas o políticas, pero cuya necesidad de manifestarlas públicamente mediante el uso de un signo (con connotaciones) es menor o incluso nula;

c) o bien que la trabajadora que desea ejercer su libertad de religión mediante el uso visible de un signo (con connotaciones) —en el caso de autos, un pañuelo— recibe un trato menos favorable que otro trabajador que profesa otra religión, o incluso la misma, pero cuya necesidad de manifestarla públicamente mediante el uso de un signo (con connotaciones) es menor o incluso nula;

d) o bien que, partiendo de que una convicción no ha de ser necesariamente de carácter religioso, filosófico o político y podría ser de otra índole (artística, estética, deportiva, musical), la trabajadora que desea ejercer su libertad de religión mediante el uso visible de un signo (con connotaciones) —en el caso de autos, un pañuelo— recibe un trato menos favorable que otro trabajador que tiene convicciones de índole no religiosa, filosófica o política y que las manifiesta a través de su vestimenta;

e) o bien que, partiendo del principio de que la vertiente negativa de la libertad de manifestar las propias convicciones religiosas implica asimismo que no se puede obligar a nadie a declarar su pertenencia a una religión o sus convicciones religiosas, la trabajadora que desea ejercer su libertad de religión mediante el uso de un pañuelo, que, por sí mismo, no consti-

> tuye un símbolo unívoco de esa religión, en la medida en que otra trabajadora podría decidir llevarlo por motivos estéticos, culturales o incluso de salud, y que no se diferencia necesariamente de un simple fular, recibe un trato menos favorable que otro trabajador que manifiesta verbalmente sus convicciones religiosas, filosóficas o políticas, dado que, para la trabajadora que lleva el pañuelo, ello supone una vulneración todavía más grave de la libertad de religión, sobre la base del artículo 9.1 [del Convenio Europeo para la Protección de los Derechos Humanos y de las Libertades Fundamentales], habida cuenta de que, de no mediar prejuicios, la carga ideológica de un pañuelo no es evidente y solo puede conocerse, por lo general, si la persona que lo exhibe se ve obligada a dar a conocer su motivación a su empleador;
>
> f) o bien que la trabajadora que desea ejercer su libertad de religión mediante el uso visible de un signo (con connotaciones) —en el caso de autos, un pañuelo— recibe un trato menos favorable que otro trabajador con las mismas convicciones que opta por manifestarlas a través de la barba (manifestación esta que no está expresamente prohibida por la norma interna, a diferencia de las manifestaciones a través de la vestimenta)?"

Con reiteradas referencias a los Casos WABE y MH, y Achbita, y para no ser reiterativa, el Tribunal de Luxemburgo resuelve siguiendo la línea de la doctrina ya sentada:

1. Que los términos «religión o convicciones» que figuran en la Directiva 2000/78 constituyen un solo y único motivo de discriminación, que abarca tanto las convicciones religiosas como las convicciones filosóficas o espirituales, conforme al artículo 1. Pero las convicciones no se refieren a las políticas o sindicales, o preferencias artísticas, deportivas, estéticas u otras (apartado 28), sino a las filosóficas o espirituales junto a las religiosas (apartado 29).

2. Una disposición de un reglamento laboral de una empresa que prohíbe a los trabajadores manifestar sus convicciones religiosas o filosóficas, no constituye, respecto de los trabajadores que pretendan ejercer su libertad de religión y de concien-

cia usando un signo o una prenda de vestir con connotaciones religiosas, una discriminación directa «por motivos de religión o convicciones», en el marco de la Directiva 2000/78, siempre que esa disposición se aplique de forma general e indiferenciada; artículo 2, apartado 2, letra a).

3. El artículo 1 de la Directiva 2000/78 se opone a que disposiciones nacionales, que garantizan la transposición de esa Directiva al Derecho nacional, que se interpretan en el sentido de que las convicciones religiosas y las convicciones filosóficas constituyen dos motivos de discriminación distintos, puedan considerarse disposiciones más favorables para la protección del principio de igualdad de trato que las previstas en la Directiva, en el sentido de su artículo 8, apartado 1.

Con ocasión del comentario de esta sentencia, la doctrina insiste en lo demoledor que puede ser para la vida social de la mujer musulmana prescindir del hiyab por obligación en el ámbito laboral, lo que podría dar lugar a discriminación por distintas razones a la vez, raza u origen nacional, religión y género. Parecería necesaria una justificación muy rigurosa y detallada para admitir dicha prohibición, en la línea de las "empresas ideológicas" o "empresas de tendencia", en este caso bajo la ideología de la laicidad más estricta, propia de los Estados. Aceptar esto, es tanto, como admitir que cualquier empresa excluya a ciertos grupos o les impongan la asimilación cultural, erradicando la identidad grupal del diferente. Si no estamos en el ámbito de las empresas de tendencia, imponer la neutralidad religiosa absoluta al trabajador parece tan ilegítimo como imponerle una religión determinada. Por otra parte, la neutralidad religiosa, no es un fundamento de la UE, como sí lo es la libertad, un valor esencial establecido en los artículos 2 y 3.2 del Tratado de la Unión, que se concreta en un catálogo de derechos fundamentales de la Carta de la Unión, entre los que se encuentra la libertad religiosa. Además, la Unión está comprometida con el respeto de la diversidad cultural, lo que supone aceptar la integración de los musulmanes y sus tradiciones y costumbres mientras no supongan un problema de orden público. Esta concepción de la neutralidad conlleva que no se aplique de manera debida la proporcionalidad en la restricción del derecho, y se pueda hablar de una discriminación indirecta[46].

III.5. Caso OP, C-148/22, sentencia de 28 de noviembre de 2023 (Bélgica)

La sentencia de 28 de noviembre de 2023 resuelve el Caso C-148/22 (TOL9.889.898). Ante la prohibición de un Ayuntamiento belga de que sus trabajadores puedan usar cualquier signo visible que pueda revelar su religión, convicciones, ideología o filosofía, se plantea una cuestión prejudicial sobre la interpretación del artículo 2, apartado 2, letras a) y b) de la Directiva 2000/78[47].

La demandante trabaja en el Ayuntamiento de Ans desde 2016 y es jefa de oficina, función que ejerce sin casi contacto con los usuarios del servicio público. En febrero 2021 solicita poder llevar el velo islámico en el trabajo. La Corporación municipal denegó la solicitud y prohibió provisionalmente a la demandante llevar durante su actividad profesional cualquier signo que revelara sus convicciones religiosas, hasta la adopción de una normativa general relativa al uso de tales signos.

---

46 MEIX CERECEDA, P. (2023). "El hiyab en el Derecho de la Unión Europea: Reflexiones sobre el principio de neutralidad religiosa y el concepto de discriminación", pp. 314-318.

47 Al respecto ver: GONZÁLEZ SÁNCHEZ, M. (2024). "Las Administraciones públicas, como las empresas privadas, pueden prohibir el uso de símbolos religiosos a sus empleados. Sentencia del Tribunal de Justicia, Gran Sala, de 28 de noviembre de 2023, asunto C-148/22: OP v. Ayuntamiento de Ans". *La Ley Unión Europea*, (122, febrero), pp. 1-20.

Dicha resolución fue confirmada por otra posterior. En marzo de 2021, el Pleno del Ayuntamiento modificó el reglamento de trabajo introduciendo una obligación de neutralidad exclusiva en el lugar de trabajo, prohibiendo a todos los trabajadores llevar cualquier signo visible que pueda revelar sus convicciones, en particular, religiosas o filosóficas, estén o no en contacto con el público. Es evidente el objetivo del reglamento, limitar el derecho fundamental de la trabajadora musulmana que no podrá manifestar su fe en su puesto de trabajo. La demandante recurrió al órgano jurisdiccional competente, el cual remite dos cuestiones prejudiciales, pues considera que la prohibición del uso del pañuelo islámico por parte de la demandante en el litigio principal constituye una diferencia de trato directamente basada en la religión de esta con respecto a los demás miembros del personal del Ayuntamiento, ya que otros signos de convicciones religiosas han sido tolerados por la Corporación en el lugar de trabajo en el pasado y siguen siéndolo, si son llevados discretamente. Por otra parte, considera que esta diferencia de trato no está justificada por exigencias profesionales esenciales y determinantes, en el sentido del artículo 8 de la Ley General contra la Discriminación, en la medida en que la demandante en el litigio principal desempeña sus funciones principalmente en el *back office*, y que tal diferencia puede constituir, por tanto, una discriminación directa, en el marco de la Directiva 2000/78.

Las cuestiones prejudiciales planteadas son las siguientes:

> "1) ¿Puede interpretarse el artículo 2, apartado 2, letras a) y b), de la Directiva [2000/78] en el sentido de que autoriza a una administración pública a organizar un entorno administrativo totalmente neutro y, por ende, a prohibir el uso de signos [que puedan revelar convicciones religiosas] a todos los miembros del personal, estén o no en contacto directo con el público?
>
> 2) ¿Puede interpretarse el artículo 2, apartado 2, letras a) y b), de la Directiva [2000/78] en el sentido de que autoriza a una administración pública a organizar un entorno administrativo

> totalmente neutro y, por ende, a prohibir el uso de signos [que puedan revelar convicciones religiosas] a todos los miembros del personal, estén o no en contacto directo con el público, aun cuando esta prohibición neutra parece afectar mayoritariamente a las mujeres y, en consecuencia, podría constituir una discriminación encubierta por razón de género?"

La primera cuestión prejudicial es resuelta siguiendo la doctrina que ya conocemos para el ámbito laboral privado, y con remisión expresa a ella, pero ahora aplicada al ámbito laboral público, por lo tanto, una norma interna de una administración municipal que prohíbe, de manera general e indiferenciada, a los miembros de su personal el uso visible de cualquier signo que revele, en particular, convicciones filosóficas o religiosas, en su lugar de trabajo, puede estar justificada por la voluntad de dicha administración de establecer un entorno administrativo neutro, teniendo en cuenta el contexto del servicio prestado, siempre que dicha norma sea adecuada, necesaria y proporcionada, a la luz de ese contexto y habida cuenta de los diferentes derechos e intereses en juego.

En cuanto a la existencia de una eventual discriminación indirecta por razón de sexo, se declara que este motivo de discriminación no está comprendido en el ámbito de aplicación de la Directiva 2000/78, sino en la Directiva 2006/54/CE, de 5 de julio de 2006, relativa a la aplicación del principio de igualdad de oportunidades e igualdad de trato entre hombres y mujeres en asuntos de empleo y ocupación, que, en su artículo 2, apartado 1, letra b), define el concepto de discriminación indirecta por razón de sexo, al que se refiere la cuestión prejudicial. Por consiguiente, se inadmite la segunda cuestión prejudicial planteada por el Tribunal remitente. Es más, se expone "que la resolución de remisión no contiene indicaciones que permitan delimitar el supuesto fáctico en el que se basa la segunda cuestión ni las razones por las que una respuesta a esta cuestión, que se añadiría a la respuesta a la primera cuestión, sería necesaria para la solución del litigio principal".

Esto es, se obvia que una situación como la permitida supone una restricción del derecho fundamental de la libertad religiosa de la trabajadora en el ámbito laboral público, frente a otros compañeros cuyas convicciones, religiosas o no, no le suponen una obligación de manifestarlas en ningún caso. Por otra parte, de forma más estricta a la vista en sentencias anteriores, a la trabajadora se le prohíbe el uso del velo, a pesar de no tener casi contacto con el público o los usuarios. La neutralidad establecida por la Corporación municipal nos lleva hacia el laicismo, que intenta invisibilizar las convicciones religiosas del ciudadano, en particular de sus trabajadores, con claras consecuencias para la mujer musulmana. Que el Estado sea laico, no significa que sus ciudadanos no tengan convicciones religiosas, y el derecho de libertad religiosa comprende el derecho a poder manifestar dichas convicciones[48].

IV. VALORACIÓN CRÍTICA DE LA JURISPRUDENCIA DEL TRIBUNAL DE JUSTICIA DE LA UNIÓN EUROPEA RESPECTO A LA DISCRIMINACIÓN RELIGIOSA Y DISCRIMINACIÓN DE LA MUJER

En la doctrina existe un cierto consenso en lo que se refiere a que el Tribunal de Justicia de la Unión Europea es muy reacio a admitir la interseccionalidad o la discriminación múltiple de la mujer. Si bien, es cierto que no existe una referencia expresa a la discriminación interseccional en el Derecho de la Unión[49], hasta la Directiva 2023/970. La UE parece preferir

---

48 En el mismo sentido, ibíd., pp. 12-14.

49 MARTÍN MARTÍNEZ, M. M. (2021). "La discriminación interseccional en la jurisprudencia de los Tribunales Internacionales y su relación con los delitos de odio", p. 217. SERRA CRISTÓBAL, R. (2020). "El reconocimiento de la discriminación múltiple por los Tribunales". *TEORDER*, (27), p. 151.

utilizar el término de discriminación múltiple antes que interseccional, por ser más neutro. En la Propuesta de Directiva sobre el principio de igualdad de trato entre las personas, independientemente de su religión o convicciones, discapacidad, edad y orientación sexual, aprobada por Resolución del Parlamento Europeo, de 2 de abril de 2009[50], por ejemplo, se hace referencia a la discriminación múltiple, sin embargo es una propuesta que parece no seguir adelante y además la doctrina ha criticado que ofrece una definición limitada, pues se omite la posible interacción entre todos los posibles motivos de discriminación. De este modo, una discriminación por dos o más motivos a la vez no produciría un efecto jurídico diferente a la de una discriminación por un solo motivo[51]. Esto parece que podrá ser superado con la aplicación de la Directiva 2023/970.

Aunque es cierto que no ha existido una referencia expresa a la discriminación interseccional en el Derecho de la Unión hasta hace bien poco, no falta doctrina que ya entendía que el Tribunal de Luxemburgo debería haber confrontado posibles discriminaciones interseccionales en los Casos Achbita y Bougnaoui[52]. Magdalena Martín Martínez extrae dos conclusio-

---

50 https://www.europarl.europa.eu/doceo/document/TA-6-2009-0211_ES.html. Recuperado el 28/02/2024.

51 GIMÉNEZ GLUCK, D. (2013). "La discriminación múltiple en el Derecho de la Unión", pp. 126-129. Ver por ejemplo la sentencia del Tribunal de Justicia de 24 de noviembre de 2016, Caso Parris, C-443/15 (TOL5.889.843): "aunque, ciertamente, una discriminación puede basarse en varios de los motivos contemplados en el artículo 1 de la Directiva 2000/78, no existe, sin embargo, ninguna nueva categoría de discriminación resultante de la combinación de algunos de esos motivos, como la orientación sexual y la edad, que pueda concurrir cuando no se haya constatado una discriminación en razón de dichos motivos considerados por separado", (apartado 80).

52 MARTÍN MARTÍNEZ, M. M. (2021). "La discriminación interseccional en la jurisprudencia de los Tribunales Internacionales y su relación con los delitos de odio", p. 219.

nes de interés de ambas sentencias de la misma fecha, 14 de marzo de 2017:

Primera. Que el Tribunal ignora la evidencia de que la categoría de género es determinante en estos supuestos, pues solo afecta a la mujer musulmana que es la que usa el velo islámico.

Segunda. Elude totalmente la concurrencia de una discriminación interseccional o incluso múltiple, no solo por motivos de religión y género, sino también por origen étnico, conforme a la Directiva 2000/43, mostrando la complejidad del Derecho antidiscriminatorio europeo[53].

La doctrina ha venido defendiendo que la UE continúa ignorando la realidad de la discriminación múltiple, que no ha sido reconocida de modo claro en sede normativa o judicial, lo que sería deseable y conveniente[54]. Las legislaciones y las políticas normalmente van dirigidas a un solo aspecto de la identidad del individuo, ignorando la posible existencia de múltiples identidades. En esta línea se reclama el reconocimiento normativo expreso del concepto. Es necesario que los Tribunales apliquen el enfoque interseccional para ofrecer soluciones satisfactorias de protección de los derechos de la mujer[55]. El reconocimiento de la existencia de discriminación múltiple no supone una obligación para los Estados de aprobar una normativa de aplicación directa de protección de los individuos y colectivos afectados por esa realidad, pero, es evidente, que puede marcar las políticas y las interpretaciones de los Tribunales para prestar atención a esos supuestos de discriminación

---

53 *Ibíd.* p. 220.

54 GIMÉNEZ GLUCK, D. (2013). "La discriminación múltiple en el Derecho de la Unión", pp. 131-134.

55 CARRASQUERO CEPEDA, M. (2020). "La discriminación múltiple en Europa". *Revista de Estudios Europeos*, (75 enero-junio), pp. 42 y 54.

múltiples y más agravados[56]. El Tribunal de Justicia de la Unión Europea viene evitando pronunciarse sobre la discriminación múltiple e interseccional, una tendencia que, asimismo, es visible en el Tribunal Europeo de Derechos Humanos[57]. Y se reclama adoptar una mirada o perspectiva interseccional para proteger de manera efectiva los derechos humanos, pues solo atendiendo a la interseccionalidad se tendrán presentes las diferentes identidades y cualidades de las personas y de los grupos vulnerables, para poder prevenir y combatir cualquier forma de discriminación[58].

La discriminación de la mujer musulmana que utiliza el velo, por ejemplo, es un supuesto claro de discriminación múltiple o cruzada[59]. La doctrina ha utilizado este ejemplo desde antes de que llegaran los Casos comentados al Tribunal de Justicia de la Unión Europea. Ante la necesidad de atender a es-

---

56 SERRA CRISTÓBAL, R. (2013). "La mujer como especial objeto de múltiples discriminaciones. La mujer discriminada". *La discriminación múltiple en los ordenamientos jurídicos español y europeo.* Valencia, pp. 17.

57 MARTÍN MARTÍNEZ, M. M. (2021). "La discriminación interseccional en la jurisprudencia de los Tribunales Internacionales y su relación con los delitos de odio", pp. 212-220.

58 ABARCA LIZANA, M. (2019). "¿Para quién trabajan los derechos humanos? Críticas al sistema internacional de los derechos humanos desde una perspectiva interseccional". *Anuario de Derechos Humanos,* (15:2), pp. 328-329. HEALY, J. (2019). "Thinking outside the box: intersectionality as a hate crime research framework". *Papers from the British Criminology Conference,* (19), pp. 63-68. MARTÍN MARTÍNEZ, M. M. (2021). "La discriminación interseccional en la jurisprudencia de los Tribunales Internacionales y su relación con los delitos de odio", pp. 221-223. Ver también GUTIÉRREZ DEL MORAL, M.ª J. (2024). *Mujer, discriminación, odio y creencias.* Madrid, pp. 47-48.

59 En tal sentido VALERO HEREDIA, A. (2013). "Mujer y pertenencia a una minoría religiosa: el uso público del velo integral en los ordenamientos jurídicos francés e italiano". *La discriminación múltiple en los ordenamientos jurídicos español y europeo.* Valencia, p. 133.

tas formas más agravadas de discriminación, además de exigir una mayor indemnización para la víctima de la discriminación múltiple frente a la discriminación por un solo rasgo, se podría intensificar el juicio de igualdad que el Tribunal aplica a las discriminaciones basadas en más de un motivo, para valorar el impacto adverso que funciona en la técnica de la discriminación indirecta. Es decir, hay que valorar cuántas personas han sido expulsadas de su trabajo o no han sido contratadas por el uso del velo, y si estas personas forman parte de un colectivo determinado al que se pretende proteger, minoría musulmana, y si son mujeres en su mayoría. El impacto negativo se mide sobre las mujeres, musulmanas, que usan el velo islámico. Cuanto mayor sea el impacto adverso en el colectivo, menos aceptable será la disposición en conflicto, en principio neutra, que provoca una discriminación indirecta[60].

No quiero dejar de mencionar la Agencia Europea de los Derechos Fundamentales de la UE, centro de referencia y excelencia, único e independiente en el fomento y la protección de los derechos humanos en la UE. Se ocupa de una manera especial de la no discriminación por diversos factores, entre ellos la religión y la creencia, el sexo, la orientación sexual y el género. A primera vista, no parece que se traten formas múltiples de discriminación. A este respecto, en el ámbito de la UE, se ha dejado claro que "con arreglo al Derecho de la Unión, aunque la discriminación puede estar basada en varios motivos protegidos, el Tribunal de Justicia de la Unión Europea considera que no puede crearse ninguna categoría de discriminación nueva consistente en una combinación de varios de dichos motivos"[61]. En consecuencia, las causas de discrimina-

---

60 GIMÉNEZ GLUCK, D. (2013). "La legislación y la jurisprudencia de la Unión Europea ante la multidiscriminación", p. 68.

61 Agencia de los Derechos Fundamentales de la Unión Europea y Consejo de Europa, *Manual de legislación europea contra la discriminación.*

ción son trabajadas, tratadas y juzgadas de modo diferenciado, aunque se reconozca que en ocasiones pueden darse de manera conjunta.

V. A MODO DE CONCLUSIÓN

En primer lugar, siguiendo la línea de lo expuesto con ocasión del análisis de las sentencias comentadas, tal como expone Miguel Rodríguez Blanco, con ocasión del comentario a los casos C-157/15 y C-188/15, el Tribunal de Justicia de la Unión Europea mantiene una postura muy reduccionista de la libertad religiosa y aboga por un concepto de neutralidad más próximo a la exclusión que a la imparcialidad, lo que lleva a una restricción del ejercicio de la libertad religiosa en el ámbito laboral[62].

Se echa en falta que el Tribunal considere la perspectiva de las mujeres a las que se les prohíbe el velo, y no examina los daños que pueden sufrir a causa de esta limitación de su libertad religiosa, con consecuencias claras en la igualdad de género. El significado del uso de velo puede ser variado, pero sin duda se admite que pueda ser la libertad religiosa. La mujer puede decidir libremente su uso. El Tribunal hemos visto que descuida la discriminación contra la mujer musulmana, y atiende más bien a cuestiones políticas cuando le prohíbe el uso del velo,

---

Edición de 2018, Luxemburgo, 2019, p. 71. https://www.echr.coe.int/documents/d/echr/handbook_non_discri_law_spa. Recuperado el 20/02/2024.

62 RODRÍGUEZ BLANCO, M. (2017). "La neutralidad del empresario como límite a la libertad religiosa del trabajador. (Comentario a las sentencias de la Gran Sala del Tribunal de Justicia de la Unión Europea de 14 de marzo de 2017)", p. 397.

políticas de empresa o políticas de neutralidad que no atienden a los derechos fundamentales de la mujer[63].

La no discriminación por motivos de religión y por motivos de sexo son derechos que están vinculados a otros dos derechos humanos, igualdad de género y libertad de religión, entre los que no existe jerarquía. Los derechos humanos son universales, indivisibles e interdependientes, y es necesario incorporar a las acciones y programas para la igualdad de género una perspectiva desde la libertad religiosa y el pluralismo religioso, de la misma forma que hay que incorporar perspectiva de género a las políticas para la protección de la libertad de religión, y esto debe llegar a tener una relevancia jurídica y no quedar simplemente como una declaración de buenas intenciones políticas. Por otra parte, se sitúa en el mismo plano de estos derechos a la libertad de empresa o a la neutralidad de los entes públicos. Esto supone excluir a ciertos colectivos de mujeres por motivos religiosos de estos ámbitos laborales. ¿Realmente es neutralidad excluir social y laboralmente ciertos colectivos minoritarios por motivos religiosos, sobre todo cuando afectan a mujeres específicamente?

No cabe duda de que el trabajador debe abstenerse de hacer actividades proselitistas, que no pueden confundirse con el uso de simbología religiosa. Esto es evidente en el ámbito laboral público, que se debe a la laicidad y neutralidad, pero también en el ámbito laboral privado que se somete a un régimen de neutralidad. Esto es incompatible con el adoctrinamiento que pueda llevar a cabo los trabajadores. Neutralidad, como ya

---

63 En un sentido similar: MEIX CERECEDA, P. (2023). "El hiyab en el Derecho de la Unión Europea: Reflexiones sobre el principio de neutralidad religiosa y el concepto de discriminación", p. 28.

se ha dicho, es ofrecer un servicio o realizar un trabajo que no suponga un trato diferenciado para los clientes o usuarios[64].

Sigo pensando que el Estado debe tomar medidas para empoderar a las mujeres de estas comunidades religiosas minoritarias, asegurando su educación (incluida la educación sobre los derechos de la mujer) y oportunidad de empleo, y luchando contra la discriminación religiosa y de género. Para ello son fundamentales las campañas de sensibilización y actividades educativas sobre dichos temas. Lo contrario supone una mayor exclusión y marginación social. Así quizás la mujer no salga de su círculo social y familiar y se quede en casa con su velo. No se puede relegar la libertad religiosa al ámbito privado pues es sustancialmente social, y la igualdad de género al ámbito público, y que ello sea compatible. Hay que buscar la libertad de la mujer en el respeto de su identidad y cultura, de esta manera no se puede obligar a elegir a la mujer entre religión y vida pública[65].

REFERENCIAS BIBLIOGRÁFICAS

ABARCA LIZANA, M. (2019). "¿Para quién trabajan los derechos humanos? Críticas al sistema internacional de los derechos humanos desde una perspectiva interseccional". *Anuario de Derechos Humanos,* (15:2), pp. 315-332.

64 En el mismo sentido: *Ibídem.* RODRÍGUEZ BLANCO, M. (2020). "El uso del velo islámico en el ámbito laboral. (Comentario a las sentencias de la Gran Sala del Tribunal de Justicia de la Unión Europea de 14 de marzo de 2017)". *El velo islámico y los derechos fundamentales de la mujer.* Madrid, p. 143. FERREIRO GALGUERA, J. (2020). "El derecho a portar símbolos religiosos como manifestación de la libertad religiosa". *El velo islámico y los derechos fundamentales de la mujer.* Madrid, p. 86.

65 Ver también GUTIÉRREZ DEL MORAL, M.ª J. (2023). "Libertad religiosa e igualdad de género en la jurisprudencia del Tribunal Europeo de Derechos Humanos". *Revista Catalana de Dret Públic,* (66), p. 219.

BALLESTER CARDELL, M. (2013). "Mujer y discapacidad". *La discriminación múltiple en los ordenamientos jurídicos español y europeo.* Valencia, pp. 156-198.

CAÑAMARES ARRIBAS, S. (2023). *Derecho y factor religioso en la Unión Europea.* Cizur Menor.

CAÑAMARES ARRIBAS, S. (2017). "Discriminación laboral por razón de religión en el Derecho comunitario europeo". *Revista Derecho del Trabajo,* (16, julio/septiembre), pp.49-63.

CAÑAMARES ARRIBAS, S. (2021). "Luces y sombras en la protección de la igualdad religiosa en el empleo en la Unión Europea. La sentencia del Tribunal de Justicia Wabe & MH Müller, de 15 de julio de 2021". *Revista General de Derecho Canónico y Derecho Eclesiástico del Estado,* (57), pp. 1-9.

CONTRERAS MAZARÍO, J. M. (2017). "EL TJUE no prohíbe el uso del velo islámico. Comentario a las sentencias del TJUE de 14 de marzo de 2017, asuntos C-157/15 y C-188/15". *Revista de Derecho Comunitario Europeo,* (57), pp. 577-613.

CONTRERAS MAZARÍO, J. M. (2021). "Velo islámico y neutralidad empresarial: ¿dos nuevos caos para su prohibición? (Comentario a la sentencia del TJUE de 15 de julio de 2021, asuntos C-804/18 y C-341/19)". *Laicidad y libertades,* (21), pp. 101-136.

DÍAZ DE VALDÉS JULIÁ, J. M. (2019). *Igualdad constitucional y no discriminación.* Valencia.

FERNÁNDEZ SÁNCHEZ, S. (2023). "La posición del Tribunal de Justicia de la Unión Europea frente al uso de símbolos religiosos en el puesto de trabajo. A propósito de la prohibición del uso del velo y contrato de trabajo en TJUE C-804/18 y C-341/19". *Revista General de Derecho Canónico y Derecho Eclesiástico del Estado,* (61), pp. 1-20.

FERREIRO GALGUERA, J. (2020). "El derecho a portar símbolos religiosos como manifestación de la libertad religiosa". *El velo islámico y los derechos fundamentales de la mujer.* Madrid, pp. 41-89.

FOCES RUBIO, P. (2015). "La desigualdad de género en Europa". *Derecho y cambio social,* (41), pp. 1-17.

GIL ALBURQUERQUE, R. (2018). "Prohibición de discriminación por causa de religión o convicciones". *Derecho Social de la Unión Europea: aplicación por el Tribunal de Justicia.* Madrid, pp.601-634.

GIL RUIZ, J. M. (2011). "El derecho internacional de los derechos humanos y su apertura al principio del Gender Mainstreaming: el caso español". *IUS. Revista del Instituto de Ciencias Jurídicas de Puebla. México,* (28), pp. 243-277.

GIMÉNEZ GLUCK, D. (2013). "La discriminación múltiple en el Derecho de la Unión". *Revista de Derecho Europeo,* (45), pp. 113-136.

GIMÉNEZ GLUCK, D. (2013). "La legislación y la jurisprudencia de la Unión Europea ante la multidiscriminación". *La discriminación múltiple en los ordenamientos jurídicos español y europeo.* Valencia, pp. 45-70.

GONZÁLEZ SÁNCHEZ, M. (2024). "Las Administraciones públicas, como las empresas privadas, pueden prohibir el uso de símbolos religiosos a sus empleados. Sentencia del Tribunal de Justicia, Gran Sala, de 28 de noviembre de 2023, asunto C-148/22: OP v. Ayuntamiento de Ans". *La Ley Unión Europea,* (122, febrero), pp. 1-20.

GUTIÉRREZ DEL MORAL, M.ª J. (2023). "Libertad religiosa e igualdad de género en la jurisprudencia del Tribunal Europeo de Derechos Humanos". *Revista Catalana de Dret Públic,* (66), pp. 204-222.

GUTIÉRREZ DEL MORAL, M.ª J. (2024). *Mujer, discriminación, odio y creencias.* Madrid. https://e-archivo.uc3m.es/handle/10016/39191. Recuperado el 19/02/2024.

HEALY, J. (2019). "Thinking outside the box: intersectionality as a hate crime research framework". *Papers from the British Criminology Conference,* (19), pp. 60-83.

LEAL-ADORNA, M. (2023). "El velo islámico como causa de despido en empresas privadas". *Cuadernos de Derecho Transnacional,* (15:2, octubre), pp. 709-735.

LIROLA DELGADO, I. (2004). "La protección de los Derechos Humanos en la Unión Europea. Reflexiones a la luz de la Carta de Derechos Fundamentales de la Unión Europea". *Agenda Internacional,* (20), pp. 93-111.

MAKKONEN, T. (2002). *Multiple, Compound and Intersectional Discrimination: bringing the experiences of the most marginalized to the fore.* Institute For Human Rights, Abo Akademi University, (abril). https://www.abo.fi/wp-content/uploads/2018/03/2002-Makkonen-Multiple-compound-and-intersectional-discrimination.pdf. Recuperado el 19/02/2024.

MARTÍ SÁNCHEZ, J. M. (2017). "Comentario a la Sentencia del Tribunal de Justicia (Gran Sala) de la Unión Europea (TJUE) de 14 de marzo de 2017, Asma Bougnaoui, Association de défense des droits de l´homme (ADDH) Y Micropole SA. (El cliente y su libertad religiosa, ante la prestación de un servicio, por operario con caracterización religiosa)". *Revista General de Derecho Canónico y Derecho Eclesiástico del Estado,* (44), pp. 1-12.

MARTÍN MARTÍNEZ, M. M. (2021). "La discriminación interseccional en la jurisprudencia de los Tribunales Internacionales y su relación con los delitos de odio". *Odio, Prejuicios y Derechos Humanos.* Granada, pp. 189-226.

MEIX CERECEDA, P. (2023). "El hiyab en el Derecho de la Unión Europea: Reflexiones sobre el principio de neutralidad religiosa y el concepto de discriminación". *Revista General de Derecho Europeo,* (61), pp. 1-30.

MERINO SANCHO, V. (2019). "Evolución y estándares internacionales de protección frente a la violencia de género". *Las respuestas del Derecho ante la violencia de género desde un enfoque multidisciplinar.* Cizur Menor, pp. 327-363.

MORENO ANTÓN, M. (2018). "A vueltas con el velo: La prohibición del hiyab bajo el paraguas de la neutralidad". *Derecho y Religión,* (13), pp. 153-176.

MORONDO TARAMUNDI, D. (2021). "Desigualdad compleja e interseccionalidad: «reventando las costuras» del derecho antidiscriminatorio". *Desigualdades complejas e Interseccionalidad. Una revisión crítica.* Madrid, pp. 17-38.

PALOMINO LOZANO, R. (2020). "El Tribunal de Justicia de la Unión Europea frente a la religión y las creencias". *Revista de Derecho Comunitario Europeo,* (65), pp. 35-77.

PALOMINO LOZANO, R. (2016). "Igualdad y no discriminación religiosa en el Derecho de la Unión Europea. A propósito de las conclusiones en los casos Achbita y Bougnaoui". *Revista Latinoamericana de Derecho y Religión,* (2:2), pp. 1-34.

PELAYO OLMEDO, J. D. (2017). "La prohibición del uso de prendas y símbolos religiosos en el ámbito laboral. Aclaraciones del TJUE sobre la aplicación del principio de igualdad y no discriminación en el Caso Samira Achbita C. G45 Secure Solutions NV". *Revista General de Derecho Europeo,* (43), www.iustel.com. Recuperado el 20/2/2024.

REY MARTÍNEZ, F. (2004). "Comentario a los informes del Consejo de Estado sobre el impacto por razón de género". *Teoría y Realidad Constitucional,* (14), pp.

REY MARTÍNEZ, F. (2008). "La discriminación múltiple, una realidad antigua, un concepto nuevo". *Revista Española de Derecho Constitucional,* (84), pp.251-283.

RODRÍGUEZ BLANCO, M. (2020). "El uso del velo islámico en el ámbito laboral. (Comentario a las sentencias de la Gran Sala del Tribunal de

Justicia de la Unión Europea de 14 de marzo de 2017)". *El velo islámico y los derechos fundamentales de la mujer.* Madrid, pp. 127-147.

RODRÍGUEZ BLANCO, M. (2017). "La neutralidad del empresario como límite a la libertad religiosa del trabajador. (Comentario a las sentencias de la Gran Sala del Tribunal de Justicia de la Unión Europea de 14 de marzo de 2017)". *Foro, Nueva época,* (20:1), pp. 383-397.

ROMÁN MARTÍN, L. (2019). "El marco internacional de protección de las víctimas de violencia de género". *Las respuestas del derecho ante la violencia de género desde un enfoque multidisciplinar.* Cizur Menor, pp. 71-94.

RUBIO, C. (2019). "Un estudio comparativo sobre las políticas de igualdad de género en la UE y el MERCOSUR. Avances y Desafíos". *Quaderns de la Igualtat. Igualdad de género en Europa y América Latina.* Tarragona, pp.187-209.

SHARPSTON, E. (2021). "Shadow Opinion of former Advocate-General Sharpston: headscarves at work (Cases C-804/18 and C-341/19)".*EU LawAnalysis.*https://eulawanalysis.blogspot.com/2021/03/shadow-opinion-of-former-advocate.html. Recuperado el 20/2/2024.

SERRA CRISTÓBAL, R. (2020). "El reconocimiento de la discriminación múltiple por los Tribunales". *TEORDER,* (27), pp. 140-161.

SERRA CRISTÓBAL, R. (2013). "La mujer como especial objeto de múltiples discriminaciones. La mujer discriminada". *La discriminación múltiple en los ordenamientos jurídicos español y europeo.* Valencia, pp. 15-44.

SPITALERI, F. (2023). "Religious freedom and employment. Discrimination in the Case Law of the European Court of Justice". *Freedom of Religions and Beliefs in the European Context.* Suiza, pp. 215-236.

VALERO HEREDIA, A. (2013). "Mujer y pertenencia a una minoría religiosa: el uso público del velo integral en los ordenamientos jurídicos francés e italiano". *La discriminación múltiple en los ordenamientos jurídicos español y europeo.* Valencia, pp.133-154.

Capítulo 10.

APLICACIÓN DEL PRINCIPIO DE PRIMACÍA DEL DERECHO COMUNITARIO EN MATERIA DE INMIGRACIÓN. ANÁLISIS DESDE UNA PERSPECTIVA DE DERECHO ECLESIÁSTICO[1]

M.ª DEL MAR MARTÍN GARCÍA
Universidad de Almería (UAL)

SUMARIO: I. INTRODUCCIÓN. II. EL PRINCIPIO DE PRIMACÍA DEL DERECHO DE LA UNIÓN EUROPEA. III. LA IDENTIDAD CONSTITUCIONAL DE LOS ESTADOS MIEMBROS. IV. EL DERECHO MIGRATORIO. V. ALGUNOS DE LOS DESAFÍOS DE LOS ÚLTIMOS AÑOS AL PRINCIPIO DE PRIMACÍA. VI. EL CASO DE HUNGRÍA. VII. ALGUNAS PROPUESTAS DOCTRINALES DE SOLUCIÓN. VIII. OBSERVACIONES CONCLUSIVAS

I. INTRODUCCIÓN

Desde hace unos años se ha verificado un fenómeno en la Unión Europea (en adelante, UE) consistente en que algunos

---

1 Este trabajo se inserta en los Proyectos de investigación PPIT-UAL, Junta de Andalucía-FEDER 2021-2027. Programa 54.A. y PP-2023-17 de UNIR.

Estados miembros han presentado desafíos a la aplicación del principio de primacía del Derecho comunitario. Propiamente, el fenómeno no es nuevo, pero su intensidad —y persistencia en algunos casos— es mayor que con anterioridad.

El marco donde encuadrar el tema al que se van a dedicar las siguientes páginas, y que forma parte de este fenómeno, está constituido por dos coordenadas: en primer lugar, la identidad constitucional de los Estados miembros —como límite a la actividad de las instituciones de la UE y su utilización para hacer frente al principio de primacía— y, en segundo lugar, dentro del Derecho migratorio, el Derecho sobre protección internacional como competencia compartida entre la UE y los Estados miembros, con la consiguiente integración y primacía de las normas europeas en los ordenamientos estatales.

El ocuparse de esta cuestión desde la perspectiva propia del Derecho Eclesiástico tiene que ver, sobre todo, con algunos de los motivos alegados por el Tribunal constitucional húngaro para resistirse a la aplicación de la normativa europea sobre derecho de asilo y protección internacional subsidiaria; actitud que está en relación con el recelo ante políticas migratorias que puedan ser ocasión de un cambio en el mapa socio-político húngaro que supusiera un peligro de desdibujamiento de lo que considera su identidad cristiana. Para abordar esta problemática desde un prisma amplio que facilite su mejor contextualización, la actitud húngara se estudiará dentro del fenómeno más extenso del recelo y rechazo del principio de primacía del Derecho de la UE, protagonizado también por otros Estados miembros en los últimos años[2], alegando una se-

---

2 VECCHIO, en una publicación de 2015, constataba que los jueces nacionales de los Estados miembros habían evitado desmentir públicamente las sentencias del TJ y no activar la amenaza de la aplicación del contra límite de las identidades constitucionales nacionales. Cfr. VECCHIO, F. (2015). *Primacía del Derecho europeo y*

rie de motivaciones y, normalmente, justificándose en la identidad constitucional nacional.

II. EL PRINCIPIO DE PRIMACÍA DEL DERECHO DE LA UNIÓN EUROPEA

El principio de primacía del Derecho de la UE no está recogido como tal en el Derecho originario. Si bien es cierto que se recogió explícitamente en el proyecto de Constitución europea[3], no se rescató para incluirlo en la Carta de Derechos Fundamentales de la UE (TOL131.225) (en adelante CDFUE). Ahora bien, el principio de primacía se basa en el propio Derecho originario de la UE, concretamente en los Tratados. Es allí

---

salvaguarda de las identidades constitucionales. Consecuencias asimétricas de la europeización de los contralímites. BOE, 17. Se podría decir, tomando en cuenta este dato aportado por el autor, que el fenómeno de contestación al Derecho de la UE a través de la resistencia al principio de primacía no toma dimensiones preocupantes antes de ese año. No obstante, constataba también Vecchio que diversos tribunales constitucionales de Estados miembros parecían estar deseosos de utilizar la identidad constitucional como instrumento para compensar la extensión de las competencias de la UE, así como su ampliación territorial y la agilización de su toma de decisiones. Cfr. *Ibídem,* 20.

3 Su artículo I-6, bajo el título *Derecho de la Unión,* rezaba así: "La Constitución y el Derecho adoptado por las instituciones de la Unión en el ejercicio de las competencias que se le atribuyen a ésta primarán sobre el Derecho de los Estados miembros".
Desde la doctrina se ha apuntado que este intento de positivizar el principio de primacía, así como la inclusión de la cláusula de salvaguarda de las identidades nacionales en el artículo 4.2 del Tratado de la Unión Europea (TOL1.347.864) (en adelante, TUE), del que más adelante trataremos, debe interpretarse como pretensión de conceptualizar, lo más claramente posible, las relaciones entre el sistema jurídico supranacional y los sistemas jurídicos de los Estados miembros. Cfr. VECCHIO, F. (2015), cit., 18.

donde encuentra su fundamento y su fuerza, hasta el punto de que puede decirse que constituye un elemento necesario para la eficacia del ordenamiento europeo en orden a que la UE pueda cumplir sus objetivos[4].

Es un principio del Derecho europeo que ha sido construido por la jurisprudencia del Tribunal de Justicia de la UE (en adelante TJ)[5] a lo largo de los últimos sesenta años[6]: la primera sentencia que lo recoge y desarrolla es la Sentencia Costa Enel, de 15 de julio de 1964, en el asunto 6/64. Tras dicha sentencia, el TJ ha ido elaborando una abundante jurisprudencia sobre este principio, y se puede prever que continuará así, sobre

---

4 De principio estructural del ordenamiento jurídico de la UE lo califica LÓPEZ ESCUDERO, que añade que de él depende la propia supervivencia de la UE porque sin dicho principio sus normas no podrían constituir un derecho común a sus Estados miembros. Cfr. LÓPEZ ESCUDERO, M. (2022). "Desafíos y límites a la primacía del Derecho de la UE: jurisprudencia reciente del TJUE y de los tribunales constitucionales nacionales". *Revista General de Derecho Europeo,* (58), 50.

5 Las referencias que sean precisas hacer al TJ o a sus resoluciones y jurisprudencia se harán siempre a él, al margen de que en algunos casos concretos sería más correcto referirse al entonces Tribunal de Justicia de las Comunidades Europeas.

6 Para el tema de la elaboración de la doctrina sobre el principio de primacía del Derecho de la UE por parte de la jurisprudencia del TJ remito, por todos, a LÓPEZ ESCUDERO, M. (2019). "Primacía del Derecho de la Unión Europea y sus límites en la jurisprudencia reciente del TJUE". *Revista de Derecho Comunitario Europeo,* (64), 787-825, especialmente 788-794.

Para exponer las principales exigencias y consecuencias del principio de primacía —que necesariamente habrá de hacerse con brevedad, pues lo contrario nos alejaría de nuestra argumentación— bastará referirse a unas pocas sentencias del TJ: aparte de las tres señaladas en el texto, la Sentencia Simmenthal, de 9 de marzo de 1978, en el asunto 106/77 (TOL5.809.947), que puede considerarse complementaria a la Sentencia Costa Enel de 1964 en lo que se refiere a una primera delineación de este principio.

todo por las dificultades que se presentan en la actualidad[7]. De los últimos años, aunque hay bastantes sentencias sobre el particular, dos de ellas pueden ser destacadas por la formulación que contienen de este principio; las dos son fruto de cuestiones prejudiciales en el contexto, precisamente, del rechazo de la primacía por parte del Tribunal Constitucional rumano[8]: la Sentencia *Euro Box Promotion y otros*, de 21 de diciembre de 2021, en los asuntos C-357/19, C-379/19, C-547/19, C-811/19 y C-840/19 (TOL8.699.816) y la Sentencia *RS*, de 22 de febrero de 2022, en el asunto C-430/21 (TOL8.808.003).

El principio de primacía supone que, cuando una norma nacional contradice a una disposición europea, no debe aplicarse, sino ceder la eficacia a esta última[9]. Afecta a todo órgano

---

7 Como señala ALONSO GARCÍA, si bien el discurso del TJUE sobre la primacía total del Derecho de la UE viene siendo prácticamente el mismo desde 1964, dicho discurso está lejos de ser aceptado en términos absolutos por los supremos intérpretes de las constituciones nacionales. Cfr. ALONSO GARCÍA, R. (2022). "El sistema europeo de fuentes: sombras, lagunas, imperfecciones". *El sistema europeo de fuentes.* Fundación Coloquio Jurídico Europeo, 25.

8 Para LÓPEZ ESCUDERO se trata de dos sentencias cruciales, que constituyen la manifestación más acabada de la jurisprudencia de Luxemburgo sobre la posición de los tribunales constitucionales de los Estados miembros ante la primacía del derecho de la UE. Cfr. LÓPEZ ESCUDERO, M. (2022), cit., 51-52.

9 Como declaraba el TJ muy tempranamente, ningún acto unilateral posterior (al Tratado constitutivo de la Comunidad Económica Europea [en adelante Tratado CEE], de 25 de marzo de 1957, entonces vigente) podía oponerse a las normas comunitarias. Cfr. Sentencia del TJ Costa Enel, de 1964, encabezado del fallo. Previamente, el TJ había explicitado en la misma Sentencia que, a diferencia de los tratados internacionales ordinarios, el Tratado CEE había creado un ordenamiento jurídico propio, integrado en el sistema jurídico de los Estados miembros, que vinculaba a sus órganos jurisdiccionales, así como que dichos Estados habían limitado su soberanía en materias específicas, y creado un cuerpo normativo aplicable a sus nacionales

y autoridad del Estado miembro, ya sea de carácter jurisdiccional, cuasi jurisdiccional o administrativo[10]. Su núcleo —en el que se apoya para su efectividad— radica en la obligación que tiene el juez nacional de un Estado miembro de no aplicar una norma interna que contradiga al derecho comunitario[11]. Esta obligación del juez nacional se sitúa por encima de toda sujeción o subordinación a cualquier tipo de autoridad nacional[12], incluido, en su caso, el tribunal constitucional del Estado

---

y a sí mismos. Cfr. Argumentos basados en la obligación del Juez de aplicar la norma jurídica.
Unos años más tarde, en la Sentencia Simmenthal (TOL5.809.947), de 1977, el TJ afirmaba que no solo se debían rechazar los actos legislativos unilaterales nacionales contrarios a las normas comunitarias, sino toda disposición de la legislación nacional ya existente que fuera contraria a las disposiciones del Derecho originario o a actos de las Instituciones directamente aplicables. Cfr. número 17 de la Sentencia.

10 Cfr. LÓPEZ ESCUDERO, M. (2022), cit., 60.

11 En la Sentencia del TJ Costa Enel, de 1964, se declaraba concretamente la obligación de los órganos jurisdiccionales de los Estados miembros de proteger los derechos constituidos por disposiciones de Derecho originario. Cfr. números 3 y 4 del fallo de dicha Sentencia, que hacían referencia a los artículos 53 y 37.2 del Tratado CEE, relativos a la libertad de establecimiento y a la prohibición de discriminación entre los nacionales de los Estados miembros en el ámbito de abastecimiento y de mercado.

12 Al respecto se pronunciaba con mucha claridad el TJ en la Sentencia Simmenthal (TOL5.809.947), de 1978, en la que señalaba que «sería incompatible con las exigencias inherentes a la propia naturaleza del Derecho comunitario toda disposición de un ordenamiento jurídico nacional o cualesquiera prácticas, legislativas, administrativas o judiciales, que tuviesen por efecto disminuir la eficacia del Derecho comunitario por el hecho de negar al Juez competente para aplicar éste la facultad de hacer, en el momento mismo de dicha aplicación, cuanto sea necesario para descartar las disposiciones legales nacionales que, en su caso, constituyan un obstáculo a la plena eficacia de las normas comunitarias» (número 22 de la Sentencia).

miembro de que se trate[13], y presupone su independencia e imparcialidad[14]. Esto, obviamente, puede crear disfunciones en el desarrollo normal de la función jurisdiccional de los Estados miembros y, ante ello, un eficaz instrumento que posee el Derecho procesal de la UE para el respeto de la primacía de su Derecho viene constituido por el recurso prejudicial ante el TJ[15].

---

13 Lo cual no supone que no quepa un sistema jurisdiccional en el que las resoluciones del tribunal constitucional vinculen a los órganos jurisdiccionales ordinarios, pero sí implica que el Derecho nacional del que se trate ha de garantizar la independencia del tribunal constitucional, en particular, respecto de los poderes legislativo y ejecutivo. Cfr. Sentencia Euro Box Promotion y otros (TOL8.699.816), de 2021, número 230.

14 Conforme a la jurisprudencia del TJ, la exigencia de independencia de los órganos jurisdiccionales comprende un aspecto de orden externo y otro de orden interno. Aquel se refiere a que puedan ejercer sus funciones con plena autonomía, sin estar sometidos a ningún vínculo jerárquico o de subordinación respecto a terceros, y sin recibir órdenes ni instrucciones de ningún tipo, cualquiera que sea su procedencia; el de orden interno hace referencia a su imparcialidad o equidistancia con respecto a las partes y a sus intereses respectivos en relación con el objeto del litigio. Por otra parte, el régimen disciplinario a que estén sometidos los jueces ha de evitar cualquier riesgo de que se utilice como sistema de control político del contenido de las resoluciones judiciales; y se hace particular referencia a la garantía que debe tener el órgano jurisdiccional nacional para cumplir su facultad —y, en ocasiones, obligación— de elevar cuestiones prejudiciales ante el TJ. Cfr. Sentencias *Euro Box Promotion y otros* (TOL8.699.816), de 2021, números 224, 227 y 260 y *RS* (TOL8.808.003), de 2022, número 41, 43-44, 53, 60, 63, 65-71, 84-85 y 90.

15 El TJ lo denomina piedra angular del sistema jurisdiccional instituido por el Derecho primario de la UE en la medida en que establece un diálogo de juez a juez, entre el TJ y los órganos jurisdiccionales de los Estados miembros, con la finalidad de garantizar la unidad en la interpretación del Derecho de la UE, lo que permite asegurar su coherencia, su plena eficacia y su autonomía, así como el carácter

Siempre será necesario un atento análisis de las distintas normas —europeas y estatales— implicadas para cerciorarse de la existencia de una real contradicción entre ellas, así como de la imposibilidad de encontrar una interpretación de las normas que supere conflictos entre ellas que, dependiendo del contexto en el que están llamadas a aplicarse, pudieran no entenderse como contradicciones insalvables[16].

Es importante señalar que quien tiene la competencia para pronunciarse —con efecto vinculante para el Estado miembro— sobre si hay o no contradicción entre normas nacionales y europeas, es el TJ, incluso en materias que pueden ser relevantes para lo que constituya, en cada caso, la identidad constitucional del Estado miembro del que se trate[17].

---

propio del su Derecho primario. Por otra parte, en cuanto que contengan interpretaciones del Derecho de la UE, las sentencias del TJ que resuelvan cuestiones prejudiciales vinculan al juez nacional. Cfr. Sentencias *Euro Box Promotion y otros* (TOL8.699.816), de 2021, número 254 y *RS* (TOL8.808.003), de 2022, número 73-76.

16 Señala LÓPEZ ESCUDERO, comentando la jurisprudencia del TJ, que el juez nacional debe exprimir al máximo el principio de interpretación conforme al Derecho de la UE de las normas nacionales. Cfr. LÓPEZ ESCUDERO, M. (2019), cit., 797-798. El contexto es el de supuestos de normas comunitarias carentes de efecto directo —en principio las directivas, cuyas disposiciones han de ser transpuestas al Derecho interno, pero que no pueden ser invocadas directamente por el particular— por lo que el principio de primacía no era aplicable directamente al menos en su efecto de aplicar la norma europea al litigio, lo que traía como consecuencia que al perjudicado solo le quedaba la posibilidad de pedir al Estado miembro la reparación del daño sufrido al ser culpa de este la omisión de transposición, acogiéndose a alguna jurisprudencia del TJ al respecto.

17 Según el propio TJ, si la solución de un hipotético conflicto entre una disposición de Derecho comunitario y una ley nacional posterior quedara reservada a una autoridad distinta del juez encargado de la aplicación del Derecho comunitario —quien, como acababa de recordar el TJ, debe acudir a él en caso de dificultad de interpretación—,

Es preciso recordar que las dificultades en la aplicación del principio de primacía han existido casi desde el principio de la existencia del Derecho comunitario. Ahora bien, estas dificultades se han ido multiplicando numéricamente y agravándose cualitativamente coincidiendo con la progresiva presencia y relevancia de normas de la UE en los ordenamientos nacionales.

En la actualidad, debido a las competencias asumidas por la UE en ámbitos muy sensibles —que afectan a menudo a aspectos centrales de la soberanía estatal—, los problemas de aceptación del principio de primacía se han agudizado. Por ello, el desafío que algunos Estados han presentado en los últimos años es más fuerte, y la necesidad de reafirmar este principio por parte de la UE es más urgente, pues pasa a ser casi un problema de subsistencia de la propia UE; así como es también una necesidad para garantizar una aplicación uniforme de su Derecho, y para la consecución de una igualdad real de los Estados miembros ante los Tratados.

---

ello constituiría un obstáculo para la plena eficacia de las normas comunitarias. Cfr. Sentencia *Simmenthal* (TOL5.809.947), de 1978, número 23.

Para una puesta al día sobre esta doctrina jurisprudencial, puede acudirse de nuevo a las Sentencias *Euro Box Promotion y otros* (TOL8.699.816), de 2021, número 254 y *RS*(TOL8.808.003), de 2022, números 52 y 71-72. En ellas, el TJ afirma que es él a quien compete exclusivamente la interpretación definitiva del Derecho de la UE, incluso si la cuestión controvertida recae sobre la obligación europea de respetar la identidad constitucional nacional del Estado miembro, pues el alcance del principio de primacía no puede depender de la interpretación de disposiciones —ya internas, ya comunitarias— que no se correspondan con las del TJ.

III. LA IDENTIDAD CONSTITUCIONAL DE LOS ESTADOS MIEMBROS

La identidad constitucional —referida a los Estados miembros en relación con la UE— es una noción que guarda cierta complejidad. Es ciertamente un logro del Tratado de Lisboa, pero puede presentar dificultades desde la lógica del principio de primacía[18]. Es una noción que se encuentra reflejada tanto en el artículo 4.2 del TUE (TOL1.347.864)[19], que está situado en el Título primero, sobre disposiciones comunes, como en el artículo 53 de la CDFUE (TOL131.225)[20], que se refiere al

---

18 BALAGUER CALLEJÓN, F. (2015). "Prólogo". *Primacía del...*, cit., 11.

19 Artículo 4.2 del TUE: "La Unión respetará la igualdad de los Estados miembros ante los Tratados, así como su identidad nacional, inherente a las estructuras fundamentales políticas y constitucionales de estos, también en lo referente a la autonomía local y regional. Respetará las funciones esenciales del Estado, especialmente las que tienen por objeto garantizar su integridad territorial, mantener el orden público y salvaguardar la seguridad nacional. En particular, la seguridad nacional seguirá siendo responsabilidad exclusiva de cada Estado miembro".

20 Artículo 53 de la CDFUE: "Ninguna de las disposiciones de la presente Carta podrá interpretarse como limitativa o lesiva de los derechos humanos y libertades fundamentales reconocidos, en su respectivo ámbito de aplicación, por el Derecho de la Unión, el Derecho internacional y los convenios internacionales de los que son parte la Unión o todos los Estados miembros, y en particular el Convenio Europeo para la Protección de los Derechos Humanos y de las Libertades Fundamentales, así como por las constituciones de los Estados miembros".
Resulta interesante el comentario de Liñán Nogueras acerca de esta disposición y en relación con la protección de los derechos fundamentales, sobre la que dice que, en una primera lectura podría parecer que hace ceder el sistema comunitario de protección de estos derechos —y aún el propio Derecho de la UE— frente a una protección mayor por parte de los sistemas constitucionales nacionales o por el Consejo de Europa. Pero afirma que no es así, puesto que hasta la

nivel de protección, y está situado en su Título VII, continente de las disposiciones generales que rigen su interpretación y aplicación.

La mencionada disposición del TUE alude a esta realidad cuando se refiere a la identidad nacional, que se presenta como ámbito que la UE debe respetar en toda su actuación, lo que fácilmente ha conducido a que dicha identidad sea utilizada por los tribunales constitucionales como un límite a la primacía de las normas europeas sobre las nacionales[21]. Este artículo 4.2 del TUE (TOL1.347.864) describe la identidad nacional como aquella *inherente a las estructuras fundamentales políticas y constitucionales de estos* [los Estados miembros], *también en lo referente a la autonomía local y regional,* de ahí que pueda hacerse referencia

---

apreciación de una eventual violación de derechos fundamentales en el ámbito de la UE corresponde a este sistema jurídico, y excluye la intervención de cualquier otro. Cfr. LIÑÁN NOGUERAS, D. J. (2020). "Derechos humanos y libertades fundamentales en la UE". *Instituciones y Derecho de la Unión Europea.* 10ª edición, Tecnos, 162.

21 La aproximación a la noción de identidad constitucional nacional se hace, pues, en el marco de los límites al principio de primacía del Derecho de la UE sobre los derechos internos de los Estados miembros. Siguiendo a López Escudero —que estudia la evolución de la jurisprudencia del TJ al respecto— se pueden distinguir una serie de límites internos, además de la necesidad de que la norma europea pueda producir efecto directo: el supuesto en que la norma europea colisione con derechos fundamentales reconocidos por la CDFUE; en caso de aplicación del principio de cosa juzgada y en supuestos en que el principio de primacía se suspende temporalmente para evitar vacíos normativos. El principio de primacía también cede en algunos supuestos ante límites externos (más o menos relacionados con los internos): es el caso de que la norma comunitaria colisione con derechos fundamentales protegidos por el derecho interno de un Estado miembro. Cfr. LÓPEZ ESCUDERO, M. (2022), cit., 65-81. En relación con estos límites externos jugaría su papel la identidad constitucional nacional en tanto que debe ser respetada por el Derecho de la UE.

a dicha identidad con la denominación, también, de *identidad constitucional nacional*, que puede considerarse de uso común.

La identidad constitucional nacional supone, pues, la concreción de un núcleo identitario específico que constituye un límite constitucional a la aplicación del Derecho europeo. Su constatación en cada caso particular se presenta con distinto grado de complicación según que el texto fundamental del Estado miembro del que se trate incluya cláusulas de intangibilidad o no las incluya[22]. Esas cláusulas de intangibilidad impiden, como es sabido, la reforma de determinadas partes de la Constitución o, al menos, hacen que su reforma sea más difícil que la del resto del texto fundamental. En el caso de que no existan esas cláusulas de intangibilidad —o, incluso habiéndolas, sea posible o relativamente asequible la reforma constitucional—, no deberían plantearse controversias graves respecto del principio de primacía, pues se podrían ajustar los preceptos constitucionales a las exigencias derivadas del Derecho europeo[23].

---

22 Un ejemplo de cláusula de intangibilidad está presente en el texto fundamental alemán —la *garantía de eternidad*, del artículo 79.3 de la *Grundgesetz*—, que establece que no está permitida ninguna modificación de la Ley Fundamental que afecte a la organización de la Federación en Länder, al principio de la participación de estos en la legislación, o a los principios enunciados en los artículos 1 y 20. Al respecto, véase, MASING, J. (2022). "Preservación de la identidad constitucional respecto de la UE en la jurisprudencia constitucional alemana". *Revista de Derecho Comunitario Europeo*, 72, 396-397.

23 Cfr. BALAGUER CALLEJÓN, F. (2015), cit., 11-12.
Hay que añadir que también se observa una dificultad para resolver posibles conflictos entre el ordenamiento interno de los Estados miembros y el ordenamiento de la UE en aquellos supuestos en los que los Estados miembros cuenten con un tribunal constitucional que tenga asignada la función de velar por la supremacía de la propia constitución nacional. Véase, al respecto, LÓPEZ ESCUDERO, M. (2019), cit., 810.

Ahora bien, las disposiciones que regulan la reforma constitucional de cada Estado se establecen atendiendo al propio derecho constitucional nacional, sin tener en cuenta las exigencias del ordenamiento europeo. Por otra parte, la identidad constitucional nacional puede ser utilizada —y, de hecho, así lo pone en evidencia la doctrina en ocasiones— con una excesiva dosis de discrecionalidad por parte de los tribunales constitucionales, con la consecuencia de interpretarla más allá de las previsiones del propio texto fundamental. De esa forma, no es de extrañar que surjan conflictos respecto a la primacía del Derecho de la UE por encima de lo que puede entenderse como razonable.

Cabe destacar, en lo que a nosotros nos interesa, que detrás de los grandes desafíos al principio de primacía se hace uso frecuentemente de una argumentación por parte de los tribunales constitucionales en torno a la identidad constitucional nacional para justificar, más o menos sólidamente, su recelo —que en ocasiones es un claro rechazo— a la aplicación de las normas comunitarias[24]. A ese respecto, señala Mangas Martín que las identidades nacionales de los Estados miembros deben

---

24 Así lo pone en evidencia SAFJAN en relación con la jurisprudencia constitucional polaca a partir de 2016. En efecto, señala este autor que la jurisprudencia del Tribunal Constitucional polaco sobre la identidad constitucional se ha desarrollado, desde 2016, con la política de la mayoría gubernamental, euroescéptica, y que se puede entender como consecuente con la reforma del sistema judicial, que recortaba su independencia. Según el autor, esto explicaría, en cierto modo, la instrumentalización de la categoría de la identidad constitucional, que revaloriza —más allá de la jurisprudencia sobre esta materia del mismo tribunal entre la entrada de Polonia en la UE y el año 2016— el principio de supremacía de la Constitución vinculado a la identidad constitucional, y, como resultado, esta última categoría se habría ido transformando en una especie de llave o herramienta para cuestionar la prioridad del Derecho de la UE y, en cualquier caso, para rechazar la aplicación de la jurisprudencia del TJ. Cfr. SAFJAN,

ser respetados, pero que este respeto no debe ser interpretado como cláusula de excepción que permita disminuir la obligación que tienen los Estados de respetar las disposiciones de los Tratados[25].

No obstante, hay que tomar en consideración, para la hipótesis de un conflicto radical entre el Derecho de la UE y el derecho constitucional interno de los Estados miembros, que estos disponen de un fundamento en su propio ordenamiento constitucional para ser miembros de la UE. De esta manera, las normas que la UE dicte en el ejercicio de sus competencias prevalecen en caso de conflicto con las disposiciones nacionales —sean de rango constitucional o no. Más allá de este razonamiento, de tipo lógico, se puede añadir, con López Escudero, que, por la vía de los principios generales del derecho comunes a los sistemas

---

M. (2022). "L'identité constitution nelle polonaise". *Revista de Derecho Comunitario Europeo*, 72, 381-383.

25 Cfr. MANGAS MARTÍN, A. (2020). "La Unión Europea". *Instituciones y…*, cit., 59.
Entre las varias sentencias que cita la autora como ejemplos en los que la identidad constitucional nacional de los Estados miembros es tenida en cuenta por el TJ como límite a la aplicación de las disposiciones comunitarias, está la Sentencia de 2 de junio de 2016 en el asunto C-438/14 (TOL9.742.264), que es la más reciente de ellas y nos puede servir para ilustrar esta toma de consideración de la identidad constitucional de un Estado miembro por el TJ: se trataba de la respuesta a una cuestión prejudicial, elevada por un tribunal alemán que dirimía una controversia suscitada por la negativa de la autoridad alemana a modificar el nombre y apellido de un ciudadano, e incluir algunos elementos nobiliarios del apellido adquirido en otro Estado miembro. Al margen de las circunstancias concretas que permiten al TJ fallar a favor de la autoridad alemana que había adoptado un criterio claramente restrictivo, es interesante que en la Sentencia se recuerda que, de conformidad con el artículo 4.2 del TUE (TOL1.347.864), la Unión respeta la identidad nacional de sus Estados miembros, en la que se integra la forma republicana del Estado. Cfr. número 73; véase, también, el número 64.

jurídicos de los Estados miembros, el Derecho de la UE integra los fundamentos esenciales de los sistemas constitucionales nacionales que, en cuanto lo son de Estados democráticos de Derecho, comparten valores comunes[26].

Llegados a este punto, nos podríamos cuestionar, al tratar de la identidad constitucional nacional de los Estados miembros, si es posible también hablar de una identidad europea. La respuesta no es tan fácil, pues los Tratados no hablan explícitamente de esta supuesta identidad, pero no carece de lógica afirmarla, pues en caso contrario sería probablemente difícil encontrar una argumentación sólida para frenar los ataques al principio de primacía del Derecho de la UE, al menos aquellos sustentados en la identidad constitucional nacional. Al respecto, MANGAS MARTÍN se muestra reacia a afirmar la existencia de una identidad europea que respetar y proteger, si bien constata que el propósito de la integración ha sido y es fomentar los elementos que unen a los europeos y que nos singularizan frente a otros continentes[27]. No obstante, recientemente el TJ se ha pronunciado en el sentido de que los valores que contiene el artículo 2 del TUE (TOL1.347.864)[28] definen la identi-

---

26 Cfr. LÓPEZ ESCUDERO, M. (2019), cit., 814-815.

27 Cfr. MANGAS MARTÍN, A. (2020). “La Unión…”, cit., 59. VECCHIO apunta, por su parte, que la introducción de una CDFUE (TOL131.225) tiene la aspiración de definir una identidad europea autónoma y pone sobre la mesa el problema de su coordinación con las identidades constitucionales. Cfr. VECCHIO, F. (2015), cit., 18.

28 Artículo 2 del TUE (TOL1.347.864): “La Unión se fundamenta en los valores de respeto de la dignidad humana, libertad, democracia, igualdad, Estado de Derecho y respeto de los derechos humanos, incluidos los derechos de las personas pertenecientes a minorías. Estos valores son comunes a los Estados miembros en una sociedad caracterizada por el pluralismo, la no discriminación, la tolerancia, la justicia, la solidaridad y la igualdad entre hombres y mujeres”.

dad de la UE en tanto que ordenamiento jurídico común de los Estados miembros[29].

IV. EL DERECHO MIGRATORIO

El derecho migratorio remite, en relación con el ordenamiento de la UE, al Espacio de Libertad, Seguridad y Justicia (en adelante, ELSJ), que es uno de los objetivos de la Unión. Este espacio engloba amplios ámbitos competenciales que, en

---

29 Cfr. ANDRÉS SÁENZ DE SANTAMARÍA, P. (2022). "Variaciones sobre el sistema europeo de fuentes: sombras, lagunas, imperfecciones". *El sistema…*, cit., 166-167, que se refiere a cómo el TJ está perfilando un núcleo constitucional duro, dentro de los Tratados, constituido por los valores enunciados en el artículo 2 del TUE (TOL1.347.864). En efecto, en las dos Sentencias —ambas de 16 de febrero de 2022— citadas por la autora, el TJ toma posición respecto a la existencia de una identidad de la UE compartida por los Estados miembros, en tanto que es un ordenamiento jurídico común. En ambas resoluciones se resolvían sendos recursos de anulación similares elevados, respectivamente, por Hungría —apoyada por Polonia— (en el asunto C-156/21) y por Polonia —apoyada por Hungría— (en el asunto C-157/21) frente a un Reglamento del Parlamento europeo y del Consejo —el Reglamento 2020/2092 (UE, Euratom) del Parlamento europeo y del Consejo—, normativa que instaura un régimen general de condicionalidad para la protección del presupuesto de la UE, basándose en la idea de que la UE puede emplear los medios necesarios para proteger una buena gestión financiera en caso de vulneración de los principios del Estado de Derecho en los Estados miembros. En estas Sentencias, el TJ afirma que los valores que recoge el artículo 2 del TUE han sido identificados por los Estados miembros, que los comparten; y que tales valores definen la propia identidad de la Unión, por lo que ha de defenderlos; y, además, son valores que se concretan en principios que comportan obligaciones jurídicamente vinculantes para los Estados miembros. Cfr. los números 116, 127 y 232 de la Sentencia que resolvía el asunto C-156/21 (TOL8.799.000), y 145, 264 y 268 de la que resolvía el asunto C-157/21 (TOL8.798.999).

muchos casos, afectan a sectores muy sensibles para los Estados miembros, hasta identificarse, como se ha puesto de relieve por la doctrina, con el núcleo duro de la soberanía[30]. No es casualidad, tampoco, que en este espacio se ponga especialmente a prueba el respeto a los derechos fundamentales y al Estado de Derecho.

El ELSJ ha ido conformándose paulatinamente en la UE. En el Tratado de Maastricht, en 1992, se incorporan ámbitos de justicia e interior a través de su regulación en el TUE (TOL1.347.864), regulación que se conocía como el *tercer pilar.* Algunos años más tarde, con el Tratado de Ámsterdam, en 1997, el ELSJ se convierte en un objetivo de la UE, que irá evolucionando y se confirmará con el Tratado de Lisboa, en 2007.

Con este último tratado, el ELSJ consolida su presencia en el Derecho primario: se enuncia en el artículo 3.2 del TUE (TOL1.347.864), y se regula en el Título V del Tratado de Funcionamiento (TOL3.711.558) (en adelante, TFUE). Por otra parte, conforme al artículo 4.1 del TFUE (TOL3.711.558), las competencias de la UE en este ELSJ son de naturaleza com-

---

30 Cfr. LIÑÁN NOGUERAS, D. J. (2020). "El Espacio de Libertad, Seguridad y Justicia". *Instituciones y....*, cit., 97. El autor añade que en este ELSJ se ponen a prueba tanto las exigencias democráticas que identifican a los Estados miembros y a la propia UE, como el respeto a los derechos fundamentales y al Estado de Derecho, por lo que no es extraño que en los últimos años le hayan afectado algunas de las crisis más graves de la UE. Cfr. *Ibídem.* Afirmación en la que puede entenderse aludido el fenómeno de contestación al principio de primacía del Derecho de la UE del que estamos tratando.
Señala BURGORGHE-LARSEN, más sutilmente, que a medida que la integración afectaba a materias cada vez más regias, los tribunales nacionales fueron considerando que debían intervenir, tarde o temprano, para preservar lo soberano, lo nacional. Cfr. BURGORGHE-LARSEN, L. (2022). "La identidad constitucional en la jurisprudencia francesa: la historia del vals jurisprudencial hexagonal". *Revista de Derecho Comunitario Europeo,* 72, 415.

partida, lo que conlleva dos consecuencias importantes: en primer lugar, la plena aplicación del Derecho comunitario en este entramado de relaciones jurídicas, con lo que supone de presencia de los principios propios que informan este ordenamiento, en especial los de primacía, eficacia directa y responsabilidad del Estado miembro infractor de sus normas. En segundo lugar, la eficacia del principio de ocupación de terreno (*preemtion*), por el que los Estados miembros podrán ejercer su competencia solo en la medida en que la UE no la haya ejercido o haya decidido no ejercerla, aunque siempre bajo los principios de subsidiariedad y de proporcionalidad[31].

Los contenidos esenciales del ELSJ son el control de fronteras, el asilo y la inmigración, la cooperación judicial civil y la cooperación judicial penal y cooperación policial. Hay que añadir que su regulación es complicada, pues, como fruto de la comunitarización de este delicado ELSJ —iniciada con el Tratado de Ámsterdam y confirmada con el de Lisboa— fue necesario que se diera, junto con su conversión en un objetivo de la UE, la renuncia a un régimen único al haber tenido que aceptar demandas particularizadas de algunos Estados[32].

Respecto a la política común de inmigración hay que tener en cuenta algunos factores. Por una parte, la supresión de controles en las fronteras interiores implica el reconocimiento del derecho a la libre circulación a los nacionales de terceros Estados, lo que repercute en la necesidad de medidas a nivel europeo en materia de asilo y en gestión de los flujos migratorios[33]. Por otra parte, las crisis de refugiados habidas en los

---

31 Cfr. LIÑÁN NOGUERAS, D. J. (2020), "El espacio de…", cit., 106.

32 Cfr. *Ibídem*, 100-101.

33 Véase artículo 67.2 del TFUE (TOL3.711.558).
El Acuerdo Schengen estableció, a partir de 1985 y con la pretensión de supresión gradual de las fronteras interiores, un régimen especial de controles de entrada en el territorio de los Estados de la UE —con

últimos años han puesto a prueba la actitud de solidaridad y de reparto equitativo entre los Estados miembros, con un resultado no satisfactorio[34].

---

algunas excepciones— respecto a nacionales de terceros países. Se creó, de ese modo, un visado único para todo el territorio de estos Estados, tanto para estancia como para tránsito. Con respecto a las demandas de asilo, se determinaba el Estado responsable de examinarlas, y un sistema de información automatizada de datos personales. La mayor parte de las cuestiones atinentes al acervo Schengen —es decir, el conjunto de acuerdos, convenios, protocolos, actas y decisiones adoptados por los países firmantes del Acuerdo con el objeto de darle cauce— han sido posteriormente desarrolladas por Derecho derivado de la UE a partir de 1997. Cfr., entre otros, CASANOVAS, O. y RODRIGO, A. J. (2022). *Compendio de Derecho Internacional Público.* 11ª edición, Tecnos, 348. Precisamente en 1997, con el Tratado de Ámsterdam, se da la *comunitarización* del sistema de libre circulación de personas sin barreras o sistema Schengen. Cfr. MANGAS MARTÍN, A. (2020). "El proceso histórico de la integración europea". *Instituciones y*, cit., 37.

34 Según LIÑÁN NOGUERAS, la puesta en práctica de la solidaridad y el reparto equitativo entre los Estados miembros respecto a las políticas de asilo y flujos migratorios se ha enfrentado a muy serias resistencias y constituye aún un objetivo por lograr; y, concretamente, la denominada *crisis de los refugiados* habría hecho emerger la ausencia de una voluntad política común. Cfr. LIÑÁN NOGUERAS, D. J. (2020). "El Espacio de...", cit., 108. Añade el autor más adelante que el problema de fondo es la falta de confianza de los Estados miembros acerca de un sistema auténticamente común y basado en la solidaridad, que tendría como manifestaciones los intentos infructuosos de reubicación de refugiados, y las condenas por incumplimiento de varios Estados miembros. Cfr. *Ibídem,* 110.

Resulta interesante, a este respecto, lo que señala MARTÍNEZ ALARCÓN de la necesidad de un equilibrio entre responsabilidad y solidaridad que implanta el artículo 80 del TFUE (TOL3.711.558), y que, aunque la solidaridad en un principio básico en materia de asilo y se ha concretado a través de medidas de apoyo —especialmente de tipo financiero—, muy poco se ha hecho con relación a una real distribución justa de la responsabilidad y de las cargas entre los Estados miembros, que pasaría por diseñar un sistema estable de reparto

Por lo que se refiere al Sistema Europeo Común de Asilo, a partir del Tratado de Lisboa se incluyeron en los Tratados categorías elaboradas por el derecho derivado anterior. En este sistema se prevé el establecimiento de procedimientos comunes para conceder o retirar el estatuto de asilo o la protección subsidiaria; se fijan los criterios y mecanismos para determinar qué Estado miembro es responsable de examinar las solicitudes que lleguen, y se fijan normas relativas a las condiciones de acogida de los sometidos a algún sistema de protección internacional, así como a los solicitantes de protección hasta que se resuelvan sus expedientes y, en su caso, los posibles recursos.

A la UE[35] le quedan atribuidas las competencias sobre las condiciones de entrada y residencia; sobre la expedición de visados, permisos de residencia de larga duración y la reagrupación familiar; la determinación de los derechos de los inmigrantes residentes legales en un Estado miembro y las condiciones con las que podrán circular y residir en los demás Estados, y, finalmente, la entrada y residencia irregular, la expulsión y repatriación, así como la lucha contra la trata, en especial referente a mujeres y niños. Por su parte, a los Estados miembros se les reconoce el derecho a establecer cupos de admisión de nacionales procedentes de terceros Estados[36].

Que no es fácil la gestión de la política inmigratoria común, y que no la facilita tampoco el juego entre las materias que son

---

equitativo entre ellos de las solicitudes de protección internacional que atendiese a una serie de criterios razonables. Cfr. MARTÍNEZ ALARCÓN, M. L. (2018). *La política europea de protección internacional. Sistema Europeo Común de Asilo,* Thomson Reuters Aranzadi, 123.

35 Conforme al artículo 4.2.j del TFUE (TOL3.711.558), las competencias compartidas se aplicarán al ámbito del ELSJ, entre otros. El propio TFUE desarrolla más tarde ese ELSJ en su Título V.

36 Véase, respecto a las competencias de la UE en materia de control de fronteras, asilo e inmigración, LIÑÁN NOGUERAS, D. J. (2020), "El espacio de…", cit., 107-111.

competencia de la UE, y el derecho reconocido a los Estados de establecer cupos de admisión, se comprueba si nos fijamos en las dificultades para la reubicación de refugiados entre los Estados miembros o las condenas por incumplimiento que han llegado a verificarse. Va a ser precisa una gran determinación por ambas partes —UE y Estados miembros— para poder afrontar los graves problemas de política migratoria que la realidad plantea[37].

---

[37] Como señala NAVARRO ORTEGA en un estudio centrado en problemas de inmigración irregular en España, la gestión de la inmigración es, en última instancia, un problema de fronteras europeas que, más allá de la soberanía de los distintos Estados, debe ser gestionado conforme a las políticas comunitarias. Cfr. NAVARRO ORTEGA, A. (2022). "El régimen singular fronterizo de Ceuta y Melilla y su controvertido impacto en la regulación de flujos migratorios: las devoluciones en caliente, ¿bálsamo de fierabrás o parto de los montes?". *Revista Española de Derecho Administrativo,* 217.
Al respecto, LIÑÁN NOGUERAS pone en evidencia la dificultad que, para estas políticas comunitarias, supone el que se reconozca a los Estados miembros el establecer cupos de admisión de nacionales de terceros países procedentes de terceros países. Cfr. LIÑÁN NOGUERAS, D. J. (2020). "El Espacio de...", cit., 110-111. Ese derecho les viene reconocido en el artículo 79.5 del TFUE (TOL3.711.558).
Por su parte, MARTÍNEZ ALARCÓN —que cita a Nicolasi— apuntó que el TJ tiene un papel fundamental —sobre todo a través de las cuestiones prejudiciales— en lo relativo a la consecución de una aproximación sistemática de los distintos sistemas nacionales de asilo, reduciendo el margen de apreciación del que disponen los Estados miembros en la materia. En ese sentido, la jurisprudencia del TJ constituye uno de los instrumentos de integración más eficaces con los que cuenta la UE. Cfr. MARTÍNEZ ALARCÓN, M. L. (2018), cit., 56.

V. ALGUNOS DE LOS DESAFÍOS DE LOS ÚLTIMOS AÑOS AL PRINCIPIO DE PRIMACÍA

Son varios los Estados cuya actitud en los últimos años —especialmente a través de pronunciamientos de sus tribunales constitucionales o, donde no los hay, de sus más altos tribunales[38]— puede calificarse de desafiante frente al Derecho de la UE por su rechazo del principio de primacía. No en todos ellos se ha dado la misma virulencia, así como tampoco son equiparables en todos los casos sus consecuencias o su trascendencia. Como quiera que aquí interesa solo ofrecer una visión realista y global del fenómeno, para luego detenernos algo más en el caso de Hungría, no se va a pretender un análisis de todos los Estados en los que se ha dado esa postura de enfrentamiento, sino solo de algunos que considero más significativos —Alemania, Polonia y Rumanía[39]—; así como tampoco se va a llevar a

---

38 Las referencias hechas en este trabajo a los tribunales constitucionales de los Estados miembros de la UE han de entenderse hechas —en el caso de Estados que carezcan de ellos— a los tribunales supremos o superiores equiparables.

39 Los motivos de haber seleccionado estos Estados y no otros son, en el caso de Alemania, por la gran reputación de su Tribunal constitucional federal que da mucha relevancia a su rechazo al principio de primacía; en el caso de Polonia, por la interpretación unilateral —y pretendidamente vinculante— que realiza su Tribunal constitucional del Derecho europeo; y, en el supuesto de Rumanía, como ya se dijo, por haber dado lugar a dos sentencias del TJ que pueden considerarse como una profundización, síntesis y actualización de la jurisprudencia tradicional del TJ sobre el principio de primacía.
En cuanto a España, no ha habido choque frontal con el principio de primacía del Derecho de la UE. Para tener una visión global de la actitud de nuestro Tribunal Constitucional al respecto habría que tener en cuenta su Declaración 1/2004, de 13 de diciembre sobre primacía del Derecho comunitario y alcance de la CDFUE (BOE de 5 de enero de 2005) (TOL16.668); el conocido como *caso Melloni*, sobre el que hay que tener en cuenta principalmente dos

cabo una profundización en sus problemáticas más allá de lo que resulta necesario para tener una idea cabal de la situación por la que atraviesa desde hace unos años la UE y no, obviamente, porque el tema, en sí mismo considerado, no tenga importancia[40].

a) Con respecto a Alemania, ha sido muy polémica una sentencia de la Sala segunda de su Tribunal constitucional federal, de 5 de mayo de 2020[41], en la que rechazaba una resolución del TJ que resolvía una cuestión prejudicial que la propia Sala había elevado ante él. Se trataba de la Sentencia del TJ *Weiss y otros*, de 11 de diciembre de 2018, en el asunto C-493/17 (TOL6.949.859), en la que el TJ daba por válidas algunas decisiones del Banco Central Europeo (en adelante, BCE) sobre un programa de compras de valores públicos en mercados secundarios. El Tribunal constitucional alemán se negará a aceptar la Sentencia, y declarará *ultra vires* —es decir, fuera de las competencias atribuidas por los Tratados— las decisiones del BCE, lo que supuso un rechazo frontal y directo de la primacía

---

sentencias del TJUE y una del Tribunal Constitucional (Sentencias del TJ *Melloni* y *Fransson*, ambas de 26 de febrero de 2013, en asuntos, respectivamente C-399/11 y C-617/10 [TOL9.916.561 y TOL9.277.356]; y Sentencia del Tribunal Constitucional 26/2014, de 13 de febrero [TOL4.129.144]); y la Sentencia del Tribunal Constitucional 37/2019, de 26 de marzo (TOL7.185.416), que compendia la jurisprudencia constitucional española sobre el principio de primacía. Sobre el *caso Melloni*, remito, para una sintética y clarificadora explicación, a LIÑÁN NOGUERAS, D. J. (2020). "Derechos humanos y...", cit., 162-163 y LÓPEZ ESCUDERO, M. (2019), cit., 811-813.

40 Para una visión más completa del fenómeno, remito, entre otros, a LÓPEZ ESCUDERO, M. (2022), cit., 73-105 y a la doctrina y jurisprudencia citada por el autor.

41 Entre los comentarios doctrinales remito a los citados, sin ánimo de exhaustividad, en *Ibídem*, 82, nota número 112.

del Derecho de la UE sobre el Derecho alemán[42]. En opinión del Tribunal alemán, el fallo sobre la cuestión prejudicial ampliaba indebidamente el margen de discrecionalidad del BCE en detrimento de los Estados miembros y, en el caso alemán, ello afectaba a su identidad constitucional. En efecto, para el Tribunal constitucional, la autodeterminación del Parlamento alemán sobre el presupuesto entra dentro del núcleo de identidad de la Constitución, y, por tanto, está bajo la protección de la *garantía de eternidad* del artículo 79.3 de la Constitución alemana. La cuestión dependía de si se entendía que el BCE realizaba operaciones monetarias de riesgo ilimitado, cuyas consecuencias socavasen la responsabilidad presupuestaria del Parlamento alemán. En realidad, el que el Tribunal constitucional federal no se sometiera a la Sentencia del TJ no venía motivado en que el BCE hubiese violado directamente su soberanía presupuestaria —y, por tanto, su identidad—, sino por entender que podía haberse extralimitado en sus competencias siempre que no hubiese observado un criterio de proporcionalidad y lo hubiese justificado[43]. La gravedad de su actitud no era, por tanto, con respecto al BCE, sino al Derecho de la UE, al afirmar la no vinculación de Alemania a esta Sentencia del TJ[44].

---

42 Para entender la postura alemana, resultan útiles las consideraciones y datos ofrecidos por MASING, en un trabajo que es expositivo y crítico de la jurisprudencia constitucional de la Sala segunda del Tribunal sobre la identidad constitucional. Cfr. MASING, J. (2022), cit. El autor ha sido magistrado constitucional de la Sala primera y mantiene una visión crítica de la vertiente jurisprudencial de la Sala que comenta, pero podría decirse que su visión es moderadamente crítica, en cuanto que afirma que el hecho de que un tribunal constitucional nacional pretenda impugnar la jurisprudencia del TJ le parece correcto, aunque es consciente que este no puede aceptarlo. Cfr. *Ibídem*, 403-404.

43 Cfr. *Ibídem*, 405-406.

44 Sarmiento y Weiler consideran que el profundo daño a la integridad del orden jurídico de la Unión y su Estado de Derecho provocado

Ante este desafío del Tribunal constitucional alemán, además de algunos comunicados oficiales de las instituciones europeas más directamente implicadas, se activó un recurso de incumplimiento contra Alemania que se archivó unos meses después ante el compromiso del Gobierno alemán de respeto a la primacía, autonomía, efectividad y aplicación uniforme del Derecho de la UE[45]. Como, no obstante, señala Tatham, si bien la tormenta política por fin se resolvía, 'el genio había salido de la botella' y, efectivamente, había tenido el efecto de impulsar el enfrentamiento de otros países[46]; concretamente el autor se refiere a los casos de Polonia y de Rumanía[47].

b) En el caso de Polonia, su Tribunal constitucional dictó cuatro sentencias, entre 2020 y 2021[48], en las que se rechazaba abiertamente la primacía del Derecho de la UE. La controversia era a propósito de la independencia de los jueces nacionales, y el Tribunal identificaba, en su razonamiento, un núcleo

---

por este asunto no se puede subestimar. Cfr. SARMIENTO, D. y WEILER, J. H. H. (2020). "The UE Judiciary after Weiss. Proposing a new mixted Chamber of the Court of Justice: a position Paper". *Diritto delle Amministrazioni Pubbliche,* 3, 49. Añaden los autores que, en este caso, es difícil hallar preocupaciones legítimas sobre una posible extralimitación jurisdiccional del TJ, y aventuran el fin de la UE como espacio jurídico integrado en el caso de que tribunales constitucionales de los Estados miembros siguieran su ejemplo. Cfr. *Ibídem,* 50.

45 Cfr. LÓPEZ ESCUDERO, M. (2022), cit., 85-86.

46 Cfr. TATHAM, A. F. (2022). "The paradox of judicial dialogue with the European Court of Justice in an iliberal democracy; the recent experience with the Hungarian Constitutional Court". *Revista de Derecho Comunitario Europeo,* 72, 502.

47 Cfr. *Ibídem,* 502-504.

48 Se trataba de las Sentencias U 2/20 de 20 de abril de 2020; Kpt 1/20 de 21 de abril de 2020; P 7/20 de 14 de julio de 2021 y K 3/21 de 7 de octubre de 2021. Para un breve comentario de ellas y su localización, véase LÓPEZ ESCUDERO, M. (2022), cit., 88-89.

de soberanía nacional inmune a la norma de la UE, núcleo en el que se ubicaba la organización del sistema jurisdiccional. En la primera de ellas, el Tribunal constitucional rechazaba la aplicación, por parte del Tribunal Supremo, de una Sentencia del TJ que consideraba que los criterios de nombramiento de los jueces de una nueva Sala del Tribunal Supremo eran contrarios al Derecho de la UE[49]. En la segunda, el Tribunal constitucional dictaminaba sobre la falta de competencia del Tribunal Supremo para derogar disposiciones legislativas sobre el estatuto de los jueces, incluso si era consecuencia de la aplicación de sentencias del TJ. En la tercera, el Tribunal constitucional declaraba inadmisible un auto del TJ que ordenaba poner fin a unos procedimientos disciplinarios contra varios jueces[50]. Finalmente, en la cuarta Sentencia, el Tribunal constitucional polaco consideraba varias disposiciones de Derecho primario de la UE incompatibles con la Constitución polaca por exceder —en su opinión— de los límites de las competencias transferidas por Polonia[51].

Para Safjan, la jurisprudencia del Tribunal constitucional polaco en materia de identidad constitucional sufrió una discontinuidad a partir de 2016. Hasta esa fecha, y desde el ingreso de Polonia en la UE, su Tribunal constitucional había destacado la necesidad de hacer todos los esfuerzos posibles para encontrar soluciones adecuadas para conciliar el sistema polaco con el europeo, sin descartar la introducción de cambios en la Constitución; solo después podría contemplarse, como

---

[49] Se trataba de la Sentencia del TJ *A. K. y otros*, de 19 de noviembre de 2019, en los asuntos acumulados C-585/18, C-624/18 y C-625/18 (TOL7.585.959).

[50] Se trataba del Auto del TJ de 8 de abril de 2020, en el asunto C-791/19 (TOL9.749.429); este mismo asunto dio origen, al año siguiente, a la Sentencia del TJ, de 15 de julio de 2021 por recurso de incumplimiento (TOL7.878.429).

[51] Concretamente los artículos 1, 4.3, 19.1 y 2 del TUE (TOL1.347.864).

último recurso, la salida de Polonia de la UE. En cambio, a partir del 2016 —en el marco de una reforma de la justicia que, señala el autor, tenía como objetivo asegurar su subordinación a las directrices políticas— la jurisprudencia del Tribunal constitucional en la materia se encaminó hacia interpretaciones que redujesen el principio de primacía del Derecho de la UE, instrumentalizando la categoría de la identidad constitucional para realzar —más allá de la jurisprudencia anterior— el principio de supremacía de la Constitución, vinculado a la identidad constitucional; esta última se habría convertido en una especie de instrumento para cuestionar la primacía del Derecho de la UE y rechazar la aplicación de la jurisprudencia del TJ[52].

López Escudero califica este desafío del Tribunal constitucional polaco como el rechazo más claro y rotundo de la primacía del Derecho de la UE y de la autoridad de las sentencias del TJ jamás acaecido en la UE[53]. Para Alonso García se trataría —hacía referencia concretamente a la Sentencia de 7 de octubre de 2021— de una manipulación perversa de la jurisprudencia anterior dirigida a erosionar los cimientos de la UE[54]. Y Andrés Sáenz de Santamaría, por su parte —y sobre la misma Sentencia— afirma que se trata de la más sonora de las reticencias e, incluso, estridencias de un tribunal constitucional sobre el Derecho de la UE[55].

Son finalmente muy interesantes las consideraciones que hace Safjan respecto a estas Sentencias del Tribunal polaco.

---

52 Cfr. SAFJAN, M. (2022), cit., 380-381.

53 Cfr. LÓPEZ ESCUDERO, M. (2022), cit., 89.

54 Cfr. ALONSO GARCÍA, R. (2022), cit., 31.

55 Cfr. ANDRÉS SÁENZ DE SANTAMARÍA, M. P. (2022), cit., 165-166. La autora cita, un poco más adelante, otras Sentencias del Tribunal constitucional polaco que adoptan la misma postura respecto a decisiones del Tribunal de Estrasburgo en relación con el artículo 6.1 del Convenio Europeo de Derechos Humanos (TOL164.153).

De la Sentencia de 7 de octubre de 2021 señala que el Tribunal pretendía arrogarse prerrogativas para determinar el alcance de la competencia del TJ para interpretar el Derecho de la UE con respecto al ordenamiento jurídico polaco, sin dejar espacio para el diálogo jurisdiccional y la cooperación leal. Y, sobre la Sentencia de 14 de julio de 2021, considera el autor que se trata de una rebelión contra el orden jurídico europeo, paradójicamente sin que el Tribunal constitucional parezca entender este enfoque como contradictorio con la pertenencia de Polonia a la UE[56]. Para el autor es una situación incomprensible, toda vez que los valores expresados en el artículo 2 del TUE (TOL1.347.864) constituyen componentes sustanciales de la identidad constitucional de todos los Estados miembros, entre los que hay que entender incluida a Polonia[57].

c) En el caso de Rumanía, también a propósito de la independencia de los jueces nacionales, se sucedieron varias sentencias de su Tribunal constitucional en las que se rechazaba la primacía del Derecho de la UE. En particular se puede resaltar una sentencia de 8 de junio de 2021[58]. En esta Sentencia, el Tribunal constitucional rumano afirmaba que, dado que la primacía del Derecho de la UE está limitada en el ordenamiento rumano por la exigencia de respetar su identidad constitucional nacional, es al mismo Tribunal constitucional a quien compete garantizar la supremacía de la Constitución en Rumanía; de ahí concluía que, si bien los tribunales nacionales tienen facultad para examinar la conformidad de la legislación nacional con el Derecho de la UE, carecen de la competencia necesaria para examinar dicha conformidad cuando se trata de una disposición nacional que el Tribunal constitucional ha declarado

---

56 Cfr. SAFJAN, M. (2022), cit., 387.

57 Cfr. *Ibídem*, 390.

58 Sentencia número 390 del Tribunal constitucional rumano, de 8 de junio de 2021.

compatible con el artículo 148 de la Constitución rumana[59]. Se trata de una Sentencia que, en palabras de López Escudero, supone un rechazo de los efectos de la primacía del Derecho de la UE, en clara violación de la jurisprudencia del TJ, y que sigue la estela del Tribunal constitucional polaco[60].

Ante esta y otras resoluciones del Tribunal rumano, los jueces nacionales siguieron elevando cuestiones prejudiciales ante el TJ, al que le permitieron, de ese modo, pronunciarse a través de dos sentencias que la doctrina ha considerado fundamentales, y que ya han sido mencionadas con anterioridad: las Sentencias del TJUE de 21 de diciembre de 2021 y de 22 de febrero de 2022[61].

VI. EL CASO DE HUNGRÍA

La controversia entre Hungría y la UE a propósito de las políticas migratorias y, en particular, de asilo, ha suscitado pronunciamientos del TJ y del Tribunal constitucional húngaro desde hace casi un decenio, con un recrudecimiento en los años más recientes. Aunque hay que señalar, con López Escudero, que, en cualquier caso, la jurisprudencia constitucional húngara al respecto, y a diferencia del caso alemán, polaco y

---

59 El artículo 148 de la Constitución rumana versa sobre la integración de Rumanía en la UE y, en su número 2 consagra la primacía del Derecho de la UE sobre las disposiciones del ordenamiento rumano que le resulten contrarias conforme a lo previsto en el Acuerdo de adhesión.

60 Cfr. LÓPEZ ESCUDERO, M. (2022), cit., 94.

61 Sentencias *Euro Box Promotion y otros,* de 21 de diciembre de 2021, en asuntos acumulados C-357/19, C-379/19, C-547/19, C-811/19 y C-840/19 (TOL8.699.816), y *RS,* de 22 de febrero de 2022, en asunto C-430/21 (TOL8.808.003). Remito a lo comentado sobre ellas en el epígrafe dedicado al principio de primacía.

rumano, no provoca un conflicto directo con el TJ ni con la Comisión, si bien mantiene importantes reservas constitucionales a la primacía del Derecho de la UE[62].

Hay que tener en cuenta cómo afectó la crisis migratoria provocada por la guerra civil de Siria a la UE a partir de 2015. En efecto, con la afluencia masiva de inmigrantes a algunos Estados debida al conflicto, la UE introdujo un sistema temporal de cuotas para la distribución y asentamiento de solicitantes de asilo, con el objetivo de dispersarlos por los territorios de todos los Estados miembros. No obstante, al igual que algunos otros Estados, Hungría se negó a participar de dicho plan, y, ante la situación creada por la crisis, fue estableciendo algunas prácticas y medidas excepcionales en materia de inmigración que resultaban contrarias a facultades y derechos reconocidos por la legislación comunitaria[63].

Para situarnos en el problema material que subyacía a la confrontación[64] hay que decir que las medidas y prácticas implementadas por Hungría, y que contravenían el Derecho de

62 Cfr. LÓPEZ ESCUDERO, M. (2022), cit., 99.

63 Según TATHAM, Hungría habría utilizado la crisis migratoria para justificar la imposición de estas medidas y prácticas. Cfr. TATHAM, A. F. (2022), cit., 487-488.

64 Como ya se ha dicho, el desafío húngaro a la UE con motivo de la crisis migratoria no ha sido de confrontación abierta. En efecto, de manera diversa a la actitud de sus colegas polacos, rumanos e, incluso, alemanes, los jueces del Tribunal constitucional húngaro mantuvieron el compromiso formal de diálogo judicial con el TJ, y respetaron su competencia para pronunciarse sobre el ejercicio de los poderes compartidos. Cfr. TATHAM, A. F. (2022), cit., 505. No obstante, el rumbo seguido por el Tribunal húngaro es de un equilibrio tan difícil, que lleva al autor a pensar que posiblemente llegará un momento en que las circunstancias lleven al Tribunal constitucional a la tesitura de tener que posicionarse entre la protección de la soberanía húngara o la de una cooperación sincera con el TJ. Cfr. *Ibídem*, 513.

la UE, dieron lugar al planteamiento de diversas cuestiones prejudiciales por parte de jueces y tribunales ordinarios ante el TJ. La aplicación de las Sentencias con las que el TJ fue resolviendo las distintas cuestiones provocó, a su vez, una serie de dificultades que condujeron a distintos pronunciamientos del Tribunal constitucional húngaro. En estas resoluciones, como se ha dicho, el Tribunal evitó una confrontación directa con la UE, pero mantenía una posición de difícil equilibrio y coherencia, con la que reafirmaba tanto la soberanía húngara respecto a la inmigración, como la legitimidad —y compatibilidad con el Derecho de la UE— de las medidas que iba adoptando al respecto[65].

El Tribunal constitucional húngaro mantenía su actitud apoyándose en la defensa de la identidad constitucional húngara, basada en su constitución histórica, en cuanto que el sometimiento al Derecho de la UE —si no se le interpretaba conforme a las medidas y prácticas tomadas por Hungría respecto a inmigrantes y solicitantes de asilo— impediría a las autoridades húngaras determinar su propia población. Concretamente, en su importante Decisión 32/2021 (XII.20) AB, de 7 de diciembre de 2021, argumentaba que, si como resultado del ejercicio defectuoso de competencias compartidas con la UE, una población extranjera, sin autorización democrática, pudiera permanecer de forma permanente y en masa en territorio húngaro, podría violar la dignidad humana[66] porque podría provocar un cambio forzado en la sociedad tradicional húngara[67].

---

65 Remito, para una sucinta y clara explicación de la situación, a LÓPEZ ESCUDERO, M. (2022), cit., 95-99; y, para una profundización en la postura del constitucional húngaro, véase TATHAM, A. F. (2022), cit.

66 De los ciudadanos húngaros.

67 Varios años antes —se puede entender que en el marco de la doctrina sentada por otra importante Sentencia del Tribunal constitucional húngaro sobre la misma cuestión (la Decisión 22/2016 [XII.5] AB, de 30 de noviembre de 2016)— MARTÍNEZ ALARCÓN apuntaba

Para una aproximación práctica al problema planteado facilitará el conocimiento de las actuaciones de Hungría que han provocado, en los últimos cuatro años, varias Sentencias del TJ que, al conocer recursos de incumplimiento elevados por la Comisión Europea, condenan a Hungría, si no en la totalidad, al menos en una parte no desdeñable de las acusaciones de las que se le hacía objeto. Nos vamos a detener, pues, en la enumeración de los actos de Hungría que fueron condenados por el TJ en las Sentencias de 17 de diciembre de 2020, en el asunto C-808/18 (TOL8.233.404); de 16 de noviembre de 2021, en el asunto C-821/19 (TOL8.640.019), y de 22 de junio de 2023, en el asunto C-823/21 (TOL9.613.288).

En la Sentencia de 2020, se condenaba a Hungría por las siguientes actuaciones:

a) Respecto de los nacionales de terceros países y apátridas solicitantes de protección internacional: obligarles a formular la solicitud únicamente a través de dos zonas habilitadas para ello[68]; limitar drásticamente el número diario de personas a las que se autorizaba a entrar en dichas zonas[69]; establecer un internamiento generalizado sin respetar las garantías previstas en la UE[70]; y exigirles unos requisitos contrarios al Derecho europeo para po-

---

que la postura oficial húngara era que la inmigración no era un asunto de derechos humanos, sino de seguridad nacional; y, con respecto a la identidad constitucional nacional en relación con la cultura cristiana de Hungría, señalaba la autora que las autoridades estatales planteaban soluciones a los problemas demográficos a través de las políticas de familia con las que evitar, entre otras cosas, que el elemento cristiano perdiese influencia. Cfr. MARTÍNEZ ALARCÓN, M. L. (2018), cit., 72.

68 Cfr. número 128 de la Sentencia.

69 Cfr. *Ibídem.*

70 Cfr. número 226 de la Sentencia.

der permanecer en su territorio hasta la definitiva resolución de sus expedientes[71].

b) Respecto de los nacionales de terceros países y apátridas en territorio húngaro en situación irregular: permitir su expulsión sin respetar las garantías previstas en la UE[72].

En la Sentencia de 2021, se condenaba a Hungría por las siguientes actuaciones:

a) Respecto de los nacionales de terceros países y apátridas solicitantes de protección internacional: establecer como inadmisibles las solicitudes de quienes hubieran llegado a territorio húngaro a través de Estados en los que no estuvieran expuestos a persecución ni a riesgo de daños graves, al margen de la relación que mantuvieran con dicho Estado, que no necesariamente podía suponerles una garantía de protección internacional[73].

b) Respecto de cualquier persona: tipificar como delito la conducta de quien, en el marco de una actividad de organización, prestase asistencia para formular solicitudes de asilo siendo consciente de que la solicitud no podría prosperar conforme a derecho, sin especificar —en el tipo penal— qué debía entenderse por actividad de organización, y dando por supuesto que, en el momento de dar asistencia, se debía llevar a cabo un examen a fondo de las circunstancias del solicitante, tarea propia, en realidad, de los órganos jurisdiccionales[74]; así como prohibir el derecho de aproximarse a las fronteras exteriores

71 Cfr. número 302 de la Sentencia

72 Cfr. número 266 de la Sentencia.

73 Cfr. número 42 de la Sentencia.

74 Cfr. número 144 de la Sentencia.

del país a cualquier persona sospechosa de haber cometido tal delito[75].

Finalmente, en la Sentencia de 2023 se condenaba a Hungría por:

a) Respecto de los nacionales de terceros países o apátridas que, estando en el territorio o fronteras húngaras, quisieran solicitar protección internacional: imponerles, con carácter previo a que pudieran formular tal petición, la presentación de una declaración de intenciones ante una embajada húngara situada en un tercer país, y a que se les concediera un documento que les permitiese entrar de nuevo en territorio húngaro[76].

VII. ALGUNAS PROPUESTAS DOCTRINALES DE SOLUCIÓN

Los problemas suscitados por el rechazo al principio de primacía del Derecho europeo en diversos ámbitos implican situaciones que son graves debido a que, al ser obstaculizada la aplicación de las disposiciones comunitarias, se dificulta la consecución de los objetivos de la UE. Como se ha dicho, la virtualidad del principio de primacía es vital para la eficacia y aún subsistencia de la UE. Si contemplamos este problema en relación con el derecho de asilo y de protección internacional subsidiaria se percibe que es especialmente complicado, pues los conflictos que se originan normalmente van ligados a violaciones graves de derechos humanos.

Desde la doctrina se han ido sugiriendo algunas posibles soluciones para evitar o reparar el rechazo del principio de

---

75 Cfr. número 164 de la Sentencia.

76 Cfr. número 70 de la Sentencia.

primacía por parte de los Estados miembros, normalmente a través de sus tribunales constitucionales. Todas ellas tienen en cuenta que la UE ha ido adquiriendo nuevas competencias en ámbitos muy sensibles para las constituciones nacionales —tal es el caso, como ya se ha visto, de las competencias en el ámbito del ELSJ—, con un impacto grande en el reconocimiento y ejercicio de los derechos fundamentales.

Sin duda, toda solución que quiera tener posibilidad de salir adelante pasa por el diálogo y la cooperación jurisdiccional entre el TJ y los tribunales constitucionales nacionales, como de hecho, ha ocurrido en los problemas surgidos, por ejemplo, en Italia[77] y Alemania. Esa es la propuesta de López Escudero, que la considera la solución más realista; se trataría de que el TJ aportase flexibilidad a la hora de actuar, y que los tribunales constitucionales, por su parte, aportasen una actividad que refleje una decidida cooperación a la hora de buscar interpretaciones del Derecho de la UE que sean las menos conflictivas posibles, y las más adecuadas al caso concreto de que se trate[78]. Pero no conllevaría, en principio, ningún cambio en el Derecho primario.

En la misma línea de flexibilidad, aunque sin ofrecer una propuesta concreta, se sitúa Masing, que considera que los tribunales constitucionales nacionales deben utilizar la categoría de la identidad constitucional nacional con prudencia; ahora bien, a diferencia de López Escudero, entiende razonable que un tribunal constitucional pretenda impugnar en algunos casos la jurisprudencia del TJ[79]. El autor, en realidad, pone el dedo en la llaga: no se trata tanto de evitar que la categoría de

---

77 Para una aproximación al caso de Italia, véase, entre otros, LÓPEZ ESCUDERO, M. (2022), cit.,75-81 y SARMIENTO, D. y WEILER, J. H. H. (2020), cit., 51,

78 Cfr. LÓPEZ ESCUDERO, M. (2022), cit., 109-113.

79 Cfr. MASING, J. (2022), cit., 403-404.

la identidad constitucional nacional pueda servir de patente de corso para cualquier acto de la UE o para cualquier decisión del TJ —puede entenderse que, al respecto, hay pleno acuerdo—, cuanto de cuál va a ser la institución competente para interpretar, en última instancia y con carácter vinculante, el Derecho de la UE, en concreto cuando se afronta una situación que repercute —o puede repercutir— en las identidades constitucionales nacionales.

Propuestas que van más allá de una mera recomendación de una actitud de flexibilidad y prudencia se han ofrecido por otros autores. Es el caso, por ejemplo, de la propuesta realizada por Grabenwarter, Huber, Knez y Ziemele[80], quienes sugieren arbitrar una especie de cuestión prejudicial inversa, mediante la que el TJ estaría obligado a dirigirse —*ex* artículo 4.2 del TUE (TOL1.347.864)— por vía prejudicial a un tribunal constitucional nacional cuando se le plantee un posible conflicto entre una norma europea y la identidad constitucional del Estado miembro del que se trate. En esta solución, que exigiría un cambio en los Tratados para introducir el nuevo recurso prejudicial inverso, tanto las decisiones del TJ como las del tribunal constitucional nacional tendrían carácter vinculante[81].

---

80 Los cuatro son —o lo han sido— jueces vinculados respectivamente a los tribunales constitucionales de Austria, Alemania, Eslovenia y Letonia.

81 GRABENWARTER, Ch.; HUBER, P. M.; KNEZ, R. y ZIEMELE, I. (2021). "The role of the Constitutional Courts in the European Judicial Network". *European Public Law*, 27, 58-60.
LÓPEZ ESCUDERO no considera esta propuesta razonable —con razón, a mi modo de ver— en cuanto que, si cada tribunal constitucional nacional se encarga de definir lo que es la identidad nacional, difícilmente puede esperarse que se logre una aplicación uniforme del Derecho de la UE. Cfr. LÓPEZ ESCUDERO, M. (2022), cit., 112.

Otra propuesta es la presentada por Weiler[82] y Sarmiento; esta propuesta —que es acompañada de una invitación a un debate político profundo— es la de crear una Sala especializada en el TJ, la cual estaría compuesta por jueces del TJ y del Tribunal constitucional nacional correspondiente según el caso —unos y otros en ejercicio actual de sus funciones judiciales— y se ocuparía de conocer aquellos asuntos que tuvieran trascendencia constitucional para un Estado miembro. Se trataría de un procedimiento de apelación, cuya competencia sería del TJ, y su foro propio la Gran Sala; además, el procedimiento concreto que se arbitrase debería estar caracterizado por una gran transparencia, y con la posibilidad de intervención tanto de los Estados miembros como de las instituciones de la UE[83].

---

[82] Como es sabido, J. H. H. Weiler es un constitucionalista estadounidense buen conocedor de la evolución del Derecho eclesiástico europeo, como lo atestigua su participación en el famoso proceso sobre el crucifijo en las escuelas públicas ante el Tribunal Europeo de Derechos Humanos (Sentencia de 18 de marzo de 2011, asunto Lautsi y otros frente a Italia [TOL2.647.201]).

[83] Cfr. SARMIENTO, D. y WEILER, J. H. H. (2020), cit. 52-54.
Para LÓPEZ ESCUDERO, el establecimiento de una sala especializada en el TJ —con una composición mixta de jueces para ocuparse de asuntos con trascendencia constitucional para cada Estado miembro— no sería viable debido a que se requeriría un cambio en el Derecho originario, y que las sentencias que emanaran de esta sala podrían verse igualmente rechazadas por un tribunal constitucional nacional, al igual que ocurre con las del TJ con su composición actual. Cfr. LÓPEZ ESCUDERO, M. (2022), cit., 112.
Indudablemente, lo mejor sería que el problema se fuese minimizando por medio de un efectivo y voluntarioso diálogo jurisdiccional —y con voluntad política por parte de los Estados miembros para hacerlo viable—. No obstante, que haya que modificar los Tratados en algún punto —que afecte, por ejemplo, a la estructura del TJ y a los tipos de procesos que pudieran sustanciarse ante él— no parece un inconveniente insalvable, al margen de la dificultad que pudiera haber para llegar a un consenso; tampoco el que las modificaciones

VIII. OBSERVACIONES CONCLUSIVAS

Como hemos visto anteriormente, en el caso húngaro se ha vivido, en relación con el derecho de asilo y de protección internacional subsidiaria, un rechazo consistente y sostenido en el tiempo —si bien no se haya tratado de un rechazo frontal, como sí lo hubo, por ejemplo, y respecto a otros ámbitos materiales, en los casos alemán, polaco y rumano— en el que ha habido sucesivas decisiones condenatorias por parte del TJ. Una de las argumentaciones alegadas por parte del Tribunal constitucional húngaro había sido la protección de su identidad constitucional nacional y, más concretamente, su cultura cristiana, que podría ser puesta en peligro si se modificase artificiosamente su mapa religioso a través del asentamiento de un gran número de inmigrantes, creyentes de otras religiones, en su territorio.

Ya se considere que sea real o no este peligro para la identidad cristiana de Hungría, no puede justificar, en ningún caso, la violación de derechos humanos. Es preciso recordar que el acceso a la protección internacional es un ámbito que no deja mucho margen para incumplimientos que no acaben en graves vulneraciones de derechos humanos de nacionales de terceros países o apátridas, siempre que, obviamente, se den las circunstancias para que surja una verdadera necesidad de acceso a dicha protección, lo cual no se puede saber con certeza hasta que se considere caso por caso con todas las garantías previstas. Quizás otros ámbitos del derecho migratorio dejen más margen de maniobra para encontrar una regulación justa, pero el de la protección internacional pienso que no.

En cualquier caso, me parece importante huir de explicaciones simplistas que pueden hacer caer con relativa facilidad

---

oportunas se hicieran de forma que se redujesen las posibles reacciones de los tribunales nacionales.

en puntos de vista maniqueos[84], pues el conflicto denota —como me parece que se ha puesto en evidencia en las páginas anteriores— la existencia de un problema suscitado por el exigible respeto de la UE —y de su sistema judicial— a las identidades constitucionales nacionales. Es un problema real. Por ello, es preciso hacer un esfuerzo para comprender los motivos, de modo que se esté en condiciones de buscar vías realistas de solución, lo cual dista mucho de justificar actos, de suyo, claramente condenables.

El problema del rechazo del principio de primacía del Derecho de la UE no deja de ser, en el fondo, un problema de desobediencia a la norma. Desde esta perspectiva, y ahondando en la propuesta de flexibilización por parte del TJ y de cooperación jurisdiccional por parte del TJ y de los tribunales constitucionales nacionales, me parece que la solución pasa también por la prudencia que debe caracterizar el ejercicio de toda autoridad y, en nuestro caso, especialmente del legislador comunitario a la hora de incidir con su actuación en ámbitos materiales especialmente sensibles para la soberanía de los Es-

---

84 En descargo de las autoridades gubernamentales húngaras, quizás pueda tenerse en cuenta que, debido a su pasado soviético, presumiblemente Hungría —como algunos otros Estados miembros de la UE— se encuentre aún en proceso de consolidar las características propias de los Estados democráticos de Derecho, o le puede faltar cierta connaturalidad con algunas de ellas, lo cual puede pasarle factura en determinadas coyunturas.
Conviene no perder de vista que a los países de Europa central y oriental se les exigían una serie de condiciones —concretadas en el Consejo Europeo de Copenhague de 1993, y relativas fundamentalmente a garantizar el funcionamiento de un Estado de Derecho y de una economía de mercado— para su incorporación a la UE y que, como ha sido puesto de relieve por la doctrina, estos criterios no eran cumplidos estrictamente en el momento de la incorporación. Cfr. MANGAS MARTÍN, A. (2020). "El proceso histórico...", cit., 39.

tados miembros. Y no podemos olvidar que la política migratoria es una materia especialmente cargada de dificultades.

Es interesante, en esta línea, la reflexión de Andrés Sáenz de Santamaría en el contexto anteriormente referido de las controversias entre la UE y algunos Estados miembros a propósito de la independencia de los jueces nacionales y de la protección del Estado de Derecho. Señala la autora que, ante la falta de voluntad política, el TJ está asumiendo la responsabilidad de proteger los valores de la UE; pero advierte que depositar sobre esta institución judicial la carga de resolver en primera línea este tipo de problemas no solo no resulta adecuado, sino que puede serle perjudicial en cuanto se ve expuesta a decisiones nacionales impugnadoras de su autoridad, como, de hecho, hemos visto que ha sucedido. Termina diciendo que la judicialización no puede ser la solución de un conflicto que tiene un alto componente político[85].

A este discurso no es ajeno el factor religioso. En este ámbito, pienso que tanto el artículo 17 del TFUE (TOL3.711.558) como el artículo 10 de la CDFUE (TOL131.225) —soy consciente de estar simplificando mucho la cuestión— son disposiciones muy razonables y que, bien interpretadas y aplicadas por las autoridades administrativas y jurisdiccionales, tanto europeas como nacionales, pueden coadyuvar a que no se presenten actitudes graves de rechazo, y a conducir los conflictos que pueda haber hacia aguas tranquilas donde sea más fácil su análisis y resolución. Conviene tener presente que el cómo se regula el factor religioso en cada orden jurídico guarda una estrecha relación con la identidad nacional y con el pasado histórico, y que, en este ámbito, imposiciones que vayan más allá de lo necesario para asegurar el respeto al contenido esencial

---

85 Cfr. ANDRÉS SÁENZ DE SANTAMARÍA, M. P. (2022), cit., 168.

de los derechos humanos, pueden pecar de imprudentes y de ilegítimas.

Una cuestión que puede ejemplificar en alguna medida lo que acabo de exponer es la de la interpretación que se dé a la laicidad: si se baraja una noción de libertad religiosa que —equivocadamente, a mi parecer— abone una idea de laicidad que, de algún modo, la *sustantive*, en lugar de entenderla como una nota característica de lo que debe ser una actuación de las autoridades públicas con respecto a lo religioso, es decir, una actuación condicionada por la obligación de neutralidad o imparcialidad, esa interpretación propiciará posturas de rebeldía, porque lleva consigo la imposición de una discutible visión —al margen de que esté mucho o poco difundida— en la que lo religioso queda relegado al ámbito de lo privado, y deslegitimado para estar presente *ut talis* como elemento coadyuvante para la configuración del espacio público y para la resolución de conflictos en el ámbito social. Esta mentalidad pienso que subyace en aquellas perspectivas en las que se desdibujan los rasgos diferenciales —comunes los hay también— entre ideología y creencia religiosa.

No hay que olvidar que lo que está en juego es la integración del ordenamiento de la UE con el de los distintos ordenamientos internos de los Estados miembros. Si la pretensión es construir un derecho común aplicable a toda la EU[86] se está ante una delicada tarea que exige la existencia de una base axiológica compartida[87]. Ya se ha hablado anteriormente de lo

86 Cfr. LÓPEZ ESCUDERO, M. (2022), cit., 50, donde el autor se refiere a la necesidad de la primacía de las normas de la UE, precisamente para constituir un derecho *común* a sus Estados miembros.

87 Durante la baja edad media fue posible la construcción de un derecho común europeo pues en la cristiandad había un sustrato de cultura jurídica común; además, no había surgido aún algo equivalente a lo que hoy pudiéramos llamar *identidad nacional*.

que pueda llamarse *identidad europea*; en ese sentido, es razonable que se exijan a los Estados —tanto para su entrada como para su permanencia en la UE— algunas condiciones básicas relacionadas fundamentalmente con un funcionamiento correcto del Estado de Derecho; considero, no obstante, que se requiere de mucha cautela para no imponer ni forzar interpretaciones que vayan más allá de ello, por ejemplo, en el ámbito —que es fácilmente manipulable ideológicamente— de los derechos humanos[88].

REFERENCIAS BIBLIOGRÁFICAS

ALONSO GARCÍA, R. (2022). "El sistema europeo de fuentes: sombras, lagunas, imperfecciones". *El sistema europeo de fuentes*. Fundación Coloquio Jurídico Europeo, 9-155.

---

88 El ámbito —no reconducible en cuanto tal al del factor religioso— de la protección que el ordenamiento reserve al *nasciturus* puede ser útil para mostrar un ejemplo concreto de lo que, en mi opinión, debe evitarse si lo que se pretende es avanzar en terreno firme en el proceso de integración europea. Es a propósito de la posibilidad —en realidad existe al respecto una propuesta política por parte del actual presidente de la República francesa, Emmanuel Macron— de que la UE reconozca un supuesto derecho al aborto. No es un tema en el que el factor religioso sea el determinante, pero sin duda tiene una enorme impronta ética; y puede mostrar con claridad un ejemplo de lo que la UE no debe plantearse —aparte de por otras razones más sustantivas relacionadas con la idea de un derecho que reemprenda su vocación de protección al ser humano más vulnerable— si lo que se pretende es buscar honradamente un terreno común de entendimiento entre personas y grupos que mantienen diferentes y aún contrapuestos puntos de vista —en ocasiones apoyados en una fe religiosa y en otras ocasiones no— en ámbitos de la vida social donde el Derecho se ha de hacer presente para regularlos con criterios justos y, en nuestro caso, con la pretensión de integración de diferentes órdenes jurídicos en Europa.

ANDRÉS SÁENZ DE SANTAMARÍA, P. (2022). "Variaciones sobre el sistema europeo de fuentes: sombras, lagunas, imperfecciones". *El sistema europeo de fuentes.* Fundación Coloquio Jurídico Europeo, 157-223.

BALAGUER CALLEJÓN, F. (2015). "Prólogo". *Primacía del Derecho europeo y salvaguarda de las identidades constitucionales. Consecuencias de la europeización de los contralímites.* BOE, 10-14.

BURGORGHE-LARSEN, L. (2022). "La identidad constitucional en la jurisprudencia francesa: la historia del vals jurisprudencial hexagonal". *Revista de Derecho Comunitario Europeo,* 72, 411-430.

CASANOVAS, O. y Rodrigo, A. J. (2022). *Compendio de Derecho Internacional Público.* 11ª edición, Tecnos.

GRABENWARTER, CH.; HUBER, P. M.; KNEZ, R. y ZIEMELE, I. (2021). "The role of the Constitutional Courts in the European Judicial Network". *European Public Law,* 27, 43-62.

LIÑÁN NOGUERAS, D. J. (2020). "El espacio de libertad, seguridad y justicia" y "Derechos humanos y libertades fundamentales en la UE. *Instituciones y Derecho de la Unión Europea.* 10ª edición, Tecnos, 97-143 y 144-184.

LÓPEZ ESCUDERO, M. (2022). "Desafíos y límites a la primacía del Derecho de la UE: jurisprudencia reciente del TJUE y de los tribunales constitucionales nacionales". *Revista General de Derecho Europeo,* (58), 49-113.

LÓPEZ ESCUDERO, M. (2019). "Primacía del Derecho de la Unión Europea y sus límites en la jurisprudencia reciente del TJUE". *Revista de Derecho Comunitario Europeo,* (64), 787-825.

MANGAS MARTÍN, A. (2020). "El proceso histórico de la integración europea" y "La Unión Europea". *Instituciones y Derecho de la Unión Europea.* 10ª edición, Tecnos, 21-44 y 45-76.

MARTÍNEZ ALARCÓN, M. L. (2018). La política europea de protección internacional. Sistema Europeo Común de Asilo, Thomson Reuters Aranzadi.

MASING, J. (2022). "Preservación de la identidad constitucional respecto de la UE en la jurisprudencia constitucional alemana". *Revista de Derecho Comunitario Europeo,* 72, 393-410.

NAVARRO ORTEGA, A. (2022). "El régimen singular fronterizo de Ceuta y Melilla y su controvertido impacto en la regulación de flujos migratorios: las devoluciones en caliente, ¿bálsamo de fierabrás o parto de los montes?". *Revista Española de Derecho Administrativo,* 217, 275-320.

SAFJAN, M. (2022). "L'identité constitution nelle polonaise". *Revista de Derecho Comunitario Europeo,* 72, 371-391.

SARMIENTO, D. y WEILER, J. H. H. (2020). "The UE Judiciary after Weiss. Proposing a new mixted Chamber of the Court of Justice: a position Paper". *Diritto delle Amministrazioni Pubbliche,* 3, 49-54.

TATHAM, A. F. (2022). "The paradox of judicial dialogue with the European Court of Justice in an iliberal democracy; the recent experience with the Hungarian Constitutional Court". *Revista de Derecho Comunitario Europeo,* 72, 483-517.

VECCHIO, F. (2015). *Primacía del Derecho europeo y salvaguarda de las identidades constitucionales. Consecuencias de la europeización de los contralímites.* BOE.